14,80

12/88

MA-4121 Geschichte Siziliens unter den Phönikern, Griechen und Römern / Edward A. Freeman. Das wechselvolle Schicksal Siziliens von den ältesten Zeiten bis zum Ende der römischen Herrschaft. Neuausgabe der Ausgabe von 1895, 420 S., Ln., statt DM 29,80, jetzt **DM 14,80** (B)

GESCHICHTE SIZILIENS

Das Theater von Syrakus. (Siehe p. 308.)

EDWARD A. FREEMAN

GESCHICHTE SIZILIENS UNTER DEN PHÖNIKIERN, GRIECHEN UND RÖMERN

Aus dem Englischen übersetzt,
mit einer
die Beschreibung der Münzen enthaltenden Beigabe
von
JOS. ROHRMOSER

Mit in den Text gedruckten Figuren
und einer Karte von Sizilien

MAGNUS VERLAG

Nachdruck des unter der Nummer 8087 g
in der Stadtbibliothek Lübeck katalogisierten Bandes

Einbandgestaltung: Aab-Design, Stuttgart
Druck und Bindung:
Salzer - Ueberreuter, Wien

ISBN 3-88400-228-7

INHALT.

Seite

ERSTES CAPITEL.

CHARACTERISTIK DER GESCHICHTE SICILIENS . . . . . . 1— 8

Geographische Lage Siciliens. — Kampf zwischen Orient und Occident. — Grundzüge der Geschichte Siciliens.

ZWEITES CAPITEL.

SICILIEN UND SEINE BEWOHNER . . . . 9—28

Colonien auf Sicilien. — Das Wesen derselben. — Die früheren Bewohner. — Phönikische und griechische Ansiedler. — Die Gestalt Siciliens. — Beschaffenheit des Landes. — Die Städte auf den Anhöhen. — Die Phönikier. — Phönikische Colonien auf Sicilien. — Panormos Motye und Eryx.

DRITTES CAPITEL.

DIE SAGEN . . . . 29—38

Herakles. — Die Götter der Unterwelt, die Palici und die Schutzgöttinnen. — Arethusa.

VIERTES CAPITEL.

GRIECHISCHE NIEDERLASSUNGEN AUF SICILIEN . . . . . . 39—56

Die Gründung von Naxos, — Syrakus, — Leontinoi und Katana, — Megara, — Zankle und Gela, — Kamarina Himera und Selinus, — Akragas, — Lipara. —

FÜNFTES CAPITEL.

Seite

DIE JUGENDZEIT DER GRIECHISCHEN STÄDTE . . . . . 57—77
Die Gamoren in Syrakus. — Die Tyrannis. — Phalaris von Akragas. — Zug des Dorieus. — Die Samier in Zankle. — Kriege des Hippokrates — Gelon in Syrakus. — Krieg in Westsicilien. —

SECHSTES CAPITEL.

DIE ERSTEN KRIEGE MIT DEN CARTHAGERN UND ETRUSKERN 78—89
Persien und Carthago. — Angriff auf Sicilien und Griechenland. — Schlacht bei Himera. — Gelons Tod. — Die Regierung Hieron's I.

SIEBENTES CAPITEL.

DIE GRIECHEN SICILIENS FREI UND UNABHÄNGIG . . . . 90—106
Sturz der Tyrannis in Akragas. — Alle griechischen Städte sind frei. — Reichthum von Akragas. — Die Politik von Syrakus. — Das Emporkommen des Ducetius. — Gründung von Kale Akte. — Grosse Rüstungen in Syrakus.

ACHTES CAPITEL.

SICILIENS ANTHEIL AN DEN KRIEGEN GRIECHENLANDS 107—145
Sparta und Athen. — Die Sikelioten suchen Hilfe bei Athen. — Hermokrates in Gela. — Segesta wendet sich an Athen um Hilfe. — Hermokrates und Athenagoras. — Alkibiades zurückberufen. — Schlacht vor Syrakus. — Alkibiades in Sparta. — Die Athener auf Epipolai. — Ankunft des Gylippos. — Die Athener beschliessen die Entsendung eines zweiten Heeres. — Ankunft des Demosthenes und Eurymedon vor Syrakus. — Mondesfinsternis. — Letzte Schlacht und Rückzug der Athener. — Ausgang des Angriffskrieges der Athener. — Hermokrates verbannt.

NEUNTES CAPITEL.

ZWEITER EROBERUNGSKRIEG DER CARTHAGER . . . . . 146—162
Zug Hannibals. — Belagerung und Einnahme von

Seite

Selinus, — von Himera, — 3000 gefangene Himeräer geopfert. — Tod des Hermokrates. — Belagerung von Akragas. — Die Anfänge des Dionysios. — Das belagerte Gela wird geräumt. — Vertrag mit Carthago.

ZEHNTES CAPITEL.

Die Tyrannis des Dionysios . . . . 163—203

Dionysios wird Tyrann. — Empörung gegen ihn. — Seine Eroberungen. — Befestigung von Epipolai. — Dionysios nimmt zwei Frauen. — Belagerung von Motye. — Gründung von Lilybaion. — Seeschlacht bei Katana. — Syrakus von den Carthagern belagert. — Die Carthager geschlagen. Dionysios gründet Colonien. — Wird bei Tauromenion geschlagen. — Seine Feldzüge in Italien. — Zerstörung italischer Städte. — Einnahme von Rhegion. — Dionysios im adriatischen Meer. — Nochmaliger Krieg mit Carthago. — Dionysios' Tod.

ELFTES CAPITEL.

Die Befreier . . . . 204—242

Dionysios und sein Sohn. — Dionysios der Jüngere. — Ankunft Dions. — Dion befreit Syrakus. — Dion und Dionysios. — Dion des Feldherrnamtes entsetzt. — Dions Rückkehr. — Die Zustände auf Sicilien bessern sich. — Dions Ende. — Timoleon in Sicilien. — Die Insel lebt wieder auf. — Neubevölkerung Siciliens. — Krieg mit Carthago. — Schlacht am Krimisos. — Die letzten Tage Timoleons. — Archidamos und Alexander, der Molotter.

ZWÖLFTES CAPITEL.

Die Tyrannis des Agathokles . . . . 243—273

Vorleben. — Emporkommen. — Eroberungen. — Schlacht am Himeras. — Landung in Afrika. — Afrikanischer Feldzug. — Ermordung des Ophel-

Seite

las. — Agathokles König. — Ende der afrikanischen Expedition. — Agathokles und Deinokrates. — Agathokles' Tod.

DREIZEHNTES CAPITEL.

ANKUNFT DES PYRRHOS UND EMPORKOMMEN HIERONS 274—289

Verschiedene Tyrannen. — Pyrrhos von Epeiros. — Hellas, Carthago und Rom. — Pyrrhos' Eroberungen. — Er verlässt Sicilien. — Hierons Thaten. — Hieron wird König.

VIERZEHNTES CAPITEL.

DER KAMPF UM SICILIEN . . . . 290—305

Die Mamertiner. — Hierons Bündnis mit Rom. — Die Römer erobern Akragas. — Eroberung von Panormos. — Vertheidigung von Panormos. — Schlacht bei Aigusa. — Carthago verzichtet auf Sicilien.

FÜNFZEHNTES CAPITEL.

ENDE DER SELBSTÄNDIGKEIT SICILIENS . . . . 306—334

Herrschaft der Römer auf Sicilien. — Der Hannibalische Krieg. — Tod des Hieronymos. — Ermordung der Nachkommen Hierons. — Einnahme von Leontinoi. — Die Römer belagern Syrakus. — Blutbad in Henna. — Epipolai in der Gewalt der Römer. — Das punische Heer durch die Pest vernichtet. — Eroberung von Syrakus. — Thaten des Mutines. — Klagen gegen Marcellus. — Sicilien eine Vorhut Europa's.

SECHZEHNTES CAPITEL.

SICILIEN EINE RÖMISCHE PROVINZ . . . . 335—372

Verhältnis der einzelnen Städte zu Rom. — Der römische Landfrieden. — Erster Sklavenkrieg. — Zweiter Sklavenkrieg. — Ende des Sklavenkrieges. — Verres als Praetor Siciliens. — Caesars Tod vorher verkündigt. — Friede von Misenum. — Krieg zwischen Caesar Augustus und Sextus. — Caesar Herr von Sicilien. — Dritter Sklavenkrieg.

Seite

Entstehen christlicher Legenden. — Beginn der deutschen Ercberungszüge. — Herrschaft Theodorichs. — Justinians Gothenkrieg. — Sicilien mit dem oströmischen Reiche vereinigt. — Constantin der Fünfte. —

Beschreibung der Münzen . . . . 373—387
Berichtigungen 388
Namen- und Sachregister . . . . 389—420

VERZEICHNIS DER ILLUSTRATIONEN.

Karte von Sicilien.
Das Theater von Syrakus. 2
Das Olympieion von Syrakus 45
Akragas vom Olympieion aus 54
Münze von Syrakus aus der Zeit der Gamoren 60
Tempel der Athene in Syrakus 62
Münze von Himera, alt 65
Münze von Zankle aus dem sechsten Jahrhundert 69
Münze von Naxos etwa 500 v. Chr. 69
Münze von Kamarina, alt 73
Münze von Selinus, alt 77
Damareteion 85
Münze von Gela etwa 480 v. Chr. 88
Münze von Selinus etwa 440 v. Chr. 88
Tempel in Akragas 91
Münze von Panormos etwa 420 v. Chr. 105
Münze von Messana um 420 v. Chr. 105
Münze von Segesta um 415 v. Chr. 116
Plan von Syrakus zur Zeit der Belagerung durch die Athener 127
Münze von Akragas um 415 v. Chr. 131
Syrakusanisches Pentekontalitron, mit der Preisrüstung für die Assinarischen Festspiele 140

VERZEICHNIS DER ILLUSTRATIONEN.

	Seite
Steinbrüche in Syrakus	141
Münze von Himera um 430 v. Chr.	145
Münze von Katana um 410 v. Chr.	147
Münze von Syrakus um 409 v. Chr. mit dem Kopfe der Arethusa.	151
Plan von Akragas	155
Plan von Syrakus zur Zeit des Dionysios	170
Münze von Motye um 400 v. Chr.	174
Tauromenion	180
Münze von Syrakus zur Zeit Dions	213
Münze von Syrakus (zur Zeit Timoleons) mit dem Bildnis des Zeus Eleutherios	233
Tempel von Segesta	265
Münze des Agathokles mit der blossen Aufschrift Συρακοσίων um 317—310 v. Chr.	273
Münze mit dem blossen Namen „Agathokles" ohne Königstitel, um 310—306 v. Chr.	273
Münze mit der Bezeichnung des Agathokles als König, um 306—289 v. Chr.	273
Münze der Mamertiner von Messana um 282 v. Chr.	275
Münze des Hiketas 287—278 v. Chr.	276
Münze Hieron's II, 275—216 v. Chr.	288
Münze mit dem Kopfe der Königin Philistis um 275—216 v. Chr.	289

ERSTES CAPITEL.

CHARAKTERISTIK DER GESCHICHTE SICILIENS.

DIE Geschichte Siciliens hat eigentlich auf einen Platz in der Geschichte der Völker keinen Anspruch, da es ein Volk von Sicilianern nie gegeben hat. Nur sehr selten hat die Herrschaft einer Macht sich über ganz Sicilien und nur über Sicilien allein erstreckt. Niemals aber wurde von allen Bewohnern Siciliens eine ausschliesslich ihnen eigenthümliche Sprache gesprochen. Alle am Mittelmeer gelegenen Mächte und Völker haben in der Geschichte Siciliens eine Rolle gespielt. Alle an den Ufern des Mittelmeeres gesprochenen Sprachen wurden zur einen oder andern Zeit auch in Sicilien geredet. Sicilien verdankt seine historische Bedeutung nicht dem Umstande, dass es der Sitz einer Nation, sondern dem, dass es der Tummelplatz und das Schlachtfeld vieler Völker war. Viele Hauptculturvölker der Erde haben auf Sicilien Niederlassungen und Herrschaften gegründet, und auf sicilischem Boden nicht bloss die Geschichte Siciliens, sondern einen grossen Theil ihrer eigenen Geschichte gewoben. Ausserdem ist Sicilien nicht bloss der Tummel- und Kampfplatz feindlicher Völker und Sprachen, sondern auch feindlicher Religionen gewesen.

Daraus ergibt sich, dass Sicilien trotz des grossen Einflusses, den es auf die allgemeine Weltgeschichte ausübt, gewissermassen doch nur eine Geschichte von untergeordneter Bedeutung hat. Dies gilt für manche Jahrhunderte der Vergangenheit und selbst der früheren Zeiten insofern, als Sicilien zu dem Gebiete einer ausserhalb Sicilien herrschenden Macht gehört hat. Doch war Sicilien nicht immer ein in solcher Weise abhängiges Land. In einer Periode enthielt es die grösste und mächtigste Stadt Europas, in einer andern bestand daselbst das blühendste Königreich in Europa. Dennoch ist seine Geschichte stets von secundärer Bedeutung gewesen, eine Geschichte, welche ihren Beziehungen zu auswärtigen Verhältnissen die meiste Bedeutung verdankt. Die grössten Reiche und Völker der Erde haben zu verschiedenen Zeiten in und um Sicilien gekämpft, und der Ausgang des Kampfes hat nicht bloss über ihr Schicksal in Sicilien, sondern auch über ihr sonstiges Schicksal entschieden.

In dieser Beziehung hat Sicilien im Vergleich zu andern Ländern Europas eine sehr lange und untrennbare Geschichte. Sie gehört weder ganz oder vorwiegend der sogenannten alten Geschichte, noch grösstentheils der sogenannten neueren Geschichte an. Von ihren zwei glänzendsten Perioden gehört die eine der Zeit an, die man gewöhnlich die „alte" nennt, die andere der sogenannten Neuzeit (dem Mittelalter).

Und nirgends lassen sich diese zwei Perioden weniger von einander trennen, nirgends ist die Geschichte, wenn man nur eine Periode ins Auge fasst, so unvollendet wie hier. Denn die Geschichte Siciliens bewegt sich vor allem im Kreise. Seine spätere Geschichte ist die Wiederholung seiner früheren, das heisst, es sind in verschiedenen Zeiten dieselben Ursachen wirksam gewesen, und haben zu gleichen Ergebnissen geführt.

Sicilien verdankt diese charakteristischen Eigenthümlichkeiten seiner Geschichte der geographischen Lage und Beschaffenheit des Landes. Sicilien ist eine Insel und zwar eine grosse, eine Insel, welche zur Zeit, wo einzelne Städte Staaten bildeten, viele unabhängige Staaten umfassen konnte. Ausserdem ist sie eine Central-Insel, sie liegt in der Mitte des grossen Binnenmeeres, welches die Continente Europa, Asien und Afrika von einander scheidet und mit einander verbindet. Nämlich so lange die civilisierte Welt nur aus den das Mittelmeer umgebenden Ländern bestand, lag Sicilien ganz in der Mitte der civilisierten Welt. Seine Lage lockte von allen Seiten Ansiedler heran, und seine Grösse gestattete, dass zu gleicher Zeit von mehreren Seiten daselbst Niederlassungen gegründet werden konnten. Deshalb wurde Sicilien das Schlachtfeld für viele Nationen und Reiche; doch konnte lange Zeit keine Macht den ausschliesslichen Besitz der Insel gewinnen. Und seine Lage machte es zum Gegenstande eines besonderen Streites. Sicilien liegt in der Mitte des Mittelmeeres, es bildet den Wellenbrecher zwischen dem östlichen und westlichen Mittelmeerbecken. — Wir rechnen Sicilien zu Europa; doch nähert es sich Afrika mehr, als irgend ein anderer Theil von Central-Europa. Als Wellenbrecher zwischen den zwei Meeresbecken bildet es die Brücke zwischen den zwei Welttheilen. Es musste die Frage entstehen, soll die grosse Central-Insel dem Osten oder dem Westen angehören? Soll sie ein Theil von Afrika oder Europa sein?

Um diese letzte Frage drehte sich die ganze Geschichte Siciliens, solange es eine bedeutende Rolle in der Weltgeschichte spielte. In dem grossen Streite zwischen dem Osten und Westen, zwischen den im Osten und Westen herrschenden Religionen hat Sicilien in zwei Perioden der Weltgeschichte eine hervorragende Rolle gespielt.

Zweimal haben Arier und Semiten, Vertreter der arischen und semitischen Sprache, welche sich zu verschiedenen Religionen bekannten und für dieselben kämpften, um diese Insel gekämpft. In beiden Fällen haben sich die geographischen Verhältnisse der Kämpfenden sonderbarer Weise verkehrt. In dem Kampfe um Sicilien zwischen Orient und Occident ist der Osten zum Westen und der Westen zum Osten geworden, das heisst, beidemale wurde der Orient durch Männer vertreten, welche Sicilien von Westen her angriffen. Die Eindringlinge kamen nicht direct aus Asien, sondern waren Asiaten, welche sich in Afrika niedergelassen hatten. Beidemale waren die Vertreter des Westens, welche von Osten aus den Kampf aufnahmen, Angehörige der griechischen Zunge, während die Vertreter des Ostens, welche von Westen aus angriffen, eine semitische Mundart redeten. Sie waren nämlich das einemal Phönikier, das zweitemal Saracenen. Beidemale wurde der Kampf durch die Verschiedenheit der Religionen verschärft. Das erstemal war es der Gegensatz zwischen zwei heidnischen Glaubensformen, der Religion der Griechen und der davon ganz verschiedenen phönikischen Religion.

In dem zweiten Falle war der Gegensatz, eben weil die beiden Religionen so vieles miteinander gemein haben, so schroff als nur möglich, es war der Kampf zwischen den zwei Hauptformen des Monotheismus, dem Christenthum und dem Islam. In beiden Fällen wurde der Kampf um Sicilien in Sicilien ausgefochten, und beidemale trug jene Macht den Sieg davon, welche zu der Zeit die Hauptmacht in dem benachbarten Unteritalien war. Nämlich in dem ersten Kampfe ging Sicilien auf die Römer, in dem zweiten auf die Normannen über. Dies bildet den wichtigen Kreislauf der Geschichte Siciliens. Die Ereignisse der früheren Zeit scheinen sich in der späteren zu wiederholen.

Das ist das Hauptmerkmal der Geschichte Siciliens, obwohl es nicht Sicilien allein eigenthümlich ist. So wie in Sicilien kehrt auch in der Geschichte von Kypros und Spanien derselbe Kampf zwischen Osten und Westen zu verschiedenen Zeiten und unter verschiedenen Wettkämpfern wieder. Aber Kypros ist viel kleiner als Sicilien, es liegt in einer seitlichen Ecke des Mittelmeeres, seine Schicksale übten auf den Gang der allgemeinen Weltgeschichte nicht denselben Einfluss, wie die des in der Mitte gelegenen Sicilien.

Spanien ist seinem Flächeninhalte nach viel grösser als Sicilien, aber es liegt nach der Anschauung des Alterthums am Ende der Welt, und es erlangte viel später seine historische Bedeutung, welche es auch viel länger behauptete als Sicilien. Da Sicilien als Centralland den Hauptgegenstand des Streites bildete, so dreht sich seine ganze Geschichte um seine centrale Lage. So lange für die Europäer sich die Welt auf die das Mittelmeer umgebenden Länder beschränkte, hatte der Kampf um Sicilien, als dem in deren Mitte gelegenen Lande, eine unvergleichlich hohe Bedeutung, nämlich zur Zeit, als sich die heidnischen Griechen und Phönikier um die Insel stritten. Als sich dieser Streit zum zweitenmale zwischen den christlichen Griechen oder Römern — wir können sie so oder so nennen — und den Saracenen wiederholte, waren die Grenzen der europäischen Welt schon erweitert.

Sicilien war nicht mehr in der Mitte dieser Welt gelegen, und seine Geschicke, obzwar immer noch für die Weltgeschichte bedeutend, haben nicht mehr diese Bedeutung wie früher.

In noch späterer Zeit, als die Welt der Europäer alle Erdtheile umspannte, als der (atlantische) Ocean statt des Mittelmeeres zum Centralmeere wurde, verlor Sicilien mit seiner centralen Stellung auch seine historische Bedeutung. Durch viele Jahrhunderte nahm Sicilien unter den Ländern Europas nur eine untergeordnete Stellung ein, und war meistens von einer auswärtigen Macht abhängig.

Wir können daher das Eigenthümliche der Geschichte Siciliens mit wenigen Worten zusammenfassen. Sicilien ist das Centralland des Mittelmeeres, und solange man unter Europa nur die am Mittelmeere gelegenen Länder verstand, das Centralland Europas. Als solches wurde es das Schlachtfeld zwischen verschiedenen Völkern und Religionen, der Preis, um den Europa und Afrika sich stritten. Der erste Kampf wurde zwischen Griechen und Phönikiern, zwischen Vertretern des Westens gegen Vertreter des Ostens, zwischen Europäern und in Afrika ansässigen Asiaten geführt. Der Kampf endigte mit dem Siege Europas in der Weise, dass Sicilien dem römischen Reiche einverleibt wurde. Lange Zeit blieb Sicilien unter dieser Herrschaft, bis der Kampf um die Insel zwischen Saracenen und griechisch sprechenden Römern oder vielmehr zum oströmischen Reiche gehörigen Griechen erneuert wurde. Dieser Kampf endigte mit der Begründung des normannischen Königreiches Sicilien, welches kurze Zeit der blühendste Staat Europas wurde. Nach einiger Zeit verlor Sicilien seine centrale Stellung, und zugleich auch seinen eigenthümlichen Charakter als Sammelplatz der Völker. Aber seine Geschichte an sich hat ihm die Bedeutung, welche es als der Hauptsitz eines einzigen Volkes erlangt hätte, versagt, denn eine sicilianische Nation hat es nie gegeben. Die spätere Geschichte Siciliens hat daher ihr unterscheidendes Merkmal verloren. Sie bildet einen gewöhnlichen und meist untergeordneten Theil der allgemeinen Geschichte Europas, insbesondere Italiens.

Die Geschichte Siciliens beginnt, sobald die grossen colonisierenden Völker des Alterthums anfangen, auf Sicilien Niederlassungen zu gründen. Unsere erste Aufgabe ist es daher, zu betrachten, welche Bedeutung die Phönikier und Griechen zu der Zeit, wo sie ihre ersten Niederlassungen daselbst gründeten, hatten, wie damals Sicilien beschaffen war und was für Urbewohner die neuen Ansiedler dort antrafen. Dann werden wir die Geschichte der Colonien dieser beiden Völker auf Sicilien darstellen. Hierbei werden wir vieles, was schon in anderen Theilen der Geschichte der Völker erzählt worden ist, wieder erzählen müssen. In der That ist die Geschichte Siciliens schon grössten Theils behandelt worden, aber soweit Sicilien dabei in Betracht kommt, nur stückweise. Die Ereignisse wurden nicht in ihrer Beziehung auf Sicilien, sondern in Bezug auf auswärtige Länder und Reiche dargestellt. Hier werden sie als Bestandtheile einer zusammenhängenden Geschichte Siciliens, einer Geschichte, deren Hauptgegenstand Sicilien bildet und wobei andere Länder und Völker nur insoweit in Betracht kommen, als sie auf Angelegenheiten Siciliens einwirken, aufgeführt werden.

ZWEITES CAPITEL.

SICILIEN UND SEINE BEWOHNER.

ICH muss vorausschicken, dass wir für diesen und den nächstfolgenden Abschnitt keine gleichzeitige, auch nicht einmal eine zusammenhängende Geschichte haben, für die allerälteste Zeit hat es natürlich keine gegeben. Die Beschreibung, welche Thukydides im Anfang des sechsten Buches von Sicilien, seiner ursprünglichen Bevölkerung und den griechischen Ansiedlungen daselbst gibt, kommt einer geschichtlichen Darstellung sehr nahe. Sonst müssen wir unsere Geschichte aus allen möglichen griechischen Quellen zusammenstellen. Wir finden gelegentliche Nachrichten von Sicilien und seiner Bevölkerung in einer Menge griechischer Schriftsteller, von der Odyssee angefangen. Vieles erfährt man genauer aus späteren griechischen Schriftstellern, wie dem Geographen Strabo und dem Geschichtschreiber Diodor von Agyrium in Sicilien. Wenn sein Werk vollständig wäre, so hätten wir eine zusammenhängende, wenn auch keine gleichzeitige Geschichte Siciliens. Auch erfahren wir Manches aus Dionys von Halikarnass, dem Geschichtschreiber Roms. Alle diese haben uns wertvolle Notizen aus älteren Geschichtschreibern, namentlich den Sicilianischen Geschichtschreibern Antiochus und Philistos erhalten. Leider haben wir keine phönikische Geschichtsquelle. Unter den neuern Geschichtschreibern hat Adolph Holm in seiner Geschichte Siciliens alle vorhandenen fragmentarischen Berichte über Sicilien sehr gut zusammengestellt.

Wir haben in dem ersten Capitel davon gesprochen, inwiefern die geographische Lage Siciliens als Central-Insel des Mittelmeeres dazu beitrug, sie zu der besondern Rolle, die sie in der Geschichte spielte, zu befähigen, ja fast zu zwingen. Wir müssen nun betrachten, wie die Geschichte des Landes sowohl durch seine physische Beschaffenheit als durch seine geographische Lage beeinflusst wurde.

Wir müssen uns den allgemeinen Zustand der Erde zur Zeit, als zuerst die Phönikier und dann die Griechen in Sicilien und andern Ländern Colonien anzulegen begannen, vergegenwärtigen. Für die Völker, welche damals, wenn auch noch so dunkel, in Sicht kamen, bildeten die das Mittelmeer umgebenden Länder die ganze Welt, und das Binnenmeer selbst war für sie, was für uns der Ocean ist. In Europa gab es keine grossen Reiche wie in Asien. Je vorgeschrittener ein Volk war, desto grösser war seine politische Zersplitterung. Die freie Stadt war die gangbare politische Einheit. Hauptsächlich in Griechenland begünstigte die Beschaffenheit des Landes, seine Inseln, Halbinseln, die strengbegrenzten Thäler im Innern des Landes die Sonderexistenz jeder Stadt im vollsten Masse. Jede Stadt war entweder unabhängig und hielt es für ein ihr zugefügtes Unrecht, wenn sie es nicht war. Nur in den entlegeneren Theilen Griechenlands verbanden sich in der Vorzeit Städte und Bezirke zu Bündnissen. In Italien treten solche Bündnisse am meisten hervor. Die übrigen europäischen Völker waren schwerlich über die Stammverfassung, die sich ebenso von der republikanischen unterscheidet, wie von der monarchischen, hinausgekommen. Unter den asiatischen Völkern hatten die Phönikier allein dasselbe politische System wie die Griechen vollständig entwickelt. Auch unter ihnen bildete der Freistaat die Regel. Sie allein unter den Barbaren kannten ein höheres politisches Leben. Sie allein waren würdig in dem Wettstreit der Völker es mit den Griechen aufzunehmen. Nur solche Nationen, die sich aus Freistaaten zusammensetzten, wie die Griechen und Phönikier konnten eigentliche Colonien gründen.

Wir müssen Colonien in unserem Sinne von sogenannten Völkerwanderungen unterscheiden. In der Vorzeit war es häufig der Fall, dass ein ganzes Volk oder ein grosser Theil desselben aus seiner Heimat in ein anderes Land auswanderte. Das frühere Land wurde dadurch entweder ganz oder doch grossentheils entvölkert, und oft drang ein anderes Volk in dasselbe ein und nahm davon Besitz. Auf diese Weise müssen sowohl die Griechen als die Phönikier und die andern alten Völker Europas und Asiens in den Besitz ihrer Wohnsitze gekommen sein. Und dasselbe wiederholte sich bei der Wanderung, die man vorzugsweise als Völkerwanderung bezeichnet, als die gegenwärtigen Nationen Europas in ihren jetzigen Wohnsitzen sich festsetzten. Damals zum Beispiel liessen sich die Angeln in einem Theile der Insel Britanien nieder und gaben ihr den Namen England. Das alte Angelland auf dem europäischen Festland war verlassen. Dasselbe fand auch in Griechenland statt. Sogar seit die Griechen sich hier niedergelassen hatten, machten die einzelnen Stämme der griechischen Nation, die Dorier,

Jonier, Achäer verschiedene Wanderungen durch, indem sie ihren Wohnsitz aus einem Theil Griechenlands nach einem andern verlegten, oder über das Meer nach Asien zogen. Eine Colonisation nach unserem Sinne ist davon ganz verschieden. Man versteht darunter nicht die Auswanderung eines ganzen Volkes oder eines so grossen Theils desselben, dass das alte Land dadurch entweder ganz oder grossentheils entvölkert wird. — Einzelne Theile der Bevölkerung eines Königreichs oder einer Stadt ziehen aus, um in einem neuen Lande ein neues Heim zu suchen. Aber das Reich oder die Stadt, welche sie verliessen, besteht fort.

Sie wird zur Mutterstadt oder nach griechischem Sprachgebrauch zur Metropolis ihrer Colonie. Die von den phönikischen und griechischen Städten gegründeten Colonien waren von Anfang unabhängig. Die Colonie räumte ihrer Mutterstadt gewisse Ehrenrechte ein und beide waren bereit, einander in Zeiten der Gefahr zu unterstützen. Aber in der Regel war die Colonie von der Stadt, welche sie gründete, unabhängig.

Später wurden auch von Monarchien Colonien gegründet, und es galt als Grundsatz, dass der Unterthan eines Herrschers, er mochte hingehen, wohin immer er wollte, nirgends sein Unterthänigkeitsverhältnis zu seinem Souverain lösen durfte. Man betrachtete die Colonien als zum Gebiete des Königs des Mutterlandes gehörig. — Sie waren von Anfang abhängig, und wenn sie erstarkten, so mussten sie oft mit Waffengewalt ihre Unabhängigkeit erkämpfen.

Nun war Sicilien im Alterthum eines der wichtigsten Colonialgebiete von Europa. — Hier wurden von den Phönikiern und dann von den Griechen hauptsächlich

Colonien angelegt. Die phönikischen und griechischen Colonien bestimmten die Geschichte des Landes. Diese Niederlassungen geschahen natürlich mehr oder weniger auf Kosten der ältesten Bewohner dieser Insel, welche sie vor der Ankunft der Phönikier und Griechen inne hatten.

Diese Urbewohner gehörten drei Nationen an. Zwei von ihnen haben so ähnliche Namen, dass man sie für verschiedene Formen ein und desselben Namens halten könnte. Doch werden sie von den alten Schriftstellern als ganz verschiedene Nationen betrachtet. Es sind dies die Sikaner (Sicani, Σικανοί) und die Sikeler (Siculi, Σικελοί). Nach ihnen soll die Insel zuerst den Namen Sikanien (Σικανίη, Σικανία), dann Sikelien oder Sicilien (Sicilia, Σικελία) erhalten haben. Die Sikaner gaben sich für Autochthonen (von der Erde entsprossene) aus, das ist für die ältesten Bewohner des Landes, von denen eine Kunde vorhanden war. Die Griechen glaubten jedoch, sie seien aus Spanien gekommen und es ist sehr wahrscheinlich, dass sie zu jener weit verbreiteten nicht-arischen Rasse gehörten, welche in den Basken noch fortlebt. Von der sikanischen Sprache ist uns nichts bekannt, ausser insofern sie wahrscheinlich in den Ortsnamen fortlebt.

Die Sikaner kamen ohne Zweifel in Folge einer vor undenklicher Zeit stattgehabten Wanderung eines Volkes auf die Insel. Dies war bei den ihnen so namensverwandten Sikelern sicher der Fall, deren Ansiedlung auf der Insel ganz historisch ist. Nach ihrer Ueberlieferung kamen sie dreihundert Jahre vor dem Beginn griechischer Ansiedlung daselbst, d. i. im elften Jahrhundert vor Christus, aus Italien nach der Insel. Und dies scheint im Ganzen sehr glaubwürdig zu sein, obwohl wir natürlich die Zeit nicht genau bestimmen können. Wir kennen sehr viel Wörter der Sikeler Sprache, von denen fast alle mit dem Lateinischen eng verwandt sind. Kurz, wir können die Sikeler als einen in der Entwicklung zurückgebliebenen lateinischen Volksstamm betrachten. Die Lateiner in Italien konnten ein selbständiges politisches und nationales Leben entwickeln. Das konnten die Sikeler nicht, weil sie auf einer frühen Stufe des Daseins mit Nationen in Berührung kamen, welche auf einer höhern Stufe der Cultur standen, als sie. Nach dem Zeugnis des Thukydides gab es im fünften Jahrhundert noch Sikeler, welche in Italien zurückgeblieben waren; aber die grosse Masse dieses Volkes muss bereits auf die grosse Insel hinübergegangen sein. Man muss sie mehr als die übrigen Bewohner für die sesshafte Bevölkerung des Landes, dem sie seinen bleibenden Namen gaben, betrachten. Die Sikaner erscheinen in der Geschichte nur als der Ueberrest eines untergegangenen Volkes. Sie scheinen durch das Vorrücken der Sikeler in den westlichen Theil der Insel verdrängt worden zu sein, wo sie unter die Herrschaft und den Einfluss der Phönikier und Griechen kamen.

Doch behaupteten sie sich in einigen Städten, besonders im Innern des Landes und noch im vierten Jahrhundert v. Chr. werden sie als ein eigenes Volk erwähnt. Die Sikeler andrerseits spielen in der Geschichte des nach ihnen benannten Landes eine grosse Rolle, doch gibt uns ihre Geschichte hauptsächlich nur darüber Aufschluss, in welcher Weise sie allmählig hellenisiert wurden. An der Ostküste kamen sie grösstentheils unter die Herrschaft der griechischen Ansiedler. Aber an der Nordküste und im Innern des Landes besassen sie mehrere unabhängige Städte, die jedoch allmählig unter griechischen Einfluss kamen. Sie nahmen griechische Sitten und griechische Sprache an, bis sie zur Zeit der römischen Herrschaft zu den Griechen gezählt wurden.

Ausser den Sikanern und Sikelern gab es ein drittes Volk auf der Insel, von dem wir zwar sehr viel hören, aber in der That weniger wissen, als von den beiden vorgenannten. Das waren die Elymer, welche die zwei Städte Segesta und Eryx im nordwestlichen Theile Siciliens inne hatten. Sie leiteten gleich den Römern und anderen ihren Ursprung von den Trojanern ab. Damit wollten sie ihren Ursprung in alte Zeiten zurückverlegen, ohne dass sie denselben von einer bekannten Stadt oder Landschaft ableiten konnten. In der Geschichte erscheinen die Elymer so vollständig von phönikischen und griechischen Einflüssen beherrscht, dass wir über ihre Abkunft gar nichts angeben können. Ihr Name hat mit dem verschiedener anderer Länder Europas und Asiens grosse Aehnlichkeit, doch ist es gefährlich, auf die blosse Namensähnlichkeit hin Vermuthungen aufzustellen. Sie sind sehr berühmt wegen ihres grossen Tempels, der einer Göttin geweiht war, in welcher die Phönikier ihre Astoreth, die Griechen ihre Aphrodite und die Römer ihre Venus erkannten.

In dem von diesen Völkern besetzten Lande und hauptsächlich auf ihre Kosten siedelten sich zuerst phönikische und dann griechische Colonisten an. Beide Nationen hatten bereits anderwärts Colonien gegründet. Die Phönikier hatten sich auf den griechischen Inseln, von denen sie durch die Griechen vertrieben wurden, sowie in Afrika und Spanien niedergelassen. Die Griechen liessen sich auf den Inseln und in Kleinasien nieder. Aber Sicilien war in mehrfacher Beziehung von den andern Ländern, worin sie Niederlassungen gründeten, verschieden. In Griechenland selbst und noch mehr auf den griechischen Inseln und später in Süditalien konnte man leicht das ganze Land von Meer zu Meer besetzen. Andrerseits waren die meisten griechischen Colonien auf dem Festlande Europas, Asiens und Afrikas am Meere gelegen. Sie beherrschten einen blossen Küstenstreifen, während das Hinterland von Barbaren besetzt war. Und so oft in diesem Hinterlande mächtige Reiche erwuchsen, wie das persische und lydische in Asien, so war die Unabhängigkeit der griechischen Küstenstädte bedroht und bisweilen vernichtet. Unter den griechischen Inseln wieder waren einige wie Kreta und Euböa gross genug, um mehrere unabhängige Städte zu umfassen, doch keine war von der Grösse und dem geographischen Charakter, um für ein grosses vom Meer entlegenes Binnenland Raum zu haben. Die Phönikier waren gleichfalls so ziemlich in derselben Lage. Ihre asiatische Heimat war ein blosser Küstenstreifen zwischen dem Meer und dem Gebirge, der mit ihren berühmten Städten Sidon, Tyrus u. A. besetzt war. Von derselben Art waren ihre Colonialbesitzungen in Afrika und Spanien. Sie behaupteten die Küste, aber sie breiten sich nicht weit landeinwärts aus.

Ganz anders waren die geographischen Verhältnisse, unter denen die phönikischen und griechischen Ansiedler sich in Sicilien befanden. Sicilien war eine Insel und nach den damaligen Begriffen eine sehr grosse Insel von beinahe continentaler Beschaffenheit. Sie war nicht bloss gross genug, um viele Städte zu fassen, sondern während ihre Küste mit Seestädten besetzt war, blieb noch Raum genug für ein grosses vom Meer entlegenes Binnenland. Sie hat eine fast dreieckige ausserordentlich compacte

Gestalt, welche bei einer beträchtlichen Ausdehnung des Binnenlandes die grösste Küstenlänge zulässt. Daher entwickelten sich auf Sicilien Verhältnisse, die man sonst nirgends trifft. Die Phönikier und Griechen konnten zwar die Küsten besetzen, aber nur die Küsten. Nur an den Ecken konnten sie sich von einem Meere zum andern ausbreiten. Ein bedeutendes Binnenland blieb den früheren Bewohnern, doch für die Entwicklung grosser Barbarenreiche, welche wie in Asien den Ansiedlern gefährlich werden konnten, war hier kein Raum. Weder die Phönikier noch die Griechen konnten die ganze Insel besetzen oder erobern. Aber keines von beiden Völkern hatte seine Unterwerfung oder Vertreibung zu fürchten, wenn nicht eins das andere verdrängte. Dagegen übten sowohl die Phönikier als die Griechen auf die Urbewohner einen grossen Einfluss aus, und schliesslich wurde die ganze Insel, ohne dass eine förmliche Eroberung stattgefunden hätte, thatsächlich griechisch.

Wir behaupteten, Sicilien habe beinahe die Gestalt eines Dreiecks.

Die alten Schriftsteller stellten sich ihre Dreiecksgestalt viel schärfer ausgeprägt vor, als dies wirklich der Fall ist. Sie hielten es für ein spitzwinkliges Dreieck mit einem Vorgebirge an jedem Eck, Pelorus im Nordosten, Pachynos im Südosten und Lilybäon im Westen. In Wirklichkeit hat Sicilien die Gestalt eines rechtwinkligen Dreiecks mit dem rechten Winkel im Nordosten. Der nordwestliche Winkel ist weggeschnitten, so dass im Westen eine kurze vierte Seite entsteht. Die Winkel endigen nicht mit Vorgebirgen. Lilybäon, jetzt Capo Boeo ist überhaupt kein Vorgebirge, es ist zwar der westlichste Punkt Siciliens, aber es liegt in der Mitte der kurzen Westseite. Peloris heisst jetzt Capo del Faro, von dem Pharos oder Leuchtthurm, wovon die Strasse zwischen Sicilien und Italien selbst den Namen Faro erhalten hat. Nicht weit davon erheben sich Anhöhen, aber das wirkliche Eck ist ganz flach. Wenn man Pachynos zu einem Vorgebirge machen will, so muss man die Insel Passero, welche aber nicht an der Ecke, sondern an der Ostseite liegt, zum Vorgebirge machen.

Doch diese Vorstellung von der Dreiecksgestalt Siciliens und den drei Vorgebirgen hat allgemein Platz gegriffen. Als man daher die in der Odyssee besungenen Begebenheiten zu localisieren anfing, behauptete man, die darin erwähnte kleine Insel Thrinakié sei Sicilien. Der Name wurde in Thrinakria verbessert, was im Griechischen „drei Vorgebirge“ bedeutet. Bei allem jedoch kommt die Gestalt Siciliens der eines Dreiecks ziemlich nahe, und gerade diese Dreiecksform macht sie so compact. Die Nordseite hat eine nahezu westöstliche, die Ostseite eine nahezu südöstliche Richtung, die südwestliche Seite ist die längste. Alle drei Seiten verlaufen mehr geradlinig als die meisten Küsten. Dies ist insbesondere der Fall, wenn man sie mit den Küsten Griechenlands vergleicht. Die sicilischen Küsten sind nur sehr wenig von grossen tiefen Meeresbuchten eingeschnitten. Aber es gibt sehr viele kleinere Buchten, welche vortreffliche Häfen bilden, vor allem in Syracus und Panormos oder Palermo. Auch ist Sicilien nicht in derselben Weise wie Griechenland von Inseln umsäumt. Es gibt einige sehr kleine nahe der Küste, und zwei Inselgruppen von einiger Bedeutung. Die Inseln von Aegusa oder die aegatischen Inseln am Nordwesteck sind kühn aus dem Meer hervorragende Berge. Im Nord-Osten zwischen Sicilien und Italien sind die vulkanischen Inselgruppen von Lipara, Aeolos und Hephaistos, welche mit dem Vulkangebiet des Aetna und Vesuv in Verbindung stehen. Die zwischen Sicilien und Afrika gelegenen Inseln Melite (Malta), Gaulos (Gozzo) und Kossura (Pantellaria) sind zu weit von Sicilien entfernt, um an der Geschichte Siciliens einen bleibenden Antheil zu haben, obwohl Malta zeitweilig von Bedeutung ist.

Sicilien ist ein sehr gebirgiges Land, und selbst da, wo keine hohen Berge sind, ist es von Hügeln und Thälern erfüllt. Es gibt keine grossen Ebenen; die von Leontini oder Catania an der Ostseite ist die grösste. Im Norden und zum Theil im Osten treten die Berge bisweilen ganz hart ans Meer und bilden eine grossartige Küstenscenerie. In anderen Theilen ziehen die Berge mehr landeinwärts, die Küste ist meist flach, nur im Süden erstrecken sich die Hügel an einigen Punkten als Vorgebirge ins Meer. Der höchste Berg von allen ist natürlich der Aetna, der höchste Vulkan von Europa. Er erhebt sich über 10,000 Fuss über das Meeresniveau, und ist so nahe dem Meere, dass man ihn von da aus in seiner ganzen Grösse sehen kann. Jedoch ist seine Basis so breit und seine Steigung so allmählig, dass wir nur aus dem Schnee auf seinem Gipfel ermessen können, wie hoch er ist. Kein Berg Siciliens kommt ihm annähernd an Höhe gleich. Die höchsten sind im Norden. Der Eryx (Monte San Giuliano) an der Nordwestecke fällt nach dem Aetna am meisten auf, obwohl er keineswegs der höchste ist, denn seine Höhe beträgt nur etwas über 2000 Fuss. Ihn könnte man noch am ehesten als ein Vorgebirge, welches die Nordwestecke des Dreiecks bildet, gelten lassen. Ein so hügeliges Land ist natürlich voll von Quellen und Flüssen, aber für grosse Flüsse ist hier kein Raum. Einen schiffbaren Fluss oder einen Binnenhafen gibt es in Sicilien nicht, das grösste Flusssystem ist das des Symäthos (oder Giarretta) im Osten, wo viele Flüsse, welche zahlreiche Thäler und die grosse Ebene von Leontini oder Catania bewässern, sich durch eine Mündung ins Meer ergiessen.

Diesem kommt der südliche Himera oder Fiume salso an Grösse zunächst. Es gibt unter demselben Namen noch einen Fluss im Norden, jetzt Fiume Grande. Beide entspringen sehr nahe bei einander, aber der südliche hat einen viel längeren Lauf. Die Flüsse Halykos, Mazaros, Krîmisos und Orethos verdanken ihre Bedeutung nicht so sehr ihrer Grösse als dem Umstande, dass sie Grenzflüsse oder die Zeugen grosser geschichtlicher Ereignisse waren. Viele Flüsse Siciliens, besonders im Norden und Nordwesten, sind sogenannte Fiumare, d. h. im Winter Wildbäche, welche sich mit Ungestüm ins Meer ergiessen, während sie im Sommer fast austrocknen.

Sicilien wurde wegen seiner Fruchtbarkeit von jeher und mit Recht gerühmt. Die wenigen weiten Ebenen, das Flachland zwischen dem Gebirge und dem Meer, viele landeinwärts gelegene Thäler zeigen ein wunderbar üppiges Wachsthum. Selbst auf hügeligem und steinigem Boden gibt es Flecke, wo das Getreide üppig zwischen den Steinen gedeiht. Man glaubte, der Weizen sei als Geschenk der Schutzgöttinnen der Insel zuerst in Sicilien angebaut worden, und in der Ebene von Catania soll er noch jetzt wild wachsen. Wie dem immer sein mag, sicher ist, dass kein Land mehr Nutzpflanzen aus andern Ländern bezogen hat, als Sicilien. Oliven, Weinreben, Orangen, die amerikanische Stachelbirne, alles gedeiht. Nur das

Zuckerrohr und der ägyptische Papyrus sind ganz oder grösstentheils verschwunden. Baumwolle wird nur an einigen Stellen angebaut. Die Palme wächst, aber ihre Frucht kommt nicht zur Reife.

Während es an Fruchtbäumen aller Art Ueberfluss hat, hat es einen seltenen Mangel an sogenannten Waldbäumen. Es gab deren früher sehr viele, jetzt aber sehr wenige. Die Anhöhen sind meist ganz baumlos, und ein Thal, welches dichtbewaldet aussieht, hat oft nur Oliven-, Mandelbäume und dergleichen. Sicilien war in alten Zeiten wegen seiner Pferde- und Schafzucht berühmt. Der Reisende erstaunt jetzt mehr über die vielen Esel, Maulesel und Ziegen. Landeinwärts gibt es mehr Schafe als an der Küste. Das Meer ist reich an Fischen, besonders grossen Thunfischen. Der Reichthum des Landes wurde von jeher gepriesen. Als römische Provinz war Sicilien die Hauptgetreidekammer von Rom, und früher in den Tagen der griechischen Städte, sowie später zur Zeit des normannischen Königthums war es das blühendste Land von Europa.

Manche Zustände von Sicilien scheinen sich von der ältesten Zeit bis zur Gegenwart erhalten zu haben. Dem Fremden fällt es auf, dass es dort keine Dörfer und Landhäuser gibt. Die Masse der Bevölkerung lebt in Städten, und diese liegen mit Ausnahme der Küstenstädte meist auf Anhöhen. Diese Gewohnheit, die den meisten Völkern, die auf einer niedrigen Entwicklungsstufe stehen, gemein ist, wird den Sikanern als charakteristische Eigenthümlichkeit zugeschrieben; sie hat sich bis auf den heutigen Tag erhalten, weil die Sicherheit auf dem Lande von jeher durch Banditen und Seeräuber gefährdet war. Daher finden wir noch heutzutage sikanische und sikelische Städte, die auf Anhöhen liegen, und manche von den sikelischen Städten spielen in der Geschichte Siciliens eine grosse Rolle. Dazu gehören hauptsächlich Agyrium später San Filippo d'Argiro und Centuripa später Centorbi, beide auf steilen Anhöhen, und vor allem Henna, der Sitz der sicilischen Landes-Schutzgöttinnen. Sie heisst jetzt Castrogiovanni, ohne den Namen wirklich geändert zu haben. Der Name hat mit Giovanni nichts zu schaffen. Die Saracenen verballhornten Castrum Henna in Casr-janni, und dieses wurde aus Missverständnis in Castrum Johannis übersetzt. Cephaloedium (jetzt Cefalû) ist eine merkwürdige sikelische Gründung an der Nordküste. Die alte Stadt mit wertvollen sikelischen Antiquitäten stand auf einer ins Meer hinausragenden Anhöhe, an dessen Fuss fast wie die langen Mauern Athens sich sikelische Mauern bis ans Meer erstrecken. Die sikelischen Städtegründungen sind von geringerer Bedeutung, wir werden in der Folge manchen von ihnen begegnen, und die Elymer haben uns Eryx und Egestae hinterlassen. Auf diese Nationen, welche schon in vorgeschichtlicher Zeit die Insel bewohnten, stiessen die Ansiedler der zwei grossen Colonien gründenden Völker, welche schon auf dieser Stufe ihrer Geschichte ihre Städte an der Küste und meist nicht auf Anhöhen und niemals weit landeinwärts anlegten.

Die Phönikier, unter den Barbaren die vornehmste Nation, welche allein in politischer Beziehung den Griechen ebenbürtig ist, kamen nach Sicilien und andern Ländern des Westens von dem schmalen östlich vom Mittelmeer zwischen dem Meer und dem Libanon gelegenen Landstreifen, wo ihre alten berühmten Städte Sidon, Tyrus, Arvad (Aradus) lagen. Der Name Phönikier, den wir ihnen beilegen (Griechisch Φοῖνιξ, Lateinisch Poenus,

Punicus), ist ihnen fremd, wahrscheinlich wurde damit ihr Land als das Land der Palmbäume bezeichnet. Sie selbst nannten sich und ihr Land Chna oder Canaan, denn sie waren wirklich aus dem Canaan des alten Testamentes gekommen. Sie verehrten die canaanitischen Götter Baalius und Astaroth, denen sie nach ihrem unsinnigen blutigen Cultus ihre Kinder im Feuer verbrannten. Ihre Sprache war die hebräische, und viele phönikische Namen lassen sich bei sehr geringer Kenntnis des Hebräischen erklären. So bedeutet Hannibal, der berühmteste Name, das Geschenk des Baal, gerade so wie das Hebräische Hananiah, das Geschenk des Jehovah bedeutet. Daraus ist durch Umsetzung der Silben Jehohanan, Johannes, unser familiäres Johann entstanden.

Den Griechen galten die Phönikier als Barbaren, ein Name, den sie allen Völkern von nicht griechischer Zunge beilegten. Diese Bezeichnung drückt jedenfalls eine gewisse Verachtung gegen alle Nicht-Griechen aus. Doch ist sie kein Beweis für die Culturstufe eines als barbarisch bezeichneten Volkes, auch nicht einmal für den Abstand, der zwischen ihrer Sprache und dem Griechischen bestand.

Die Phönikier waren die kühnsten Seefahrer und die geschicktesten Kaufleute der Welt. So verbreiteten sie sich über einen grossen Theil der Mittelmeerküste, gründeten da blosse Faktoreien, dort wirkliche Colonien.

Sie besetzten viele Punkte auf der Insel Cypern, viele Inseln des ägäischen Meeres und wahrscheinlich auch Küstenpunkte des eigentlichen Griechenlands. In dieser frühen Periode, die wir nicht genau bestimmen können, waren die Phönikier in technischer Kunstfertigkeit den Griechen und allen übrigen Völkern Europas weit überlegen. Doch haben sie mehr die Erfindungen anderer Völker verbreitet, als selbst erfunden. In Bezug auf die technische Cultur haben die Griechen viel von ihnen gelernt. Das kostbarste Geschenk, das sie ihnen verdanken, ist das Alphabet. Alle in Europa jetzt gebräuchlichen Schriftarten sind nur verschiedene Abarten der Schrift, welche die Griechen von den Phönikiern lernten. Dies beweist der Name Alphabet, eine Zusammensetzung der zwei phönikischen Anfangsbuchstaben aleph und beth, im Griechischen alpha und beta.

Bei all dem blieb der Grieche ein Grieche und der Phönikier ein Barbar. Die Ueberlegenheit des Asiaten beruhte auf technischen Erfindungen. Der Grieche verbesserte und vervollkommnete das, was er gelernt hatte, in einer Weise, wie kein Barbar. Griechische und nicht phönikische Kunst, Staatsverfassung und Sprache hat auf die Welt bleibenden Einfluss geübt. Mit der Zeit waren die Phönikier froh, die Künste der Griechen nachzuahmen und ihre eigenen Geschenke in einer kaum mehr erkennbaren Gestalt zurückzuerhalten. Damals freilich waren die Phönikier, insbesondere in den Gewerben, welche sich auf Handel und Schifffahrt bezogen, voraus. Während die Griechen sich kaum über das ägäische Meer und die hart an der Westküste Griechenlands gelegenen Inseln hinauswagten, befuhren die Phönikier das ganze Mittelmeer, und wagten sich sogar in den Ocean hinaus. Wenigstens legten sie ausserhalb der Säulen des Herakles, das ist zweier Felsen, die einander gegenüberstehend gleichsam den Eingang ins Mittelmeer bewachen, eine phönikische Colonie Gadeiros oder Gades an, welches die älteste Niederlassung sein soll.

Das Gold von Spanien (Tharshish, Tartessos), des damaligen Goldlandes, war ein wichtiger Artikel für den phönikischen Handel. Die der Heimat näher gelegenen Colonien waren nur Zwischenstationen für die Fahrt nach Spanien. Gades, welches jetzt mit wenig veränderten Namen Cadiz heisst, war von jeher, obwohl es niemals eine herrschende Stadt war, ein blühender Handelshafen und ist es noch. —

Doch das Hauptland für phönikische Colonien war Afrika, und dies führt uns wieder nach unserm Sicilien zurück. In Afrika gab es viele phönikische Pflanzstädte, wie Hippo, Utica und andere, vor allem Carthago. Carthago war, obwohl es unter allen phönikischen Städten die grösste Bedeutung erlangte, unter den in Afrika angelegten Colonien die jüngste.

Sein Name Καρχηδών (Cartago, Carthago) bedeutet die Neustadt, wie griechisch Neapolis oder englisch Newton, die erste Silbe bedeutet Stadt, wie wir aus vielen alttestamentarischen Namen, z. B. Kirjath-jearim, ersehen. Doch jetzt haben wir mit Carthago eigentlich nichts zu schaffen. Carthago spielt in späterer Zeit eine so bedeutende Rolle in der Geschichte Siciliens, dass man in die Versuchung kommt, davon noch früher zu sprechen, als es sich gebührt, und die phönikischen Colonien auf Sicilien, wie es manchmal irrthümlich geschieht, für Colonien Carthago's zu halten. Dies ist nicht der Fall. Die phönikischen Städte Siciliens wurden später von Carthago abhängig, aber sie waren nicht von Carthago gegründet. Wir können die Zeit ihrer Gründung nicht genau bestimmen, auch können wir nicht genau angeben, in wie weit sie direct von dem alten Phönikien aus und in wie weit sie von den ältern phönikischen Städten Afrikas begründet wurden. —

Ihre Gründung fällt jedenfalls in die Zeit zwischen der Einwanderung der Sikeler und dem Beginn der griechischen Ansiedlung, d. i. zwischen dem elften und achten Jahrhundert. Vermuthlich wurden die phönikischen Niederlassungen im östlichen Sicilien direct von Tyrus und Sidon, die im westlichen von den Pflanzstädten in Afrika gegründet.

Bekanntlich haben die Phönikier rings um Sicilien kleine Inseln und Küstenpunkte, die für ihren Handel geeignet waren, besetzt; ob sie aber im östlichen Sicilien wirkliche Colonien, d. i. Städte mit einem dazugehörigen Gebiet anlegten, ist zweifelhaft. Im Westen scheinen sie es gethan zu haben. Denn, als die Griechen sich in Sicilien auszubreiten anfingen, zogen sich die Phönikier in ihre festen Plätze im westlichen Theile der Insel, Motye, Solus, Panormos, zurück. — Hier behaupteten sie sich bis auf die Zeit der römischen Herrschaft. Die Griechen konnten sie nie dauernd aus ihren dortigen Besitzungen vertreiben. So blieb das nordwestliche Eck-Siciliens, — theils von Phönikiern, theils von unter phönikischem Einfluss stehenden Elymern und Sikanern bewohnt, — ein den Barbaren gehöriges Gebiet. Von diesen drei Pflanzstätten, welche die Phönikier im westlichen Sicilien anlegten, hat Motye die kürzeste Geschichte. Sie lag Afrika zunächst, auf einer kleinen, in einer geschützten Bucht gelegenen Insel, etwas nördlich von Lilybäon, dem westlichsten Punkt Siciliens. Aber zur Zeit der carthagischen Herrschaft im vierten Jahrhundert v. Chr. wurde Motye verlassen und auf Lilybäon erhob sich eine sehr feste Stadt, das jetzige Marsala. Motye wurde nie wieder erbaut, aber bedeutende Ueberreste seiner phönikischen Mauern sind noch vorhanden.

Die zwei andern phönikischen Städte liegen an der Nordküste Siciliens, da wo die Küste eine nach Osten gewendete baiartige Biegung macht. Auf dem felsigen Hügel, welcher diese Bai im Süden begrenzt, stand die phönikische Stadt Solus, (Soluntum, Solunto) dessen Name von Sela, der Fels, einem auch im alten Testament vorkommenden Namen, abgeleitet wird. Es war der wichtigste phönikische Vorposten gegen die Sikeler und später gegen die Griechen im Osten. Es liegt nicht wie die andern phönikischen Städte unmittelbar am Meere, sondern an der landeinwärts gelegenen Seite des Hügels, dessen Fuss vom Meere bespült wird. Dieser Ort ist jetzt verlassen, aber es sind noch bedeutende Ruinen davon vorhanden, die jedoch nicht der phönikischen, sondern der römischen Zeit angehören.

Doch die bedeutendste phönikische Pflanzstadt in Sicilien lag in der Bucht, wovon der Hügel Solus den einen Vorsprung bildet, jedoch viel näher dem andern Vorsprung, dem Berg Herkte, jetzt Monte Pellegrino. Hier umschliessen die Berge eine ausserordentlich fruchtbare Ebene, in späteren Zeiten unter dem Namen Goldmuschel (Conca d'oro) bekannt. In dessen Mitte machte das Meer einen schmalen Einschnitt, der durch eine Landzunge in zwei Arme getheilt und durch eine kleine Halbinsel gegen das offene Meer abgeschlossen war. Für phönikische Kaufleute konnte es keine bessere Lage geben. Hier erhob sich eine phönikische Stadt, welche, obwohl an der Nordküste Siciliens gelegen, gerade dem Sonnenaufgang zugewendet war. Merkwürdiger Weise ist uns ihr phönikischer Name unbekannt. Auf Griechisch hiess sie Panormos, d. i. Allhafen, welchen Namen auch andere Orte führten. Das ist das heutige Palermo, welches sowohl unter den Phönikiern wie unter den Saracenen das semitische Haupt Siciliens war, und unter den normannischen Königen Siciliens Hauptstadt blieb. Der Boden ist jetzt ganz verändert. Die zwei Arme des All-Hafens sind trockenes Land geworden, und der jetzige Hafen von Palermo liegt von der alten Stadt entfernt. Dies muss man berücksichtigen; denn die Stadt, von der wir zu sprechen haben werden, ist bis herab zur Normannenzeit noch das alte Panormos an der Gabelung der zwei Häfen gelegen, und ganz verschieden von dem jetzigen Palermo.

So wurde in Sicilien der Osten zum Westen und der Westen zum Osten. Die Asiaten zogen sich vor den Europäern in den westlichen Theil der Insel zurück und bekämpften von da aus die östlich von ihnen wohnenden Europäer. Auf der grossen Centralinsel Europas behaupteten sie ihr Barbarenviertel, das Land der Phönikier, Elymer, im Gegensatz zu dem Lande der Griechen und der diesen unterthänigen oder tributären Sikeler im Osten. Die Phönikier hatten auch in Afrika und Spanien Niederlassungen, sie besetzten nach und nach die grossen und kleinen Inseln um Sicilien und westlich davon. Und in allen diesen Gebieten verbreiteten sie ihre Sprache und Religion. Die Gottheiten Canaans wurden in Sicilien verehrt. Männer von Panormos und Motye schickten ihre Kinder durchs Feuer und der Tempel von Eryx wurde, was immer er früher gewesen sein mochte, zum Hause der Astoreth. Der Kampf zwischen den Griechen, welche wenigstens eine edlere Form des Heidenthums hatten, und den Phönikiern war daher von Anfang an gewissermassen ein Kreuzzug oder heiliger Krieg, und man war sich dessen klar bewusst.

Doch so lange die phönikischen Pflanzstädte in Sicilien unabhängig waren, hatten die Griechen wenig mit ihnen zu kämpfen. Der grosse Krieg begann erst, als Carthago daselbst zur Herrschaft gelangte. —

Wir haben nun die Bevölkerung, welche vor den Griechen in Sicilien ansässig war, betrachtet. Sie bestand aus den Urbewohnern, den Sikanern, Sikelern und Elymern und aus den phönikischen Colonisten, welche sich unter diesen ansiedelten. Alle zusammen haben nur geringe Spuren ihres einstigen Daseins hinterlassen. Es sind dies hauptsächlich in Kalkfelsen gehauene Gräber, welche häufig und besonders in tiefen Thälern im Südosten vorkommen. Sie sind zweifellos meist sikelischen Ursprungs, mögen aber vorher den Sikanern angehört haben. Die vorerwähnten phönikischen Mauern in Motye mögen altphönikisch sein. Die von Eryx und Lilybäon sind carthagisch. Auch erwähnten wir des sikelischen Bauwerks in Cefalù. Das ist ungefähr das Ganze bis auf die Gräber zweier Phönikierinnen im Museum von Palermo. Es gibt auch phönikische Münzen mit phönikischer Aufschrift. Die andern Völker haben keine Münzen, bis sie solche nach griechischem Muster prägten. Von der Sprache der Sikaner und Elymer wissen wir nichts. Die sikelische Sprache war, wie wir gesehen haben, mit der lateinischen sehr nahe verwandt. Doch haben wir von ihnen nichts Schriftliches. Die phönikische Sprache und alles, was sich auf die Phönikier bezieht, ist wohl bekannt, aber nicht aus den Spuren ihrer Niederlassung auf Sicilien.

Alle diese Völker mit Einschluss der Phönikier bilden nur die Einleitung zu unserm Gegenstand. Die eigentliche Geschichte von Sicilien als einem Lande, welches in den Weltbegebenheiten eine wichtige Rolle spielt, beginnt mit der Ankunft der Griechen.

DRITTES CAPITEL.

DIE SAGEN.

HIER noch mehr als in andern Partien der Geschichte müssen wir unsere Kenntnis aus allen möglichen zerstreuten Notizen zusammenklauben. Am meisten nähert sich einer zusammenhängenden Darstellung Diodor im fünften Buche seines Werkes, wo er die Sagenzeit Griechenlands behandelt und viele Sagen seiner Heimatsinsel mittheilt. Ueber die Palici erfahren wir das Meiste aus dem Spätlateiner Macrobius, der seine Nachrichten aus verschiedenen Quellen geschöpft hat, auch Diodor liefert einiges zur Ergänzung. Die Sage von Hadranus stammt hauptsächlich aus zwei Notizen in Aelians Geschichte der Thiere. Die Sage von Demeter und Persephone ist in der ganzen griechischen Litteratur zerstreut; doch in ihrer speciellen Beziehung zu Henna beruht sie nur auf lateinischen Schriftstellern und zwar erstlich auf Ciceros grosser Rede gegen Verres und dann auf den Dichtern Ovid und Claudian.

In der Geschichte Siciliens müssen wir vielleicht mehr wie sonst die ursprüngliche Sage, — eine Art Geschichte in unvollständiger Gestalt, welche das Andenken an wirkliche Ereignisse enthält, — von zwei Arten unglaubwürdiger

Berichte unterscheiden. Es gibt Sagen, welche blosse und zwar tendenziöse Erfindung sind. Andere Sagen, von denen wir nicht wissen, wie sie entstanden sind, sind zwar auch Erfindung, aber es steckt in ihnen nicht die bewusste Absicht irre zu führen. So ist die Sage von der Einwanderung der Sikeler aus Italien ein Stück wirklicher Tradition, indem sie an ein wirkliches Ereigniss erinnert. Die Sage vom trojanischen Ursprung der Elymer ist ein Stück reiner Erfindung. Um beide Arten von Berichten über wirkliche oder vermeintliche Thatsachen hat sich sagenhaftes Detail angesetzt. Auch solche Sagen, denen keine wirkliche oder vermeintliche Thatsache zu Grunde liegt, sind von sagenhaftem Detail umrankt.

Manche Sagen knüpfen sich an einen localen Cultus oder suchen locale Naturerscheinungen zu erklären. In Sicilien gibt es eine Menge solcher Sagen von jeder Art. Manche Sagen sind unter den Griechen selbst nach ihrer Ankunft auf der Insel entstanden. Andere haben sie von den Sikelern überkommen, und nach ihrer eignen Phantasie ausgeschmückt. Einige Sagen entstanden aus dem Bestreben, alle in der Odyssee erwähnten Orte topographisch zu bestimmen. Dies betrachteten hauptsächlich die Griechen in Sicilien als eine Art Pflicht. Denn Odysseus war nach Westen gefahren, er muss daher Sicilien besucht haben. Wie schon erwähnt, hielt man die kleine Insel Thrinakié, wo die der Sonne geweihten Rinder weideten, für Sicilien und veränderte den Namen in Trinakria. Ob der Dichter der Odyssee darunter eine wirkliche Insel verstanden habe, bleibt ungewiss. Er mag darunter einen Theil oder eine Halbinsel Siciliens, die er irrthümlich für eine Insel hielt, gemeint haben, wie einige Mylae oder Milazzo darunter verstehen, sicher hat er nicht ganz Sicilien damit gemeint. Andrerseits entstand die Schilderung der Skylla und Charybdis aus Erzählungen, worin Seeleute, wahrscheinlich phönikische, die Merkwürdigkeiten der Meeresstrasse ausmalten. Dann versetzte man die ungeheuerlichen Riesen der Odyssee, die Lästrygonen und Kyklopen nach Sicilien. Um Polyphemos, die Nymphe Galateia und ihren zweiten Liebhaber Akis bildete sich eine ganze Gruppe von Sagen. Andere verwandelten, als der Aetna genauer bekannt wurde, die Riesenhirten in Riesenschmiede, welche unter ihrem Meister Hephaistos die Donnerkeile des Zeus schmiedeten. Das sind rein griechische Sagen, welche von der einheimischen Sage oder Ueberlieferung so viel wie nichts enthalten. Wir haben den trojanischen Ursprung der Elymer für eine reine tendenziöse Erfindung erklärt. Diese Erfindung muss von den Elymern ausgegangen sein, aber erst nachdem sie die griechische Sage kennen gelernt hatten. Sie nahm verschiedene Formen an und wurde mit sagenhaftem Detail ausgeschmückt. Doch uns berührt hauptsächlich das, dass sie wenigstens unter den Griechen eine ältere griechische Sage verdrängte, welche ebenfalls einer absichtlichen Erfindung sehr ähnlich ist. Der griechische Heros Herakles wurde mit dem phönikischen Melkart vermischt und in dieser Eigenschaft liess man ihn auf seinen verschiedenen Wanderungen im Westen bis an den Ocean gelangen. Viele Sagen entstanden über ihn in Sicilien, wie er die Rinder des Geryones wegtreibt, wie diese über die Meerstrasse schwimmen, wie der Heros zuerst in der Sikelerstadt Agyrium, wo man die Fussspuren seiner Rinder zeigte, göttlich verehrt wurde. Alles das erzählt uns der Geschichtschreiber Diodor, der aus Agyrium war, ausführlich. Trotzdem kämpfte Herakles mit Eryx, der seinen Namen von dem gleichnamigen Berg und der Stadt hat, und überwältigte ihn. Dadurch gewann er ein Anrecht auf den Besitz seines Landes, das er ihm als eine Art Lehen überliess, bis ein Heraklide käme und darauf Anspruch erhebe. Wenigstens ist dieser letzte Theil der Sage offenbar im Interesse der Herakliden erfunden, welche, wie wir später sehen werden, auf Eryx Anspruch machten. Die Sage, dass Herakles vor dem trojanischen Krieg in Eryx war, steht im Widerspruch mit der Sage von dem trojanischen Ursprung der Elymer. Und man musste zu seltsamen Spitzfindigkeiten seine Zuflucht nehmen, um beide Sagen in Einklang zu bringen.

Die Sage, wie der berühmte kunstfertige Dädalos der Mythe nach Sicilien kam, ist von ganz anderer Art. Hier finden wir Spuren der reinen einheimischen Sage, welche jedoch durch die Phantasie der Griechen bedeutend ausgeschmückt wurde.

Dädalos flieht vor dem mächtigen Könige von Kreta Minos, den er beleidigt hatte, nach Sicilien, oder genauer bezeichnet, nach Sikanien. Hier findet er Aufnahme bei dem Sikanerkönig Kokalos — alles deutet darauf hin, dass er ein Sikaner und kein Sikeler war — für den er die feste Stadt Kamikos erbaut. Unter andern kunstvollen Werken, die er auf der Insel ausführt, erbaute er den Tempel auf dem Eryx. Ihm werden, wie dies häufig in ähnlichen Fällen geschieht, alle merkwürdigen Bauten zugeschrieben. Da kommt Minos mit einer grossen Flotte nach Sicilien, um sich an Dädalos zu rächen, aber er wird in einem Bade von den Töchtern des Kokalos getödtet. Seine Gefährten, oder einige davon, lassen sich in Sicilien nieder und erbauen, da wo sie zuerst ausgestiegen waren, die Stadt Minoa mit einem Grabe des Minos und einem

Tempel der Aphrodite. In dieser Sage finden sich phönikische und griechische Elemente. Sie hat griechisches Gewand angenommen, aber die Verflechtung des Minos in dieselbe deutet wahrscheinlich auf eine phönikische Niederlassung in Minoa. Aber der König Kokalos und seine Stadt Kamikos sind der echten sikanischen Tradition entnommen und keine Erfindung. Kamikos war eine wirkliche Stadt, welche in der Geschichte Siciliens eine, wenn auch unbedeutende Rolle spielt. Sie lag an der Stelle der heutigen Bergstadt Caltabellotta bei Sciacca oder wenigstens in dessen Nähe.

Das ist ungefähr das einzige, was wir von der sikanischen Sage wissen, die Sikeler haben uns weit mehr hinterlassen. Schon bei Agyrium haben wir gesehen, wie sich an einen Sikelerort eine griechische Sage knüpft. Viele Sikelersagen finden sich in der griechischen Mythologie.

Gemäss der Natur Siciliens als eines Landes voll von vulkanischen Erscheinungen jeglicher Art, war die Religion der Sikeler eine Verehrung der Naturkräfte, besonders der unterirdischen. Das Getreide selbst, welches aus der Erde hervorspriesst, wurde als das Geschenk der unterirdischen Mächte betrachtet. Dort befand sich der hohe feuerspeiende Aetnaberg, nebst verschiedenen kleineren Vulkanen, welche wie der bei Maccaluba nächst Girgenti bloss Schlamm auswerfen; da gab es heisse Quellen bei Termini und in der Nähe von Sciacca. Da gab es Vulkanseen, tiefe Erdlöcher und viele andere Erscheinungen, welche zur Verehrung der unterirdischen Götter, nach sikelischem Glauben Ehrfurcht gebietender aber gnädiger Gottheiten, passten. Einige Stücke sikelischer Religion sind fast unverändert auf uns gekommen, andere wurden so sehr mit griechischen Sagen verflochten, dass wir über ihre ursprüngliche Gestalt nicht einmal eine Vermuthung aussprechen können. So gab es eine sikelische Göttin Hybla, welche die Griechen bald mit der, bald mit einer andern Göttin ihrer eignen Mythologie identifizierten. Nach ihr wurden drei Städte in Sicilien benannt. Ein Hybla lag im südöstlichen Theile der Insel, jetzt Ragusa, das andere an der Küste nördlich von Syrakus, nahe der Stelle, wo später die griechische Colonie Megara gegründet wurde. Nach ihr wurden die wegen ihres Honigs berühmten benachbarten Hügel die Hybläischen genannt, obwohl es eigentlich keine den Namen Hyblaberg führende Höhe gab. Das dritte Hybla liegt im Innern nahe bei Catania und heisst jetzt Paternó. Die Priesterinnen dieser Göttin verlegten sich hauptsächlich auf die Auslegung von Träumen. Unterhalb ihres Tempels befand sich ein Schlammvulkan und mehrere Mineralquellen und dies beweist, dass Hybla eine Göttin der Unterwelt war. Dann gab es einen sikelischen Feuergott Hadranus, der einen Tempel in Aetna hatte, wo später nicht weit von Paternó eine Stadt Hadranum, das jetzige Udernó, entstand. In seinem Tempel war ein immerwährendes Feuer, in welchem, wie die Sage geht, tausend grosse Hunde gehalten wurden, welche, wenn gute Menschen in das Heiligthum kamen, denselben freundlich begegneten, während sie die schlechten je nach der Grösse ihrer Sünden fortscheuchten oder gar in Stücke rissen. Auch führten sie Reisende, welche sich verirrt hatten, nach Art der Bernhardinerhunde auf den rechten Weg zurück. Noch berühmter ist das sikelische Heiligthum, welches für die Geschichte Siciliens von grösster Bedeutung ist.

Es ist dies der Tempel und See der Palici, der grossen

Zwillingsgottheiten im Cultus der Sikeler. Ihr Tempel stand in einer Ebene nördlich von der Hügelstadt Menaenum, dem jetzigen Mineo. Hier waren im Alterthum zwei Vulkan-Krater, jetzt findet sich dort nur einer, aus welchem an verschiedenen Stellen Wasser emporwallt. Ein Eid, welcher bei demselben abgelegt wurde, hatte unter allen Eiden die grösste bindende Kraft, und ein Bruch desselben wurde nach dem Volksglauben stets furchtbar bestraft. Die Palici waren Erdgottheiten, der Mythus lässt sie aus der Erde hervorgehen. Sie waren ebenfalls gute Götter und gewährten insbesondere den Sklaven Schutz. Hier hat sich ein sikelischer Mythus fast unversehrt erhalten. Die Griechen änderten an demselben nichts, als dass sie, nach ihrer Gewohnheit, für die sikelischen Götter eine Genealogie zu erfinden, die Paliken für Söhne des Zeus und einer Nymphe Thaleia oder passender für die Söhne des Feuergottes Hadranos, der dem griechischen Hephästos entspricht, ausgaben. In der altitalischen Religion, wovon die sikelische eine Abart ist, sind die Götter elternlos. In dem berühmtesten Sitze sikelischen Götterglaubens sehen wir, wie ein in Griechenland entstandener Mythus wirklich nach Sicilien verpflanzt, an dortige Gegenden und Naturerscheinungen geknüpft und so vollständig mit denselben in Verbindung gebracht wurde, dass man bei der reichen Ausschmückung, welche sie durch die griechische Phantasie erfuhr, den ursprünglichen sikelischen Mythus kaum mehr erkennen kann. Das ist bei dem Mythus von den Hauptschutzgöttinnen Siciliens, den Göttinnen von Henna, den Kräften der Erde, welche das Getreide wachsen lassen, der Fall.

Der sikelische Charakter dieses Mythus, worin er immer bestehen mochte, hat sich ganz in dem griechischen

Mythus von Demeter und ihrer Tochter Persephone, mit dem Beinamen Kore d. i. Jungfrau und von ihrer Entführung durch Aidoneus, dem Gott der Unterwelt, verloren. Die Sage wurde nach Sicilien verpflanzt und mit Henna und dem benachbarten See Pergus in Verbindung gebracht. Auf sicilischem Boden wurde er erweitert und erlangte seine grösste Ausbildung durch die lateinischen Dichter. In seiner ältesten Form, dem homerischen Hymnus an Demeter wird weder Henna noch Sicilien überhaupt erwähnt. Später in den Oden Pindars und in verschiedenen andern Nachrichten erscheinen die Göttinnen speciell als sicilische Göttinnen, doch ohne dass dabei Henna erwähnt wird. Erst durch den griechischen Dichter Kallimachos zur Zeit Hiero des Zweiten wird Henna zu den Göttinnen in Beziehung gesetzt. Dann beschreiben Cicero und Livius Henna als die Hauptcultusstätte dieser Göttinnen und ihr Mythus wird an die Umgebung von Henna geknüpft. Endlich finden wir bei den lateinischen Dichtern, besonders bei Ovid und Claudian, den Mythus ausführlich erzählt und den See Pergus und andre Orte Siciliens zu dessen Schauplatz gemacht. Die Jungfrau Persephone pflückt mit ihren Gespielinnen am See Blumen. Als sie eben eine wunderbare Narzisse mit hundert Knospen pflücken will, kommt Aidoneus auf seinem von schwarzen Rossen gezogenen Wagen aus einem bei dem See befindlichen Erdschlund hervor und entführt sie. In der Ebene bei Syrakus macht ihm die Nymphe Kyana deshalb Vorwürfe und bittet ihn, die Jungfrau zu entlassen. Sie wird in die gleichnamige Quelle verwandelt und Aidoneus entführt seine Beute in die Unterwelt. Dann folgen die Wanderungen der Demeter, um ihre Tochter zu suchen, gerade wie in der Erzählung, welche nichts von Sicilien weiss. Zuletzt bestimmt Zeus, dass Persephone die Hälfte des Jahres als Königin der Unterwelt bei Aidoneus zubringen soll. Aber sie erhält Sicilien als Mitgift und darf die andere Hälfte des Jahres bei ihrer Mutter als die zweite Schutzgöttin der Insel zubringen.

Hier ist der Localcultus des sikelischen Henna durch die griechische Phantasie so ausgeschmückt, dass wir nicht wie bei den Paliken erkennen, worin er ursprünglich bestand. Endlich haben wir einen andern sehr berühmten Mythus, der physikalischen Erscheinungen in Sicilien seinen Ursprung verdankt, aber eine rein griechische Sage zu sein scheint, die nach der Ansiedlung der Griechen in Sicilien erfunden wurde. Auf der Insel Ortygia, auf welcher zuerst die Stadt Syrakus entstand, war eine kalte Quelle hart am Meere. Ganz nahe dabei sprudelte im Meer selbst ein anderer kalter Quell mitten aus dem Salzwasser auf. Man dachte, diese beiden Erscheinungen müssten zu einander in Beziehung stehen. So entstand der Mythus, der Gott des Flusses Alpheios jenseits des Meeres hätte die Jungfrau Arethusa verfolgt. Sie flehte zu ihrer Herrin Artemis, welche sie in eine Quelle verwandelte. Sie sei unter dem Meere fortgeflossen, bis sie bei Ortygia wieder hervorkam und sie wurde vom Fluss Alpheios durch die Meereswogen verfolgt. Sowohl in Griechenland als in Sicilien kannte man Gewässer, welche unter der Erde verschwanden und dann wieder hervorkamen. Man hielt es nicht für unmöglich, dass sie auch unter dem Meere fortfliessen könnten und ernste Geschichtschreiber wie Strabo und Pausanias lassen sich in wissenschaftliche Beweisführungen ein, ob dies möglich sei. Auch hier finden wir wieder Mächte der Unterwelt, nur sind sie diesmal unter dem Meere, statt unter der Erde wirksam. Diesmal erscheinen sie uns in rein griechischer Gestalt, wir haben daher keinen Grund zu glauben, der Mythus der Arethusa gehöre der sikelischen Mythologie an. Man kann beweisen, dass der Mythus aus dem in Elis bestandenen Localcultus der Artemis entstand. Er wurde von da einfach nach Sicilien verpflanzt, um die Naturwunder von Syrakus zu erklären.

Wir haben also rein sikelische Mythen wie den von Hybla, Hadranos und der Palikoi. Der Mythus von Demeter und Kore ist ein griechischer Mythus, der an ein sikelisches Heiligthum geknüpft wurde und den alten sikelischen Cultus thatsächlich verdrängte. Endlich haben wir in dem Mythus von Alpheios und Arethusa eine griechische Legende, welche einfach an einen Ort Siciliens übertragen wurde. So fand eine gegenseitige Beeinflussung zwischen den Griechen und Sikelern statt. Das ist immer der Fall, wenn zwei Völker mit einander in nähere Berührung kommen, wie auch in Europa zwei Nachbarvölker einander beeinflussen. Die Sikeler waren mit den Griechen, die nach ihnen kamen, verwandt. Sie waren nicht ohne Cultur, noch hatten sie wie die Phönikier eine von der griechischen ganz verschiedene Cultur. Wir kommen nun darauf zu sprechen, wie beide Völker mit einander in Berührung kamen, und einander beeinflussten. Den Hauptgegenstand der alten sicilischen Geschichte bildet die Darstellung, auf welche Weise die Sikeler zu Griechen und Sicilien griechisch wurde. Davon wird der folgende Abschnitt handeln.

VIERTES CAPITEL.

DIE GRIECHISCHEN NIEDERLASSUNGEN IN SICILIEN.
735—580 v. Chr.

THUKYDIDES liefert uns im Anfang des sechsten Buches seines Werkes eine wertvolle übersichtliche Darstellung der griechischen Ansiedlungen in Sicilien, in welcher er nach der Ansicht einiger dem Antiochus von Syrakus gefolgt sein soll. Die Bücher Diodors, in denen er davon ausführlicher gehandelt haben muss, sind leider bis auf einige Fragmente verloren gegangen. Sehr viel erfahren wir aus Strabo, aus dem wir ersehen, dass oft über dieselbe Gründung verschiedene Sagen im Umlauf waren. Dann finden wir vielfach gelegentliche Nachrichten in den kleineren Schriften Plutarchs und anderwärts.

Schon zur Zeit des Entstehens der Odyssee hatten die Griechen, wenigstens die westlich wohnenden, eine dunkle Kenntnis von Sicilien und den Sikelern. Wir hören da von einem Lande Sikanien reden, worunter nur Sicilien gemeint sein kann, und von den Sikelern als einem Volke Siciliens oder Italiens: Mit ihnen scheinen die Griechen einen lebhaften Sklavenhandel unterhalten zu haben.

So drohen die Gefährten dem Odysseus ihn an die Sikeler zu verkaufen und der greise Laertes wird von einem sikelischen Weibe gepflegt. Aber ein solcher längs der Küste betriebener Handel, auf den sich noch lange Zeit nachher der ganze Verkehr zwischen Griechenland und Sicilien beschränkte und der überdies höchst wahrscheinlich nur durch phönikische Schiffe vermittelt wurde, zeigt, dass der Verkehr zwischen den beiden Nachbarvölkern nicht bedeutend gewesen sein kann. Daher hatten die Griechen, selbst als sie anfingen auf Sicilien Colonien zu gründen, von diesem Lande sehr ungenaue Vorstellungen. Es geht die Sage, die Phönikier hätten von dem Lande solche Schilderungen verbreitet, welche geeignet waren, andere Völker von Niederlassungen in diesem Lande abzuschrecken.

Lange Zeit wendeten sich die griechischen Colonisten mehr dem Osten als dem Westen zu. Und die Griechen sollen bei Beginn der Colonisation des Westens ihre älteste Colonie in Italien gleich den Phönikern in weitester Entfernung vom Mutterlande angelegt haben. Man glaubte Kyme, das lateinische Cumae in Campanien sei im 11. Jahrhundert v. Chr. gegründet worden. Die andern Ansiedlungen in Italien und Sicilien beginnen erst im 8. Jahrhundert.

Kyme war immer selbständig als das Haupt einer Gruppe griechischer Städte, welche in seiner Nachbarschaft oder von diesen getrennt weiter südlich lagen und es ist wohl möglich, dass sie in Folge eines Zufalls früher gegründet wurde, wie die andern Griechenland näher gelegenen Colonien. Doch dass sie dreihundert Jahre früher gegründet wurde, ist nicht wahrscheinlich. Man mag ihre Gründung eine geraume Zeit vor die der näher gelegenen

Colonien setzen. Ungefähr in der zweiten Hälfte des achten Jahrhunderts v. Chr. wurde die griechische Colonisation im Westen in Illyrien, Sicilien und Italien ernstlich in Angriff genommen. Die erste Colonie in Sicilien soll ihre Entstehung einem Zufall verdanken. Damals war Chalkis auf Euböa eine der ersten Seestädte Griechenlands. Theokles, ein Chalkidier, wurde durch einen Sturm an die Küste Siciliens verschlagen. Er kehrte zurück, erzählte, das Land sei fruchtbar und die einheimische Bevölkerung leicht zu besiegen. So wurde er im Jahre 735 v. Chr. ausgesendet, um die erste griechische Colonie in Sicilien zu gründen. Die Ansiedler waren theils aus Chalkis, theils von der Insel Naxos. Man kam überein, die neue Stadt sollte den Namen Naxos führen, doch Chalkis als ihre Mutterstadt betrachten. So erhob sich an der Ostküste Siciliens auf einer durch die Lava gebildeten Halbinsel Neu-Naxos.

Hinter ihr erhob sich der Berg Tauros, auf welchem jetzt Taormina liegt. Die griechischen Ansiedler vertrieben die Sikeler und nahmen so viel Land in Besitz, als sie brauchten. Sie erbauten und befestigten eine Stadt, von deren Mauern noch ein Theil erhalten ist. Als die ersten Ansiedler in diesem Lande errichteten sie dem Apollo Archegetes d. i. dem Anführer und Urheber einen Altar und ein Standbild. Er befand sich ausserhalb der Stadt Naxos, und wurde der religiöse Mittelpunkt der sicilischen Griechen, der Sikelioten im Gegensatz zu den Sikelern. Hierher kamen alle, welche sich aus Sicilien zu den grossen Festspielen nach Griechenland begaben, um zuerst dem gemeinsamen Schutzgott aller Sikelioten zu opfern.

Man kann Naxos als die erste griechische Niederlassung in Sicilien mit Ebbsfleet, der ersten Ansiedlung der Angeln in Britannien vergleichen. Die älteste Stadt der Sikelioten hat nie eine hervorragende Bedeutung erlangt und ist nach ungefähr dreihundertjährigem Bestande für immer vom Erdboden verschwunden. Seine Bewohner, Chalkidier und Naxier, gehörten dem jonischen Stamme an. Im folgenden Jahr 734 v. Chr. soll eine dorische Stadt von viel grösserer Bedeutung in Sicilien gegründet worden sein. Korinth auf der gleichnamigen Landenge mit seinen zwei Häfen, wovon der eine nach Osten, der andere nach Westen geöffnet war, war eine der bedeutendsten Seestädte Griechenlands und sendete nach beiden Seiten Colonien aus. Jetzt wurden gleichzeitig Colonisten nach Sicilien und an die illyrische Küste entsendet, und zwei berühmte korinthische Städte, das Schwesternpaar Korkyra und Syrakus erhoben sich in Folge dessen. Der Gründer von Korkyra war Chersikrates, der von Syrakus Archias. Korinth scheint über ihre näher gelegenen Colonien eine Art Oberherrschaft beansprucht zu haben, was von Seiten einer griechischen Mutterstadt sonst nicht üblich war. Die Tochterstadt Korkyra erhob deshalb, um ihre Unabhängigkeit zu erkämpfen, Krieg gegen ihre Mutterstadt, und zwischen beiden entstand bittere Feindschaft. Ueber das entferntere Syrakus erhob ihre Mutterstadt einen solchen Anspruch nicht, daher beide zu einander auf sehr gutem Fusse standen, und die gegenseitigen freundlichen Beziehungen bilden einen Lichtpunkt in dem politischen Leben der Griechen.

Kyme lag auf einer das Meer überblickenden Anhöhe, Naxos unmittelbar am Meer auf einer niedrigen Halbinsel. Syrakus lag auf einer flachen Insel im Meere. Dies zeigt, wie die Griechen im Vergleich zu den Tagen, wo alle Städte im Binnenlande auf Anhöhen erbaut wurden, vorgeschritten waren. Die Griechen hatten es den Phönikern abgelernt. Es war die Insel Ortygia, auf welcher sich die Quelle Arethusa befindet. Sie liegt der Küste so nahe, dass sie später bald durch einen Steindamm, bald durch eine Brücke mit ihr verbunden wurde. Sie erstreckt sich von Norden nach Süden und schliesst mit der südlich gegenüberliegenden Halbinsel Plemmyrion eine Meerbucht mit einer verhältnismässig engen Mündung ein, welche den grossen Hafen von Syrakus bildet, denn als Hafen ist er gross, wiewohl er als Bucht klein ist. Nördlich von der Insel befindet sich ein kleinerer Hafen. Syrakus hat also wie ihre Mutterstadt Korinth zwei Häfen, die aber viel näher bei einander liegen als diese. Weiter nördlich von dem kleinen Hafen ist ein langgestreckter Höhenzug, der an seinem östlichen Ende gerade vom Meere aufsteigt und sich landeinwärts erstreckt, bis er im Westen steil abfällt. Er überschaut den grossen Hafen und nördlich davon eine andere Bucht, welche durch eine gleich Ortygia nach Süden sich erstreckende Halbinsel Xiphonia gebildet wird.

Eine kleine niedere Halbinsel trennt diese Bucht in zwei Hälften. Südlich davon breitet sich zwischen der Insel und dem Höhenzug eine Niederung aus, eine weite, niedrige, sumpfige Ebene zwischen dem grossen Hafen im Osten, dem syrakusanischen Hügelland im Norden und den höheren landeinwärts gelegenen Hügeln im Westen und Süden. Diese Ebene durchfliesst der Fluss Anapus und sein Zufluss Kyana, an welchen sich die bereits erwähnte Sage knüpft. Die Lage von Syrakus ist für seine Geschichte von grösster Bedeutung. Als die korinthischen Ansiedler ankamen, hatten die Sikeler die Insel Ortygia und den ganzen östlichen Theil von Sicilien inne. Es ist wohl möglich, dass die Phönikier hier eine Handelsfactorei hatten. Die griechische Stadt Syrakus war zuerst nur auf die Insel beschränkt, erweiterte sich aber, indem sie sich auf dem Festlande und über die Anhöhen ausdehnte. Es scheint fast, dass die Ansiedler schon von Anfang an oder wenigstens schon sehr bald mehrere feste Plätze zum Schutze des von ihnen besetzten Gebietes inne hatten. Sie hatten einen festen Punkt Achradina auf dem Ostende der das Meer beherrschenden Hügelkette und einen andern Polichne, das Städtchen oder auf englisch Littleton, auf einem kleinen Hügel in der Ebene gerade westlich vom grossen Hafen. Hier erhob sich das Olympieion, der berühmte Tempel des Olympischen Zeus. Und hier befand sich höchst wahrscheinlich ein anderes Fort, am Südabhange des Hügels, wo der Tempel des Apollo Temenites war. Jedes dieser Forts beherrschte eine nach Syrakus führende Hauptstrasse.

Achradina und Temenites wurden später mit der Stadt vereinigt, doch Polichne niemals. Syrakus ist von der Zeit des Archias an eine bewohnte Stadt geblieben. Doch im Gegensatz zur Vergangenheit ist sie wieder auf den Umfang ihres ersten Bestandes, auf den der Insel beschränkt. Kein Theil des Hügelzuges ist überhaupt dicht bevölkert. Die Sikeler wurden natürlich aus der Insel vertrieben, und in dem Gebiete, welches die Griechen nach und nach besetzten und unter sich auftheilten, in den Zustand des unterthänigen gemeinen Volkes herabgedrückt. Woher der Name Syrakus (Syrakusai) stammt, ist ungewiss. Die Insel hat nie so geheissen, sondern nur die Stadt auf der Insel und der Name wurde auf die nach und nach zur Stadt gezogenen Gebiete ausgedehnt.

Das Olympieion von Syrakus.

Durch die Gründung von Syrakus hatten die Dorier den günstigsten Punkt an der Ostküste Siciliens besetzt. Das scheint die Jonier in Naxos, — sie wurden gewöhnlich nach ihrer Mutterstadt Chalkis Chalkidier genannt, — angetrieben zu haben, zwischen Naxos und Syrakus zwei neue Städte zu gründen. Dies geschah im Jahre 729 v. Chr. Theokles selbst gründete Leontinoi, die einzige griechische Stadt Siciliens, welche im Innern des Landes liegt. Sie lag aber an einem Punkte, den man besetzen musste, da er die Strasse, welche aus dem Hügellande im Innern nach der Ebene von Leontinoi, der grössten und fruchtbarsten auf der Insel führte, beherrschte. Die Stadt lag in einem von zwei Anhöhen gebildeten Thale und hatte zwei Burgen (Akropoleis); sie besteht noch und führt den Namen Lentini. Die andere gleichzeitige chalkidische Pflanzung war Katane (Catina, Catania), sie wurde in der Nähe des Meeres, doch nicht unmittelbar an demselben, wie Naxos und Syrakus, angelegt. Diese Stadt wurde mehrmals durch Erdbeben und die Lava des Aetna zerstört, doch jedesmal wieder erbaut. Sie ist jetzt eine weit grössere Stadt als Syrakus. Die Lavaausbrüche haben zu verschiedenen Sagen in heidnischer und christlicher Zeit Anlass gegeben. So wurde erzählt, dass bei dem ersten Ausbruch, der nach der Gründung von Katana stattfand, der Lavastrom sich theilte, um die Brüder Amphinomos und Anapia, welche aus Kindesliebe ihre Eltern auf den Schultern forttrugen, zu verschonen. Diese Sage fand grossen Anklang und man findet die Brüder oft auf den Münzen von Katana abgebildet. Die Lage zweier anderer chalkidischer Städte, Euboia, so genannt von der Insel, auf welcher die Mutterstadt Chalkis liegt, und Kallipolis ist unbekannt, sie müssen irgendwo nördlich von Naxos gelegen gewesen sein.

Ungefähr um dieselbe Zeit, als die Chalkidier in Sicilien sich ausbreiteten, kamen aus Alt-Griechenland neue dorische Ansiedler. Nämlich aus Megara, welches gleich Korinth auf dem Isthmus gelegen ist und zwei Häfen hat, damals eine der ersten colonisierenden Seestädte Griechenlands.

Im Jahre 726 v. Chr. brachen Colonisten aus Megara unter ihrem Führer Lamis auf, um an der Ostküste Siciliens zwischen Syrakus und den chalkidischen Städten ein Heim zu suchen. Hier hatten sie merkwürdige Abenteuer zu bestehen. Merkwürdiger Weise scheinen sie keinen Versuch gemacht zu haben, sich auf der Halbinsel Xiphonia, welche nach Ortygia die günstigste Lage hat, und wo jetzt die Stadt Augusta liegt, niederzulassen. Zuerst liessen sie sich etwas nördlich von Xiphonia bei Trotilon nieder, wo der Fluss Pantakias (Pantagias oder Porcari) mit einer weiten Mündung sich ins Meer ergiesst, während er kaum eine oder zwei englische Meilen oberhalb ein die Felder verheerender Wildbach ist. Von hier übersiedelten sie nach dem eben begründeten Leontinoi. Nach der Sage hatte Theokles diese Colonie in Folge eines mit den Sikelern getroffenen Uebereinkommens gegründet und Griechen und Sikeler wohnten in Leontinoi neben einander.

Nun kannte der Grieche einem Barbaren gegenüber keine Rücksicht, wenn er sich nicht durch einen besonderen Vertrag verpflichtet hatte, und selbst ein Vergleich zwischen Griechen und Barbaren wurde oft nur formell gehalten, in Wirklichkeit aber gebrochen. Theokles sagte den Megarern, seine Chalkidier können die Sikeler, da sie durch einen Vertrag gebunden seien, nicht beeinträchtigen, dies stehe jedoch den Megarern, die keine Verpflichtung übernommen hätten, frei. Daher liessen sich

Megarer, nachdem sie die Sikeler aus Leontinoi vertrieben hatten, daselbst neben den Chalkidiern nieder. Da ersann Theokles gegen die Megarer eine andere List. Während des Krieges mit den Sikelern hatten die Chalkidier einen Festzug im Waffenschmuck nach dem Tempel der zwölf Götter gelobt. Es war jetzt Zeit, das Gelübde zu lösen; die Megarer durften sich nicht daran betheiligen. Als die Procession vorüber war, verkündete ein Herold, alle Megarer müssten vor Sonnenuntergang die Stadt verlassen. Da die Megarer unbewaffnet waren, konnten sie gegen die bewaffneten Chalkidier keinen Widerstand leisten; so machten sie sich zum drittenmal auf, ein Heim zu suchen, während die Chalkidier ganz Leontinoi mit Ausschluss der Sikeler und Megarer für sich behielten. Die Megarer verbrachten einen Winter in Thapsos, wo Samis starb. Endlich besetzten sie einen Punkt an der zwischen Thapsos und Xiphonia gelegenen Bucht, in der Nähe von Gross-Hybla.

Dabei soll sie ein sikelischer Fürst zum Nachtheil seiner eigenen Unterthanen unterstützt haben. Er führte nach seiner Stadt Hybla den Namen Hyblon. Die Ankömmlinge gründeten an der Küste eine Stadt, welche sie nach ihrer Mutterstadt Megara benannten und mit welcher Hybla zu einer Stadt verschmolz. Megara besteht jetzt nicht mehr, doch sind noch beträchtliche Ueberreste vorhanden.

Nach den uns erhaltenen Berichten muss nach der Gründung von Megara ungefähr 40 Jahre hindurch in der Colonisation Siciliens durch Griechen ein Stillstand eingetreten sein. Vielmehr wurde eine zeitlang Italien das für Ansiedelungen erkorene Land. Doch scheint bald nach Megara noch eine berühmte Stadt gegründet worden zu sein.

Dies ist Zankle, später Messana genannt. Diesen letzteren Namen führt sie noch in der Form von Messina. Sie wurde zuerst durch Seeräuber aus Kyme gegründet und konnte daher auf die Rechte einer gesetzmässigen griechischen Colonie keinen Anspruch erheben. Aber später wurde sie in gesetzmässiger Weise von Kyme und Chalkis aus neu begründet unter der Leitung zweier Männer, wovon der eine ein Kymeer, der andere ein Chalkidier war. Es hatte eine herrliche Lage an der Meerstrasse am Fusse von Hügeln, mit einem bedeutenden, durch einen schmalen Streifen Landes vom Meer getrennten Hafen.

Zankle, oder besser Danklon, soll in der sikelischen Sprache die Sichel bedeuten, daher sein Name. Die Ansiedler in Zankle bemächtigten sich des nordöstlichen Ecks von Sicilien und legten selbst an der Nordküste eine Festung an, nämlich auf der Halbinsel Mylai oder Milazzo, welches nach einer Sage zur Zeit der Odyssee der Weideplatz der dem Sonnengott geheiligten Rinder gewesen sein soll. Zankle oder Messana war von jeher eine blühende Stadt, wiewohl sie zur Zeit des Griechenthums unter den Städten Siciliens nie eine hervorragende Stellung einnahm.

Mit der Gründung von Zankle hörten die Erwerbungen der Griechen an der Ostküste Siciliens auf. Der bei weitem grössere Theil dieser Küste war jetzt mit griechischen Colonien besetzt. Doch mit Ausnahme des Zankleischen Forts bei Mylae hatten die Griechen weder an der Nord- noch an der Südküste Eroberungen zu machen versucht. Um 689 v. Chr. fingen griechische Ansiedler an, auch an der Südküste sich auszubreiten. Es waren Dorier von der Insel Rhodos, denen sich Gefährten aus Kreta und vielleicht von anderen Inseln anschlossen.

Die neue Colonie wurde nahe der Grenze des Sikaner- und Sikelergebietes auf einer Reihe niedriger Hügel zwischen dem Meere und einer reichen, bergumgränzten Ebene angelegt. Sie lag am Flusse Gelas, ein Name, der in sikelischer Sprache kaltes Wasser bedeutet. Dies zeigt, wie sehr das sikelische Wort mit dem lateinischen gelu, gelidus verwandt ist.

Die neuen Ansiedler liessen sich zuerst auf einer Anhöhe nieder, welche sie nach der rhodischen Stadt Lindos Lindioi nannten. Als die neue Stadt sich erweiterte, wurde Lindioi die Akropolis von Gela, nach dem gleichnamigen Flusse benannt. Gela wurde eine berühmte Stadt, sie ist weder ganz zu Grunde gegangen, noch hat sie wie Messina immer fortbestanden. Sie wurde nach einem Bestande von mehreren Jahrhunderten zerstört, und nach noch viel mehr Jahrhunderten wurde auf einem Theil seines Gebietes die jetzige Stadt Terranova gebaut.

Die Gründung von Gela, der ersten griechischen Stadt an der Südküste Siciliens, hat ohne Zweifel Syrakus angeeifert, die Grenzen ihres Gebietes zu erweitern. Keine Stadt war so günstig gelegen, um zugleich eine Land- und Seemacht zu bilden, wie Syrakus. Ihr Ziel war, das ganze Südosteck zu besetzen, um an der Südküste ebensogut das Meer beherrschen zu können, wie an der Ostküste. Auf dieses Ziel arbeitete sie langsam aber ununterbrochen hin, indem sie sowohl landeinwärts, als der Küste entlang vorrückte. Sie hatte als Festungen Heloron an der Ostküste und Neaeton oder Netum im Binnenland. Netum ist das jetzige Noto; aber dieses liegt näher am Meere. Sie drang weiter im Binnenlande vor und strebte von da aus die Südküste zu gewinnen. Im Jahre 664 v. Chr. besetzte sie Akrai im Binnenland, das jetzige Palazzuolo, an einem Hügel, der eine Menge Sikelergräber enthält. Im Jahre 644 v. Chr. drangen sie nach Kasmenai vor, dem jetzigen Spaccaforno, auf einem etwas landeinwärts gelegenen Hügel, der jedoch einen Ausblick auf das Südmeer gewährt. Endlich gründeten sie 599 v. Chr. Kamarina an der Südküste. Syrakus beherrschte jetzt das ganze Südosteck der Insel mit einer langen Küstenlinie um dasselbe und ein ungewöhnlich grosses Binnengebiet, welches sie in den Stand setzte, an beiden Küsten das Meer zu beherrschen. —

Die daraus sich ergebenden Folgen waren ebenso belehrend, wie die Beziehungen zwischen Korinth und Korkyra. Alle diese syrakusanischen Städte sollten keine selbständigen Freistädte, sondern syrakusanische Festungen mit syrakusanischen Besatzungen sein. Keine von diesen prägte damals Münzen. Auch lehnte sich, soviel wir wissen, keine von ihnen gegen Syrakus auf. Das einzige Kamarina benutzte seine günstige Lage, um nach Unabhängigkeit zu streben. Es entstand ein Krieg, in welchem beide Theile Griechen und Sikeler zu Verbündeten hatten. Kamarina wurde im Jahre 553 v. Chr. besiegt und von seiner erbitterten Mutterstadt vom Erdboden vertilgt.

Westlich von Mylai, dem Vorposten von Zankle, gab es an der Nordküste von Sicilien noch keine griechische Colonie. Jetzt um 648 v. Chr. legte Zankle viel weiter westlich eine wirkliche Colonie, nämlich Himera, an, welches lange Zeit die einzige griechische Stadt an der Nordküste war. Zwischen diesem und Zankle lagen Cephaloidium nebst anderen Sikelerorten, gegen Westen lag es recht eigentlich in der Gewalt der Phönikier. Es lag auf einem mässigen Hügel nahe dem Meere, an der Mündung des nördlichen Himeraflusses. Sie bestand nur 240 Jahre und ist jetzt ganz verschwunden. Sie hatte gegen das phönikische Gebiet einen Vorposten, die warmen Bäder (Thermä, Θερμαί) von Himera, welche nach der Sage die Nymphen hervorquellen liessen, um den durch seinen Kampf mit Eryx erschöpften Herakles zu erfrischen. Die Bäder sind noch vorhanden, die Stadt führt jetzt den Namen Termini. —

Im Jahre 628 v. Chr., d. i. nach der Gründung von Himera und vor der Gründung von Kamarina, gründeten die Megarer Siciliens an der Südküste Selinus, die westlichste Griechenstadt auf der Insel. Sie liegt unter demselben Meridian wie Himera im Norden. Sie war gewissermassen ein Vorposten, welchen die Hellenen auf ihrem Marsche gegen die Phönikier, Sikaner und Elymer vorgeschoben hatten. Selinus hatte am Flusse Mazaros ein Fort, es ist dies der äusserste griechische Posten auf der Insel. Seine Burg stand auf einem nahe dem Meere gelegenen Hügel zwischen den Flüssen Hypsas und Selinus. Dieser und zwei andere Hügel zu beiden Seiten desselben waren mit Tempeln und anderen Gebäuden besäet und boten einen herrlichen Anblick. Selinus ist jetzt wie Himera ganz verödet, doch sind seine Ruinen die grossartigsten in Sicilien.

Zwischen Selinus und Gela befand sich eine grosse Lücke ohne eine griechische Stadt. Diese Lücke wurde 599 v. Chr. durch die Gründung von Akragas (Agrigentum, Girgenti) ausgefüllt, welche seitdem ohne wesentliche Aenderung ihres Namens ununterbrochen fortbestanden hat und noch besteht. Sie wurde von Gela aus gegründet, welches den Muth hatte, auf seinem eigenen Gebiete eine selbständige Colonie zu gründen. Griechen aus andern Orten, besonders aus Gelas Mutterland Rhodos, liessen sich da nieder. Die neue Stadt lag nicht so nahe dem Meere, wie die meisten ihrer Schwestern. Sie lag auf einer Anhöhe zwischen den Flüssen Akragas und Hypsas. Die Akropolis erhob sich auf einem hohen, fast isolierten Berggipfel, von wo aus die Stadt allmählig nach unten — so wie Syrakus von unten nach oben — sich erweiterte. Und so wie Syrakus ist die jetzige Stadt wieder auf ihren ältesten Umfang beschränkt. Das jetzige Girgenti umfasst nur die Akropolis von Akragas. Obwohl die Stadt sich erweiterte, erreichte sie niemals das Meer; ihr kleiner Hafen lag in einiger Entfernung von der Stadt. Akragas unterhielt einen lebhaften Handel mit der gegenüberliegenden afrikanischen Küste. Doch wurde sie niemals eine eigentliche Seemacht wie Syrakus.

So wurde in ungefähr 140 Jahren der grössere Theil der Küste Siciliens von griechischen Colonien besetzt. Die Phönikier und ihre Nachbarn behaupteten ihr eigenes Gebiet. Das Binnenland und ein grosser Theil der Nordküste und Himera blieb den unabhängigen Sikelern. Doch die Ost- und Südküste waren griechisch. Akragas war, wie wir sehen werden, nicht die jüngste griechische Stadt in Sicilien, doch war sie unter den selbständigen Freistädten, die von einer andern Republik gegründet wurden, die letzte.

Es war jedoch nicht der letzte Versuch nach dieser Richtung. Bald nach der Gründung von Akragas um 580 v. Chr. versuchte eine Schar Colonisten aus Knidos und Rhodos unter Führung des Knidiers Pentathlos sich im Herzen des phönikischen Gebietes bei Lilybäon, dem westlichsten Punkte Siciliens, niederzulassen. Bei ihrer Ankunft war gerade Krieg zwischen den Griechen von Selinus und den Elymern von Segesta. Von solchen Kriegen werden wir öfters hören.

Akragas vom Olympieion aus.

Die Segestaner hatten Phönikier zu Verbündeten, während die dorischen Griechen, wie natürlich, ihren Stammesbrüdern, den Selinuntiern, Beistand leisteten. Doch die Griechen wurden geschlagen, Pentathlos getödtet. Seine Gefährten fuhren um das Nordwesteck Siciliens nach den Aeolosinseln. Auf der grössten derselben, Lipara, legten sie eine Colonie an, welche seitdem als bewohnte Stadt fortbesteht. Die neue Stadt Lipara schaute nach Knidos, ihrer Mutterstadt, und verehrte den todten Pentathlos als ihren Begründer.

So wurden auch die zwischen den zwei grossen griechischen Colonialgebieten, Sicilien und Unteritalien, gelegenen Inseln ebenfalls griechisch. Die westlich von Sicilien gelegenen ägatischen Inseln, Aegusa etc., theilten die Schicksale des benachbarten Küstenlandes, während die zwischen Sicilien und Afrika gelegenen Inseln niemals von griechischen Ansiedlern berührt wurden. Es folgt nun ein Zeitraum von ungefähr 100 Jahren, in welchem wenigstens die griechischen Niederlassungen verhältnismässig Frieden genossen und gedeihen konnten. Wir können nicht sagen, dass es nicht zu Kämpfen zwischen Griechen und Griechen oder zwischen Griechen und Phönikiern kam. Aber es hat in einem so langen Zeitraum nie so wenig Kriege gegeben, wie jetzt. Im Laufe des sechsten Jahrhunderts v. Chr. kamen die phönikischen Städte auf Sicilien unter die Botmässigkeit ihrer grossen Schwesterstadt Carthago. Bald darauf beginnt der erste grosse Krieg der sicilischen Griechen mit Carthago, wo zum erstenmal Syrakus in seinem grossen Berufe als Vorkämpfer Europas gegen Afrika hervortrat.

Doch während des grösseren Theils des sechsten Jahrhunderts kamen Phönikier und Griechen in Sicilien nur wenig mit einander in Berührung. Die Phönikier hielten sich in ihrem Gebiete; die Griechen verstärkten ihre Stellung in den Theilen, die sie inne hatten, und erweiterten ihr Gebiet auf Kosten der benachbarten Sikaner und Sikeler. Syrakus allein besass ein bedeutendes Binnengebiet im Südosten. Und obwohl es über die andern griechischen Städte nicht die gleiche Obmacht hatte, wie Carthago über die phönikischen Städte, so ging es doch in dem grossen Kampfe, der gegen Carthago ausbrach, allen voran. Wir wollen nun die inneren Zustände der griechischen Städte und die allgemeinen Angelegenheiten der Insel seit dem Abschluss der griechischen Colonisation bis zum grossen Kriege mit Carthago nach dem Wenigen, was wir davon wissen, schildern. Diese Periode umfasst ungefähr das sechste Jahrhundert v. Chr.

FÜNFTES CAPITEL.

DIE JUGENDZEIT DER GRIECHISCHEN STÄDTE von 735—480 v. Chr.

FÜR diesen ganzen Abschnitt haben wir keine zeitgenössische Quelle, erst ganz gegen den Schluss desselben stehen uns einigermassen zusammenhängende Nachrichten zu Gebote. Herodot erzählt uns in dem fünften und siebenten Buche seines Werkes die Geschichte von Dorieus, von der Regierung des Hippokrates und von den Anfängen Gelons. Das Uebrige müssen wir aus allen möglichen Quellen, meistens griechischen Schriftstellern, welche ältere ausgeschrieben haben, zusammenstellen. Wir erfahren einiges aus Aristoteles politischen Büchern, aus Plutarch, Pausanias, Polyänos und vielen andern, darunter aus Diodor, dessen zusammenhängende Geschichte für diese Periode verloren gegangen ist, der uns, jedoch am ungehörigen Orte, die Gesetze des Charondas mittheilt. — Vielleicht gibt es in der ganzen griechischen Sagen- und Geschichtswelt keinen Mann, auf den griechische und römische Schriftsteller häufiger anspielen, wie auf Phalaris; doch wir haben über seine Thaten bis auf einige Andeutungen in der parischen Chronik — kürzere in Marmor gegrabene Annalen aus dem dritten vorchristlichen Jahrhundert — keine historische

Kunde. Die ihm früher zugeschriebenen Briefe sind eine Fälschung aus späterer Zeit ohne den geringsten Wert. Im ganzen wissen wir von den Schicksalen der sicilischen Städte in dieser Periode sehr wenig, am meisten noch von Syrakus.

Als die Griechen anfingen in Sicilien Colonien zu gründen, war das alte Königthum des homerischen Zeitalters überall verschwunden, oder bestand nur dem Namen nach fort. Die politische Tendenz war der Oligarchie zugewendet. So waren die Bakchiaden in Korinth ursprünglich ein Königsgeschlecht. Zur Zeit, als Syrakus gegründet wurde, wurde das monarchische Königthum abgeschafft, und die Bakchiaden herrschten als Oligarchen, indem sie die höchsten Aemter aus ihrer Mitte besetzten. Der Name Demokratie war noch unbekannt; doch allmählig bildete sich der Boden, auf welchem sie erwuchs. In allen alten Republiken konnte man nur entweder durch Geburt oder durch specielle Aufnahme Bürger werden. Der blosse Aufenthalt in einer Stadt, selbst von Generation zu Generation, gewährte keinen Anspruch auf politische Rechte; so wenig als in den alten Städten und Burgen Englands und anderer Länder; obwohl es hier Mittel gab, das Bürgerrecht auch auf andere Weise als durch Geburt zu erlangen. Hier wie dort behaupteten die Nachkommen der Altbürger ihre Sonderrechte, während eine zahlreiche aus Nichtbürgern bestehende Bevölkerung in der Stadt neben ihnen heranwuchs.

Die Altbürger, welche die Ländereien des Gemeinwesens vertheilt oder als gemeinsames Eigenthum in Besitz genommen hatten, wollten ihre Rechte nicht mit anderen theilen. Sie heirateten nur unter sich und besetzten alle Aemter aus ihrer Mitte. Wie natürlich, wurde ihre Zahl immer kleiner, während die Zahl der nicht berechtigten Volksklasse immer grösser und grösser wurde. So wurden diese Altbürger, welche früher die Gesammtbevölkerung ausmachten, und somit eine Art Demokratie unter sich darstellten, nach und nach im Gegensatz zu den übrigen aus Nichtbürgern bestehenden Bewohnern eine Oligarchie. Dann gewinnt die ausgeschlossene Bevölkerung gleiche politische Rechte mit den Altbürgern, entweder auf einmal und auf gewaltthätige Weise, oder nach und nach. Damit beginnt die Demokratie.

Dies war mit geringen Abweichungen, die sich aus den verschiedenen Verhältnissen der einzelnen Städte ergaben, das Schicksal der Patricier in Rom und der Eupatriden in Athen. So erging es auch den Gamoren oder Grundbesitzern in Syrakus. Man unterscheide jedoch, dass in Rom und Athen die nicht vollberechtigte Klasse, die Plebejer oder der Demos, aus kleinen Grundbesitzern bestand; denn Athen und Rom waren Feldbau treibende Binnenstädte, während in Syrakus, einer Seestadt, der ganze Grundbesitz in den Händen der Altbürger war, und die späteren Ankömmlinge in der Stadt und deren Umgebung Handel und Gewerbe trieben.

Wir wissen nicht genau, was die Auswanderung aus Korinth und anderen Städten Altgriechenlands nach Sicilien veranlasste. Manche mögen ihre Heimat aus Unzufriedenheit mit den politischen Verhältnissen daselbst verlassen haben. Bemerkenswert ist die Nachricht, dass von der kleinen Stadt Tenea auf korinthischem Gebiet viele Ansiedler nach Syrakus kamen. Die Bevölkerung von Tenea bildete einen eigenen, von den Korinthern verschiedenen Stamm. Sie sollen Abkömmlinge gefangener

Trojaner gewesen sein; und als viel später Korinth von den Römern erobert und zerstört wurde, wurden die Teneaten mit Wohlwollen behandelt. Die Teneaten scheinen demnach in der Hoffnung, ihre politische Lage zu verbessern, ausgewandert zu sein. Andrerseits war wenigstens ein Bakchiade, ausser Archias, nämlich der Dichter Eumelos nach Syrakus gezogen.

Jede Colonie zeigt das Streben nach Gleichheit; wir dürfen als sicher annehmen, dass jeder freie Ansiedler

Münze von Syrakus aus der Zeit der Gamoren.

wenigstens ein Ackerlos und das Recht, in der Volksversammlung der neuen Stadt seine Stimme abzugeben, erhielt. Daraus folgt aber nicht, dass die Ackerlose alle gleich waren, oder dass alle gleichen Zutritt zu den Aemtern hatten. —

So lange die Colonie schwach war, wurden die Einwanderer als Neubürger gerne aufgenommen. Wenn einmal der Bedarf gedeckt war, dann suchten die Altbürger sich als gleichberechtigte enger aneinander zu schliessen und zwischen sich und den Neubürgern eine schärfere Scheidewand aufzurichten. Allem Anscheine nach ist es unter den Gamoren selbst zu politischen Streitigkeiten gekommen. Denn als Himera von Zankle aus gegründet wurde, betheiligten sich die in Folge eines Bürgerkriegs aus Syrakus verbannten Myletiden an diesem Unternehmen. Es scheint also eine ganze Gens, wie die Alkmäoniden in Athen oder die Tarquinier in Rom, verbannt worden zu sein. Die näheren Umstände aber sind uns unbekannt.

Unzweifelhaft gab es in Syrakus einen aus der Gesammtheit der Gamoren gebildeten grossen Rath und einen aus dessen Mitte in irgend einer Weise gewählten engeren Rath oder Ausschuss. —

Wir erfahren, dass der grosse Rath ähnlich wie die Comitia curiata in Rom als Gerichtshof einen gewissen Agathokles, der während des Baues des Athenetempels (der jetzigen Hauptkirche von Syrakus) für den Bau bestimmte Steine entwendet hatte, vor sein Tribunal belangte. Auch wird in einer schimpflichen Streitsache, die zwischen zwei jungen, der herrschenden Klasse angehörenden Männern entstand, und in der ganzen Bürgerschaft Parteiungen und politische Unruhen hervorrief, des Senates erwähnt. Ein alter Senator ertheilte den weisen Rath, man möge Beide, um grössere Wirren zu verhindern, verbannen. Allein sein Rath wurde nicht befolgt und die Regierung der Grundherren wurde gestürzt.

Vermuthlich ergriff das minder berechtigte Volk in diesem persönlichen Streite Partei. Sie erhoben sich und riefen die geknechteten oder hörigen Sikeler, welche die Aecker der Grundherren bearbeiteten, zu Hilfe, und behielten Syrakus für sich. So gab es jetzt eine neue syrakusanische Bevölkerung, welche nicht aus lauter Griechen bestand. Syrakus erhielt damals zum erstenmal eine demokratische Verfassung unter den vielen, die sie erlebte. Die verbannten Grundherren besetzten Kasmenai und behaupteten es als eine selbständige Republik, ebenso wie

Tempel der Athene in Syrakus.

die Oligarchen von Athen nach der Vertreibung der dreissig Tyrannen Eleusis besetzt hatten. Die Zeit dieser Umwälzung lässt sich nicht genau bestimmen, sie fällt aber jedenfalls in die ersten Jahre des fünften Jahrhunderts v. Chr. Von den Oligarchen in Kasmenai werden wir später wieder hören.

Aehnlich wie in Syrakus mochte sich auch in den andern sikeliotischen Städten aus der Zunft der Altbürger eine Oligarchie herausgebildet haben. Doch hat Syrakus im Gegensatz zu diesen während der ganzen Zeit von seiner Gründung bis zur Vertreibung der Gamoren, das ist in beinahe 240 Jahren, keinen Tyrannen gehabt. Es wird zwar ganz unbestimmt ein König von Syrakus erwähnt, aber der blosse Titel König kommt auch in vielen griechischen Freistaaten vor, und wir wissen von König Pollis nichts weiter, als dass nach ihm eine Sorte Wein benannt wurde. Einen Tyrannen von Syrakus hat es sicher damals noch nicht gegeben.

In den griechischen Republiken hatte das Wort Tyrann eine bestimmte Bedeutung; es war nicht geradezu eine schimpfliche Bezeichnung für einen Gewaltherrscher. Der Tyrann war ein Mann, der seine Willkür an die Stelle des Gesetzes setzte, der sich zum Machthaber oder vielmehr zum König in einer Republik, die kein gesetzliches Königthum hatte, aufwarf. Dies geschah auf verschiedene Weise; es genügte, wenn er sich in irgend einer Weise eine Leibwache zu verschaffen wusste. Bisweilen stellte er sich an die Spitze der Volkspartei gegen die Oligarchen, und das Volk war so thöricht und bewilligte ihm eine Leibwache. Bisweilen bekleidete er ein hohes Amt oder eine Feldherrnstelle und missbrauchte die ihm gesetzlich anvertraute Gewalt gegen den Staat. Bisweilen erhielt er irgend einen Auftrag und verwendete die ihm anvertrauten Staatsgelder zur Anwerbung von Söldnern.

Wenn er auf eine derartige Weise die Macht an sich gerissen hatte, so machte er häufig davon einen gewaltthätigen Gebrauch; doch nicht immer. Der Name Tyrann an und für sich umfasst noch nicht den Begriff einer gewaltthätigen Machtausübung, sondern er bezeichnet nur, dass sie auf ungesetzliche Weise erworben wurde. Manche Tyrannen waren blutdürstig und habsüchtig und verübten furchtbare Verbrechen. Andere liessen die republikanischen Staatseinrichtungen bestehen, soweit ihre persönlichen Interessen nicht berührt wurden, und schritten nur dann mit Waffengewalt ein, wenn es ihren Interessen angemessen war. Die Tyrannen führten nie, ausser in viel späterer Zeit, selbst den Königstitel, noch liessen sie ihr Kopfbildnis auf Münzen prägen; aber es scheint ihnen angenehm gewesen zu sein, wenn man sie „König“ titulierte. Sie trachteten ihre Macht auf ihre Söhne zu übertragen, was ihnen auch oft gelang; aber die Söhne wussten selten die von ihrem Vater erworbene Macht zu behaupten.

Tyrannen kommen in den griechischen Städten Siciliens häufiger vor, als in Griechenland. Der erste Tyrann in Sicilien, der erwähnt wird, ist Panaitios von Leontini um 608 v. Chr. Er soll in einem Krieg mit Megara — dem ersten bekannten Krieg zwischen Griechen und Griechen auf der Insel, obwohl er höchst wahrscheinlich nicht der erste war — Feldherr gewesen sein; und einen Zwist zwischen Reichen und Armen — sehr wahrscheinlich zwischen Alt- und Neubürgern — benutzt haben, um sich zum Tyrannen aufzuschwingen. Weiter wissen wir von ihm nichts, ebensowenig von seiner Stadt aus dieser Zeit. Weit bekannter wurde etwas später ein anderer Tyrann, Phalaris von Akragas, welcher ungefähr von 570—554 regierte. —

In der ganzen griechischen Geschichte wurden von keinem mehr Sagen und Fabeln erzählt wie von ihm; aber wir haben keinen glaubwürdigen Bericht von seinen Thaten. Bemerkenswert ist, dass er schon im zehnten Jahre nach der Gründung der Stadt, also zu einer Zeit, wo Akragas noch keinen in der Stadt gebürtigen erwachsenen Bürger hatte, zur Macht gelangt sein soll. Die Sage, welche ihn nach Himera versetzt und wonach

Alte Münze von Himera.

der Dichter Stesichoros die Bürger durch die Fabel vom Ross und dem Mann gewarnt haben soll, ihm eine Leibwache zu bewilligen, muss sich auf einen andern Tyrannen beziehen. Sehr oft wird von dem einen Tyrannen das erzählt, was sich auf einen anderen bezieht. In Akragas gelangte er zur Macht dadurch, dass er ihm anvertraute öffentliche Gelder zur Anwerbung von Söldnern verwendete. Er machte Eroberungen auf Kosten der Sikaner, doch nichts deutet darauf hin, dass seine Herrschaft ausser Akragas sich noch über eine andere griechische Stadt erstreckt habe.

Am verbreitetsten ist von ihm die Sage, dass er einen ehernen Stier habe verfertigen lassen, in dessen Bauch er Menschen werfen und durch ein unterhalb angebrachtes

Feuer zu Tode braten liess, während ihr Jammergeschrei das Brüllen des Stiers darstellte. Der Dichter Pindar erwähnt diese zuerst. Nur ein phönikisches Vorbild konnte eine derartige Grausamkeit eingeben. In der Regel tödtet selbst der schlechteste Grieche nur, aber dass er zu Tode martert, kommt selten vor. Zuletzt wurde Phalaris von einem gewissen Telemachos gestürzt, welcher vielleicht die Freiheit wiederherstellte, vielleicht auch nur an die Stelle der Tyrannis des Phalaris eine mildere Tyrannis setzte. Der Tyrann und seine Anhänger sollen in seinem ehernen Stier geröstet worden sein. Doch das klingt fabelhaft.

Indessen gelangte im Laufe desselben Jahrhunderts in Katana ein Mann auf eine rühmlichere Weise zur Herrschaft. Bisweilen übertrugen die Bürger einer griechischen Stadt in Zeiten innerer Wirren einem Manne, der ihr Vertrauen genoss, eine ausserordentliche Gewalt entweder auf eine bestimmte oder auf Lebenszeit, um alles durch Gesetze zu regeln.

Ein solcher Gesetzgeber war Charondas, der Gesetze für Katana und andere Städte verfasste. Diese alten Gesetzgeber regelten nicht bloss die Staatseinrichtungen, sondern die ganze Lebensweise der Bürger. Von den Gesetzen des Charondas sind einige erhalten, sie zeugen von der schlauen Einfalt jener Zeiten. So gestattete er Ehescheidungen, jedoch mit dem Beisatze, dass in einem solchen Fall die geschiedenen Ehehälften nur eine Person heiraten dürften, die nicht jünger wäre als die, von der sie sich getrennt hatten. Was von seinem Tode erzählt wird, wird auch auf andere Gesetzgeber übertragen.

Es war bei den alten Griechen und Deutschen herkömmlich, bewaffnet in die Volksversammlung zu gehen.

Diesen Gebrauch hatte Charondas verboten. Eines Tages soll nun Charondas zur Verfolgung von Räubern bewaffnet aus der Stadt gezogen sein. Während seiner Abwesenheit wurde eine Volksversammlung gehalten, und es entstand ein heftiger Streit. Da trat Charondas, der inzwischen zurückgekehrt war, in die Versammlung und suchte das Volk zu beschwichtigen; aber er hatte vergessen, das Schwert abzulegen. Da rief ein Mann ihm zu: „Charondas, du brichst dein eigenes Gesetz“. „Nein“, antwortete er, „ich will es vielmehr bekräftigen“, und tödtete sich.

Ausser Panaitios und Phalaris werden auch von andern Städten Tyrannen erwähnt, und die Geschichte einiger von ihnen bildet gleichsam eine Art Anhang zur griechischen Colonisation Siciliens. Während des sechsten Jahrhunderts v. Chr. waren die phönikischen Städte in Sicilien unter die Herrschaft Carthagos gekommen. Die Griechen hatten jetzt weniger Aussicht, in dem den Barbaren gehörigen Gebiete neue Niederlassungen zu gründen, wie zur Zeit der Expedition des Pentathlos.

Die phönikischen Städte waren während der Zeit ihrer Unabhängigkeit nicht angriffsweise vorgegangen. Seitdem sie aber unter der Oberherrschaft der mächtigen Grossstadt stehen, nehmen die Kriege zwischen Phönikiern und Griechen in der Geschichte Siciliens einen bedeutenden Raum in Anspruch. Sie beginnen damit, dass Dorieus, der Sohn des spartanischen Königs Anaxandridas, um 510 v. Chr. das von Pantathlos versuchte Unternehmen erneuerte. Da er sich in der Hoffnung, Nachfolger seines Vaters in der Regierung zu werden, getäuscht hatte, zog er aus, um anderswo ein Heim zu finden.

Nach verschiedenen Abenteuern wurde er durch das delphische Orakel aufgefordert, das seinem Stammvater

Herakles in Sicilien gehörige Gebiet in Besitz zu nehmen, nämlich das Gebiet von Eryx, welches nach der Bestimmung des Herakles demjenigen seiner Nachkommen übergeben werden sollte, der zuerst darauf Anspruch mache. Doch Dorieus verwirkte sein Recht, weil er nicht sogleich dem Auftrag des Orakels gehorchte. Anstatt direct nach Eryx zu gehen, zog er zuerst mit den Krotoniaten in Unteritalien gegen Sybaris ins Feld. Als er dann gegen Eryx zog, wurde er geschlagen und fiel mit einem grossen Theil seines Gefolges im Kampfe gegen die Elymer von Segesta und ihre phönikischen Verbündeten. Wir wissen nicht, ob Carthago ihnen Hilfe gesendet hatte. Aber die Elymer und die Phönikier Siciliens und Carthagos waren einig in dem Bestreben, eine griechische Niederlassung auf ihrem Territorium zu verhindern.

So scheiterte der Versuch des Dorieus, das Gebiet seines Stammvaters zurückzugewinnen und auf Eryx ein Heraklea zu gründen. Dennoch kam ein ähnlicher Versuch zur Ausführung. Euryleon, einer seiner Unterbefehlshaber, sammelte den Rest seiner Gefährten und leistete den Selinuntiern gegen einen Tyrannen, mit Namen Peithagoras, Hilfe. Während dieses Krieges besetzte Euryleon Minoa, das schon in der Sage von Kokalos und Minos erwähnt wurde, und erbaute daselbst eine Stadt mit Namen Herakleia. So entstand ein neues Herakleia, wenn auch nicht auf dem Eryx.

Aber Euryleon warf sich, nachdem er Peithagoras gestürzt hatte, selbst zum Tyrannen von Selinus auf. Da erhob sich das Volk und tödtete ihn.

Weit bekannter als diese sind die Tyrannen, von denen wir jetzt sprechen werden. Aus Gela entstammte ein mächtiges Herrschergeschlecht, das aber nicht dort seinen Sitz hatte. Was wir von Gela aus dieser Zeit wissen, beschränkt sich darauf, dass es daselbst zu inneren Unruhen kam, in Folge dessen eine Partei nach der Stadt Maktorion im Gebiete von Gela auswanderte. In der römischen Geschichte wird dies secessio genannt. Ihre

Münze von Zankle aus dem 6. Jahrh.

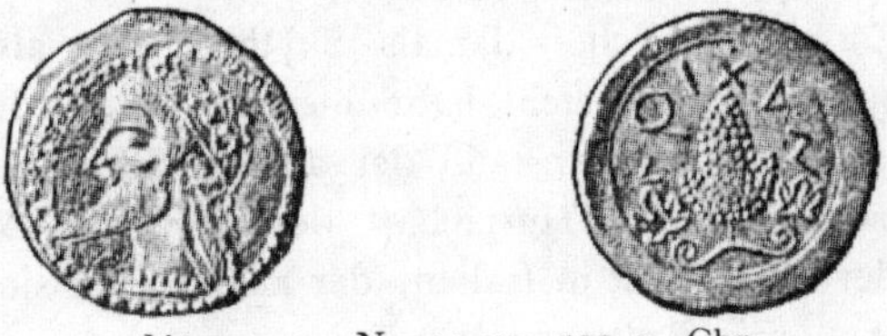

Münze von Naxos um 500 v. Chr.

Rückkehr wurde weder durch Gewalt noch durch Ueberredung bewerkstelligt, sondern durch die wunderwirkende Kraft der heiligen Symbole und Opfergeräthe chthonischer Gottheiten, vielleicht der zwei Schutzgöttinnen Siciliens. Telines, ein Nachkomme eines der ersten Ansiedler in Gela war im Besitze dieser räthselhaften Heiligthümer, durch deren Wirksamkeit er die Unzufriedenen zur Rückkehr bewog. Er wurde mit der erblichen Priesterwürde für die Gottheiten, deren Dienst er sich geweiht hatte, belohnt und seine Nachkommen wurden in Gela mächtig.

Um das Jahr 508 v. Chr. wurde die Oligarchie durch den Tyrannen Kleandros gestürzt, der nach etwa sieben Jahren getödtet wurde, seine Macht ging auf seinen Bruder Hippokrates über. Hippokrates war der erste sicilianische Grieche, der sich nicht mit der Herrschaft über eine einzelne Stadt begnügte. Er suchte seine Herrschaft so weit als möglich auszudehnen, indem er griechische und sikelische Söldner anwarb und griechische und sikelische Städte eroberte. So erwarb er Naxos und Leontinoi, das verlassene Kallipolis, das sikelische Ergetion. Sein Gebiet erstreckte sich von der Südküste bis zur Ostküste, während Zankle im Besitze der Nordostecke, Syrakus in dem der Südostecke blieb. Seine Beziehungen zu diesen zwei Städten sind das erste Stück sicilischer Geschichte, von der wir etwas genaueres wissen.

In Zankle herrschte damals Skythes, der als König bezeichnet wird; vielleicht hatte hier das alte Königthum fortbestanden. Rhegion auf der andern Seite der Meerenge stand unter der Herrschaft des Tyrannen Anaxilas. Er ist der erste Fürst in Italien, der auch in der sicilischen Geschichte eine Rolle spielt.

Damals brachte der persische König Darius die griechischen Städte Kleinasiens wieder unter seine Herrschaft und viele Bewohner derselben schickten sich an, neue Wohnsitze aufzusuchen. Um das Jahr 493 v. Chr. machte ihnen Skythes den Vorschlag, sich in Sicilien niederzulassen. Sie sollten an der Nordküste, wo es ausser Himera noch keine griechische Stadt gab, bei dem sogenannten Kale Akte — der schönen Küste zwischen Kephaloidion und Mylai — eine grosse Colonie gründen. Viele Samier und Milesier gingen auf den Antrag ein und schifften sich ein. Währenddem führte Skythes, höchst wahrscheinlich im

Hinblick auf die neu zu gründende Niederlassung, Krieg gegen die Sikeler.

Als die Griechen aus Asien heranzogen, ertheilte ihnen Anaxilas durch eine Botschaft den Rath, sie sollten sich nicht die Mühe nehmen, auf Kale Akte eine neue Stadt zu gründen, sondern vielmehr Zankle besetzen. Sie würden die Stadt unvertheidigt finden, da Skythes und sein Heer in einen Krieg mit den Sikelern verwickelt sei. Die Samier und Milesier schämten sich nicht, gegen einen Mann, der sich um sie so verdient gemacht hatte, so treulos zu handeln, und als Skythes mit seinem Heere zurück kam, fand er sich aus seiner Stadt ausgeschlossen. Skythes rief nun Hippokrates zu Hilfe, der wie es scheint gewissermassen sein Lehnsherr gewesen sein muss. Denn als er kam, liess er Skythes, weil er Zankle verloren hatte, in Haft setzen. Er schloss dann mit den Samiern in Zankle einen schändlichen Vertrag. Sie sollten die Stadt mit der Hälfte der darin befindlichen Güter behalten, die andere Hälfte und alle ausserhalb der Mauern befindlichen Güter sollten sie ihm überlassen. In solchen Fällen wurden auch die Bewohner zu den Gütern gerechnet und Hippokrates verfügte nun über das ganze Heer des Skythes als seine Sklaven. Davon überlieferte er dreihundert der Vornehmsten den Samiern mit dem Auftrag sie zu tödten. Das thaten sie nicht, wir wissen aber nicht, was mit ihnen geschah. Hippokrates kehrte nun mit reicher Beute nach Gela zurück. Glücklicherweise gelang es Skythes aus der Haft zum König Darius nach Asien zu entkommen, bei dem er zu hohen Ehren gelangte. Auch die Samier behaupteten Zankle nicht lange. Anaxilas, der sie früher zur Besitznahme aufgestachelt hatte, vertrieb sie jetzt daraus und behielt die Stadt für sich. So beherrschte er zwei

Städte an beiden Seiten der Meeresenge, Zankle und Rhegion, als der erste aber nicht der letzte italienische Fürst, dessen Herrschaft auch nach Sicilien hinüberreichte. Er soll nun den Namen Zankle in Messana verwandelt haben. Doch geschah dies wahrscheinlich etwas später.

Hippokrates überzog nun Syrakus mit Krieg, in der Hoffnung, seinem Reiche auch die Südostecke Siciliens hinzuzufügen. Er schlug die Syrakusaner in einer Schlacht am Flusse Heloros südlich von der Stadt und drang bis zum Olympeion in der Nähe des grossen Hafens vor. Warum er nicht weiter zum Angriffe vordrang, lässt sich schwer erklären. Wahrscheinlich legten sich jetzt andere Mächte ins Mittel. Denn jetzt, da Syrakus in Gefahr war, vergassen Korinth, ihre Mutterstadt und Korkyra ihre Schwesterstadt, ihre Streitigkeiten und vermittelten gemeinsam einen Frieden. In diesem erhielt Hippokrates das von den Syrakusanern zerstörte Kamarina, welches er wiederherstellte, sammt Gebiet. Den Zeitpunkt des Friedensschlusses können wir nicht genau bestimmen. Er fällt jedenfalls in die letzte Zeit der Herrschaft der Gamoren in Syrakus und mag zu ihrem Sturze beigetragen haben.

Hippokrates starb 491 v. Chr., während er die Stadt Hybla (nämlich das Heräische Hybla oder Ragusa) belagerte, welches zwischen seinem neu erworbenen Gebiete und dem von Syrakus günstig gelegen war. Gleich anderen Tyrannen wollte er seine Macht auf seine Söhne vererben, aber seine zwei Söhne waren zur Regierung noch unmündig. Dies benützten die Geloer, um die Republik wiederherzustellen. Jetzt tritt zum erstenmal ein denkwürdiger Mann, Gelon, der Sohn des Deinomenes auf. Er war ein Nachkomme jenes Telines, der die Secessionisten zur Rückkehr aus Maktorion nach Gela vermocht hatte, und bekleidete die Priesterwürde seines Vorfahren. Auch hatte er sich in den Kriegen des Hippokrates als Befehlshaber seiner Reiterei hervorgethan. Er hatte noch drei Brüder Hieron, Polyzelos und Thrasybulos, welche alle in der Geschichte eine Rolle spielen.

Gelon zog unter dem Vorwand, die Rechte der Söhne des Hippokrates zu wahren, gegen Gela. Doch anstatt sie in die Herrschaft einzusetzen, behielt er die Tyrannis für sich. Dies war eine niedrige Handlungsweise, doch

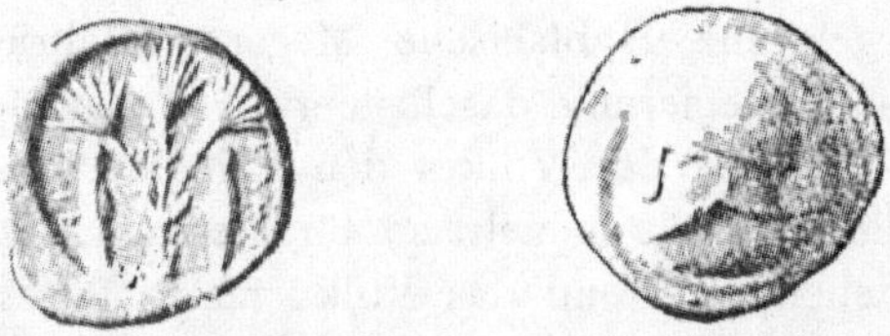

Alte Münze von Kamarina.

würden wir ihn mit Unrecht deshalb tadeln. Den Söhnen des Hippokrates geschah damit kein Unrecht, da sie auf die ungesetzliche Herrschaft ihres Vaters keinen gesetzlichen Anspruch hatten; aber ein grosses Unrecht wurde den Geloern zugefügt durch die Vernichtung der kaum wiederhergestellten Freiheit. Wir werden finden, dass Gelon kein Mittel scheute, um seine Macht zu begründen und zu erweitern. Aber er war ein grosser und weiser Herrscher, er gründete eine grosse Macht und er war berufen, die rühmlichste Aufgabe, die einem Griechen zufallen konnte, zu vollenden.

So kam Gelon in den Besitz der Herrschaft des Hippokrates, der grössten, die es in Sicilien bisher gegeben. Bald erweiterte er dieselbe und verlegte seine Residenz. Um 485 v. Chr. stellten die aus Syrakus vertriebenen Gamoren, welche sich in Kasmenoi festgesetzt hatten, an Gelon die Bitte, er möge sie wieder nach Syrakus zurückführen. Er that es, aber machte sich zum Herrn über sie sowohl wie über die übrige Bevölkerung. Da er nun über Syrakus eben so gut Herr war wie über Gela, so erhob er Syrakus zur Hauptstadt seines Reiches und suchte sie auf jede Weise zu vergrössern und zu befestigen. Die Mittel, die er dabei anwendete, sind oft sehr sonderbar. Sein Umsichgreifen wurde natürlich für das nahe bei Syrakus gelegene Hyblaeische Megara gefährlich. Die oligarchische Regierung daselbst erklärte demnach Gelon ohne Zustimmung des Volkes den Krieg. Da er in dem Kriege die Obmacht behielt, so fürchteten die Oligarchen für ihr Leben, während das Volk, nichts Böses ahnend, Gelon als seinen Befreier betrachtete. Zu aller Erstaunen machte er die Gemeinen zu Sklaven und verkaufte sie ins Ausland, während er die Oligarchen nach Syrakus verpflanzte und daselbst zu Bürgern machte. Die Stadt Megara wurde zerstört, dessen Gebiet mit Syrakus vereinigt; Megara blieb bloss als Castell bestehen. Der Grund, weshalb er seine Freunde so schlecht und seine Feinde so gut behandelte, war der, dass er den Demos für die unangenehmste Mitbewohnerschaft hielt. Aber der Demos von Syrakus wurde keineswegs unterdrückt, wahrscheinlich hatte er sich durch ein Versprechen gebunden. Als die Kamarinäer sich empörten und seinen Statthalter erschlugen, liess er die Stadt niederreissen und die Bewohner nach Syrakus verpflanzen. Auf gleiche

Weise liess er auch die Hälfte der Bevölkerung seiner Heimatstadt Gela nach Syrakus übersiedeln.

So wuchs Syrakus auf Kosten anderer Städte Siciliens heran. Bei diesem Anwachsen der Bevölkerung musste die Stadt selbst erweitert werden. Bis jetzt war die Altstadt auf die Insel beschränkt gewesen; das auf der Anhöhe gelegene Achradina bildete nur eine Vorstadt. Gelon verlängerte nun die westliche Mauer von Achradina bis zum grossen Hafen und vereinigte auf diese Weise Achradina mit der Altstadt. Doch dieses sowohl wie die Insel hatten ihre eigenen Befestigungen. Die Agora, der Versammlungs- und Marktplatz, der früher auf der Insel gewesen sein muss, wurde jetzt in die Niederung zwischen der Insel und dem Höhenzug an der gegenüberliegenden Küste verlegt. Hier entstand jetzt Unter-Achradina. Gelon war nun Herr der grössten Stadt Siciliens, vielleicht der grössten in ganz Hellas und beherrschte das grösste Reich, das je in Sicilien oder Hellas bestanden hatte. Er betrachtete sich nicht als Tyrann von Syrakus, sondern vielmehr als König von Sicilien. Er berief von allen Seiten Leute, die ihm nützlich sein konnten, er nahm viele Söldner in seine Dienste und verlieh ihnen das Bürgerrecht. Der nächstmächtige Tyrann nach ihm war der von Akragas Theron, ein Abkömmling des Telemachos, der den Phalaris gestürzt hatte. Er war, wie die meisten Tyrannen, durch List zur Herrschaft gelangt; aber er herrschte mild und blieb bei der Nachwelt in gutem Andenken. Zwischen ihm und Gelon bestand enge Freundschaft, die, wie das bei Fürsten in späterer Zeit häufig ist, durch eine Heirat befestigt wurde. Gelon vermählte sich mit Therons Tochter Demarete. Diesem Bunde, dessen Gebiet sich über das ganze südöstliche Sicilien erstreckte, hielt einigermassen ein anderes Bundesgebiet im nordöstlichen Sicilien die Wage, indem Anaxilas von Rhegion und Zankle mit Terillos dem Tyrannen von Himera sich eng verbündete und dessen Tochter Kydippe heiratete. Diese zwei Fürstenpaare beherrschten das ganze griechische Sicilien bis auf zwei Städte. Die eine war Katana, dessen Selbständigkeit nicht sehr gesichert gewesen sein kann, da Naxos im Norden und Leontinoi im Westen davon zum Reiche Gelons gehörten. Die andere Stadt war Selinus, welche wir bald darauf als Vasallenstadt auf Seite Carthagos finden.

Wie eine griechische Stadt in ein solches Verhältnis kommen konnte, wissen wir nicht mit Bestimmtheit anzugeben. Doch haben wir einige dunkle Andeutungen von einem Kriege zwischen Griechen und Phönikiern, der noch vor dem grossen Kriege, von dem wir sogleich sprechen werden, geführt wurde. Gelon erwähnt eines Krieges, der unternommen wurde, um den Tod des Dorieus zu rächen. Er behauptet, an demselben theilgenommen und auch in Griechenland Hilfe gesucht, aber keine erhalten zu haben. Dies kann nicht zur Zeit geschehen sein, da Gelon schon Tyrann war, sondern er kann nur als Unterbefehlshaber eines der früheren Tyrannen bei diesem Kriege mitgewirkt haben. In diesem Kriege scheinen die Carthager die neue Stadt Herakleia zwischen Selinus und Akragas zerstört zu haben und um eben diese Zeit muss sich Selinus mit Carthago verbündet haben. Doch Gelon behauptet, das weitere Vordringen der Barbaren nach Osten verhindert und den Krieg durch einen Vertrag beendet zu haben, der allen Griechen gewisse Handelsvortheile einräumte. Etwas derartiges muss nach den Verhältnissen, die wir etwas später dort antreffen, wirklich geschehen sein. Doch die Geschichte ist noch sehr dunkel und wir können den Krieg, der nach dem Tode des Dorieus geführt wurde, nur als das Vorspiel des grossen und erfolgreichen Krieges gegen Carthago betrachten, auf den wir nun zu sprechen kommen.

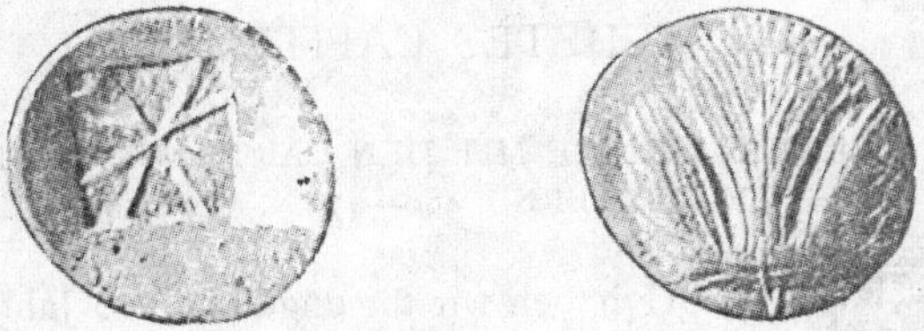

Alte Münze von Selinus.

SECHSTES CAPITEL.

DIE ERSTEN KRIEGE MIT DEN CARTHAGERN UND ETRUSKERN. 480—473 v. Chr.

ENDLICH haben wir für ungefähr 200 Jahre eine zusammenhängende Darstellung der Geschichte Siciliens. Für diese ganze Zeit sind uns die Bücher Diodors erhalten. Er schöpfte aus älteren Geschichtschreibern, darunter die Syrakusaner Antiochos und Philistos. Manchmal scheint er ein Stück fast vollständig abgeschrieben zu haben und gibt uns eine klare lebendige Schilderung der Ereignisse. Manchesmal ist seine Darstellung sehr verworren und er scheint seine Quellen nicht recht verstanden zu haben. Doch ist es für uns ein grosser Gewinn, eine einigermassen zusammenhängende Geschichte zu besitzen. Für die Verhandlungen Gelons mit den Griechen auf dem Isthmus haben wir den Bericht Herodots. Jetzt zum erstenmale stossen wir auf vollständig gleichzeitige Quellen, obwohl sie nicht in der Form einer historischen Darstellung auftreten. Die Oden Pindars, in denen die Siege Hierons, Therons und anderer Sikelioten bei den Festspielen Griechenlands gefeiert werden, sind voll Beziehungen auf die Ereignisse in Sicilien. Aehnliche finden sich auch in den Gedichten des Simonides, der gleich Pindar sich am Hofe Hierons aufhielt. Auch geben uns jetzt Münzen grösseren Aufschluss wie früher und in der auf dem Helme Hierons befindlichen Inschrift haben wir eine gleichzeitige historische Inschrift. Wir haben auch einen Dialog, der viel später von Xenophon verfasst und nach Hieron und Simonides benannt wurde, welcher wenigstens zeigt, welche Anschauung sich in späterer Zeit von den damaligen Verhältnissen herausgebildet hatte.

Das fünfte Jahrhundert vor Christi scheint uns gewöhnlich die glänzendste Periode in der Geschichte Griechenlands zu sein und sie ist eine von jenen Perioden, von denen wir das meiste wissen. Und doch zeigen ihre glänzendsten Ereignisse, dass das griechische Volk in einer Weise in seiner Weltstellung zurückgegangen war. Herodot spricht von einer Zeit, wo alle Griechen frei waren. Diese Zeit ist, seitdem die Griechen Kleinasiens zuerst unter die Herrschaft der lydischen dann der persischen Könige gekommen waren, vorüber. So erlitt das Hellenenthum eine Einbusse und wurde selbst in dem eigentlichen Griechenland bedroht, es musste sich rüsten, um den Angriff der Perser abzuwehren. Gleichzeitig hatten auch die griechischen Städte Siciliens einen Angriff der Carthager abzuwehren.

Solche Reiche, wie Persien und Carthago, hatte die Barbarenwelt noch nie gesehen. Das persische Reich hatte die grösste Ausdehnung, die je ein orientalisches Reich erlangt hatte und die Perser, ursprünglich ein arisches Volk, hatten mehr als die meisten andern Völker des Orients ein kräftiges und dauerndes nationales Leben entwickelt. Die Phönikier wieder waren unter den barbarischen Völkern am meisten vorgeschritten und den Europäern ähnlich. Carthago wurde für alle Zeiten das

Vorbild einer herrschenden Stadt. Eine Seemacht, wie sie besass, hat es früher nie gegeben. Diese beiden Grossmächte bedrohten jetzt die Griechen von zwei entgegengesetzten Seiten und wahrscheinlich im gegenseitigen Einverständnisse mit einem Angriffe. Dieses Einverständnis konnte leicht durch Vermittelung von Männern aus dem eigentlichen Phönikien erzielt werden. Sidon und Tyrus standen jetzt unter persischer Oberherrschaft, wiewohl als selbständige Staaten und hegten ihren Hass gegen alle Griechen und ihre Freundschaft für Carthago. So wurde bestimmt, dass Carthago, während die Perser gegen Griechenland ins Feld zögen, einen Angriff auf die Griechen Siciliens machen sollte. — Es bestand nur der Unterschied zwischen beiden, dass der Perserkönig, um Griechenland anzugreifen, mit einem ungeheuren Heere im Angesichte der Welt einen weiten Weg zurücklegen musste, während die Carthager, da sie Sicilien nahe waren und in den ihnen unterthänigen Städten Siciliens Landungsplätze hatten, jeden Augenblick die sicilischen Griechen mit Heeresmacht überfallen konnten. Jedoch um ein dazu geeignetes Heer zu sammeln und Söldner von allen Seiten anzuwerben, brauchte es Zeit. So liessen sich beide Mächte Zeit. Endlich unternahm der persische König Xerxes seinen grossen Feldzug; während die Carthager ihren Kriegszug nach Sicilien vorbereiteten. Doch sie scheinen plötzlich nach Sicilien gekommen zu sein und zwar zu einer Zeit und an einem Orte, welche durch die Vorfälle auf der Insel bestimmt wurden.

Theron, der Tyrann von Akragas, vertrieb, offenbar durch eine Partei herbeigerufen, Terillos aus Himera und behielt die Stadt für sich. So hatte sich eine Macht gebildet, welche sich mitten durch Sicilien erstreckte und den Carthagern den Weg nach Osten versperrte. Terillos und sein Schwiegersohn Anaxilas von Rhegion und Zankle suchten Hilfe bei Carthago. So beschleunigte ihr Verrath an der Sache der Hellenen gewissermassen den Angriff der Carthager und bestimmte die Gegend Siciliens, wo er stattfinden sollte.

Inzwischen unternahm Xerxes im J. 480 v. Chr. seinen Zug nach Griechenland, und die griechischen Patrioten, welche sich auf dem Isthmus zur Berathung versammelt hatten, schickten Boten an Gelon mit der Bitte um Hilfe. Er hatte den besten Grund in der Welt, ihnen dieselbe zu verweigern, da er alle seine Streitkräfte zur Vertheidigung von Syrakus und der andern griechischen Städte gegen die Carthager benöthigte. Herodot enthält zwei merkwürdige Wechselreden, welche Gelon und die Gesandten ausgetauscht haben sollen. Sie passen gar nicht zu den Zeitverhältnissen und sind offenbar später von einem geschickten Syrakusaner verfasst als eine Satyre auf den Hochmuth, welche die Städte des Mutterlandes gegen ihre Colonien zeigten. Darnach hätten die spartanischen und athenischen Gesandten Gelon, während sie ihn um Hilfe baten, verhöhnt. Sicher ist, dass Gelon keine Hilfe schickte und auch keine schicken konnte.

Nach einer andern Sage hätte er einen Agenten nach Griechenland gesendet, um den Verlauf der Dinge zu beobachten. Wenn der König siegreich wäre, sollte er ihn durch eine grosse Summe Geldes von einem Zuge gegen Sicilien abzubringen suchen. Dieser Agent war ein gewisser Kadmos von Kos, der früher Tyrann auf dieser Insel gewesen war, aber die Tyrannis aufgegeben und sich mit den Samiern in Zankle niedergelassen hatte. Man hielt es für einen ausserordentlichen Beweis von Rechtschaffenheit, dass Kadmos das von Gelon ihm anvertraute Geld unversehrt zurückbrachte, als er sah, es sei zu dem Zwecke nicht mehr nöthig.

Jetzt erfolgte plötzlich der Schlag, den man so lange vorausgesehen hatte. Thêron befand sich in dem eben gewonnenen Himera, Gelon in Syrakus, als die grosse Flotte unter dem Befehl Hamilkars, eines carthagischen Sophetim, aus Afrika heransegelte. Die Sophetim waren die höchsten Staatsbeamten; sie werden mit den römischen Consuln und den spartanischen Königen verglichen; der Name bedeutet im Hebräischen „Richter"; die griechischen Geschichtsschreiber nennen sie Könige. Hamilkar fuhr mit einer bedeutenden Kriegsmacht aus. Die mit Pferden und Kriegswagen befrachteten Schiffe — denn die Carthager hatten die Kampfweise der Kanaaniter beibehalten — waren auf der Fahrt zu Grunde gegangen. Die übrige Flotte erreichte Panormos und fuhr von hier nach Himera, wohin auch das Landheer marschierte. Hier errichtete Hamilkar zwei Lager; das eine hart am Meere, das andere auf einer Anhöhe westlich von der Stadt, das im Osten vom Flusse bespült wurde, nach Westen hin (landeinwärts) offen blieb. Wir erfahren nicht, welche Haltung Anaxilas beobachtete, aber die Selinuntier versprachen in einem Schreiben der Aufforderung gemäss, an einem bestimmten Tage ihre Reiterei ins Lager zu schicken. So beherrschten die Carthager das offene Land, überall raubend und plündernd. Aber es gelang Theron an Gelon einen Boten zu schicken, welcher ihm sofort mit seiner ganzen Macht zu Hilfe eilte. Er bezog am rechten Ufer des Himeraflusses ein Lager, und seine Reiter tödteten auf ihren Streifzügen viele punische Marodeurs. Dies hob den Muth der Himeräer.

Es wird erzählt, die Briefe der Selinuntier an Hamilkar seien Gelon in die Hände gefallen, und er habe beschlossen an dem Tage, an welchem die selinuntischen Reiter eintreffen sollten, die Carthager anzugreifen. Das sei derselbe Tag gewesen, an welchem die Schlacht von Salamis stattfand. Diese zwei Schlachten fallen sicher so ziemlich in dieselbe Zeit, in den Herbst des Jahres 480 v. Chr. Der Meinung, dass beide Schlachten an einem Tage stattfanden, steht nichts entgegen, als dass die Geschichte zu schön klingt, um wahr zu sein. Ueber die grosse Schlacht, welche nun folgt, haben wir zwei ganz abweichende Berichte; der eine, der aus carthagischer Quelle stammt, ist uns durch Herodot erhalten. Er sagt, die syrakusanische Version laute anders; diese kennen wir aus Diodor. — Nach der carthagischen Quelle bleibt Hamilkar, wie Moses oder Samuel dem Kampfe fern. Er wirft den ganzen Tag, so lange die Schlacht dauert, Opferthiere ins Feuer; zuletzt als gegen Abend die Nachricht von der Niederlage seines Heeres eintraf, stürzt er sich selbst als das wertvollste Opfer ins Feuer und deshalb wurde er im ganzen Machtbereiche Carthagos als Heros verehrt.

Dieser Bericht ist echt semitisch, aber wir erfahren daraus nichts über den Gang der Schlacht. Auch in dem syrakusanischen Berichte nimmt ein von Hamilkar dargebrachtes Opfer eine hervorragende Stellung ein. Das ist aber der einzige Zug, den er mit dem carthagischen gemein hat. Nach jenem entsendete Gelon Reiter nach dem am Meer befindlichen Lager, welche sich für die erwarteten selinuntischen Reiter ausgaben. Sie erhielten auf diese Weise Einlass und tödteten Hamilkar als er eben dem Poseidon, wie der Bericht lautet, opferte, nebst vielen

Andern und steckten die Schiffe in Brand. Dann griff Gelon auf ein gegebenes Zeichen das landeinwärts befindliche Lager an; er wurde aber durch die Tapferkeit der iberischen Söldner zurückgedrängt.

Endlich wurde die Entscheidung durch das Eintreffen Therons mit der Besatzung von Himera herbeigeführt. Das feindliche Heer wurde theils getödtet theils zerstreut, nur Wenige retteten sich auf die vorhandenen Schiffe. — Die Flüchtigen wurden nach und nach gefangen und zu Sklaven gemacht. Besonders machten die Agrigentiner eine grosse Zahl zu Gefangenen, und verwendeten sie zu den grossartigen Bauten, welche Theron ausführte. So war das griechische Sicilien vor dem Angriff der Carthager gesichert, wie Griechenland vor dem der Perser. Nur waren die Perser für immer zurückgedrängt, während die Carthager nach 70 Jahren den Angriff erneuerten.

Gelon kehrte jetzt nach Syrakus zurück und wurde mit allen Ehren sogar mit den Beinamen der Götter als Wohlthäter (εὐεργέτης), Retter (σωτήρ) und König (βασιλεύς) empfangen. Und wirklich legt Diodor von jetzt an ihm und seinen Nachfolgern den Königstitel bei, und Pindar nennt Gelons Nachfolger Hieron direct König, während er von Theron nie diesen Ausdruck gebraucht.

Jetzt kamen Gesandte von Carthago und wahrscheinlich auch von Anaxilas, um um Frieden zu bitten. — Selinus muss jetzt seine Unabhängigkeit von Carthago wieder erlangt haben, denn sie erscheint wieder als selbständige Stadt. Die Carthager mussten eine grosse Summe Geldes zahlen und zu Ehren der griechischen Schutzgöttinnen Siciliens zwei Tempel in Carthago errichten. Doch behielten sie ihre Besitzungen im westlichen Theil Siciliens.

Nach einem Berichte hätte Gelon unter andern auch die Bedingung gestellt, dass sich die Carthager in Zukunft der Menschenopfer enthalten sollten. Dies kann nicht wahr sein, denn kein Volk mischte sich in solcher Weise in die Religionsgebräuche eines andern Volkes; auch haben die Carthager die Menschenopfer keineswegs aufgegeben. Vielleicht sind sie die Verpflichtung eingegangen, keine Griechen zu opfern.

Damareteion.

Jedenfalls hat der Erfinder dieser Erzählung den Unterschied, der zwischen der griechischen und phönikischen Religion bestand, genau gekannt, und verflocht das, was er davon wusste mit der Geschichte des Kampfes zwischen den zwei Nationen. Gelon brachte den griechischen Nationalgottheiten in Olympia und anderwärts grosse Geschenke dar. Er erbaute die Tempel der Demeter und Kore im südlichen Theil von Epipolai, und begann den Bau eines Tempels in Aetna, den er jedoch nicht vollendete. Denn er starb im zweiten Jahre nach seinem grossen Siege, 478 v. Chr. Er wurde mit allen Ehren bestattet und sein Andenken durch ein stattliches Grabmal, welches ihm in der Niederung zwischen Olympieion und Epipolai errichtet wurde, gefeiert.

Er wurde in Syrakus als Heros und zweiter Gründer verehrt, und während in späterer Zeit die Standbilder der andern Tyrannen umgestürzt wurden, blieben die des Befreiers von Himera verschont.

Gelon hinterliess einen unmündigen Sohn und drei Brüder, Hieron, Polyzelos und Thrasybulos. Hieron sollte ihm in der Regierung folgen, Polyzelos sich mit Gelons Witwe vermählen, und die Vormundschaft über seinen Sohn und den Oberbefehl des Heeres übernehmen. Diese Anordnung hatte keine Dauer. Die Regierung Hieron's war glänzend; er erlangte grosse Berühmtheit dadurch, dass er alle Dichter und Philosophen seiner Zeit, Simonides, Aeschylos, Pindar, ausserdem Epicharmos, den ersten Comödiendichter Siciliens, um sich versammelte. Ueberdies gewannen seine Gespanne in den Festspielen Griechenlands Siegespreise, und ihre Siege wurden in den Oden Pindar's besungen. Aber seine Herrschaft war argwöhnisch und grausam. Seine Spione mussten alle Handlungen der Syrakusaner beobachten; besonders war er auf seinen Bruder Polyzelos, der sehr beliebt war, eifersüchtig. Er soll beabsichtigt haben, sich seiner in einem Kriege in Italien oder gegen die Sikeler zu entledigen. Polyzelos floh zu Theron von Akragas, was zu einem Kriege zwischen Theron und Hieron führte. Nach einigen Nachrichten soll der Dichter Simonides die zwei Tyrannen versöhnt haben.

Nach einer andern Erzählung hätten die Bewohner Himeras, die von Therons Sohn Thrasydaios gedrückt wurden, ihre Stadt Hieron überliefert, dieser habe sie aber an Theron ausgeliefert. So zog Theron, der in Akragas in so gutem Rufe stand, nach Himera, und tödtete viele Feinde seines Sohnes. Die ganze Geschichte ist unklar aber Theron und Hieron versöhnten sich, und Hieron heiratete eine Nichte Therons.

Dasjenige Unternehmen in Sicilien, worauf Hieron am meisten stolz war, trug schwerlich zur Erhöhung seines Ansehens bei. Er wollte gleich seinem Bruder die Ehren eines Stifters erlangen. Deshalb verpflanzte er die Bewohner von Naxos und Katana nach Leontinoi. Dagegen bevölkerte er Katana mit Neubürgern aus verschiedenen Gegenden, erweiterte dessen Gebiet auf Kosten der Sikeler und veränderte ihren Namen in Aetna, und nannte sich von nun an Bürger und Gründer von Aetna. Als Hieron von Aetna gewann er manche Siege in den Festspielen. Und obwohl er sich nie König von Syrakus nannte, setzte er seinen Sohn Deinomenes in Aetna als König ein.

Die ruhmvollste That vollführte Hieron ausserhalb Siciliens, wo er als Vorkämpfer der Hellenen gegen die Barbaren das Werk Gelons fortsetzt. Gelon hatte sich schwerlich in die italischen Angelegenheiten eingemischt. Hieron konnte schon im Anfang seiner Regierung, ohne einen Schlag zu führen, Lokroi vor einem drohenden Angriff des Anaxilas von Rhegion und Zankle bewahren. Und im Jahre 474 v. Chr. vollführte er eine That, die sich dem Tage von Himera an die Seite stellen darf. Die Griechen Italiens wurden von Barbaren oft hart bedrängt. Vor allem wurde Kyme von den Etruskern bedroht. Hieron sandte den Griechen Hilfe und die vereinigten Flotten von Syrakus und Kyme erfochten einen grossen Sieg, der hauptsächlich dazu beitrug, die Macht der Etrusker zu brechen, und Kyme eine Zeit des Friedens und Gedeihens verschaffte. Aber ein Versuch, auf der

Insel Pithecusa oder Ischia eine syrakusanische Colonie zu gründen, scheiterte. In dem britischen Museum befindet sich noch der Helm, welchen er als Weihegeschenk für den unter seinem Namen erfochtenen Sieg gegen die Etrusker spendete.

Münze von Gela um 480 v. Chr.

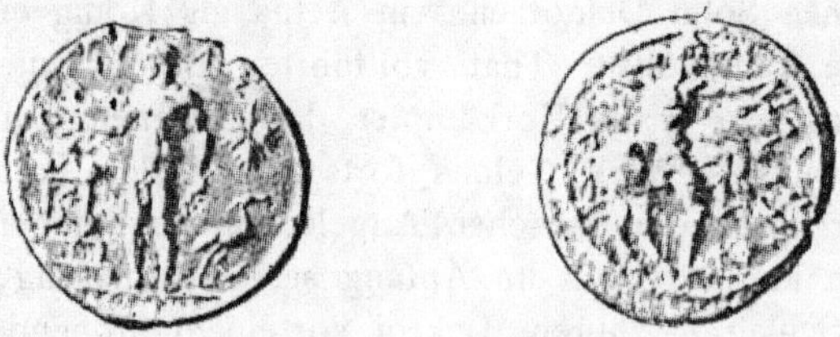

Münze von Selinus um 440 v. Chr.

Hier erwarb sich Theron wirklich Ruhm, aber er unterstützte die andern italischen Griechen gegen die Barbaren nicht. Anaxilas war jetzt gestorben, und die Regierung seiner zwei Städte übernahm sein Statthalter Mikythos im Namen seiner zwei Söhne. Mikythos sendete den Bewohnern von Taras oder Tarentum, welche von den beutegierigen Messapiern oder Japygiern bedroht wurden, Hilfe. Hier hören wir zum ersten mal von jenem Volke, welches den Griechen so gefährlich werden sollte. Das nun folgende Ereignis ist gleichsam das Vorspiel zu der allgemeinen Bewegung der unteritalischen Völker. Die zwei griechischen Staaten wurden von den Messapiern gänzlich geschlagen, doch behauptete sich Mikythos in Rhegion und Zankle.

Wir haben nun von den Kriegen der Griechen in Hellas, Sicilien und Italien gegen die Barbaren gesprochen. Grosse Siege waren errungen worden; doch während die Barbaren aus Griechenland für immer vertrieben worden waren, kehrten sie in Sicilien wieder. In Griechenland ferner wurde dieser Kampf von freien Republiken aufgenommen, in Sicilien von Tyrannen. Wir werden jetzt sehen, wie sich die sicilischen Städte ihrer Tyrannen entledigen und für sie eine Zeit ausserordentlichen Gedeihens und eines ungewöhnlichen Friedenszustandes unter einander anbricht, wenn sie auch keine grossen Siege aufweisen kann

SIEBENTES CAPITEL.

DIE GRIECHEN SICILIENS FREI UND UNABHÄNGIG.

472—433 v. Chr.

UNSERE Hauptquelle für diesen Abschnitt ist Diodoros. Er allein gibt uns von Ducetius Nachricht. Für den Anfang dieser Periode liefert auch Pindar einige Beiträge in den Oden, die er an Bürger von Himera und Kamarina nach der Wiedererlangung ihrer Freiheit richtete. Unsere Kenntnis von dem Wirken des Empedokles verdanken wir der Lebensbeschreibung, welche Diogenes Laertios aus verschiedenen älteren Schriften über ihn zusammengestellt hat. Auch finden sich einzelne Nachrichten bei Pausanias und anderen. Insbesondere gibt uns Athenaios über die in Sicilien herrschende Ueppigkeit interessante Aufschlüsse. Auch liefern von jetzt an Inschriften für unsere Kenntnis jener Zeit manchen wertvollen Beitrag, obwohl diejenigen, welche uns angehen, noch sehr fragmentarisch sind und nicht aus Sicilien, sondern aus Athen stammen.

Wir kommen jetzt zu einem Zeitabschnitt, welchen wir das goldene Zeitalter der sicilischen Griechen nennen möchten. Ihre Städte sind frei und selbständig, die Tyrannen vertrieben. Kein Grieche steht unter der Herrschaft eines Barbaren; noch gebietet die eine griechische

Tempel von Akragas.

Stadt über die andere. Die Städte sind ausserordentlich reich und blühend und im Stande, grossartige Bauten aufzuführen. Man kann nicht sagen, dass sie nicht untereinander oder gegen die Barbaren Kämpfe zu bestehen hatten. Aber sie sind viel seltener wie in den Zeiten vorher und nachher. Der bedeutendste Krieg ist der, welcher zwischen den griechischen Städten und einem sikelischen Fürsten entstand, der seine Nation zu einigen und zum herrschenden Volke Siciliens zu machen strebte.

Die Befreiung der sicilischen Griechen geschah nicht auf einmal, wiewohl dieser Abschnitt von dem Beginne dieser Freiheit ausgeht. Theron starb im Jahre 472 v. Chr. Was immer die Himeräer von ihm denken mochten, seine eigene Stadt behielt ihn im guten Andenken. Er hatte die Stadt bedeutend erweitert, indem er den grossen Höhenrücken zwischen den zwei Flüssen in das Stadtgebiet einbezog. Er erbaute die Mauern, welche man noch sehen kann, und hatte den Bau einer grossen Reihe von Tempeln begonnen. Nach seinem Tode wurde er als Heros verehrt, und in einem stattlichen Grabdenkmal auf der Grabstätte westlich von der Stadt beigesetzt. Das Grabmal, das jetzt an einer andern Stelle gezeigt wird, ist nicht das seinige, sondern stammt aus viel späterer Zeit. Seine Herrschaft ging auf seinen Sohn Thrasydaios über, welcher in Himera so schlecht regiert hatte. Gerade so schlecht regierte er in Akragas. Als er, — wir wissen nicht aus welcher Ursache, — mit Hieron in Krieg gerieth, brach seine Macht plötzlich zusammen. Akragas und Himera, welche nur das Band des gemeinsamen Herrschers zusammengehalten hatte, trennten sich von einander und wurden wieder selbständige Republiken. Sie schlossen mit Hieron Frieden; Thrasydaios floh nach

Griechenland. Hier zog ihn die Bürgerschaft von Megara vor ihr Tribunal und verurtheilte ihn zum Tod, aus keinem anderen Grunde, als weil man einen Tyrannen für einen gemeinsamen Feind der Menschheit hielt, den man überall greifen und tödten dürfe.

Damit ward der Sache der Tyrannen in Sicilien ein grosser Schlag versetzt. Und als Hieron die Söhne des Anaxilas veranlasste, von Mikythos über seine Verwaltung in Zankle und Rhegion Rechenschaft zu legen, so trug dies schwerlich zur Kräftigung der Tyrannis bei. Der treue Diener legte eine Rechenschaft ab, welche jedermann zufrieden stellte, und die jungen Herrn baten Mikythos, die Leitung der Staatsgeschäfte für sie weiter zu führen. Doch er wollte nicht dort bleiben, wo man ihn so verdächtigt hatte. Er ging nach Griechenland und starb allgemein geehrt in Tegea.

Die Söhne des Anaxilas übernahmen nun selbst die Regierung über seine zwei Städte; doch sie verstanden es nicht, so gut zu regieren, wie Mikythos.

Im folgenden Jahr verlor die Tyrannis in Sicilien ihre Hauptstütze. Im Jahre 466 starb Hieron in der von ihm gegründeten Stadt Aetna. Hier folgte ihm sein Sohn Deinomenes in der Regierung, der für seinen Vater in Olympia Opfer darbrachte. Aber in Syrakus und seinen übrigen Besitzungen ging Hierons Herrschaft auf seinen Bruder Thrasybulos über, den letzten von den vier Söhnen des älteren Deinomenes. Aber die Bürger von Syrakus, der Tyrannei überdrüssig, erhoben sich, um die Macht des Thrasybulos zu stürzen. Es war jedoch eine schwere Sache, seiner los zu werden. Denn er hatte viele Söldner in seinem Dienste, und die Aetnaer eilten herbei, um die Dynastie ihres Gründers zu schützen. Ausserdem hatten sie die befestigten Theile von Syrakus, die Insel und die von Gelon damit vereinigte Achradina, inne. Die Syrakusaner waren genöthigt, ihre eigene Stadt von aussen zu belagern. Aber überall herrschte das Gefühl, dass die Sache der Syrakusaner die Sache der Freiheit sei. Von allen Seiten strömten Griechen und Sikeler, welche Hieron unterworfen hatte oder die seine Macht fürchteten, Syrakus zu Hilfe. Der Tyrann wurde zu Lande und zur See geschlagen, und kapitulierte gegen freien Abzug. Er begab sich nach Lokroi, wo man Hieron zweifellos ein ehrenvolles Andenken bewahrte. Zur selben Zeit oder bald darauf wurden die Söhne des Anaxilas aus Zankle und Rhegion vertrieben. Die Städte, welche unter der Herrschaft der Tyrannen von Syrakus gestanden hatten, machten sich wieder selbständig; selbst das zerstörte Kamarina erhob sich von neuem, und zwar nicht als eine Festung von Syrakus, sondern als eine freie Pflanzstadt von Gela. So waren alle Sikeliotenstädte wieder unabhängig und alle waren freie Republiken, bis auf das einzige Aetna, welches noch unter der Herrschaft des Deinomenes stand. So verschwanden die berühmten Tyrannendynastien aus Gela und Syrakus, deren Herrschaft zu unserem Staunen nur 18 Jahre gedauert hatte. —

Die Städte waren jetzt frei, ohne einheimischen Tyrannen oder auswärtigen Herrn zu gehorchen. Aber es war nicht leicht, diese neuen Republiken nach so vielen Veränderungen zu ordnen. Die Tyrannis hatte die frühern Unterschiede weggefegt. In Syrakus, — derjenigen Stadt, von deren Verhältnissen wir noch am meisten wissen, — gab es allem Anscheine nach keine Streitigkeiten mehr zwischen den alten Gamoren und dem gemeinen Volke. Aber neue Unterschiede entstanden. — In der ersten Freiheitsbegeisterung wurde ein Fest der Eleutheria zu Ehren des Zeus Eleutherios, des Befreiers, eingeführt, und den Söldnern und anderen, welchen die Tyrannen das Bürgerrecht verliehen hatten, die Gleichberechtigung mit den Altbürgern eingeräumt. Aber die zwei Klassen konnten sich nicht vertragen, und nach einiger Zeit, 463, beschlossen die Altbürger, dass diejenigen, deren Bürgerrecht erst aus der Zeit der Tyrannenherrschaft stamme, zu Aemtern unfähig sein sollten. Die Ausgeschlossenen griffen zu den Waffen. Wenn auch an Zahl geringer, so waren sie jedoch kampfgeübter, und sie behaupteten sich auf der Insel und Achradina gegen die Altbürger. Dies gab den Anlass zu einer abermaligen Erweiterung der Stadt. Die Vorstadt Tycha, ausserhalb Achradina am Nordabhang der Anhöhe wurde von den Syrakusanern, welche Syrakus belagerten, befestigt und zu einem Stadttheil gemacht. Der Krieg dauerte ungefähr drei Jahre, und wir wissen nicht genau, wie er endete. Aber endlich wusste man sich der Söldner auf irgend eine Art zu entledigen.

Aehnliche Streitigkeiten zwischen Alt- und Neubürgern müssen auch in den andern Städten entstanden sein. Denn alle sikeliotischen Republiken fassten den gemeinsamen Beschluss, wonach ihren Söldnern das Gebiet von Messana zum Wohnort angewiesen wurde. Dieses Gebiet muss demnach noch zur Ansiedlung frei gewesen sein. Ausserdem wird jetzt zum erstenmal der Stadt, welche bisher Zankle hiess, der Name Messana (Messene, Messina) beigelegt.

Wiewohl die Zeitrechnung ungenau ist, so ist es doch sicher, dass der letzte messenische Krieg in Peloponnes in diese Zeit fällt. Viele Messenier wanderten aus, und man kann sich des Gedankens nicht entschlagen, dass die

Niederlassung der Messenier in Zankle und die Veränderung des Stadtnamens Zankle in Messana in diese Zeit fällt. Es war dies die erste Stadt, die diesen Namen führte, denn unter Messenien hatte man bis jetzt die Landschaft im Peloponnes verstanden, und die dortige Stadt Messene wurde erst hundert Jahre später gegründet. Messana hatte unter allen sicilischen Städten die bunteste Bevölkerung, und seine Verfassung war am meisten Veränderungen ausgesetzt, sobald die eine oder die andere Partei die Oberhand erlangte. —

In einer Stadt herrschte noch immer das alte Tyrannengeschlecht. Da vereinigten sich Griechen und Sikeler, um Deinomenes und die neuen Bewohner aus dem von Hieron begründeten Aetna zu vertreiben. Die Sikeler standen unter der Leitung ihres berühmten Fürsten Ducetius, auf den wir später zurückkommen werden. Aetna wurde wieder zu Katana; die alten Bürger kehrten zurück; die dem Hieron als dem Gründer zuerkannten Ehren wurden abgeschafft; sein Grabmal zerstört. Die Neusassen durften sich in der sikelischen Stadt Sinessa weiter landeinwärts und näher dem Aetnaberg niederlassen; welche Stadt eine zeitlang ihren Namen in „Aetna" veränderte. Ohne Zweifel zog auch ihr König mit ihnen. —

So wurde in den Städten Siciliens so weit als möglich der Zustand der Dinge wiederhergestellt, wie er vor dem Emporkommen der Tyrannen gewesen war. Jede Stadt war wieder eine selbständige Republik. Jene Städte, welche, wie Syrakus und Akragas, eine Herrschaft über andere Städte ausgeübt hatten, verloren dieselbe und das damit verbundene Ansehen. Dafür gewannen sie die Freiheit im Innern.

Diese Städte hatten durchgehends demokratische Verfassungen, die meistens noch volksfreundlicher waren, als die vor der Tyrannis bestandenen. Und die Städte wurden ausserordentlich reich und blühend. Vor allem waren über den Reichthum und die Ueppigkeit reicher Agrigentiner merkwürdige Sagen im Umlauf. Aber nach so vielen Erschütterungen und Veränderungen, besonders nach dem häufigen Bevölkerungswechsel einzelner Städte, gab es in denselben viele Ursachen zu inneren Unruhen. Im Gegensatz zu diesem beständigen Wechsel in Sicilien blieb die Bevölkerung der Städte im eigentlichen Griechenland durch Generationen unvermischt in ihrer ursprünglichen Heimat. Nähere Kunde erhalten wir nur über die Zustände in Syrakus und Akragas. In Syrakus entstanden, wie natürlich, Streitigkeiten über den Anspruch der einzelnen Volksklassen auf Grundbesitz und die bürgerlichen Rechte. Und es scheint sich da, was keine demokratische Verfassung verhindern kann, eine Art Beamtenadel herausgebildet zu haben, welcher ausschliesslich die öffentlichen Geschäfte leitete. So erhoben sich daselbst Demagogen (Volksführer), ein Name, der ursprünglich einen ganz ehrenhaften Mann bezeichnete, der eine gesetzliche gemeinnützige Stellung einnahm, die jedoch leicht missbraucht werden konnte. Der Demagog griff häufig einzelne Regierungshandlungen der obersten Behörden an, und setzte ihnen zum Trotze manchesmal einen Volksbeschluss durch. Und wenn wir Klagen hören, dass die jungen Leute sich dem Studium der Beredsamkeit widmen, so zeugt dies nur für die exclusive Denkungsart der herrschenden Klasse. Denn damals wurde die Beredsamkeit zur Kunst ausgebildet. Die Syrakusaner Korax und Tisias waren die ersten Lehrer der Rhetorik, und nach ihnen der berühmte Gorgias von Leontinoi.

Man hatte immer eine gewisse Furcht, dass aus dem

Demagogen ein Tyrann werde. Und dies geschah sowohl in der vorangegangenen als in der Folgezeit. Damals gab es zwar keine Tyrannen in Sicilien, aber Männer, welche im Verdachte standen, nach der Tyrannis zu streben. Solche gab es in Syrakus mehrere. So warf sich 454 v. Chr. ein gewisser Tyndarion zum Vorkämpfer der Armen auf, und verschaffte sich eine aus seinen Anhängern gebildete freiwillige Leibwache. Die Leibwache war das eigentliche Merkmal für die Tyrannis. Tyndarion wurde deshalb des Hochverraths angeklagt und zum Tode verurtheilt. Aber da seine Anhänger einen Aufstand erregten, so wurde er in demselben getödtet, ohne dass das Urtheil in gesetzlicher Weise vollzogen werden konnte. Da nahmen die Syrakusaner ein Gesetz an, worin sie den Ostrakismus Athens nachahmten. Der Name Ostrakismus wird oft unrichtig angewendet.

In Athen wurde, wenn man glaubte, dass der Staat in Gefahr sei, eine Abstimmung vorgenommen, in welcher jeder Bürger den Namen desjenigen Mitbürgers, der ihm für den Staat gefährlich schien, auf ein Täfelchen (ὄστρακον) aufschrieb. Daher der Name Ostrakismos. Wenn 6000 Bürger denselben Mann bezeichneten, so musste er Athen auf zehn Jahre verlassen. Man konnte eigentlich nicht sagen, er sei verbannt, und er war keineswegs entehrt. Er blieb im Besitze seines Vermögens, und kehrte nach zehn Jahren in den Vollbesitz der bürgerlichen Rechte zurück. Oft gelang es seinen Freunden, seine Rückberufung vor Ablauf der zehn Jahre in der Volksversammlung durchzusetzen. Die Wirkung dieses Gesetzes war für Athen, so lange die Demokratie schwach war, wohlthätig. Als die Demokratie vollständig ausgebildet war, wurde das Gesetz überflüssig und kam nach und nach ausser Gebrauch. Viel weniger wissen wir von der Wirkung derselben Einrichtung in Syrakus. Dort nannte man sie Petalismos, weil der Name auf ein Blatt (πέταλον) geschrieben wurde. Der davon betroffene Bürger musste die Stadt auf fünf Jahre verlassen. Die näheren Formalitäten bei demselben kennen wir nicht, ob sie mit denen in Athen identisch waren oder nicht. Seine Wirkung soll eine schlechte gewesen sein, und er wurde bald durch einstimmigen Beschluss abgeschafft. Denn so lange er in Kraft war, sollen sich die tüchtigsten Männer von den öffentlichen Geschäften zurückgezogen und dieselben den schlechtesten Bürgern überlassen haben. Es mag was Wahres daran sein, denn nach so vielen Wechselfällen in Syrakus mussten die Parteikämpfe viel heftiger sein, wie in Athen. Aber diese Nachrichten stammen offenbar aus demokratiefeindlichen Quellen.

Gewiss ist, dass Syrakus gerade zu dieser Zeit sehr blühte und nach aussen eine imponierende Stellung einnahm.

Die Verfassung von Akragas scheint nach Beseitigung der Tyrannis nicht so streng demokratisch gewesen zu sein, wie jene von Syrakus. Was wir davon wissen, verdanken wir der Biographie des Philosophen Empedokles. Nach einer albernen Sage hätte er sich in den Krater des Aetna gestürzt, um von sich den Glauben zu erwecken, er habe sich in eine Gottheit verwandelt. Und diese alberne Fabel hat, wie so häufig, mehr zur Verbreitung seines Rufes beigetragen, wie irgend eine seiner wirklichen Thaten. Manche Nachrichten über Empedokles klingen sonderbar. Er scheint sich für den Träger einer göttlichen Mission ausgegeben zu haben, und seine Schüler schrieben ihm die Gabe Wunder zu wirken, ja sogar vom

Tode zu erwecken, zu. Er befasste sich jedenfalls mit Dichtkunst und Physik und scheint eine für seine Zeit ungewöhnliche Kenntnis von den Naturkräften besessen zu haben. Er regulierte Flüsse und führte andere nützliche Werke aus. Er war damals der angesehenste Mann in der Republik Agrigent. Er verschmähte die Tyrannis oder die oberste Gewalt unter was immer für einer Form; er bewirkte die Verurtheilung mancher, welche nach der Tyrannis strebten; er verminderte die Macht des Senates, wodurch der Staat ein mehr demokratisches Gepräge erhielt.

Später, als die Athener nach Sicilien kamen und den Krieg gegen Syrakus eröffneten, unterstützte Empedokles Syrakus, obwohl Agrigent gegen dasselbe einen bitteren Groll hegte, gegen Athen. Aber da er so die leidenschaftliche Gesinnung seiner Vaterstadt dem allgemeinen Interesse Siciliens nachstellte, wurde er aus Agrigent verbannt. Er begab sich nach Griechenland, wo er starb. Er wurde in Megara begraben.

Diese Eifersucht zwischen Syrakus und Akragas, den zwei mächtigsten Städten auf der Insel, mochte aus der Zeit der Tyrannenherrschaft oder aus noch früherer Zeit herrühren. Aber durch die damaligen Kriegsereignisse wurde sie mindestens bedeutend gesteigert. Denn obwohl die damalige Zeit eine verhältnissmäsig friedliche war, so kam es dennoch zu Kriegen. Im Jahre 453 v. Chr. unternahm Syrakus einen Kriegszug, um nach dem Beispiel Hierons die etruskischen Seeräuber zu züchtigen. Sie sendete eine Flotte aus, welche die ganze etruskische Küste verheerte. Sie machte reiche Beute, und es scheint fast, als ob die Syrakusaner damals auf Corsica und Elba Colonien angelegt hätten, die jedoch auf keinen Fall lange Bestand hatten.

Dann kam es zu einem Kriege im Westen Siciliens, mit dem wir aber nichts Rechtes anzufangen wissen; es scheint als ob Akragas und Selinus über die Phönikier Vortheile errungen hätten. Nach diesen dürftigen Nachrichten treten Akragas und Syrakus zu einander weder in freundliche noch feindliche Beziehung.

Beides geschah erst in einem anderen Kriege mit Barbaren, der eine dauernde Feindschaft zwischen den zwei Städten herbeiführte.

Dieser entstand aus dem letzten und mächtigsten Versuch der Sikeler, die Herrschaft der Griechen auf ihrer Insel zu vernichten. Viele Sikeler an der Küste waren zu Leibeigenen gemacht worden, aber im Innern blieben ihre Städte unabhängig, und hatten sich bedeutend der griechischen Cultur zugewendet. Aber sie fühlten sich beengt und in ihrem eigenen Lande zurückgedrängt, und je mehr sie sich den Griechen gewachsen fühlten, desto weniger wollten sie die Superiorität derselben dulden.

An ihre Spitze trat jetzt jener Ducetius, der, wie wir erwähnten, die von Hieron nach Katana verpflanzten Ansiedler hatte vertreiben helfen. Er suchte sein Volk zu einigen, und es in den Vollbesitz ihrer Insel zu setzen. Seine Pläne müssen eine grosse Aehnlichkeit mit denen gehabt haben, welche hundert Jahre später Philipp von Makedonien verfolgte. Er wollte einen sikelischen, jedoch mit den Segnungen der griechischen Cultur ausgestatteten Nationalstaat gründen. Er wollte König von Sicilien oder eines möglichst grossen Theils davon sein und eine von den griechischen Grossstädten zu seiner Residenz machen. Aber Philipp war der Erbe eines bereits bestehenden Königreichs, welches er nur erweitern und befestigen durfte. Ducetius musste seinen Sikelerstaat erst schaffen.

Er begann damit, dass er um das Jahr 459 die Stadt Menaenum, das jetzige Mineo, auf einem Hügel am See der Paliken, der Hauptgottheiten dieses Volkes, gründete.

Von diesem Mittelpunkte aus vereinigte er im Laufe von 6 Jahren die meisten oder alle Sikelerstädte bis auf das Galeatische Hybla zu einer Art Bundesstaat unter seiner Führung. Leider kennen wir die Bestimmungen des Bundesvertrages nicht. Für diese so ins Leben gerufene Macht gründete er 453 eine neue Hauptstadt hart am Ufer des heiligen Sees, mit Namen Palica. So verlegte er seinen Sitz aus dem Bergland in die Ebene, gerade so wie Philipp die Residenz von Aigai oder Edessa nach Pella verlegt hatte. Das war ein Schritt vorwärts; mit dem nächsten Schritt hätte er wo möglich das Meer erreicht. Aber vor allen Dingen wünschte er seinen Staat unter den Schutz der sikelischen Hauptgottheiten zu stellen. Bis jetzt hatte Ducetius noch keine sikelische Stadt angegriffen. Der erste Schritt nach dieser Richtung war, dass er Inessa, welches jetzt Aetna hiess, belagerte und nahm.

Bemerkenswert ist, dass er den von Hieron nach dem andern Aetna, nämlich Katana verpflanzten Ansiedlern gestattete, sich in Inessa niederzulassen; dabei ging ihnen Ducetius selbst hilfreich an die Hand, während keine griechische Stadt dem Ueberrest der Tyrannenfreunde oder dem Deinomenes, der sich vielleicht noch ihren König nannte, Vorschub leistete.

Dann griff Ducetius die zu Akragas gehörige Stadt oder Festung Motyon an. Seine Macht war jetzt so gross, dass Akragas bei Syrakus Hilfe suchen musste. Ducetius gewann eine Schlacht über die vereinten Streitkräfte der zwei griechischen Städte und nahm Motyon. Der syrakusanische Feldherr wurde des Verrathes beschuldigt und hingerichtet. Die Syrakusaner sendeten eine grössere Streitmacht ab und schlugen, während die Akragantiner Motyon belagerten und zurückgewannen, den Ducetius in einer zweiten Schlacht. Eine solche Niederlage konnte die von Ducetius begründete Macht nicht überdauern. Unter den Gliedern des von ihm gestifteten Bundes fehlte das Gefühl der Zusammengehörigkeit. Und der Mann, der sein Volk zur Einheit zurückführen wollte, sah sich allmählich von Allen verlassen und vereinsamt und in seinem Leben bedroht.

Da that Ducetius einen kühnen Schritt. Er lieferte sich in die Gewalt seiner Feinde im Vertrauen auf ihre Grossmuth und ihre Religiosität. Er ritt nächtlicher Weile nach Syrakus, gelangte durch das Thor und am folgenden Morgen sah ganz Syrakus den gefürchteten Sikelerkönig als Schutzflehenden auf dem Altare des auf der Agora befindlichen Heiligthums sitzen. Sogleich wurde eine Volksversammlung gehalten. Einige stimmten für seinen Tod, doch es erhob sich der allgemeine Ruf: „Gnade dem Schutzflehenden". Sein Leben wurde verschont, doch musste Ducetius Sicilien verlassen. Die Syrakusaner schickten ihn nach Korinth, ihrer Mutterstadt; er musste versprechen, dort in Ruhe zu verleben, während Syrakus ihm die Mittel zu seinem Unterhalt verschaffte. Die Akragantiner verargten es den Syrakusanern sehr, dass sie so den gemeinsamen Feind verschont hatten. Und das, was bald darauf erfolgte, vermehrte noch ihren Aerger. Für Ducetius war der Aufenthalt in einer grossen Stadt Griechenlands sicher von grossem Nutzen und er erwarb dort Freunde. Bald gab er vor, die Götter hätten ihn aufgefordert, in Sicilien eine Colonie zu gründen. Er zog mit den Gefährten, welche hauptsächlich aus Griechen bestanden, aus und liess sich an der Nordküste Siciliens bei demselben Kale akte nieder, wo Skythes von Zankle einst die jonischen Flüchtlinge aus Asien hatte ansiedeln wollen. Das hätte, wie die Akragantiner meinten, mindestens ohne das Zulassen der Syrakusaner nicht geschehen können. Es kam zum Kriege, in welchem Beide — ungewiss welche — Verbündete hatten. Die Syrakusaner siegten, worauf ein Friede unter uns unbekannten Bedingungen zum Abschluss kam. Von der Zeit an hegte Akragas einen tiefen Groll gegen Syrakus.

Während dieses Krieges hatte Ducetius Zeit, seine Gründung zu vollenden. Viele Griechen und Sikeler schlossen sich ihm an. Hauptsächlich leistete ihm ein Sikelerfürst Archonides von Herbita Vorschub. Auffallend ist, dass er im Gegensatze zu Ducetius, dessen Name offenbar lateinisch ist, einen griechischen Namen führt. So erwuchs und gedieh eine neue Stadt und man vermuthete, dass Ducetius neuerdings grossartige Pläne hege. Da machte sein Tod — er starb 444 v. Chr. an einer Krankheit — alle Aussichten der Sikeler zu nichte. Viele sikelische Städte blieben unabhängig; aber sie mussten, um ihre Existenz zu retten, sich hellenisieren, was auch allmählich geschah. Einige von ihnen, in der Nähe des syrakusanischen Gebietes, wurden von den Syrakusanern erobert, darunter Trinakia, von der gewissermassen die Insel den Namen hatte. Palica, die Residenz des Ducetius wurde zerstört. So zerrannen alle grossartigen Pläne des Sikelerfürsten, doch nicht ohne eine Spur zu hinterlassen. Er hatte wenigstens drei Städte begründet, von denen zwei lange Zeit Bestand hatten, die dritte, Menaeum, das jetzige Mineo, noch jetzt besteht. Für die nächstfolgenden Jahre schweigt die Geschichte von Sicilien.

Wir erfahren nur, dass um das Jahr 439 oder etwas später, Syrakus grosse Rüstungen für ein Unternehmen machte. Sie erbaute eine Flotte, verdoppelte die Zahl

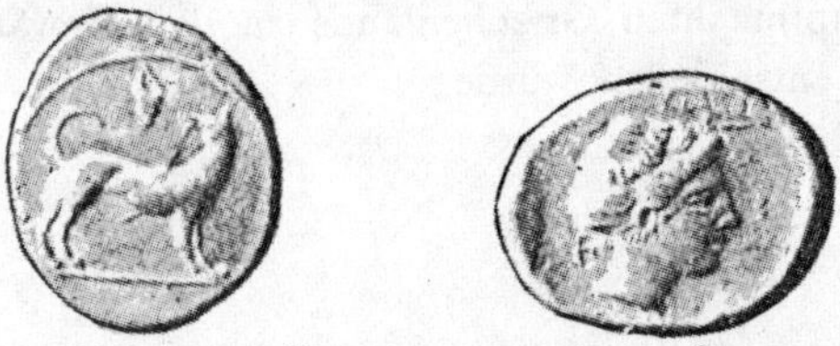

Münze von Panormos um 420 v. Chr.

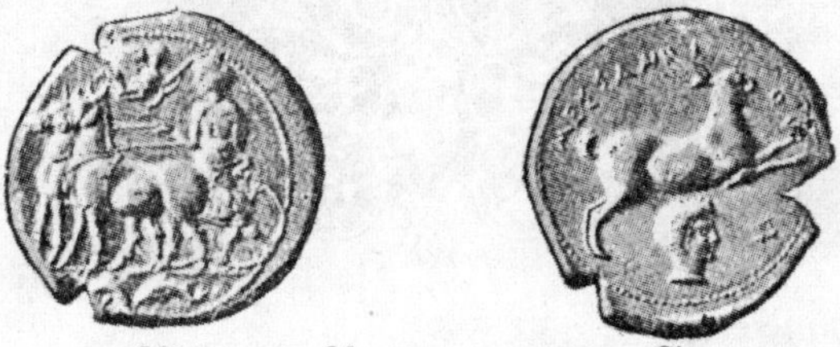

Münze von Messana um 420 v. Chr.

der Reiter und stand im Verdachte, nach der Herrschaft über ganz Sicilien zu streben. Weiter wissen wir nichts. Offenbar liegen hier die Anfänge von den Ereignissen, welche wir im nächsten Abschnitt schildern werden. Die Chalkidier Siciliens und Italiens waren in grosser Furcht und sahen sich nach Bundesgenossen in Griechenland um. Bis jetzt hatte Sicilien so ziemlich eine Welt für sich und in der letzten Zeit sogar eine sehr glückliche Welt gebildet. Die griechischen Städte waren frei und standen in Blüte. Das Scheitern der Pläne des Ducetius zeigte, welche Zukunft den eingeborenen Rassen bevorstehe.

Carthago verhielt sich ruhig. Sie wartete offenbar nur, bis ihre Zeit kommen würde. Bis dahin haben wir die Ereignisse zu schildern, durch welche Sicilien in die Kämpfe Griechenlands verwickelt und der Kampf zwischen den Hauptmächten Griechenlands in den Gewässern von Syrakus entschieden wurde.

ACHTES CAPITEL.

SICILIENS ANTHEIL AN DEN KRIEGEN GRIECHENLANDS.
433—409 v. Chr.

FÜR diese einzige Periode der Geschichte des griechischen Siciliens haben wir die Darstellung eines zeitgenössischen Geschichtsschreibers ersten Ranges, nämlich des Thukydides aus Athen, der für diesen ganzen Abschnitt, ausgenommen den letzten Theil desselben, unsere leitende Quelle ist. Aus den früheren Büchern seiner allgemeinen Geschichte des peloponnesischen Krieges müssen wir dasjenige, was sich auf Sicilien bezieht, auslesen. Im sechsten und siebenten Buche bildet Sicilien den Hauptgegenstand und sie sind die glänzendsten Musterstücke zeitgenössischer Geschichtschreibung, die je geschrieben wurden. Aus dem achten Buch müssen wir wieder das Sicilien betreffende heraussuchen und gegen Ende, wo uns Thukydides verlässt, sind wir auf den viel unzuverlässigeren, jedoch zeitgenössischen Xenophon angewiesen. So lange uns Thukydides zu Gebote steht, sind wir versucht, Diodor unberücksichtigt zu lassen. Auch steht sein Bericht über diese Periode der sicilischen Geschichte grösstentheils unter dem gewöhnlichen Niveau seines Werkes. Aber hie und da liefert er uns wertvolles Material, das er offenbar dem zeitgenössischen syrakusanischen Geschichtschreiber Philistos entnommen hat.

Philistos war in der That mehr als ein Zeitgenosse. In der letzteren Hälfte des Krieges nahm er an den Ereignissen als mitwirkender Augenzeuge theil. Das Werk des älteren Geschichtsschreibers Antiochus von Syrakus endete mit der Unterredung in Gela 423 v. Chr. — Auch haben wir einige gleichzeitige nebensächliche Quellen. So enthalten die Comödien des athenischen Dichters Aristophanes manche Beziehungen auf hierher gehörende Ereignisse und obwohl der Athener Isokrates nach dem hohen Alter, das er erreichte, einer späteren Zeit anzugehören scheint, so reicht seine Erinnerung doch auf die grosse Belagerung von Syrakus, worüber er uns ein paar Notizen hinterlassen hat, zurück. Auch Plutarch behandelt in den Biographien des Nikias und Alkibiades diese Zeit, in denen manche Nachrichten aus Philistos und andern verlornen Schriftstellern erhalten sind. Auch bei vielen andern Schriftstellern wie Pausanias, Polyanios, Athenaios finden wir gelegentliche Mittheilungen. Ueberhaupt haben wir über keinen Zeitraum vorher oder nachher mehr und besseres Material wie über diesen.

In dieser Periode werden die griechischen Städte Siciliens in einer bisher ungewöhnlichen Weise in die Streitigkeiten des Mutterlandes verwickelt.

Der grössere Theil der Städte Griechenlands sondert sich in zwei grosse Bündnisse, an deren Spitze Sparta und Athen standen. Sparta war das Haupt der dorischen, Athen der jonischen Städte. Sparta war conservativ, oligarchisch, bedächtig im Handeln. Athen war neuerungssüchtig, demokratisch, unternehmungslustig. Sparta war eine Land-, Athen eine Seemacht. Aber obwohl Sparta zu Hause das oligarchische, Athen das demokratische Princip vertrat, so machte sich doch Sparta in seinem

Verkehr mit anderen Staaten mehr beliebt, wie Athen. Die Verbündeten Spartas bestanden aus freiwilligen Verbündeten, welche aus ererbter Anhänglichkeit Gefolgschaft leisteten.

Die sogenannten Verbündeten Athens waren meistens Staaten, welche sie früher ihrer Herrschaft unterworfen und tributpflichtig gemacht hatte. Die wenigen, welche sich aus freiem Antriebe ihr anschlossen, thaten dies meistens aus Hass gegen Sparta oder ein anderes Glied des lakedaemonischen Bundes. Später freilich erwies sich die Herrschaft Spartas als viel drückender, wie die Athens. Damals aber war Sparta der Repräsentant eines freiwilligen, Athen eines erzwungenen Städtebundes. Die Sache der Spartaner war deshalb in ganz Griechenland volksthümlich.

Um diese Zeit bestand zwischen den zwei grossen Bundesstaaten unter der Form eines dreissigjährigen Waffenstillstandes, der im Jahr 445 v. Chr. abgeschlossen war, Friede. Aber schon früher, vielleicht schon in der Zeit der Perserkriege hatte Athen, welches seine Herrschaft und seinen Einfluss nach allen Richtungen hin geltend machen wollte, sein Augenmerk auch auf den Westen gerichtet. Wie eine Inschrift zeigt, mischte sich Athen schon um das Jahr 454 in sicilische Angelegenheiten und schloss mit den Elymern von Segesta gegen einen ungenannten Feind, vielleicht gegen das sikanische Halykyai Bündnis. Im Jahre 443 übernahm Athen die Leitung bei der Gründung der Colonie Thurioi nicht weit von der Stelle des früheren Sybaris. — Auch stehen die Anfänge des peloponnesischen Krieges selbst mit den sicilischen und italischen Angelegenheiten in engem Zusammenhang. Die Korkyraer, welche mit ihrer Mutterstadt Korinth in ewigem Hader lagen, suchten Hilfe bei Athen indem sie auf die strategische Wichtigkeit ihrer Insel als dem Schlüssel zu Italien und Sicilien hinwiesen. Dies geschah im Jahre 433 v. Chr. Und in demselben Jahr, in welchem Athen sein Bündnis mit Korkyra schloss, verband es sich auch mit Leontinoi auf Sicilien, und Rhegion an der Südspitze Italiens. Das ist das Vorspiel zu dem peloponnesischen Kriege.

Offenbar hatte es Syrakus, indem es, wie wir am Schlusse des vorigen Abschnittes erwähnt haben, seine Flotte und seine Reiterei verstärkte, auf einen Angriff gegen seine chalkidischen Nachbarn oder wenigstens auf ihre Bedrohung abgesehen. Und als im Jahre 431 der wirkliche Ausbruch des Krieges erfolgte, so scheinen beide Theile die Hereinziehung Siciliens in demselben für unvermeidlich gehalten zu haben. Doch liessen es beide Theile mehrere Jahre aus dem Spiel.

Bei dem eigentlichen Ausbruch des Krieges stellten die Lakedämonier an die Dorier Siciliens und Italiens die Forderung, sie sollten gemeinsam eine grosse Flotte bauen, gleichsam als ob sie Glieder ihres Bundes wären. Aber die vier folgenden Jahre kreuzten noch gar keine Kriegsschiffe zwischen Sicilien und Griechenland. Die Verbündeten Spartas begnügten sich damit, die Verbündeten Athens auf der Insel zu beunruhigen.

Im Jahre 427 beginnen sich die Dinge zu klären. Damals war Syrakus mit dem chalkidischen Leontinoi im Krieg. Mit Syrakus waren alle dorischen Städte bis auf Kamarina und Lokroi in Italien verbündet. Von Akragas schweigt die Geschichte. Auf Seite Leontinoi's standen die anderen chalkidischen Städte, Naxos und Katana, ferner Kamarina und Rhegion. Welche Stellung damals Messana einnahm, ist unbekannt; etwas später finden wir sie im Bunde mit Syrakus. Der syrakusanische Bund war bedeutend stärker und Leontinoi wurde hart bedrängt. Da schickten Rhegion und Leontinoi, als Verbündete Athens, dahin, um es zu thatsächlicher Hilfeleistung aufzufordern. Unter den Gesandten befand sich der grosse Redner Gorgias von Leontinoi, der auf die Athener einen gewaltigen Eindruck gemacht haben soll. —

Gerade damals war es für Athen von grosser Wichtigkeit, dass die Absendung sikeliotischer Schiffe zur Unterstützung Sparta's verhindert wurde. Denn Korkyra war durch Parteikämpfe zerrissen und konnte für ihre Verbündeten wenig thun. Aber trotzdem liess sich Athen vorerst in kein grosses Wagnis ein. Es sendete eine kleine Flotte ab, hauptsächlich um auszukundschaften, ob es gut sei, sich weiter einzulassen. So wurde der Krieg durch etwa drei Jahre im kleinen Stil geführt, im Jahre 423 sendete Athen eine grössere Flotte nach Sicilien.

Auch jetzt geschah nichts Bedeutendes. Aber verschiedene Dinge lassen uns einen tiefen Einblick in die Verhältnisse Siciliens thun.

Messana wechselte fortwährend seine Parteistellung, je nachdem die eine oder die andere Partei ihrer sehr gemischten Bevölkerung zur Herrschaft gelangte. Im Jahre 426 vereinigten sich zwei Stämme von Messana, welche von den Athenern in Mylai angegriffen wurden, mit den Belagerern und bewogen Messana selbst, auf die Seite Athens zu treten. Jetzt schloss sich die Stadt wieder den Syrakusanern an. In Rhegion gab es eine Partei, welche sich mit Lokroi gegen ihre eigene Stadt verband. Kamarina, welches mit Athen verbündet war, schwankte. Abneigung gegen Syrakus und allgemeine

Sympathie für die Dorier hielten einander die Wage. Auch erhalten wir von den einheimischen Nationen Siciliens einige Kunde.

Die Elymer von Segesta erneuerten ihren Bund mit Athen, ein Akt, der erst viel später seine Folgen hatte. Der Freund des Ducetius, König Archonides, war, wie sich erwarten liess, ein treuer Verbündeter Athens. In der oft erwähnten sikelischen Stadt Inessa war ein Zustand, ähnlich dem vieler Städte Griechenlands zur Zeit der makedonischen Herrschaft. Die Stadt war eine unabhängige Republik, aber sie wurde durch eine syrakusanische Besatzung von ihrer Akropolis aus in Schranken gehalten. —

Und eine Erzählung wirft ein sehr grelles Licht auf die Denkweise der Sikeler. Die Sikeler hegten einen besonderen Hass gegen Naxos, als der ersten griechischen Niederlassung auf ihrem Gebiete. Aber noch grösser war ihr Hass gegen Syrakus, da es viel gefährlicher war. Als nun die Syrakusaner und Messenier Naxos angriffen, eilten diesem die Sikeler mit einem grossen Heere zu Hilfe. Die Messenier wurden so geschwächt, dass sie Neubürger aus Lokroi herbeiriefen. Dies führte zu einem Bunde zwischen Messana und Lokroi. Da wurden die Lokrer durch eine neue Umwälzung wieder aus Messana vertrieben. Alle diese Ereignisse zeigen, dass die Verhältnisse in Sicilien und besonders in Italien viel unbeständiger waren als in Griechenland.

Bald wurden alle Parteien Siciliens eines Krieges, der nach keiner Seite hin eine Entscheidung herbeiführte, müde. Im Jahre 424 kam eine grössere athenische Flotte an und ihre Führer forderten ihre Verbündeten zu kräftigerem Handeln auf. Dieser Aufruf scheint eine entgegengesetzte Wirkung gehabt zu haben.

Kamarina und Gela, Mutter und Tochter, schlossen zuerst mit einander Frieden und luden die anderen Städte ein, sich ihnen anzuschliessen. Ein Congress wurde in Gela gehalten und hier begegnet uns zum erstenmal ein Mann, der in der Geschichte Siciliens eine hervorragende Stellung einnimmt, Hermokrates von Syrakus, der angesehenste Bürger dieser Stadt. Er stand im Verdachte, ein Gegner der demokratischen Verfassung zu sein, aber keine Stadt hatte je einen weiseren und verlässlicheren Führer im Krieg und in der Leitung der auswärtigen Angelegenheiten, daher er das allgemeine Vertrauen genoss. Er hielt eine sehr beachtenswerte Rede. Sie ist wesentlich der Gesinnungsausdruck des Staatsmannes einer Pflanzstadt. Seine Fürsorge erstreckt sich nicht blos auf Syrakus, sondern auf das ganze griechische Sicilien. Aber er kümmert sich nicht, wie manche andere, um die Gesammtheit der hellenischen Nation. Seine Ansicht ist, dass die sikeliotischen Städte womöglich untereinander in Frieden leben sollten, aber in keinem Falle sollten sie die Einmischung einer auswärtigen Macht in die sicilischen Angelegenheiten dulden. Sie sollten sich alle in dem Bestreben vereinigen, die Fremden fern zu halten. Den Joniern Siciliens stellt er vor, die Freundschaft Athens sei ein blosser Schein. Athen, wie alle anderen Staaten, strebe nur nach Herrschaft, sei es wo immer. Und alle gehen gemeinsam darauf aus, eine solche auf Sicilien zu begründen.

Zwei Dinge in seiner Rede verdienen Beachtung. — Hermokrates bezeichnet alle Griechen ausserhalb Siciliens als Fremde. Er nimmt sogar seine Mutterstadt Korinth nicht aus. Auch spricht er von Sicilien, als ob es ein ganz griechisches Land wäre. Nach seiner Rede möchte man glauben, dass es auf der Insel keine Phönikier, Sikeler oder Elymer gebe.

Daraus ergibt sich, dass die Rede nur für einen bestimmten Zweck verfasst war. Gerade damals war Sicilien von keiner barbarischen Macht bedroht, wohl aber von einer griechischen. Und da er die Ausschliessung der Athener verlangte, konnte er nicht für die Zulassung der Korinther sprechen.

Hermokrates wusste sehr gut und zeigte es bei gelegener Zeit, wie wertvoll für Syrakus die Freundschaft Korinth's sei und dass die Feindschaft Carthago's nur schlummere.

Der Antrag des Hermokrates wurde angenommen und es wurde Friede geschlossen auf Grund des gegenwärtigen Besitzstandes. Die Athener und andere Fremde sollten Aufnahme finden, sobald sie mit nicht mehr als einem Schiffe kämen. Auch die Städte Italiens traten dem Frieden bei, bis auf Lokroi, dessen Hass gegen Athen zu gross war. Auch die athenischen Feldherrn mussten den Frieden annehmen und wurden deshalb nach ihrer Heimkehr mit einer Geldbusse und Verbannung bestraft. Jetzt herrschte wenigstens allgemeiner, wenn auch nicht vollständiger Frieden auf Sicilien, nur in einem kleinen Theile der Insel fanden Störungen statt. Und der nächste Versuch der Athener, sich einzumischen, scheiterte vollständig.

Der folgende Streit, der in Sicilien ausbrach, ist deshalb bemerkenswert, weil er mit dazu beitrug, dass die Athener einige Jahre später die grosse sicilianische Expedition unternahmen. Nach dem Abschluss des Friedens hielten es die Leontiner für zweckmässig, sich durch Aufnahme von Neubürgern zu verstärken. Dies geschah; aber als man den Vorschlag machte, unter die Neubürger

Ackerlose zu vertheilen, widersetzte sich diesem die oligarchische Partei. Es lassen sich über den damaligen Stand der Dinge nur Vermuthungen anstellen; aber höchstwahrscheinlich sollte das Gemeinland (ager publicus), welches die Reichen, gerade so wie die Patricier in Rom occupiert hatten, dazu verwendet werden. Die Oligarchen suchten Hilfe in Syrakus. Da Syrakus demokratisch war, so sollte es eigentlich Oligarchen keine Hilfe leisten; aber die Versuchung, in Leontinoi Macht und Einfluss zu gewinnen, war zu gross. Der Handel wurde abgeschlossen; die Gemeinen wurden aus der Stadt vertrieben; die Oligarchen liessen sich in Syrakus nieder und erhielten Bürgerrecht; Leontinoi ging in Syrakus auf; die Stadt wurde, wie Megara, eine syrakusanische Festung. Jetzt bereuten einige ihre Auswanderung nach Syrakus, sie verbanden sich mit den vertriebenen Gemeinen und besetzten gemeinsam einen festen Platz und eine von den zwei Akropoleis von Leontinoi. Dieser Schatten des ehemaligen leontinischen Gemeinwesens suchte Hilfe bei Athen. —

Die Macht Athens war jetzt, 422 v. Chr. viel geringer als sie 425 gewesen war. Statt einer Flotte schickte sie nur zwei Schiffe mit einer Gesandtschaft, welche mit den sicilischen Städten einen Bund eingehen sollte, um der Anmassung von Syrakus Schranken zu setzen und insbesondere, um Leontinoi wieder herzustellen. Mehrere Städte, wie Akragas und Kamarina, hörten sie an, ohne etwas zu thun. Niemand wollte sich rühren, wenn nicht die Athener mit einer mächtigen Flotte kämen. So musste Athen Sicilien sechs Jahre lang sich selbst überlassen. Während dieser Zeit hören wir nichts mehr über sicilische Angelegenheiten. Der Rumpf des leontinischen

Gemeinwesens scheint sich behauptet zu haben; da entsprang auf dem entgegengesetzten Ende der Insel eine neue Quelle zu Streitigkeiten.

Es war dies eine der häufigen Grenzstreitigkeiten zwischen den Griechen von Selinus und den Elymern von Segesta. Aber es handelte sich nicht bloss um die Grenzen, sondern auch um das Recht, Wechselheiraten einzugehen. Daraus geht hervor, dass zwischen den zwei

Münze von Segesta um 415 v. Chr.

Städten das connubium oder das Recht, unter einander rechtsgiltige Ehen zu schliessen, bestanden und dass demnach die griechische Cultur unter den Segestanern bedeutend überhand genommen haben muss. Die Segestaner suchten zuerst bei Carthago, welches allen Griechen gleich feind war, Hilfe. Als sie hier keine erhielten, kam ihnen ihr Bündnis, das sie vor einigen Jahren mit Athen abgeschlossen hatten, wieder in Erinnerung. So kamen im Jahre 416 v. Chr. Gesandte der Segestaner nach Athen, um gegen Selinus um Hilfe zu bitten. Ihnen hatte der Rest der Leontiner eine Gesandtschaft beigegeben, durch die sie den Beistand Athens gegen die Syrakuser anriefen. Zwischen Athen und Sparta bestand damals dem Namen nach Frieden; aber es gab noch so viele Ursachen zu Streitigkeiten, aus denen jeden Augenblick ein Krieg entbrennen konnte. Die Macht Athens hatte sich vollständig erholt. Sie war in einer hoffnungsvollen Stimmung, schaute begierig nach einem kühnen Unternehmen aus und bedachte nicht, was es hiess, in einem so entfernten Lande wie Sicilien sich in einen ernsten Krieg einzulassen. An ihrer Spitze stand der berühmte Alkibiades, ihr gefährlichster Rathgeber, ein kühner, beredter, unternehmender Mann, jedoch ohne feste Grundsätze und vor allem auf die Befriedigung seines Ehrgeizes bedacht. Er erklärte sich entschieden für die Unterstützung von Segesta und Leontinoi, indem er, wie er nachher erklärte, die Eroberung von ganz Sicilien und Carthago in Aussicht stellte, kurz eine Menge unausführbarer Pläne entwickelte. Ihm trat Nikias entgegen, der verlässlichste Feldherr, den Athen besass, ein Ehrenmann und tüchtiger Soldat, aber von Natur aus bedächtig im Handeln. Er erkannte die Nichtigkeit der von Alkibiades gehegten Hoffnungen besser wie dieser. Hauptsächlich durch seinen Einfluss war der Frieden mit Sparta zustande gekommen und er wollte dessen Bruch verhindern. In der ersten Volksversammlung, in welcher über diesen Gegenstand in Athen verhandelt wurde, wurde beschlossen, Gesandte nach Sicilien zu schicken, um über den dortigen Stand der Dinge und hauptsächlich darüber, ob die Segestaner die reichen Geldmittel, deren sie sich rühmten, hätten, Erkundigungen einzuziehen. Diese Gesandten und die Athener, welche mit ihnen nach Segesta gingen, sollen sich in einer sonderbaren Weise haben täuschen lassen. Die Segestaner zeigten ihnen den Tempel auf Eryx mit seinen reichen Schätzen, wo die Gesandten dadurch getäuscht wurden, dass sie vergoldete

Silbergefässe für gediegenes Gold hielten. Dann thaten sie alles Gold- und Silberzeug in ihrer Stadt zusammen und was sie sonst zu leihen bekamen und luden die Athener der Reihe nach zu Gastmählern ein, bei welchen jeder Wirth das ganze Geschirr für sein Eigenthum ausgab. So kehrten die Gesandten in der Ueberzeugung zurück, dass Segesta eine sehr reiche Stadt sei und brachten wirklich sechzig Talente mit. Dies geschah im Anfang des Jahres 415. Und jetzt wurde, obwohl Nikias mit allen Kräften dagegen arbeitete, die Expedition nach Sicilien beschlossen. Der Oberbefehl wurde drei Feldherren übertragen, dem Nikias selbst, Alkibiades und Lamachos. Lamachos war weder reich noch ein Parteiführer wie Nikias und Alkibiades und hatte deshalb nicht denselben Einfluss. Aber er war neben Demosthenes, auf den wir bald zu sprechen kommen werden, der tüchtigste Soldat. Jetzt ging die grösste Macht, welche je aus einem griechischen Hafen ausgelaufen war, unter Segel, Segesta und Leontinoi zu Hilfe. Athen hatte ausser ihren eigenen Streitkräften und den Contingenten ihrer unterthänigen Bundesglieder in diesem Kriege mehrere freiwillige Verbündete, hauptsächlich Argos und Korkyra, welches zum Kampf gegen seine Schwesterstadt entschlossen war. Sie bestand aus 136 Kriegsschiffen, 5100 Schwerbewaffneten und 1300 Leichtbewaffneten (Peltasten). Aber worin Syrakus am stärksten war, darin war Athen am schwächsten. Nur dreissig Reiter wurden eingeschifft, um der berühmten syrakusanischen Reiterei zu begegnen.

Als das Gerücht, dass eine grosse feindliche Streitmacht im Anzuge sei, sich in Sicilien verbreitete, fand es grossentheils keinen Glauben.

Doch Hermokrates bestätigte in der syrakusanischen Volksversammlung die Wahrheit dieser Nachricht und sagte, man müsse Anstalten treffen, um der Gefahr auf jede Weise zu begegnen. Sie sollten in Sicilien, Italien und sonst Bundesgenossen zu erwerben suchen, besonders mit Sparta, Korinth, ja sogar mit Carthago sich verbinden. Sie seien nicht ohne Aussichten. Er wusste, dass der erprobteste unter den athenischen Feldherrn die ihm übertragene Mission nicht billige und er sagte, gerade die Grösse der Streitmacht würde viele von einem Bündnis mit den Athenern abschrecken.

Diese Voraussicht bewährte sich vollkommen, wie alles, was Hermokrates in Bezug auf auswärtige Angelegenheiten sprach und that. Aber seine politische Gesinnung war verdächtig; deshalb erhob sich der Demagoge Athenagoras zu einer Gegenrede, worin er die Demokratie treffend kennzeichnete. Sie sei die Herrschaft des gesammten Volkes im Gegensatz zur Oligarchie, der Herrschaft einer Partei. In einer Demokratie haben die Reichen, die Geschäftskundigen und die Masse des Volkes jedes seinen besonderen Wirkungskreis. Die Geschäftskundigen haben Rathschläge zu ertheilen und die Volksmenge habe sie zu beurtheilen. Aber in den ultrademokratischen Staaten bilde sich oft insgeheim eine Beamtenhierarchie, die sich in alles einmische und die ausschliessliche Geschäftskenntnis für sich in Anspruch nehme.

Athenagoras vertritt als Oppositionsredner die Sache der unwissenden Menge. Er kann nicht glauben, dass die Athener im Anzuge sind. Seine Rede ist nach dem Interesse der Privilegierten zurecht gemacht. Hier hatte er vollkommen Unrecht und sein Rath war schlecht;

aber er irrte sich nur aus Unkenntnis der Verhältnisse. An und für sich betrachtet ist seine Rede verständig und patriotisch.

Alles kam, wie Hermokrates vorhergesagt. Gerade die Grösse der athenischen Streitkräfte schreckte selbst diejenigen, welche Athen freundlich gesinnt waren, ab. Die Flotte segelte über Korkyra hinaus der italischen Küste entlang; aber sie fanden nur in Rhegion unfreundliche Aufnahme; selbst hier wurden sie in die Mauern nicht eingelassen.

Jetzt erfuhren die athenischen Feldherren erst, wie sehr man die Gesandten in Segesta getäuscht habe. — Das ganze Geld, welches sich in der Stadtkasse vorfand, betrug nur dreissig Talente, welche nur für einen halben Monat zum Unterhalte der athenischen Flotte ausreichten. Die Feldherrn beriethen, was zu thun sei. Nikias verlangte einfach, man solle trachten, dass die Flotte möglichst unversehrt nachhause gelange. Er sagte, sie seien abgesendet, um die Streitigkeiten zwischen Segesta und Selinus beizulegen.

Sie sollten diese zwei Städte zu einem Vergleiche bewegen, dann um Sicilien herumsegeln, um die Grösse der athenischen Macht zu zeigen und dann heimkehren. Alkibiades, dessen Pläne viel weiter gingen und der seine staatsmännische Ueberlegenheit zeigen wollte, sagte, man solle vorerst möglichst viel Bundesgenossen zu gewinnen suchen, dann an Syrakus und Selinus die Aufforderung ergehen lassen, den Leontinern und Segestanern gerecht zu werden und wenn sie sich weigerten, sie angreifen. Lamachos, der die Dinge nur als Soldat betrachtete, war für den sofortigen Angriff auf Syrakus. Er sagte, ihre Streitkräfte seien jetzt vollständig geordnet, während die Syrakusaner erschreckt und noch unvorbereitet seien. Wenn man warte, so würde ihre Macht verringert, die Furcht vor ihr schwinden und der Feind zum Widerstande gerüstet sein. Die anderen Feldherrn stimmten dem nicht bei. So schloss sich Lamachos der Meinung des Alkibiades an. Während die Athener auf die Werbung von Bundesgenossen ausgingen, vollendeten die Syrakusaner ihre Vertheidigungsanstalten. Die einzigen Verbündeten, welche die Athener damals fanden, waren Naxos und Katana.

Die Naxier waren eifrige Freunde der Leontiner. In Katana war die Bürgerschaft getheilt, doch die Mehrzahl war für Athen.

Da gerade zu der Zeit, wo Alkibiades in der Volksversammlung eine Rede hielt, athenische Soldaten in die Stadt kamen, so wurden dadurch die Feinde Athens eingeschüchtert und die übrigen nahmen das Bündnis mit Athen an. Die Athener machten nun Katana zu ihrem Hauptquartier.

Messana bot ihnen nur einen Markt ausserhalb ihrer Mauern an.

Kamarina wollte nach dem Friedensvertrag nur ein Schiff aufnehmen. In Folge dessen musste die Flotte hin und her fahren. Einmal lief sie in den grossen Hafen von Syrakus ein. Sie erliessen eine Aufforderung an die dort befindlichen Leontiner, sich mit ihnen zu vereinigen, dann zogen sie wieder fort. Sie plünderten hie und da und lieferten kleine Gefechte, nicht immer mit Erfolg.

Indem sich so die Syrakusaner daran gewöhnten, die grosse Flotte erfolglos hin und her fahren zu sehen, hörten sie auf, dieselbe zu fürchten, wie Lamachos voraus gesehen hatte.

Da wurde Alkibiades nach Athen zurückberufen, um sich wegen eines Frevels gegen die Götter, den man ihm zur Last legte, zu verantworten. Der berühmte und für die Geschichte Athens so denkwürdige Hermokopidenprozess mit seinen Folgen berührt die Geschichte Siciliens nur insofern, als er den athenischen Feldherrn Alkibiades in einen Feind seiner Vaterstadt und Rathgeber Sparta's und Korinth's verwandelte; denn er begab sich nicht nach Athen zur Verantwortung, sondern entkam nach dem Peloponnes. Indessen übernahm Nikias den Oberbefehl über die athenische Streitmacht in Sicilen.

Nun war Nikias in seinen Unternehmungen, so oft er sich zum Handeln aufraffte, glücklich. Aber er war sehr schwer zum Handeln zu bewegen, besonders in einer Expedition, die er missbilligte. Man kann behaupten, dass Syrakus seine Rettung dem Zaudern des Nikias verdankte. Unter dem Vorwand, die Verhältnisse in Segesta zu regeln, machte er kleine Streifzüge im Westen Siciliens, richtete aber dabei nichts weiter aus, als dass er an der Nordküste die sikanische Stadt Hykkara, eine Feindin Segesta's, einnahm und die ganze Bevölkerung in die Sklaverei verkaufte. Himera lehnte das Bündnis mit Athen ab; gegen Selinus richtete er nichts aus. Auch scheiterte der Anschlag der Athener auf die sikelische Stadt Hybla Galeatica in der Nähe von Aetna, den Hauptsitz der gleichnamigen Gottheit. Dann bezogen sie Winterquartiere in Katana (415—414 v. Chr.).

Die Syrakusaner zeigten eine völlige Verachtung gegen die Eindringlinge. Ihre Reiter drangen bis zum Lager der Athener in Katana vor und fragten sie, ob sie rein nur in der Absicht nach Sicilien gekommen seien, um sich als Colonisten daselbst niederzulassen.

Aber die grosse Gefahr, auf die Hermokrates seine Mitbürger aufmerksam gemacht hatte, war nicht so leicht zu beseitigen. Die Feinde waren immerhin im Lande und ihr Feldherr konnte kräftig handeln, wenn er wollte.

Nikias verlockte die Syrakusaner durch eine geschickte Kriegslist — eine Truggesandtschaft, welche vorgab, von der syrakusanischen Partei in Katana abgesendet zu sein — ihr ganzes Heer zu einem Angriff auf das athenische Lager auszusenden. Währenddem schiffte sich das athenische Heer ein und lief in der Nacht in den grossen Hafen ein. Hier bezogen sie beim Olympieion ein Lager; doch Nikias war darauf bedacht, dass der Tempel und sein Bezirk unverletzt bliebe. Am folgenden Tage kam es in der Niederung am Anapos zu einer Schlacht. Die Athener siegten, sie wurden jedoch durch die syrakusanischen Reiter an der Verfolgung verhindert.

Dies diente Nikias zum Vorwand, unthätig zu bleiben, indem er sagte, er könne ohne Verstärkung an Reiterei und Geld nichts ausrichten. — So segelte die athenische Flotte am Tage nach der Schlacht wieder ab, und brachte den übrigen Theil des Winters in Naxos zu. Es ist fraglich, wer mehr zur Befreiung von Syrakus beitrug, Hermokrates oder Nikias.

Indessen ermahnte Hermokrates seine Landsleute zur Ausdauer. Sie hätten in der Schlacht den Erwartungen entsprochen; es fehle nur an der nöthigen Disciplin. Zu diesem Zwecke sei es angezeigt, die Zahl der Feldherrn zu vermindern, ihnen dagegen eine grössere Gewalt einzuräumen. Dementsprechend wurden bei der nächsten Feldherrnwahl statt fünfzehn nur drei Feldherrn, darunter Hermokrates, gewählt. Diese zogen dann gegen Katana und verbrannten das verlassene Lager der Athener und verwendeten den Rest des Winters zu Rüstungen und Anlegung von neuen Befestigungswerken. Jetzt erfuhr die Stadt eine abermalige Erweiterung, indem Temenites, der heilige Bezirk des Apollon, in die Mauern der Stadt einbezogen wurde. Der Winter (415—414 v. Chr.) verging hauptsächlich damit, dass beide Theile zur Werbung von Bundesgenossen Gesandte hin und herschickten.

Nikias schickte auch nach Athen, um Geld und Reiter zu fordern, und die Volksversammlung bewilligte ohne ein Wort des Widerspruches alles, was er verlangte. Sehr belehrend ist eine Verhandlung, welche in der Volksversammlung von Kamarina, in welcher Gesandte von beiden Theilen vernommen wurden, stattfand. Hermokrates predigte wieder für die Einigung Siciliens und forderte Kamarina auf, sich dadurch, dass sie den Syrakusanern Beistand leiste, selbst zu helfen. Die Athener, sagte er, kümmern sich weder um die Leontiner noch ihre jonische Stammverwandtschaft. Ihr Streben sei nur auf Herrschaft gerichtet und sie würden ihre sikeliotischen Verbündeten gerade so behandeln, wie die, welche Athen näher liegen. Während sie in Sicilien von der Befreiung der Chalkidier sprechen, halten sie ihre Mutterstadt Chalkis in Fesseln. Ihm erwiderte der athenische Redner Euphemos, dass die Athener überall ihr eigenes Interesse verfolgen. Sie machten ihre Verbündeten zu Unterthanen oder liessen ihre Selbständigkeit unangetastet, je nachdem es ihnen angemessen sei. So hätten sie einige ihrer Verbündeten unterworfen, weil es ihr Interesse so verlangte. Aus demselben Grunde hätten sie andere bei ihrer Selbständigkeit belassen. Es liege in ihrem Interesse, in dem so entlegenen Sicilien freie Verbündete zu haben. Nicht Athen, sondern Syrakus bedrohe die Freiheit der sicilischen Städte. Obwohl die Kamarinäer sehr zu Athen hinneigten, so hielten sie es doch für sicherer, neutral zu bleiben. Daher beschlossen sie: „Da sowohl die Syrakusaner als die Athener ihnen befreundet seien, so könnten sie keiner von beiden Mächten gegen die andere Beistand leisten.“

Die Athener sahen sich nicht blos unter den Griechen, sondern auch unter den Barbaren nach Bundesgenossen um. Wenn auch nicht alle, so traten doch die meisten Sikeler auf ihre Seite. Und da ihre Contingente aus Reiterei bestanden, so war ihre Freundschaft oft für die Athener von grossem Wert. Auch Segesta schickte Reiter. Auch von den Etruskern, den alten Feinden von Syrakus, kam Hilfe. Doch die Gesandtschaft, welche die Athener nach Carthago geschickt hatten, war erfolglos. Die Carthager warteten auf die gelegene Zeit, wo sie den grossen Angriff auf das griechische Sicilien ausführen könnten. Aber sie wollten die Früchte desselben allein geniessen, und nicht zur Verstärkung der ohnedies gefährlichen Macht Athens beitragen. Den grössten Erfolg erzielte die Gesandtschaft, welche die Syrakusaner nach Korinth und Sparta schickten. Korinth nahm sich eifrig der Sache ihrer Colonie an, und unterstützte dieselbe in Sparta. Beide fanden an dem verbannten Athener Alkibiades, der nun nach Kräften gegen Athen arbeitete, einen kräftigen Fürsprecher in Sparta. Er enthüllte, ob wahr, ob falsch, die ausserordentlichen Pläne, welche Athen zu Anfang des Krieges gehabt habe. Er rieth den Spartanern, eine Festung in Attika zu besetzen, was sie bald darauf thaten, und von wichtigen Folgen war. Aber sein Rath ging auch dahin, Syrakus kräftig zu unterstützen, vor allem ihnen einen spartanischen Feldherrn zu schicken. Obwohl damals der blosse Name Spartaner schon grossen Respekt einflösste, so hätte man den Syrakusanern keinen tüchtigeren Spartaner zum Feldherrn schicken können, als den, der dazu ausersehen wurde. Es war dies Gylippos, der zukünftige Befreier von Syrakus. Er glich mehr einem Athener, als einem Spartaner; er war rasch und wusste sich in jeder Lage zu helfen, was bei einem Spartaner selten war. Doch der Zeitpunkt, wo die Syrakusaner auf peloponnesische Hilfe rechnen konnten, war noch nicht gekommen, sondern erst im Anzug.

Endlich, im Frühling 414 v. Chr. entschloss sich Nikias zum Handeln. Er hatte sein Hauptquartier wieder von Naxos nach Katana verlegt. Athen hatte Geld und Reiter geschickt; die nöthigen Pferde jedoch mussten in Sicilien aufgetrieben werden. Indessen entwarf Lamachos — denn niemand anderes kann es gewesen sein — den Plan zu einem Handstreich, den er zweifellos gleich anfangs hatte ausführen wollen. Es ist merkwürdig, dass die Syrakusaner den strategisch wichtigen Euryalos am Westende der Höhe Epipolae nicht befestigt hatten. Eben als Hermokrates ihn besetzen wollte, führte Lamachos den Angriff aus. Die athenische Flotte setzte die Truppen in der Bucht von Megara an einem Punkte, welcher dem Westende der Anhöhe Epipolae zunächst lag, ans Land, und legte sich bei Thapsos vor Anker. Von der Küste zogen die Athener in aller Eile gegen die Anhöhe Epipolae und erstiegen sie in dem Augenblicke, wo Hermokrates in der Ebene des Anapos über die syrakusanischen Streitkräfte Heerschau hielt. Er schickte 600 Mann zur Besetzung des Euryalos ab, ohne zu wissen, dass derselbe schon von den Feinden besetzt sei. So wurden zuerst die 600 Mann, dann das ganze syrakusanische Heer, welches ihnen nachrückte, zurückgeschlagen. Die Athener besetzten nun die ganze Anhöhe, soweit sie ausserhalb

Plan von Syrakus während der Belagerung durch die Athener.

der Mauern von Syrakus lag. Mit ihnen vereinigten sich die griechischen und sikelischen Reiter und nach ungefähr einem Jahre begann die eigentliche Belagerung von Syrakus. Die Athener beabsichtigten nun quer über die Höhe eine Mauer zu bauen und dieselbe nach beiden Seiten bis ans Meer zu verlängern, so dass Syrakus vom Binnenlande abgeschnitten wäre. Die Syrakusaner dagegen begannen den Bau einer Mauer, welche die athenische Mauer durchkreuzen, und ihre beiderseitige Verlängerung bis ans Meer unmöglich machen sollte. Das versuchten sie mehr als einmal, doch vergeblich. Es kam zu mehreren Gefechten auf der Anhöhe, und endlich zu einem Kampfe von grösserer Bedeutung in der Niederung am grossen Hafen.

Die athenische Mauer wurde an dem südlichen Abhang der Anhöhe bis zur Niederung herabgeführt, ihre Fortsetzung durch dieselbe bildeten zwei Parallelmauern, welche fast das Meer erreichten. Die Syrakusaner versuchten alles Mögliche, um die Vollendung dieser Mauer durch eine Quermauer zu verhindern. Das athenische Heer stieg deshalb in die Anapos-Ebene hinab, und lieferte eine Schlacht. In dieser wurden zwar die Syrakusaner geschlagen, aber ihr Gewinn war weit grösser als ihr Verlust. Denn Lamachos war gefallen und mit ihm war alle Thatkraft aus dem athenischen Lager gewichen. Eben jetzt lief die athenische Flotte in den grossen Hafen ein, und ein Angriff der Syrakusaner auf die auf der Anhöhe befindliche athenische Mauer wurde zurückgeschlagen. Nikias führte den Oberbefehl über das Angriffsheer weiter, aber er war schwer krank, und zum erstenmal in seinem Leben scheint ihm der Erfolg die Besinnung geraubt zu haben. Er vollendete den Bau der Mauer nach Süden, versäumte aber dieselbe auch nach Norden hin auszubauen, so dass Syrakus nicht vollständig abgeschlossen war. Aber die Syrakusaner hatten den Muth verloren; sie zürnten dem Hermokrates und seinen Collegen und wählten andere Feldherren. Endlich erlangte eine Partei, welche den Athenern von jeher geneigt gewesen war, so sehr die Oberhand, dass eine Tagsatzung anberaumt wurde, auf welcher die Bedingungen der Übergabe festgestellt werden sollten. In diesem betrübtesten Augenblicke kam Rettung. An eben dem für die Tagsatzung festgesetzten Tage lief ein korinthisches Schiff unter seinem Führer Gongylos in den kleinen Hafen ein. Er brachte die Nachricht, dass andere peloponnesische Schiffe zum Entsatze von Syrakus unterwegs seien, und dass überdies bereits ein spartanischer Feldherr in Sicilien in der gleichen Absicht Streitkräfte sammle. Sobald diese Freudenbotschaft kund wurde, war von einer Übergabe keine Rede mehr. Dieser Tag war der Wendepunkt des ganzen Krieges.

Die Nachricht des Gongylos bestätigte sich. Die peloponnesische Flotte war nicht gross; sie bestand aus etwa zwanzig Schiffen, die meisten aus Korinth und ihren Colonien. Und wenn sie sich auch mit der Fahrt nicht beeilten, so waren sie wenigstens unterwegs. Da Gylippos zuerst vernommen hatte, dass Syrakus vollständig eingeschlossen sei, so gab er alle Hoffnung für Sicilien auf, und war nur auf die Rettung der dorischen Städte Italiens bedacht. Als Nikias von seiner Ankunft Kunde erhielt, schickte er nur vier Schiffe ab, um ihm aufzulauern, die jedoch zu spät kamen.

Da hörte Gylippos, dass die nördliche Mauer noch nicht vollendet sei, und dass es noch möglich sei, über die Anhöhe in die Stadt zu gelangen. So forderte er die Korinther auf, nach Syrakus weiter zu fahren; er selbst fuhr nach Himera, und sammelte Truppen, Griechen sowohl als Sikeler. Himera, Gela und Selinus sendeten ihm Hilfscontingente. Der sikelische König Archonides von Herbita, der Freund des Ducetius war unlängst gestorben. Er war ein treuer Verbündeter Athens gewesen. Jetzt konnte Gylippos eine bedeutende Streitmacht von Sikelern für sich gewinnen. Obwohl Nikias alles das vernahm, zauderte er immer noch. Die nördliche Mauer erstreckte sich noch nicht einmal auf den Gipfel der Anhöhe. Eines Tages wurde das Lager der Athener durch das Erscheinen eines lakedämonischen Heroldes erschreckt, der ihnen einen fünftägigen Waffenstillstand anbot, damit sie indessen mit Sack und Pack aus Sicilien abziehen könnten.

Jetzt erstieg Gylippos die Anhöhe. Er wusste natürlich, dass das athenische Heer nicht in fünf Tagen abziehen würde. Aber es war für ihn wichtig, einerseits den Belagerern, andererseits den Syrakusanern zu zeigen, dass der Befreier gekommen und die Rettung nahe sei. Nikias hatte die Anhöhe so schlecht bewacht, dass Gylippos mit seinen Truppen auf dieselbe gelangen konnte, während die Syrakusaner einen Ausfall machten und sich mit ihm vereinigten, ohne dass Nikias es merkte.

Der Spartaner übernahm selbstverständlich den Oberbefehl über die vereinigten Streitkräfte; er bot den Athenern eine Schlacht an und rückte, als sie darauf nicht eingingen, in die Stadt ein.

Gleich am darauffolgenden Tage ging er an die Ausführung seines Planes. Er erbaute nämlich eine Reihe von Festungsthürmen (Forts), nahe am westlichen Ende der Anhöhe, und verband diese mit der Stadt durch eine von Osten nach Westen gezogene Mauer, welche bestimmt war, den Ausbau der athenischen Mauer nach Norden hin für immer zu vereiteln. Beide Theile setzten den Bau fort, wobei es zu kleinen Zusammenstössen kam. Die Athener besetzten auch das sogenannte Plemmyrion südlich von der Einfahrt in den grossen Hafen. Von da aus beherrschten sie einerseits die Einfahrt, andrerseits sicherten sie ihren Schiffen einen besseren Ankerplatz. Um diesen Streich zu parieren, besetzten die Syrakusaner Polichne, und zwischen diesen beiden vorgeschobenen Posten kam

Münze von Akragas um 415 v. Chr.

es zu beständigen Scharmützeln. Auch vollendete Gylippos die Festungsthürme und die Mauer und schnitt die Athener von aller Verbindung nach Norden hin ab. Die ganze Gewalt des Krieges concentrierte sich auf den grossen Hafen und auf den Südabhang der Anhöhe Epipolae. Jetzt kam der Winter (414—413 v. Chr.) heran, währenddem häufig Gesandte hin und her geschickt wurden. Gylippos bereiste Sicilien, um Verstärkungen heranzuziehen. Alle dorischen Städte, bis auf Akragas, welches neutral blieb, stellten Hilfstruppen, darunter auch Kamarina. Alle fühlten, dass die Sache der Syrakusaner ihre eigene sei. Auch nach Sparta und Korinth wurden Gesandte abgeschickt, und endlich sammelte sich eine beträchtliche Macht aus den verschiedensten Theilen des peloponnesischen Bundesgebietes. Der Hauptmacht, welche sich sehr langsam in Bewegung setzte, eilten einige Abtheilungen, darunter eine tapfere Schar Thespier aus Böotien voraus.

Indessen richtete Nikias ein Schreiben an die Athener. Dies war ein ungewöhnlicher Schritt, denn bisher hatte er nur Boten geschickt. In demselben erklärte er, er wolle ihnen über den schlechten Zustand des Heeres und der Flotte die nackte Wahrheit sagen. Die Schiffe seien in schlechtem Stand, unter der Mannschaft habe Desertion eingerissen; Gylippos sei nach Syrakus gelangt und durch seinen Mauerbau seien die Belagerer eigentlich selbst mehr die Belagerten. Er sagte nicht, vielleicht erkannte er es nicht genau, wie sehr er an all dem selbst schuld war. Aber er bat, man möge ihn mit Rücksicht auf seine Kränklichkeit und seine langjährige Dienstzeit des Oberbefehls entheben. Auch fügte er bei, den Athenern bliebe nur die Wahl zwischen zwei Dingen. Entweder müssten sie Heer und Flotte von Syrakus zurückrufen oder eine gleich grosse Streitmacht wie die, welche sie vor zwei Jahren abgesendet, zur Verstärkung schicken.

Dieser Brief kam gerade zu der Zeit an, als der lakedämonische Bund beschlossen hatte, den Krieg mit Athen zu erneuern und Attika bereits mit einem Einfall bedrohte. Ein neues Heer nach Sicilien schicken, war geradezu Wahnsinn. Wir wissen nichts über die Verhandlungen, welche damals in der athenischen Volksversammlung geführt wurden, ob einer gegen die Fortsetzung des sicilischen Krieges sprach, noch ob ein Volksredner die Kriegsführung des Nikias tadelte. Die Versammlung beschloss die Absendung eines neuen Heeres in gleicher Stärke wie das frühere unter Demosthenes, dem tüchtigsten Soldaten Athens und Eurymedon. Die Bitte des Nikias um Enthebung vom Oberbefehl wurde abgelehnt, aber es wurde angeordnet, dass zwei seiner Unterfeldherrn Menandros und Euthydemos sich mit ihm in den Oberbefehl theilen sollten. Mit dieser Botschaft und mit 120 Talenten Geld wurde Eurymedon vorausgesendet, der dann zurückfuhr, um sich mit Demosthenes zu vereinigen.

Seit der Ankunft des Gylippos hörte man in Syrakus wieder auf den Rath des Hermokrates, obwohl er nicht mehr Feldherr war. Er und Gylippos ermahnten jetzt die Syrakusaner, die Flotte der Belagerer vor dem Eintreffen der neuen athenischen Streitkräfte anzugreifen. Die Athener seien nicht immer zur See mächtig gewesen, sondern hätten ihre Seemacht erst zur Zeit der Perserkriege erlangt, bis dahin hätten die Syrakusaner eine grössere Seemacht wie jene gehabt. Was den Athenern gelungen sei, das könnten auch die Syrakusaner erreichen. Die Stärke der Athener beruhe, wie Hermokrates behauptete, nicht so sehr auf wirklicher Macht, sondern auf Kühnheit, wodurch sie alle einschüchterten. Solche Reden stachelten sie an, einen Angriff zu Wasser und zu Land auf Plemmyrion zu machen. Zur See wurden die Syrakusaner nach hartnäckigem Kampfe geschlagen, aber Gylippos nahm die athenischen Festungswerke auf Plemmyrion, und die Flotte der Belagerer musste sich in den inneren Theil des Hafens zurückziehen, an den engen Küstenstrich, der zwischen den zwei athenischen Mauern lag. Hier waren sie ganz in der Nähe der syrakusanischen Docke unter fortwährenden kleinen Gefechten zusammengedrängt.

Inzwischen wurden die Syrakusaner durch Zuzüge aus Sicilien und dem Peloponnes verstärkt. Ihre Hauptabsicht war, der Flotte des Nikias vor dem Eintreffen der Verstärkungen einen Schlag zu versetzen. Sie änderten nach dem Rath korinthischer Führer ihre Kampfweise zur See.

Die Athener pflegten einen direkten Angriff auf den Feind, Schiff gegen Schiff zu vermeiden. Ihre Geschicklichkeit bestand hauptsächlich in geschickten Wendungen, indem sie bald vorwärts, bald rückwärts fuhren, um das feindliche Schiff an einer schwachen Stelle anzurennen. Dazu war der Raum in dem grossen Hafen zu enge. Auf den Rath der Korinther machten nun die Syrakusaner die Schnäbel ihrer Schiffsvordertheile sehr schwer und zu einem directen Angriff tüchtig. Dann griffen sie unter der geschickten Führung des Korinthers Ariston das feindliche Lager zu Land und zu Wasser an. Am zweiten Tage des Kampfes hatten sie die grosse Genugthuung, die gefürchteten Athener auf ihrem eigenen Elemente zu schlagen. Das erhöhte ihren Muth bedeutend, Syrakus schien in der That schon ausser Gefahr zu sein. Aber so, wie früher die Ankunft der Korinther und des Gylippos den Muth der Syrakusaner aus der grössten Niedergeschlagenheit wieder aufgerichtet hatte, so wurde jetzt ihre Siegesfreude durch die Ankunft des Demosthenes und Eurymedon gedämpft. Eine Flotte, so gross wie die frühere, bestehend aus 75 Schiffen mit 5000 Schwerbewaffneten und einer Menge Leichtbewaffneter aller Art lief mit allem kriegerischen Gepränge in den grossen Hafen ein. Damals waren die Peloponnesier in Attika schon eingefallen, eine peloponnesische Besatzung hatte sich dort festgesetzt, welche Athen grossen Abbruch that. Trotzdem wurde die Flotte nach Syrakus abgesendet. Demosthenes wusste, was zu thun sei, so gut wie früher Lamachos. Er erkannte, man müsse vor allem einen entscheidenden Schlag auszuführen trachten, und wenn dieser fehlschlüge, mit der Flotte heimkehren. Das grösste Hindernis für die Athener sei die Mauer, welche Gylippos auf dem Höhenrücken in west-östlicher Richtung erbaut hatte. Demosthenes versuchte zuerst einen Angriff auf dieselbe von der Südseite, aber vergeblich. Nun ging er um das Westende des Hügels herum, und erstieg denselben an der Stelle des Nordabhanges, wo zu allererst die Athener hinaufgelangt waren. Demosthenes, Menandros und Eurymedon liessen Nikias im Lager zurück und zogen, mit Proviant auf fünf Tage, mit Maurern, Zimmerleuten und dem nöthigen Material versehen, um die Anhöhe herum auf die Nordseite von Epipolae. Der Angriff war zuerst erfolgreich; die Athener nahmen den Syrakusanern zwei Festungsthürme weg. Aber die Thespier behaupteten ihre Stellung und drängten die Angreifer zurück. Es entstand eine grenzenlose Verwirrung. Es war mondhell, doch nicht so, dass man Freund und Feind unterscheiden konnte. Die Parole war bekannt, aber da auf beiden Seiten Dorier standen, welche dasselbe Kriegsgeschrei erhoben, so konnten die Athener die befreundeten Argiver von den feindlichen Korinthern nicht unterscheiden. Zuletzt wurden die Athener über die Anhöhe hinabgedrängt, und viele, welche von dem Felsen hinabsprangen oder hinabstürzten, kamen dabei um. Die Truppen, welche zuerst mit Nikias gekommen waren, und die Gegend kannten, retteten sich grösstentheils ins Lager; die neu Angekommenen verirrten sich und wurden am folgenden Morgen von syrakusanischen Reitern niedergehauen.

Damit war die letzte Hoffnung geschwunden, und Demosthenes drang auf Heimkehr. Aber Nikias wollte bleiben; er sagte, er wisse von seinen Freunden in Syrakus, dass die Syrakusaner schlechter davon gekommen seien, wie die Athener. Er wollte nicht einmal zugeben, dass das Lager, wie Demosthenes und Eurymedon verlangten, nach Thapsos oder Katana verlegt werde. Als jedoch im Lager Krankheiten ausbrachen und in Syrakus neue Hilfstruppen aus Sicilien und die Hauptmacht der peloponnesischen Bundeshilfe eintraf, da ging er endlich darauf ein. Da trat plötzlich eine Mondfinsternis ein. Wenige wussten, was eine Mondfinsternis eigentlich sei, und Nikias und sein Heer sahen in derselben eine Warnung gegen den Aufbruch. Er liess, nachdem er seine Wahrsager zu Rathe gezogen hatte, verkündigen, dass sie noch 29 Tage bis zum nächsten Vollmond bleiben müssten.

Dieser Entschluss führte den Untergang des Belagerungsheeres herbei. Gylippos und die Syrakusaner trachteten jetzt, die feindliche Macht im Hafen zu vernichten, damit sie nicht auslaufen und von einem andern Punkt den Krieg fortsetzen könne. Es erfolgte ein Angriff zu Land und zu Wasser. Der erstere wurde hauptsächlich durch die mit Athen verbündeten Etrusker zurückgeschlagen, aber zur See siegten die Syrakusaner und Eurymedon fiel. Der Muth und die Hoffnungen der Syrakusaner stiegen höher wie je. Sie erkannten die ganze Bedeutung ihrer Stellung als Mittelpunkt eines Kampfes, der ganz Griechenland in zwei Lager theilte, und in welchem auf ihrer Seite so viele Verbündete, insbesondere ihre Mutterstadt Korinth und das berühmte Sparta standen. Damals galt Athen in den Augen der meisten Griechen als der allgemeine Feind der Freiheit. Wenn ihr Heer vor Syrakus vernichtet würde, so würde dieser Feind so sehr geschwächt sein, dass er nicht länger gefährlich wäre. Die Athener ihrerseits hatten alle Hoffnung Syrakus zu erobern aufgegeben, ihre einzige Hoffnung war, mit möglichst geringem Verlust heimzukommen, und ihrer so hart bedrängten eigenen Stadt beizustehen. Beide Theile erkannten, dass alles von einem nochmaligen Seekampf abhänge, in welchem die Athener aus dem Hafen auszubrechen, die Syrakusaner sie in demselben einzuschliessen trachteten.

Die Syrakusaner versperrten die Mündung des Hafens durch verankerte Schiffe. Die Athener gaben ihre Stellung auf der Anhöhe auf, ein Zeichen, dass die Belagerung zu Ende war und zogen ihre ganze Macht an der Küste zusammen. Es war jetzt keine Zeit zu geschickten Manövern; die Athener mussten die Seeschlacht so viel als möglich in eine Landschlacht zu verwandeln suchen, eine für sie ungewohnte Kampfweise. Beiderseits wurden neue Erfindungen in Anwendung gebracht.

Die Athener versuchten sogenannte Eisenhände, d. i. eiserne Enterhaken; die Syrakusaner bedeckten ihre Schiffsvordertheile mit Häuten, so dass die Enterhaken keinen Halt fanden. Nikias, der jetzt, wo die Dinge am schlechtesten standen, die meiste Thatkraft zeigte, ging durch die Reihen und richtete an alle Führer ermahnende Worte. Er blieb an der Küste bei dem Landheer, während die übrigen Feldherrn sich auf die Schiffe begaben. Jetzt begann der letzte Kampf mit 100 athenischen Schiffen gegen 80 der Syrakusaner und ihrer Verbündeten. Noch nie waren so viele Schiffe auf einem so engen Raum beisammen gewesen. Die Syrakusaner hatten den grossen Vortheil, dass ihnen die ganze Küste offen stand, während die Athener auf den engen Küstenstrich zwischen ihren Mauern beschränkt waren.

Die athenischen Schiffe gingen gerade auf die Mündung des Hafens los; die Syrakusaner griffen sie von allen Seiten an. Der Kampf war lange und ungeordnet; endlich mussten die Athener weichen und eilten der Küste zu. Damit endigte die Schlacht und der ganze Angriffskrieg der Athener.

Syrakus war nicht blos gerettet, es ging bereits zum Rachekrieg gegen seine Feinde über.

Aber noch standen 40,000 Mann im Lager der Athener. Hermokrates fürchtete, sie könnten sich auf das Gebiet der ihnen befreundeten Griechen oder Sikeler retten und von da aus neuerdings gefährlich werden. Aber der Muth dieser 40,000 Mann war ganz gebrochen; sogar der bigotte Nikias kümmerte sich nicht um die Leichen der Gefallenen. Sie widersetzten sich entschieden der Aufforderung des Demosthenes, noch einen Versuch zur See zu machen. Es blieb ihm also nichts anderes übrig als zu versuchen, wie sie sich zu Lande retten könnten. Dies suchten Gylippos und Hermokrates zu verhindern. Aber es war ein hoher Festtag, das Fest des Herakles; und in der überschwenglichen Freude über die Befreiung wollte die Mannschaft wenigstens bis zum nächsten Morgen vom Kriegsdienste frei sein. Deshalb schickte Hermokrates eine Gesandtschaft an Nikias, welche vorgab, von seinen syrakusanischen Freunden beauftragt zu sein, ihm zu melden, dass die Wege bereits besetzt seien, und es unmöglich sei, in jener Nacht den Abmarsch zu bewerkstelligen. Durch diese List gewann Gylippos Zeit, alle Strassen, Brücken und Pässe zu besetzen.

Die Athener warteten einen Tag und brachen dann auf, in der Hoffnung, auf befreundetes sikelisches Gebiet im Inneren zu gelangen. Die Kranken wurden zurückgelassen; die Reiter und Schwerbewaffneten mussten ihr Gepäck und ihren Proviant selbst mit sich führen, da alle ihre Trossknechte entlaufen waren. In dieser Bedrängnis that Nikias, so krank und schwach er war, alles, um die Ordnung aufrecht zu erhalten und den Muth der Mannschaft aufzurichten. Ihr Marsch ging sehr langsam vorwärts, da sie bei jedem Schritt von den syrakusanischen Reitern und Bogenschützen belästigt wurden. Selten kam es zu einem Handgemenge. So oft dies der Fall war, blieben die Athener im Vortheil. Aber als sie zu einem engen felsigen Engpass kamen, der zuerst auf befreundetes Gebiet führte — der Engpass liegt ganz nahe hinter der heutigen Stadt Floridîa — konnten sie nicht mehr weiter, da die Bogenschützen von oben und die Schwerbewaffneten von unten den Pass versperrten. Am sechsten Tag beschlossen sie nach furchtbarer Anstrengung eine andere Richtung einzuschlagen. Sie wollten den Weg nach Heloron einschlagen und die Küste entlang marschieren, bis sie zu einem Flusse gelangten, an welchem entlang sie in das Innere gelangen könnten. Sie hofften von dem ersten Fluss aus, zu dem sie kamen, dem Kakyparis oder Cassibile auf verbündete Sikeler zu stossen.

Sie theilten sich in zwei Abtheilungen, jene des Nikias brach zuerst auf. Bei dieser herrschte eine viel grössere Ordnung, als bei der des Demosthenes, der, als Nikias den Fluss erreichte, sechs englische Meilen zurück war. Aber statt befreundeter Sikeler hatten feindliche Syrakusaner das Flussufer inne. Sie wurden von den Athenern zurückgedrängt. Es war dies der letzte Erfolg, den die Athener in dem Kriege errangen. Aber sie dachten nicht daran, das Bett des Kakyparis zu verfolgen, sondern einen entfernteren Fluss. Die Nacht brachten sie an dem Ufer eines anderen Flusses, dem Erineos zu. Und am Morgen kam eine syrakusanische Streitmacht mit der Schreckensnachricht, dass die ganze Abtheilung des Demosthenes gefangen sei. Nikias wurde aufgefordert, sich zu ergeben. Man gewährte ihm einen Waffenstillstand, um sich durch Absendung eines reitenden Boten von der Wahrheit der

Meldung zu überzeugen. Dieser kam mit der Meldung zurück, die Syrakusaner hätten die Abtheilung des Demosthenes auf schwierigem Terrain überrascht und durch viele ermüdende Angriffe zur Uebergabe gezwungen.

Demosthenes hatte sich auf Gnade und Ungnade ergeben; doch versicherten ihm die Syrakusaner, dass seine 6000 Mann weder Tod noch Hunger noch unerträgliche Gefangenschaft zu fürchten hätten. Nikias verlangte

Syrakusanisches Pentekontalitron.
(Mit der Preisrüstung für die Assinarischen Festspiele.)

statt dem Beispiel des Demosthenes zu folgen, von Gylippos für den Rest des athenischen Heeres freien Abzug aus Sicilien unter der Bedingung, dass Athen den Syrakusanern die Kriegskosten ersetze, und bis zum vollen Ersatze derselben Bürger als Geiseln stelle. Dieser Antrag wurde abgelehnt; die Athener versuchten vergeblich in der Nacht zu entkommen. Am folgenden Morgen brachen sie auf, stets umschwärmt und von unerträglichem Durste gequält. Endlich kamen sie an den Fluss Assinaros, der bei der jetzigen Stadt Noto vorbeifliesst. Da ereilte sie das Verhängnis. Die Athener beabsichtigten, den Lauf des Flusses aufwärts zu verfolgen, indem sie erwarteten, sie würden

Steinbrüche von Syrakus.

an dem Ufer eines so entlegenen Flusses nicht auf syrakusanische Truppen stossen. Doch hierin täuschten sie sich. Jetzt waren die Athener so vom Durste gequält, dass sie, obwohl sie von Wurfspiessen überschüttet wurden, an nichts weiter dachten, als ihren Durst mit dem schlammigen und blutgefärbten Flusswasser zu stillen. Da wurden sie von peloponnesischen Truppen, welche zum Flussbett hinabgesendet wurden, erschlagen. Nikias bat Gylippos, mit ihm nach Belieben zu verfahren, doch die Seinigen zu schonen. Er ergab sich auf Gnade und Ungnade. Seiner Reiterei gelang es grösstentheils zu entkommen, die übrigen wurden zu Gefangenen gemacht. Von diesen wurden die meisten von den Syrakusanern unterschlagen und zu Privatsklaven gemacht. Ungefähr 7000 von beiden Heerestheilen wurden als Gefangene nach Syrakus gebracht. Sie wurden in die Steinbrüche geworfen, wo jedem täglich nur soviel Speise und Trank gereicht wurde, als die halbe Ration für einen Sklaven ausmachte. Viele wurden verkauft, viele starben, einige entkamen oder wurden in Freiheit gesetzt. Die übrigen wurden nach einiger Zeit aus den Steinbrüchen herausgenommen und zu Arbeiten verwendet. Die Feldherren hatten für ihre Person keine Bedingungen gestellt. Hermokrates verlangte, man solle sie als Geiseln gegen künftige Anschläge der Athener auf Sicilien zurückbehalten. Gylippos wollte sie zu seinem Triumph nach Sparta bringen. Die Korinther stimmten für ihren Tod, der auch an ihnen vollzogen wurde.

So endete die sicilische Expedition der Athener, der grossartigste Angriff, den je eine griechische Macht gegen eine andere griechische unternommen, mit dem gänzlichen Bankrott. Es ist zum Staunen, dass sich Athen nach einem so schrecklichen Verluste noch mehrere Jahre aufrecht erhalten konnte. In Sicilien dauerte der Krieg zwischen Syrakus und den chalkidischen Städten fort; doch das wichtigste Ergebnis war, dass Syrakus und Selinus den Korinthern und dem ganzen Bunde zur Vergeltung für die geleistete Hilfe Schiffe gegen Athen senden konnten (412 v. Chr.). Hermokrates und die Syrakusaner erwarben sich in dem Kriege, der damals an der asiatischen Küste im Gange war, besonderes Ansehen. Die Spartaner hatten mit dem persischen König Darius und seinem Satrapen Tissaphernes gegen Athen Bündnis geschlossen. Sie liessen sich von dem Barbaren Hilfsgelder zahlen und erkannten ihm dafür die Herrschaft über alle griechischen Städte Asiens zu. Hermokrates erhob gegen das Bündnis selbst keine Einsprache. Aber als der Satrap der Mannschaft den Sold verkürzen wollte, widersetzte er sich dem, während die bestochenen spartanischen Offiziere dazu schwiegen. Und als die Milesier die Burg, welche Tissaphernes in ihrer Stadt erbaut hatte, niederrissen und von den spartanischen Feldherrn zur Ruhe und zum Gehorsam gegen den König gemahnt wurden, bewährten sich Hermokrates und die Syrakusaner als ihre Freunde. In allen Schlachten waren die Sikelioten voran, und erwarben sich durch ihre wackere Haltung die allgemeine Sympathie. Aber Hermokrates hatte sich natürlich die bittere Feindschaft des Satrapen Tissaphernes zugezogen.

Indessen dauerte in Syrakus der Parteikampf fort. Hier wie in Athen nach der Vertreibung der Perser, erweckte die Befreiung und der Sieg das Streben nach mehr demokratischen Einrichtungen. Ein Volksführer, namens Diokles hatte jetzt den Haupteinfluss in Syrakus, und er soll auch neue Gesetze verfasst haben. Er war natürlich ein Gegner des Hermokrates und hauptsächlich auf seinen Antrag ging ein Beschluss durch, der gegen Hermokrates und die anderen Befehlshaber der syrakusanischen Hilfsflotte im aegäischen Meer Absetzung und Verbannung aussprach. Das scheint uns sehr ungerecht; aber man muss sich erinnern, dass die sikeliotischen Schiffe in der Erwartung ausgesendet worden waren, dass die Macht Athens durch die vereinigten Streitkräfte des Peloponnes und Siciliens schnell gestürzt würde. Nichts von dem war geschehen, und das erzeugte in der Heimat natürlich grosses Missvergnügen. Als der Beschluss bei der Flotte eintraf, verlangten die Offiziere und die Mannschaft, Hermokrates und seine Amtsgenossen sollten dem von Haus gekommenen Befehl zum Trotz den Oberbefehl behalten. Allein diese erklärten, sie würden sich dem Volksbeschlusse fügen, liessen sich jedoch herbei, den Oberbefehl bis zur Ankunft ihrer Nachfolger fortzuführen. Nach dem Eintreffen derselben verliessen sie die Flotte. Viele Offiziere schwuren, sie würden nach ihrer Heimkehr nach Syrakus alles Mögliche aufbieten, um die Rückberufung und Wiedereinsetzung des Hermokrates und seiner Collegen zu bewirken. Aber er selbst ergriff zur Erreichung desselben Zweckes andere Mittel, welche zeigen, dass der Verdacht, in dem er bei seinen Mitbürgern stand, nicht ganz grundlos war. Während Tissaphernes ihn hasste, stand er mit dem Satrapen Pharnabazos, dem Feinde des Tissaphernes auf freundschaftlichem Fusse und erhielt von ihm eine grosse Summe Geldes, um womöglich seine Rückkehr nach Syrakus zu bewerkstelligen. Inzwischen bewiesen die Sikelioten im ägäischen Meer, dass sie auch ohne Hermokrates gute Dienste leisten könnten. Sie bewährten ihren Ruf der Tapferkeit und guten Disciplin. Einige von ihnen, welche in die Gefangenschaft der Athener geriethen, hatten ein merkwürdiges Schicksal. Sie wurden aus Rache für das, was den Athenern in Syrakus widerfahren, in die Steinbrüche geworfen. Aber sie gruben sich durch den Felsen einen Ausgang und entkamen. Doch jetzt musste Sicilien alle seine Streitkräfte für sich in Anspruch nehmen.

Die Selinuntier, welche sich an dem Kriege an der asiatischen Küste betheiligten, erhielten die Nachricht, dass ihre Stadt Selinus aufgehört habe, zu existieren. Deshalb zogen die Sikelioten heim, nicht ohne der Sache der Peloponnesier unterwegs noch einen letzten Dienst zu erweisen. Sie halfen den Spartanern bei der Rückeroberung der Festung Pylos, welche Demosthenes während einer früheren Fahrt nach Sicilien auf spartanischem Gebiete erbaut hatte. Das war die letzte That, welche die Sikelioten im östlichen Meer vollführten. Die Griechen Siciliens hatten allen Grund, sämmtliche Schiffe und Truppen zur Vertheidigung des eigenen Landes aufzubieten.

Die Nachricht von dem Untergange von Selinus hatte sich bestätigt. Ein Schlag, schrecklicher wie der Eroberungszug der Athener, bedrohte die griechischen Städte Siciliens. Die Carthager hatten ihren zweiten Eroberungskrieg auf Sicilien begonnen.

Münze von Himera um 430 v. Chr.

NEUNTES CAPITEL.

DER ZWEITE EROBERUNGSKRIEG DER CARTHAGER AUF SICILIEN.

FÜR diesen Abschnitt sind wir ganz auf die Darstellung Diodors angewiesen, der verschiedene ältere Werke benützte und dieselben auch manchesmal anführt. Es sind dies hauptsächlich Philistos, der zeitgenössische syrakusanische Geschichtsschreiber; Ephoros, Verfasser einer allgemeinen Geschichte Griechenlands, und Timäos, ein späterer sicilischer Geschichtsschreiber. Es ist eine der besten Partien aus dem Geschichtswerke Diodors, der hier offenbar den Philistos stark benützt hat, doch steht seine Darstellung der des Thukydides nach.

In Bezug auf Sicilien hatte sich Carthago während des ganzen Kriegszuges der Athener ruhig verhalten. Wiewohl die Absichten Athens auch sein Interesse bedrohten, so wurde der Vorschlag des Hermokrates, bei den Carthagern Hilfe für Syrakus zu suchen, doch zu nichte.

Nach der Niederlage der Athener lebten auf Sicilien Griechen und Phönikier ganz friedlich neben einander. Aber auf den beiden Enden der Insel dauerten zwei

Localkriege fort, wovon der eine ernste Folgen hatte. Der Krieg gegen Athen fand gewissermassen seine Fortsetzung in dem Kriege, welchen Syrakus gegen Katana und Naxos, Athens Verbündete, ohne bedeutende Kraftanstrengung führte.

Und im westlichen Sicilien bestanden die Ursachen, welche die atheniensische Expedition veranlasst hatten, fort. Selinus errang in dem Grenzkrieg, welchen es gegen Segesta führte, bedeutende Vortheile. Bei Athen konnte jetzt Segesta keine Hilfe suchen. Daher wandte es sich an Carthago, und nach einigen Verhandlungen im cartha-

Münze von Katana um 410 v. Chr.

gischen Senat wurde ihm Hilfe bewilligt. Segesta erklärte sich für einen Vasallenstaat des ihm verbündeten Carthago. Der Sophet Hannibal, Sohn Giskons, Enkel Hamilkars, welcher in der Schlacht bei Himera gefallen war, zeigte unter allen Carthagern die grösste Kampfbegierde. Er hatte keinen Grund zu persönlicher Feindschaft gegen Selinus. Denn in dieser Stadt gab es eine den Carthagern freundliche Partei und sein Vater hatte, als er aus Carthago verbannt wurde, hier Aufnahme und Schutz gefunden. Aber in seiner Seele brannte das einzige Verlangen, seinen Grossvater zu rächen. Er hasste alle Griechen, besonders die Himeräer. Zum unumschränkten Oberbefehlshaber ernannt, setzte er mit einem Heer aus Afrikanern nach Sicilien über und nahm dort campanische Soldtruppen, welche von den Athenern gedungen, jedoch zu spät gekommen waren, in seine Dienste. Diese müssen also in der Zwischenzeit herrenlos in Sicilien herumgezogen sein. Hannibal suchte durch geschickte Unterhandlungen die Syrakusaner zur Neutralität zu bewegen; aber diese sagten den Selinuntiern auf ihr Ansuchen Hilfe zu, ohne sie zu schicken. Aber die Furcht vor Syrakus bewog Segesta, Carthago um weitere Hilfesendung zu bitten, welche wirklich im Frühling des Jahres 409 v. Chr. eintraf.

Hannibal verbrachte den Winter, indem er von allen Seiten ein grosses Heer zusammenzog. Dabei ist bemerkenswert, dass sehr viele carthagische Bürger sich zum persönlichen Kriegsdienste meldeten und dass sich auch unter den Griechen Leute fanden, welche sich nicht scheuten, gegen ihre Stammesbrüder sich von Hannibal anwerben zu lassen. Mit 60 Trieren und 1500 Transportschiffen aller Art, welche 4000 Reiter* und die verschiedensten Kriegsmaschinen an Bord hatten, fuhr er von Carthago nach Lilybaion. Die Schiffe wurden in Motye zurückgelassen, während er selbst gerade auf Selinus losging. Bevor er dort anlangte, erhielten die Selinuntier von seiner Landung Kunde, sonst wäre die Stadt unversehens überrumpelt worden. Doch es war keine Zeit, um sich zur Vertheidigung zu rüsten. Die Stadt war reich und blühend und hatte aus Geringschätzung gegen das feindliche Segesta ihre Befestigungswerke in Verfall gerathen lassen. Sie waren gerade mit dem Bau ihres

* Nach Ephoros betrug die Gesammtmacht Hannibals 200000 M. u. 4000 Reiter, nach Timaios etwas über 100000 M.

(A. d. Ü.)

grossartigsten Tempels, dessen Ruinen noch vorhanden sind, beschäftigt. Die Ankunft Hannibals verhinderte die Vollendung desselben für immer. Er rückte von Westen heran, nahm die Selinus gehörige Stadt Mazara ein und bezog wahrscheinlich auf dem Hügel westlich von Selinus ein Lager. Von da aus griff er den mittleren Hügel, auf dem die Akropolis stand, mit seinen Truppen und Kriegsmaschinen an. Die Selinuntier schickten Reiter nach Akragas und Syrakus um Hilfe, die sich aber nur langsam in Bewegung setzte. Die Selinuntier, auf sich beschränkt, hielten, wie erzählt wird, neun Tage unter beständigen Kämpfen Stand. Endlich gelang es den Iberern einzudringen; das übrige Heer folgte; es entstand ein allgemeines Gemetzel, aus dem nur wenige entkamen. Weiber und Kinder wurden meist verschont und zu Sklaven gemacht. Ein solcher Schlag hatte noch nie eine griechische Stadt Siciliens getroffen.

Die, welche entkamen, fanden in Akragas freundliche Aufnahme. Da kam ein syrakusanisches Hilfsheer unter Diokles, leider zu spät. Dieser schloss jedoch unter Mitwirkung Empedion's, eines flüchtigen Selinuntiers, der mit Carthago befreundet war, mit Hannibal eine Art Vertrag. Selinus verlor nicht bloss seine Freiheit, sondern auch seine politische Existenz. Sein Gebiet wurde mit dem carthagischen vereinigt, seine Mauern wurden geschleift. Doch durften die Selinuntier, welche nach Akragas entkommen waren, zurückkehren. Allem Anschein nach hat Hannibal die Stadt nur soweit zerstört, als es für seinen Zweck dienlich war. Die Zerstörung der Tempel ist offenbar nicht von ihm ausgegangen, sondern das Werk eines Erdbebens. Aber er hatte für seine verbündeten Segestaner alles gethan, was sie von ihm fordern konnten.

Fortan hatten sie von Selinus nichts mehr zu fürchten. Hannibal hatte somit dem Auftrage, womit ihn Carthago betraut hatte, in vollem Masse entsprochen. Er stellte sich aber aus eigenem Antriebe eine weitere Aufgabe, nämlich die, den Tod seines Grossvaters Hamilkar zu rächen. Himera war nicht so leicht zu nehmen wie Selinus. Denn dort fehlte es weder an Vertheidigern noch Festungswerken. Er zog mit seinem ganzen Heere, welches durch Sikaner und Sikeler verstärkt wurde, gegen Himera und bestürmte die Stadt mit Belagerungsmaschinen und Anlegung von Minen. Den ersten Tag leisteten die Himeräer hartnäckigen Widerstand. In der Nacht kam Hilfe. Das Entsatzheer, welches Diokles nach Akragas geführt hatte, war jetzt auf 5000 Mann angewachsen, und vermehrte sich fortwährend durch neue Zuzüge. Unter den Mauern der Stadt kam es zur Schlacht, in welcher zuerst die Griechen, dann die Barbaren die Oberhand erhielten. Gerade jetzt kam die sikeliotische Flotte, welche auf der Heimfahrt aus Asien begriffen war, und jedenfalls unterwegs Befehle erhalten hatte, in Sicht. Da liess Hannibal das falsche Gerücht ausstreuen, er wolle die Belagerung von Himera aufgeben, sich nach Motye zurückziehen und mit der Flotte auf Syrakus lossteuern. Diokles und die Befehlshaber der Flotte gingen in diese Falle. Sie hielten es für ihre erste Pflicht, Syrakus zu schützen. Diokles marschierte in solcher Eile nach Syrakus zurück, dass er die heilige Pflicht, die Gefallenen zu bestatten, versäumte. Himera musste geräumt werden; seine Bewohner sollten in zwei Abtheilungen zu Schiffe nach Messana geschafft werden. Die eine Abtheilung gelangte glücklich dahin; die übrigen mussten noch einen Tag die Stadt vertheidigen. Am nächsten Morgen, eben als die Schiffe in Sicht kamen, um auch sie zu retten, drangen die Barbaren in die Stadt ein und ihr Schicksal war entschieden. Und nun ging Hannibal an die Ausführung seines Racheplanes. Sie begann natürlich mit einem Gemetzel. Doch ein blosses Gemetzel genügte ihm nicht. Er überliess die Beute seinen Soldaten; Frauen und Kinder wurden zu Sklaven gemacht. Die Männer, bei 3000 an der Zahl, wurden nach der Stelle, wo Hamilkar gefallen war, geschleppt, dort verhöhnt,

Münze von Syrakus um 409 v. Chr. mit dem Haupt der Arethusa.

gemartert und zuletzt den Manen Hamilkars geopfert. Die Mauern Himera's wurden niedergerissen, die Tempel geplündert und verbrannt; kurz, die Stadt vom Erdboden vertilgt. Während noch heutzutage von Selinus bedeutende Ruinen vorhanden sind, steht der Hügel, auf dem Himera gelegen, leer.

So rächte Hannibal durch ein gewaltiges Sühnopfer den Tod seines Grossvaters. Er hatte Hellas um zwei Städte ärmer gemacht und wurde bei seiner Rückkehr in Carthago mit allen Ehren empfangen. Jetzt tritt Hermokrates wieder auf den Schauplatz. Er verfolgte zwei Zwecke, erstens seine Rückberufung nach Syrakus zu bewirken, dann sich um die Sache der Griechen in Sicilien verdient zu machen.

Er erbaute von dem Gelde, welches er von Pharnabazos erhalten, fünf Trieren, warb Söldner, an die sich Freiwillige anschlossen und zog an der Spitze von 2000 Mann nach Syrakus. Aber die Bürger trauten ihm nicht und wollten seine Rückberufung nicht bewilligen. Gewalt anzuwenden scheute er sich. Deshalb suchte er durch eine glänzende That sich die Gunst der Bürgerschaft zu erwerben. Ohne von der Vaterstadt beauftragt zu sein, führte er auf eigene Faust gegen die Carthager Krieg. Er bemächtigte sich der Burg von Selinus und baute die Mauer, deren Ruinen noch vorhanden sind, wieder auf. Viele strömten ihm zu und mit 6000 Mann gelang ihm, was noch keinem Griechen gelungen war, ja, was seit Dorieus kein Grieche versucht hatte. Er drang in das eigentliche Herz des carthagischen Gebietes ein, trieb die Bewohner von Motye auf ihre Insel zurück, und drang dann in das Gebiet von Panormos, das noch kein griechischer Krieger betreten hatte, vor. Hier siegte er und heimste die kostbaren Feldfrüchte der „Goldmuschel“ ein. Pyrrhos, Atilius und Robert Guiscard betraten später den Weg, den Hermokrates von Syrakus ihnen gewiesen hatte. Hierauf drangen viele Syrakusaner auf seine Rückberufung, aber ohne Erfolg. Hierauf entschloss er sich zu einer That, welche noch stärker auf das Gefühl der Syrakusaner einwirken sollte. Er zog nach Himera, sammelte die Gebeine der dort gefallenen Mitbürger, welche Diokles unbestattet gelassen hatte und liess sie nach Syrakus führen. Den Todten wurden endlich die letzten Ehren erwiesen. Diokles wurde verbannt, aber trotzdem wurde Hermokrates nicht zurückgerufen.

Da entschloss er sich endlich, Gewalt zu gebrauchen; und es wäre für Syrakus ein Glück gewesen, selbst wenn er als Tyrann sich Eingang verschafft hätte. Es gelang ihm mit einer kleinen Schar Syrakusaner in die Stadt einzudringen; doch das Volk leistete ihm Widerstand und er wurde auf der Agora getödtet; seine Gefährten wurden theils getödtet, theils verbannt. Nur wenige, welche verwundet waren und die man für todt hielt, entkamen. Unter diesen war Dionysios, der Sohn eines andern Hermokrates, ein Mann, der bald zur Berühmtheit gelangte. Man hätte in ihm nicht einen Anhänger des Hermokrates, des Sohnes Hermons, vermuthet; denn das Unternehmen des Hermokrates scheiterte, weil man ihn für einen Feind der demokratischen Verfassung hielt, wie wohl jedermann überzeugt war, dass er vor allem die Unabhängigkeit und Grösse von Syrakus und dann die Selbständigkeit und Wohlfahrt aller griechischen Städte Siciliens anstrebe. Dionysios heuchelte Anhänglichkeit an die Demokratie; aber sie diente ihm nur als Mittel, um zur Macht zu gelangen. Um diese Zeit wurde eine neue Stadt gegründet gewissermassen als Ersatz für das zerstörte Himera. Bei den warmen Quellen Himeras wurde von Phönikiern und Afrikanern eine Pflanzstadt angelegt, welche jedoch bald den Griechen in die Hände fiel. So hatte die Zerstörung Himeras die Folge, dass sich eine neue griechische Stadt, die jedoch von Carthago abhängig und dem phönikischen Machtgebiete näher war als Himera, erhob. Ihr griechischer Name ist Therma Himeraia, sie besteht noch unter dem Namen Termini, so wie ihre warmen Bäder. Seine Bewohner werden oft als Himeräer bezeichnet.

Man erkannte, dass die Carthager es auf die Eroberung aller griechischen Städte abgesehen hatten. Daher diese, deren jetzt um zwei weniger waren, alle möglichen Vertheidigungsanstalten trafen. Syrakus stellte seine Flotte in Bereitschaft, und suchte aus Italien und aus anderen Gegenden Hilfe heranzuziehen. Akragas, welches zuerst einen Angriff zu erwarten hatte, suchte seine Macht auf jede Weise zu verstärken, indem es Söldner anwarb, und sich von Sparta in Dexippos einen Feldherrn erbat, in dem man einen zweiten Gylippos zu finden hoffte.

Inzwischen erhielt Hannibal den Auftrag, ein neues Heer gegen die Griechen zu führen. Er hatte sein Werk vollbracht; daher bat er, man möge ihn mit Rücksicht auf sein Alter entbinden. Doch er musste gehen, nur gab man ihm seinen Verwandten Himilkon als Collegen an die Seite. Beide zogen mit 1000 Schiffen von allen Gattungen und einem aus den gewöhnlichen Bestandtheilen gebildeten Heere von 100000 Mann, — nach einigen soll es dreimal so gross gewesen sein, — aus. Akragas war das Ziel, auf das sie losgingen; doch die syrakusanische Flotte stand in Bereitschaft; und eröffnete den Krieg mit einem siegreichen Seegefecht an der Westküste. Hierauf begann die denkwürdige Belagerung von Akragas. Hannibal schlug sein Lager auf dem rechten Ufer des Hypsasflusses auf, nicht weit vom südwestlichen Ende der Stadt; eine Abtheilung besetzte die am linken Ufer des Akragasflusses gelegene Höhe, damit die Stadt aus Gela und anderen östlich gelegenen Städten keine Hilfe erhalten könne. — Dann erliess Hannibal an die Akragantiner die Aufforderung, mit Carthago Frieden zu schliessen, und sich mit ihm gegen die andern Städte zu vereinigen. Als dieselbe zurückgewiesen wurde, wurden die Belagerungsarbeiten in dem Hohlweg westlich von der Stadt begonnen. Die Gräber Therons und anderer wurden von den Carthagern zerstört; da brach eine Pest unter ihnen aus, an welcher Hannibal starb.

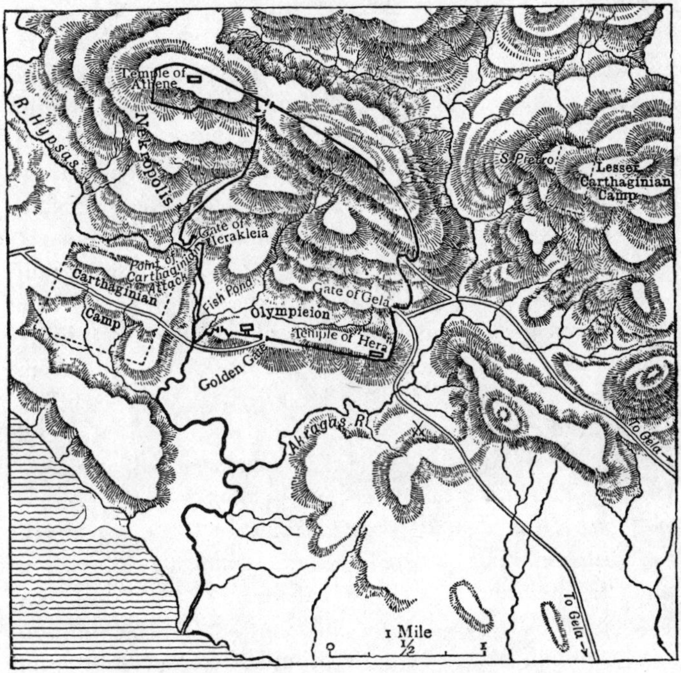

Plan von Akragas.

Viele sahen hierin eine Strafe der Götter für den begangenen Frevel. Doch als Himilkon dadurch, dass er seinen Sohn dem Moloch opferte, ihr Gewissen beruhigte, fassten sie wieder Muth.

Inzwischen eilte der syrakusanische Feldherr mit einem Heere von 30000 Mann, wozu Syrakus, Gela, Kamarina und andere Städte ihre Contingente gestellt hatten, Akragas zu Hilfe. Doch ihnen zog das auf der Höhe postierte feindliche Corps entgegen; es wurde jedoch geschlagen und in das Hauptlager zurückgetrieben, worauf das Bundesheer die Anhöhe besetzte. Da verlangten die Akragantiner von Dexippos und ihren Feldherrn zur Schlacht hinausgeführt zu werden, und zogen, als diese darauf nicht eingingen, aus der Stadt. Hier hielten sie eine tumultuarische Versammlung ab, an welcher sich wahrscheinlich auch die Verbündeten betheiligten. Allgemein hielt man Dexippos und die Feldherrn der Akragantiner für vom Feinde bestochene Verräther. Eine Meuterei brach aus; Dexippos wurde aus Scheu vor Sparta verschont, aber man fiel über die Feldherrn der Akragantiner her. Von den fünf wurden vier zu Tode gesteinigt, und an ihre Stelle andere gewählt. Daphnaios übernahm jetzt die Führung. Er vermied einen Angriff auf das carthagische Lager, schnitt ihnen jedoch die Zufuhr von Lebensmitteln ab. Aber, als Himilkon seine Flotte vom Westen heranzog, und die Getreideschiffe, welche Syrakus zur Verproviantierung von Akragas entsendet hatte, abfing, richtete sich neuerdings das Geschrei von Bestechung jetzt gegen Dexippos und die syrakusanischen Feldherrn. Alle Bundestruppen zogen unter verschiedenen Vorwänden ab, und überliessen Akragas seinem Schicksal. Akragas nahm damals unter den griechischen Städten Siciliens in

Bezug auf Macht den zweiten, in Bezug auf Reichthum und Glanz vielleicht den ersten Rang ein. Es besass eine Menge reicher und freigebiger Bürger, und prächtige Bauten, unter denen der Prachttempel des Olympischen Zeus in der unteren Stadt schon der Vollendung nahe war. Plötzlich erklärten die Feldherrn von Akragas, es fehle an Proviant zum Ausharren, man müsse die Vertheidigung aufgeben und die Stadt verlassen. Bei 40000 Menschen, Mann, Weib und Kind, von denen viele an alle Art Luxus gewöhnt waren, mussten plötzlich alles im Stich lassen, und ein neues Heim aufsuchen. Diejenigen, welche wegen Alterschwäche oder Krankheit verhindert waren, sich dem Zuge anzuschliessen, wurden zurückgelassen. Auch blieben einige freiwillig zurück; unter diesen Gellias, der reichste und wohlthätigste Mann in Akragas, der in dem Tempel der Athene auf der Burg eine Zuflucht suchte.

In der Nacht wurde die Stadt verlassen. Am folgenden Morgen drangen die Barbaren unter Mord und Plünderung ein. Gellias und seine Freunde steckten den Tempel in Brand und stürzten sich in die Flammen. Himilkon benützte die Stadt als Winterquartier für sein Heer. Er sandte reiche Beute nach Carthago, hauptsächlich Gemälde und Statuen; denn die Carthager hatten den Wert der griechischen Kunst schätzen gelernt. So war Akragas nach achtmonatlicher Belagerung gefallen, aber sein Untergang war nicht so vollständig wie der von Selinus und Himera.

Die Nachricht davon verbreitete überall grosse Bestürzung. Die flüchtigen Akragantiner gingen nach Syrakus, und beschuldigten die syrakusanischen Feldherrn des Verrathes. Ihre Klage wurde von Dionysios kräftig unterstützt. Er war dem Gemetzel, in welchem Hermokrates seinen Tod gefunden hatte, glücklich entkommen, und hatte sich seitdem durch seine tapfere Haltung vor Akragas einen Namen gemacht. In seiner Rede verstiess er gegen die bei der Volksversammlung übliche Geschäftsordnung, weshalb die Vorsitzenden ihn zu einer Geldbusse verurtheilten. Aber ein reicher Mann, namens Philistos, zahlte die Geldbusse, und forderte ihn auf, fortzufahren; denn er wolle für ihn, so oft ihn die Behörden zu einer Geldbusse verurtheilten, dieselbe erlegen. Die Versammlung hörte Dionysios beifällig an, und beschloss die Absetzung der Feldherrn, an deren Stelle andere, darunter Dionysios gewählt wurden. Philistos blieb lange Zeit ein treuer Freund des Dionysios. Er nimmt unter den Geschichtschreibern Siciliens eine hervorragende Stellung ein. Leider besitzen wir von seinem Werke nur einige Fragmente.

So erklomm Dionysios im Jahre 406 v. Chr. die erste Stufe zur Tyrannis. Die Versammlung hörte auf ihn, und ging auf alle seine Anträge ein. Die Syrakusaner beriefen die Verbannten, das ist die Freunde des Hermokrates zurück, und wiesen den flüchtigen Akragantinern Wohnsitze in Leontinoi an. So hatte sich Dionysios zwei Klassen der Bevölkerung zum Danke verpflichtet. Jedermann sah voraus, dass die Carthager ihren nächsten Angriff auf Gela richten werden. Dort stand eine syrakusanische Besatzung unter Dexippos. Aber die Geloer baten um weitere Unterstützung, und es wurde eine zweite Heeresabtheilung unter Dionysios dahin gesendet. Dieser mischte sich in den Parteistreit unter den Bürgern der Stadt; er hetzte die Volkspartei gegen die Oligarchen auf und setzte es durch, dass die Feldherren Gela's zum Tode verurtheilt wurden. Ihr Vermögen wurde eingezogen, aus welchem er den Truppen doppelten Sold zahlte, und auf diese Weise die Zahl seiner Anhänger vermehrte. Dann kehrte er nach Syrakus zurück, und erklärte „Himilkon habe alle syrakusanischen Feldherrn zu bestechen versucht, er allein habe seine Anträge zurückgewiesen.“ In Folge dessen wurden im Jahre 405 v. Chr. die andern Feldherrn abgesetzt und Dionysios zum alleinigen Feldherrn mit unumschränkter Gewalt ernannt. Dieses war an und für sich ein gesetzliches Amt. Es bedeutete nicht, dass der Inhaber desselben über den Gesetzen stehe, sondern nur, dass er als Oberbefehlshaber der bewaffneten Macht nach eigenem Ermessen vorgehen konnte, ohne seine Amtsgenossen befragen oder vom Hause Weisungen einholen zu müssen. Aber eine solche Gewalt konnte leicht missbraucht werden, und in der Hand des Dionysios war sie nur eine zweite Stufe zur Tyrannis. Er brauchte nur noch eine Leibgarde; eine solche von den Syrakusanern zu verlangen vermied er. Er zog mit allen Wehrpflichtigen unter vierzig Jahren nach Leontinoi. Hier hielt er eine ungesetzliche Heeresversammlung ab, und erklärte, dass man ihm nach dem Leben gestrebt habe. Man bewilligte ihm eine Leibwache von 600 Mann, welche er sogleich auf 1000 vermehrte. Dann entliess und ernannte er nach seinem Belieben die Offiziere, und schickte insbesondere Dexippos heim. Jetzt war Dionysios Tyrann. Er hatte das gesetzliche Feldherrnamt missbraucht, um für sich selbst eine über den Gesetzen stehende Macht zu gewinnen. Er konnte nach seiner Willkür handeln. Er konnte Versammlungen berufen, die aus Furcht vor den Waffen seiner Söldner, alles, was er verlangte, bewilligten. So wurden Daphnaios und ein anderer von den abgesetzten Feldherrn unter einer Form, welche die

Engländer eine Bill of attainder nennen, zum Tode verurtheilt und hingerichtet. Dionysios umgab sich mit dem Glanze eines Fürsten. Er heiratete die Tochter seines einstigen Obersten Hermokrates. Aber er hatte noch keine befestigte Burg; er wohnte in einem Hause in der Nähe des Landungsplatzes.

Inzwischen wurde Gela, zu dessen Vertheidigung Dionysios ausgegangen war, von Himilkon belagert. Ausserhalb der Stadt befand sich auf einer Anhöhe ein berühmter Tempel und ein Standbild des Apollo. Die Carthager, Verehrer ihrer Nationalgottheiten Baalim und Astaroth, waren nicht bloss den Griechen, sondern auch ihren Göttern feind, und schickten das Standbild Apollo's gleichsam als Gefangenen nach Tyrus, ihrer Mutterstadt. Siebzig Jahre später, als Alexander von Makedonien Tyrus belagerte, ist wieder von jenem Standbild die Rede. Die Bürger von Gela trafen Vertheidigungsanstalten. Sie beschlossen Weiber und Kinder nach Syrakus in Sicherheit zu bringen. Die Frauen erklärten jedoch, sie wollten bleiben und das Schicksal ihrer Männer theilen. Dionysios zog mit einem bedeutenden Landheer, bestehend aus Fussvolk und Reiterei, Sikelioten, Italikern und Söldnern und einer Flotte zum Entsatze der Stadt aus. Aber der Marsch ging so langsam von statten, dass er dadurch grossen Verdacht erregte. Als er vor Gela ankam und auf das punische Lager einen allgemeinen Angriff versuchte, versäumten es die einzelnen Abtheilungen gemeinsam vorzugehen, während sich die unter seinem Befehl stehende Abtheilung ganz unthätig verhielt. Dies steigerte den Verdacht noch mehr, zumal, da Dionysios erklärte, Gela müsse geräumt werden und deren Bewohner sollen trachten, wie sie nach Syrakus gelangen könnten.

Und auf dem Rückzuge geschah mit Kamarina dasselbe. An der ganzen Südküste Siciliens gab es jetzt keine griechische Stadt mehr.

Unterwegs kam der allgemeine Unwille zum Ausbruch. Die Ritter und die reichen syrakusanischen Bürger erhoben sich zuerst. Sie eilten mit aller Hast nach der Stadt voraus, so dass der Tyrann sie nicht einholen konnte und fanden ohne Bedenken Einlass; aber sie schändeten die gute Sache, indem sie in das Haus des Dionysios eindrangen und seine Gemahlin, die Tochter des Hermokrates auf schändliche Weise zu Tode marterten. Die Bevölkerung scheint nicht allgemein für sie Partei ergriffen zu haben, denn sie hatten die Sache schlecht begonnen und man mochte der Meinung sein, dass eine Oligarchie schlechter sei als eine Tyrannis. Bei seiner Ankunft fand Dionysios das Thor verschlossen. Aber er steckte das Thor durch eine grosse Menge Schilf in Brand, drang in die Stadt, tödtete und verbrannte nach Gutdünken, und war nun vollständig Herr von Syrakus. Einige Ritter entkamen nach Inessa oder Aetna. Die flüchtigen Geloer und Kamarinaer vereinigten sich, statt nach Syrakus zu gehen, mit den in Leontinoi sesshaften Akragantinern. So standen zwei Niederlassungen dem Dionysios feindlich gegenüber.

Ohne Zweifel war der Verdacht gegen Dionysios vollkommen begründet. Er, der sich über seine Mitfeldherrn so bitter beklagt hatte, hatte sich, selbst wenn seine Klagen begründet gewesen wären, im Kriege noch schlechter benommen wie sie. Er hatte alles, mit Einschluss zweier griechischer Städte den Barbaren preisgegeben; das scheint auf den ersten Blick befremdlich; denn später bewies sich Dionysios so gut wie Gelon als Vorkämpfer der Hellenen.

Aber der Vertrag, den er jetzt mit Himilkon schloss, machte seinen Verrath offenbar. Diese beiden trafen über das zukünftige Schicksal Sicilens grösstentheils solche Vereinbarungen, welche für Dionysios selbst sowie für jeden Syrakusaner äusserst empörend sein mussten. Die Macht von Syrakus wurde in jeder Weise verkürzt und eingeengt, dagegen die Carthago's vergrössert. Carthago erhielt ausser seinen phönikischen Besitzungen die unmittelbare Herrschaft über die Sikaner, Selinus, Akragas und die neu erbaute Stadt Therma. Die Geloer und Kamarinaer sollten die Stadtmauern nicht wieder erbauen dürfen und an Carthago tributpflichtig sein. So erhielt Carthago die Herrschaft über die ganze Südküste und erweiterte sein Gebiet im Norden. Andrerseits wurden die Sikeler für frei erklärt.

Messana und Leontinoi mit ihrer gemischten Bevölkerung sollten wieder als selbständige Gemeinwesen, von Syrakus unabhängig sein. So war Syrakus von allen Seiten eingeengt und konnte sich nach keiner Richtung hin ausdehnen. Um diesen Preis erkaufte Dionysios von Carthago die Anerkennung seiner Herrschaft über Syrakus, woraus man leicht die Bedeutung des Vertrages absehen kann. Dionysios wollte offenbar an Carthago eine Stütze gewinnen, bis er seine Herrschaft über Syrakus vollständig gesichert hätte; dann den Vertrag beseitigen und alles, was er jetzt hatte freigeben oder den Carthagern preisgeben müssen, für sich und Syrakus zurückerobern. Und dies ist ihm grossen Theils gelungen.

ZEHNTES CAPITEL.

DIE TYRANNIS DES DIONYSIOS.
405—367 v. Chr.

UNSERE Hauptquelle für die Regierung des Dionysios ist Diodor. Die einzelnen Theile dieses Abschnittes seines Werkes sind an Wert sehr ungleich. Manche sind sehr gut und ausführlich; sie sind offenbar älteren Werken, besonders dem Philistos entnommen. In anderen Theilen ist er sehr mager und unklar, und von der letzten Lebenszeit des Tyrannen weiss er sehr wenig zu berichten. Auch liefern die attischen Redner Lysias und Isokrates, Zeitgenossen des Dionysios, einiges Material. Die dem Philosophen Plato zugeschriebenen Briefe beschäftigen sich häufig mit syrakusanischen Angelegenheiten von der Zeit des Dionysios an. Aber es ist nicht denkbar, dass sie von Plato verfasst sind; doch mögen sie nicht lange nach ihm von einem seiner Schüler verfasst sein und die Ansichten wiedergeben, welche Plato von den syrakusanischen Verhältnissen hatte. Die Lebensbeschreibung Dions von Plutarch greift ebenfalls in die Zeit des Dionysios zurück. Der Tyrann erlangte einen so bedeutenden Ruf, dass sich bei späteren Schriftstellern, ähnlich wie über Phalaris, über ihn zahlreiche Anekdoten und Beziehungen finden. Wir besitzen auch eine Art urkundliches Material in der Gestalt attischer Inschriften und Ehrendekrete für Dionysios. Doch haben wir leider keine syrakusanischen Inschriften aus jener Zeit.

Dionysios war jetzt Tyrann von Syrakus und blieb es, so lange er lebte. Verschiedene Versuche wurden gemacht, um sich seiner zu entledigen, doch er behauptete seine Macht durch 38 Jahre und vererbte sie auf seinen Sohn. Er verstand es zu herrschen. Wiewohl er, um zum Ziele zu gelangen, weder List noch Gewalt scheute, so scheint er doch nicht zu seinem blossen Vergnügen unterdrückt zu haben und er vermied strenge alle Arten von Ausschreitungen, wodurch viele andere Tyrannen ihren Sturz herbeiführten. Als Herrscher begründete er eine Grossmacht, dergleichen die griechische Welt noch keine gesehen. Obwohl seine Herrschaft sich nie über ganz Sicilien erstreckte, so kam er doch diesem Ziele näher als irgend einer vor ihm und seine Macht reichte weit über Sicilien hinaus. Durch ihn wurde Syrakus auf einmal die Hauptstadt eines grossen Reiches und die grösste Stadt von Hellas und Europa. Seine Regierung macht in der Weltgeschichte Epoche. Er ist der Urheber vieler Neuerungen, welche von den makedonischen Königen weiter ausgebildet wurden. Mit ihm beginnt ein Staatensystem, welches nicht mehr so beschränkt und einfach ist, wie das der griechischen Freistaaten; welches sich mehr dem Zustande unserer Zeit nähert, wo Staaten mit verschiedenen Verfassungen neben einander bestehen. Und seine Regierung bezeichnet einen grossen Fortschritt in der Kriegskunst durch die Erfindung neuer Kriegsmaschinen und die gleichzeitige Verwendung verschiedener Truppengattungen im Kriege. Seine Kriege mit den Carthagern bilden den grössten Glanzpunkt; die Vernichtung griechischer Städte und die Bevölkerung derselben mit barbarischen Söldnern den grössten Schandfleck in seiner Regierung. Diese Söldner bestanden hauptsächlich aus Italikern; sie sind gewissermassen die Vorboten einer Zeit, in welcher Sicilien unter die Herrschaft einer Stadt Italiens kommen sollte. Seine Regierung nimmt in der griechischen Geschichte einen grossen Zeitraum in Anspruch. Als er zur Regierung gelangte, war der peloponnesische Krieg noch nicht beendet; als er starb, war Philipp von Makedonien noch ein Knabe.

Mit Carthago führte er vier Kriege, nach denen wir seine Regierung in Perioden eintheilen können. Die erste Periode umfasst acht Jahre (405—397 v. Chr.), in welcher er mit der Befestigung seiner Herrschaft über Syrakus und Sicilien im Allgemeinen beschäftigt ist. Er blieb mit Carthago im Frieden, aber er wartete offenbar auf eine günstige Zeit, um den schimpflichen Friedensvertrag zu brechen. Sein erstes Geschäft war, zu seiner eigenen Sicherheit eine feste Residenz zu bauen; zu diesem Zwecke verwandelte er die ganze Insel von Syrakus (Ortygia) in eine Festung. Er schloss sie durch eine neue Mauer gegen das Festland zu ab; er erbaute an der Meerenge eine feste Burg, sowie eine zweite auf dem äussersten Ende der Insel. In der ersteren schlug er seine Residenz auf. Diese Festung wurde mit Söldnern angefüllt und nur seine vertrautesten Freunde durften auf der Insel wohnen. Die Insel war gewissermassen das, was die Akropolis anderer griechischer Städte ist und wird oft, wiewohl mit Unrecht als Akropolis bezeichnet. Das waren die diamantenen Fesseln, in die er, wie man sagte, Syrakus geschlagen hatte.

Er brach zuerst den Friedensvertrag durch einen Krieg mit den Sikelern (404—403 v. Chr.), welcher beinahe seinen Untergang herbeigeführt hätte. Er zog gegen die Sikelerstadt Herbessus; aber jetzt wendeten die Syrakusaner die Waffen, die er ihnen in die Hand gegeben hatte, gegen ihn und verbanden sich mit den Rittern in Aetna.

Dionysios hob die Belagerung von Herbessus auf und kehrte nach Syrakus zurück, wo er von den Rebellen belagert wurde. Zur selben Zeit wurde auch Thrasybulos belagert, doch hatte er keine so feste Schutzwehr wie Dionysios. Die Syrakusaner griffen die Inselstadt von dem hochgelegenen Epipolai aus an, auch erhielten sie von Rhegion und Messana Schiffe zum Angriff auf die Insel. Sie machten so bedeutende Fortschritte, dass sich viele Söldner des Tyrannen durch das Versprechen des Bürgerrechts zum Abfall verleiten liessen. Dies scheint Dionysios völlig entmuthigt zu haben, und er berieth sich mit Philistos und anderen vertrauten Freunden, auf welche Weise er seine Flucht bewerkstelligen könnte.

Da sagte sein angeblicher Adoptivvater Heloris, der Königsmantel sei ein nobles Leichentuch! — ein Ausspruch, der oft citiert wird. Ein anderer Freund forderte ihn auf, zu den im carthagischen Dienste stehenden Campanern, welche irgendwo an der Nordküste eingelagert waren, zu reiten. Da fasste er wieder Muth; er ritt nicht zu den Campanern, sondern forderte sie durch eine Botschaft auf, ihm zu Hilfe zu eilen. Dann trat er mit seinen Feinden zum Schein in Unterhandlungen, in denen er um die Erlaubnis bat, binnen fünf Tagen mit seinem Privatvermögen abziehen zu dürfen und wusste sie auf diese Weise einzuschläfern.

Die Belagerer waren thöricht genug, alle Vorsichtsmassregeln ausser Acht zu lassen; sie schickten sogar die Ritter von Aetna heim. So konnten die Campaner und andere Söldner dem Dionysios zu Hilfe eilen; er machte jetzt einen Ausfall und besiegte die ungeordneten Belagerer in einer Schlacht. Es war seine Politik, sich gegen die Besiegten gnädig zu zeigen; daher that er dem Morden Einhalt und liess die Getödteten bestatten. Er rechnete sich dies den Feinden gegenüber, welche nach Aetna entflohen waren, zum Verdienst an und forderte sie unter Zusicherung einer Amnestie zur Rückkehr auf. Einige leisteten dieser Einladung Folge. Die andern jedoch erklärten, als er sich rühmte, die Todten bestattet zu haben, sie hofften, ihm recht bald denselben Liebesdienst erweisen zu können.

Mit der Belagerung war es jetzt aus. Die Campaner hatten dem Tyrannen zum Siege verholfen. Aber da er ihnen nicht traute, entliess er sie mit grossen Belohnungen. Sie zogen nach Westen auf carthagisches Gebiet und fanden in der mit Carthago befreundeten Sikanerstadt Entella willige Aufnahme. Aber in der Nacht tödteten sie die Männer und nahmen die Weiber und die Stadt für sich in Besitz.

Entella wurde jetzt eine Stadt der Campaner; in Sicilien der erste, aber nicht der letzte Ort, der von italischen Söldnern auf eine solche Weise in Besitz genommen wurde.

Dadurch wurde die gemischte Bevölkerung der Insel um ein neues Element vermehrt. Jetzt wurde Sicilien abermals in die Angelegenheiten Griechenlands verwickelt. Der peloponnesische Krieg hatte die Macht Athens völlig gebrochen.

Sparta war jetzt die herrschende Macht in Griechenland und die Stadt, welche sich als Vorkämpferin für die

Befreiung aller Griechen ausgegeben hatte, hielt jetzt die Städte überall unter streng oligarchischen Regierungen nieder. Es lag im Interesse des Dionysios, sich so enge als möglich an Sparta anzuschliessen, sowie es im Interesse Sparta's lag, die Herrschaft des Dionysios, zu stützen. Aber die Politik der Korinther war von jeher dem Tyrannen feindlich gewesen. Es kam deshalb mit Rücksicht auf die syrakusanischen Verhältnisse zum Streit zwischen Sparta und Korinth, und es ist möglich, dass dieser Streit mit dazu beigetragen hat, dass es einige Jahre später, 395 v. Chr. zwischen beiden Staaten zum offenen Bruche kam. Trotz aller Verwirrung, die in den Berichten über diesen Punkt herrscht, ist soviel gewiss, dass damals von beiden Städten Agenten sich in Syrakus aufhielten; der Spartaner Aristos, welcher für Dionysios arbeitete, und der Korinther Nikoteles, der die Sache des Volkes vertrat. Es wird ferner erzählt, dass der Korinther auf Anstiften des Spartaners ermordet wurde. Nach einer Nachricht wäre keine geringere Person als Lysandros selbst als spartanischer Gesandter nach Syrakus gekommen und hätte ein enges Bündnis zwischen den zwei despotischen Staaten vereinbart. Dionysios fuhr fort, seine Herrschaft durch Vermehrung der Söldner und Erweiterung der Festungswerke zu sichern. Er fühlte sich jetzt stark genug, um dem mit Carthago geschlossenen Vertrage zum Trotz jeden anzugreifen, den er wollte. Und er brachte dabei Bestechung nicht minder in Anwendung, wie die Gewalt der Waffen. Er vertrieb die Ritter, welche sich geflüchtet hatten, aus Aetna. Dann erhob er das alte Kriegsgeschrei der Dorier gegen die Chalkidier. Zu Anfang des Jahres 403 v. Chr. griff er mehrere griechische und sikelische Städte an, Leontinoi, Henna, Herbita. Aber er beschränkte sich dabei auf die

Verheerung ihres Gebietes. Herbita wurde damals von einem bedeutenden Mann, einem zweiten Archonides, beherrscht. Dieser gründete eine neue Stadt Halaesa, an derselben Nordküste, wo Ducetius mit Beihilfe des Archonides Kale akte begründet hatte. Die Städte Siciliens wurden damals um eine neue vermehrt; sie wurden aber um eine alte ärmer, während eine andere den Barbaren überliefert wurde. Man erkennt nicht, dass Dionysios einen andern Grund zu Feindseligkeiten gegen Naxos und Katana hatte, ausser dass sie chalkidische Städte waren. Im Jahre 403 v. Chr. bemächtigte er sich beider durch Verrath und verkaufte die Einwohner in die Sklaverei. Naxos, die älteste griechische Stadt Siciliens zerstörte er gänzlich und überliess sein Gebiet den anwohnenden Sikelern. Der Altar des Apollon Archegetes stand nun nicht mehr auf griechischem Boden.

Katana überliess er den italischen Söldnern zum Wohnort. Die Leontiner hielten es für klug, sich freiwillig zu ergeben und kamen besser davon. Leontinoi hörte auf, eine selbständige Stadt zu sein und wurde wieder bloss eine Festung von Syrakus. Seine Bewohner wurden nicht verkauft, sie mussten nach Syrakus übersiedeln und erhielten das Bürgerrecht, nämlich ein solches, wie es unter der Herrschaft des Tyrannen Dionysios möglich war. So war das Hellenenthum auf Sicilien in einer bisher unerhörten Weise geschmälert worden.

Griechische Herrscher hatten griechische Städte zerstört. Barbaren hatten griechische Städte in Besitz genommen. Bis jetzt hatte noch kein Grieche eine griechische Stadt Barbaren überliefert. Dionysios hatte Katana den Campanern eingeräumt und das Gebiet von Naxos den Sikelern. Die Beweggründe, die ihn bei seinen Hand-

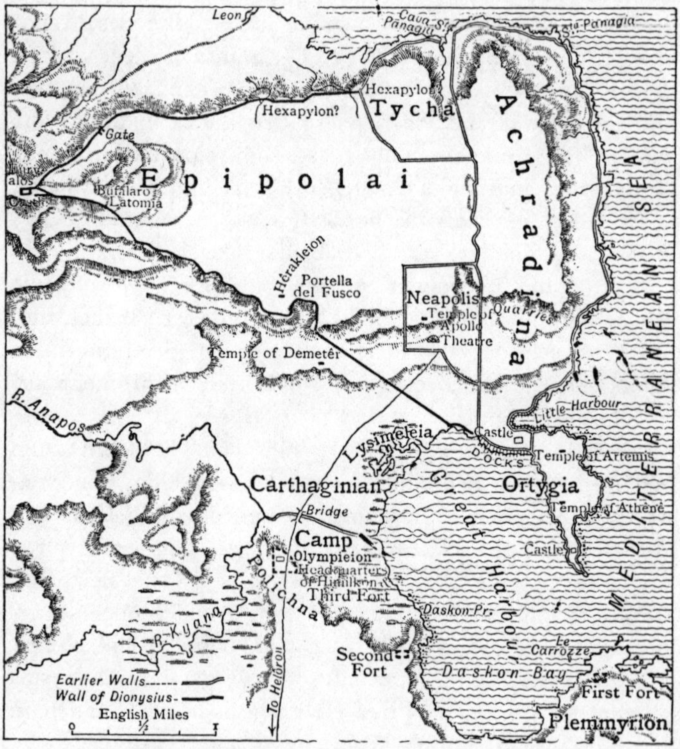

Plan von Syrakus zur Zeit des Dionysios.

lungen leiteten, lassen sich oft schwer erkennen, um so schwerer jetzt, wo er sich auf ein Unternehmen vorbereitete, zu welchem er sich der Unterstützung und Zuneigung aller Griechen der Insel zu versichern suchen musste. Er war nicht gesonnen, den mit Carthago geschlossenen Vertrag einen Augenblick länger zu halten, als es absolut nothwendig war; er entwarf den Plan zu seinem ersten Krieg gegen Carthago. Da aber derselbe einen Angriff der Carthager auf Syrakus voraussehen liess, so musste er vorerst auf die Befestigung der Stadt Bedacht nehmen. Er hatte während des Krieges mit den Athenern und später während des Aufstandes der Syrakusaner erfahren, wie gefährlich es für die Stadt sei, wenn die Höhe von Epipolai unbefestigt bleibe. Wir wissen nicht, ob die während der athenischen Belagerung erbauten Mauern und Festungsthürme noch standen. Selbst wenn das der Fall war, so bildeten sie immerhin keine vollständige Befestigungslinie der Anhöhe. Dieses grosse Werk nahm Dionysios im J. 402 in Angriff und vollendete es in merkwürdig kurzer Zeit. Er verlängerte die nördliche Mauer von Achradina und Tyche bis zum Hals des Euryalos. Hier erbaute er ein festes Castell und setzte die Mauer an der Südseite des Abhanges wahrscheinlich bis zur sogenannten Portella del Fusco fort. Von da muss sich die Mauer von der Anhöhe durch die Niederung bis an das Gestade des grossen Hafens herabgezogen haben. Es war dies ein merkwürdiger Bau, sehr sorgfältig ausgeführt, von dem noch ein grosser Theil erhalten ist. Und im Gegensatz zu den auf der Insel angelegten Befestigungen, diente er nicht bloss dazu, dem Tyrannen seine Herrschaft zu sichern, sondern war eine wirkliche Befestigung der Stadt. Es war ein Werk, auf welches jeder legitime

König oder Machthaber hätte stolz sein können. In diesem Unternehmen wurde der Tyrann von der Bevölkerung eifrig untersützt und es verminderte den Hass gegen den Tyrannen im Allgemeinen.

So machte Dionysios die Stadt Syrakus wenigstens der Ausdehnung nach zur grössten von Griechenland und Europa. Jetzt war er zum Kriege gegen die mächtige barbarische Republik gerüstet. Wir wissen nicht, ob die Gründung einer neuen Stadt am Fusse des Aetna, welche um diese Zeit erfolgte, damit in Zusammenhang steht. Sie wurde hart bei dem Tempel des sikelischen Feuergottes Hadranus erbaut.

Aus welchen Elementen die dorthin verpflanzte Bevölkerung bestand, ist unbekannt; doch wurde die Stadt nach dem Gott Hadranum das jetzige Adernò genannt, und seine Bewohner betrachteten sich vorwiegend als Diener dieser Gottheit. Von den älteren Städten gab es jetzt zwischen dem Machtgebiete des Dionysios und der Carthager einen einzigen griechischen Freistaat auf Sicilien, nämlich Messana. Um diese Zeit verbreitete sich die Furcht vor Dionysios über Sicilien hinaus. Die chalkidische Stadt Rhegion begann einen Krieg mit Dionysios, wodurch dessen Unternehmen gegen die Punier etwas verzögert wurde. Aber da Rhegion von Messana schwach unterstützt wurde, waren beide Städte bald des Krieges müde und schlossen Frieden mit ihm. Und gerade damals fand es Dionysios angemessen, ihnen keine zu drückenden Bedingungen aufzulegen. Um auf Italien grösseren Einfluss zu gewinnen, fasste er den Gedanken, von dorther eine Frau zu nehmen. Aber die Rheginer, bei denen er zuerst um eine solche warb, wiesen ihn ab; ja sie sollen ihm den Schimpf angethan haben, zu sagen, „er könne, wenn es ihm beliebe, des Henkers Tochter heiraten". Aber von Lokroi erhielt er Doris, die Tochter eines der angesehensten Bürger zur Frau. An demselben Tage, an welchem er sich mit Doris vermählte, heiratete er auch Aristomache, eine Syrakusanerin, beide unter den üblichen Formalitäten. Dass ein Mann gleichzeitig zwei Frauen hatte, war ganz gegen die griechische Sitte. Trotzdem hatte Dionysios zwei Frauen, hatte von beiden Kinder, und hielt beide gleich in Ehren.

Während dieser ganzen Zeit rüstete er sich zum Kriege gegen Carthago. Er warb Söldner, erbaute grössere Schiffe, als bisher üblich gewesen waren, nämlich quinqueremen mit fünf Ruderbänken neben den Trieren, welche nur drei Ruderbänke hatten. Er erfand das Katapult, eine Schleudermaschine für grosse Steine und führte in der Taktik mehrere Verbesserungen ein. Seine Geschicklichkeit zeigte sich hauptsächlich darin, dass er verschiedene Truppengattungen im gegenseitigen Einverständnisse auf ein und dasselbe Ziel hinarbeiten liess. Da seine Söldner aus den tüchtigsten Kriegern verschiedener Nationen bestanden, so konnte er dies leichter ausführen, wie die Feldherrn der Republiken, deren Soldaten aus lauter Mitbürgern bestanden. Als er seine Rüstungen vollendet hatte, berief er eine Versammlung und legte ihr die Gründe zum Kriege gegen Carthago dar. Er sagte, er wolle den Krieg sogleich beginnen, da Carthago eben durch eine Pest geschwächt sei. Alle stimmten ihm bei, denn obwohl sie den Tyrannen hassten, so war ihr Hass gegen die Carthager noch grösser. Auch glaubten sie, dass sich ihnen, im Besitze der Waffen, während des Krieges leicht eine Gelegenheit bieten könnte, sich seiner zu entledigen. Dann sandte er eine Gesandtschaft nach Carthago, um die Freigebung aller griechischen Städte auf Sicilien zu fordern und im Weigerungsfalle den Krieg zu erklären. Aber er wartete die Antwort auf seine Sendung nicht ab, sondern gestattete den Syrakusanern, die Häuser und Warenlager der reichen carthagischen Kaufleute, die in Syrakus wohnten, zu plündern.

Wir sehen daraus, sowie aus den mehrmals vorkommenden Wechselheiraten, dass in Friedenszeiten ein sehr lebhafter Verkehr zwischen Syrakus und Carthago stattgefunden haben muss. In anderen griechischen Städten,

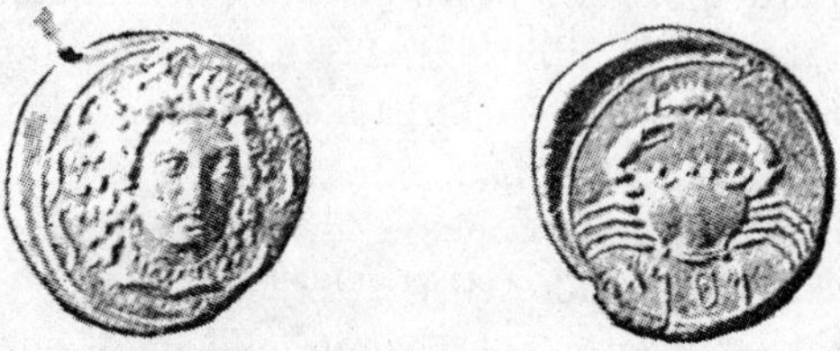

Münze von Motye um 400 v. Chr.

die unter carthagischer Herrschaft oder Oberherrschaft standen, erhob sich die Bevölkerung und tödtete alle darin befindlichen Carthager unter Beschimpfungen und Martern.

Die Griechen Siciliens erhoben sich jetzt insgesammt, obwohl ein Tyrann an ihrer Spitze war, gegen die Barbaren, ihre Feinde und Herren.

Jetzt im Jahre 397 v. Chr. eröffnete Dionysios seinen ersten punischen Krieg. Wie und wo er angreifen soll, hatte er in der Schule des Hermokrates gelernt. Er drang sogleich in den unter phönikischer Herrschaft stehenden Theil Siciliens ein. Noch nie hatte eine griechische Stadt eine solche Kriegsmacht entsendet. Als der Beherrscher von Syrakus den Krieg eröffnete, war es, als ob Athen seine Flotte mit der Kriegsmacht des peloponnesischen Bundes zu demselben Unternehmen vereinigt hätte.

Mit 80,000 Mann Fussvolk und 3000 Reitern zog Dionysios an der Südküste entlang, während 200 Schiffe längs der Küste mit dem Landheer Fühlung hatten. Die unterwegs gelegenen griechischen Städte, welche das punische Joch abgeschüttelt hatten, liessen möglichst grosse Contingente zum Heere stossen. Er überschritt den Fluss Mazaros, und als er erfuhr, dass die Elymer auf Eryx geneigt seien, sich gegen die Herrschaft der Carthager zu erheben, richtete er seinen Marsch dahin und nahm sie als Bundesgenossen auf. Dann ging er an die Belagerung von Motye, dem denkwürdigsten Ereignis in diesem Krieg. Motye an der Westküste Siciliens, war wie Ortygia an der Ostküste eine Insel, die durch einen Damm mit dem Festlande in Verbindung stand.

Aber Motye befand sich im Gegensatze zu Ortygia in der Mitte seines Hafens und die Stadt dehnte sich nicht auch auf das anliegende Festland aus. Die Insel hatte nur eine geringe Ausdehnung. Daher hatten die Häuser der reichen Bürger von Motye viele Stockwerke, so dass sie weit über die Stadtmauer emporragten. Die Bürger waren beherzt, auch lag eine carthagische Besatzung — darunter sonderbarer Weise auch griechische Söldner — in der Stadt. Der Damm wurde abgerissen und Anstalten zur Vertheidigung getroffen.

Dionysios begann die Belagerung damit, dass er den Damm erneuern und viel breiter anlegen liess als der zerstörte gewesen war, der lediglich als Brücke von der Insel auf das Festland gedient hatte. Jetzt war er so breit, dass er seine Belagerungsmaschinen über denselben vor Motye heranbringen und auf die Mauern spielen lassen konnte. Seine Schiffe liess er in den Hafen einlaufen. Nordwestlich von Motye zog sich eine langgestreckte Halbinsel hin, welche jetzt in eine Anzahl Inseln aufgelöst ist. Die Schiffe wurden nördlich von Motye auf dem Isthmus angelegt. Während des Dammbaues durchzog Dionysios die Umgebung, bewog die benachbarten Sikaner zum Anschluss und belagerte Entella und Segesta, welche den Carthagern treu blieben. So standen die beiden Elymerstädte Eryx und Segesta einander in zwei feindlichen Lagern gegenüber. Als der Damm vollendet war, kehrte er nach Motye zurück.

Inzwischen suchte Himilkon die Aufmerksamkeit des Dionysios von Motye abzulenken, indem er zehn Schiffe entsendete, um einen Anschlag auf den grossen Hafen von Syrakus auszuführen. Sie liefen in den Hafen ein, versenkten die darin befindlichen Schiffe; doch weiter hatte diese Diversion keinen Erfolg.

Hierauf machte Himilkon einen unerwarteten Angriff auf die griechischen Schiffe im Hafen von Motye. Diese waren ans Land gezogen; es gelang den Ingenieuren des Dionysios dieselben über den Isthmus zu schaffen, so dass sie an das offene Meer gelangten, und der Halbinsel entlang nördlich vom Hafen sich vor Anker legten. Himilkon wagte keinen Angriff auf eine der seinigen überlegene Macht und überliess Motye seinem Schicksal.

Und jetzt begann der eigentliche Kampf um Motye. Er lässt sich mit der Belagerung von Selinus und Himera durch die Carthager vergleichen, nur dass hier die Rollen vertauscht waren. Auch nöthigten die hohen Häuser in Motye zu einer anderen Angriffsweise. Dionysios liess bewegliche Belagerungsthürme in gleicher Höhe mit den Häusern erbauen, von denen aus Brücken hinübergeworfen wurden. Man kämpfte hoch in der Luft, wobei viele in die Tiefe fielen. Dies dauerte mehrere Tage. Jeden Abend liess Dionysios die Truppen zurückrufen, während die Vertheidiger sich der Ruhe hingaben. Dies benutzte Dionysios zu einem nächtlichen Angriff; die Griechen drangen ein und eroberten die Stadt. Die Motyer wehrten sich mit echt semitischer Hartnäckigkeit; aber die Stadt war in der Gewalt der Belagerer. Dionysios that dem Blutbade sobald als möglich Einhalt, aber nur, um die Bewohner als Sklaven verkaufen zu können. Grausamer behandelte er die griechischen Verräther, welche sich von den Barbaren hatten anwerben lassen. Sie wurden ans Kreuz geschlagen, eine Grausamkeit, welche die Griechen bei den Carthagern kennen gelernt hatten. Die reiche Beute der Handelsstadt wurde den Truppen überlassen.

Einen solchen Erfolg hatte noch kein Grieche gegen Phöniker errungen. Doch hatte die Eroberung von Motye selbst nicht die Folgen, die man hätte erwarten können. Vielleicht glaubte Dionysios so entlegene Eroberungen nicht behaupten zu können. Er liess in Motye eine Besatzung vorwiegend aus Sikelern zurück. Sein Bruder Leptines musste mit der Flotte die Küste bewachen, während andere Streitkräfte die Belagerung von Segesta und Entella fortsetzten. Dionysios brachte den Winter in Syrakus zu. Im folgenden Jahr, 396 v. Chr. bot Carthago seine ganzen Kräfte für den Krieg auf. Himilkon, der jetzt Sophet war, kam mit einem grossen Heere und gewann alles, was Dionysios erobert hatte, zurück.

Leptines konnte die punische Flotte nicht hindern, in den Hafen von Panormos einzulaufen. Eryx wurde durch Verrath, Motye durch Sturm genommen, die Belagerung von Segesta musste aufgegeben werden. Die Einzelheiten darüber kennen wir leider nicht.

Und jetzt beschloss Himilkon zum Mittelpunkt der phönikischen Herrschaft in Westsicilien einen anderen Punkt zu wählen. Er verliess Motye und gründete auf Lilybäon, wo sonderbarer Weise bis jetzt keine Stadt bestanden hatte, eine neue Stadt. Lilybäon wurde ein ausserordentlich fester Platz. Noch sind die Gräben und ein Theil ihrer Mauern vorhanden. Er besteht unter dem arabischen Namen Marsala als Hauptsitz des sicilischen Weinhandels fort.

Nachdem Himilkon so für die Sicherung des carthagischen Gebietes vorgesorgt hatte, ging er zum Angriff auf die Griechen des östlichen Siciliens über. Er zog mit der Flotte und dem Landheere der Nordküste entlang gegen Messana. Er liess sich nicht einmal Zeit, um die Thermäer für ihren Abfall zu züchtigen; dagegen fuhr er nach Lipara und zwang die Inselbewohner zur Zahlung von dreissig Talenten.

Dann griff er Messana an, dessen Mauern sich in schlechtem Zustand befanden, während seine Reiterei im Heere des Dionysios diente. So fiel Messana in die Gewalt der Carthager; doch gelang es den meisten Bewohnern zu entkommen.

Himilkon wollte jetzt gegen Syrakus ziehen; doch zuvor verübte er noch ein feierliches Zerstörungswerk, welches, obwohl es nur gegen Steine und nicht gegen Menschen gerichtet war, an das von Hannibal in Himera dargebrachte Sühnopfer erinnert. Er zerstörte die Stadt Messana in feierlicher, symbolischer Weise, um seinen Hass gegen die Griechen zu zeigen. Aber während er einerseits zerstörte, baute er andererseits wieder auf, wodurch er während des Marsches dem Dionysios einen empfindlichen Schlag versetzte. Dies führt uns auf die Gründung einer neuen Sikelerstadt, welche in der Folge berühmt wurde. Die Sikeler fielen von Dionysios ab und Himilkon war hauptsächlich darauf bedacht, die Sikeler, welchen Dionysios das Gebiet von Naxos geschenkt hatte, für sich zu gewinnen. Sie waren eben im Begriffe, auf dem Abhange des nahen Berges Tauros ein Gemeinwesen zu gründen und unter seiner kräftigen Mitwirkung erhob sich hier die neue Stadt Tauromenion, welche ursprünglich eine sikelische Stadt war.

Inzwischen erbaute Dionysios Schiffe, verstärkte die Befestigungen, warb Söldner, traf alle möglichen Anstalten um Syrakus in Vertheidigungsstand zu setzen. Unter andern überredete er die Campaner, denen er Katana eingeräumt hatte, sich landeinwärts, in Aetna anzusiedeln.

Was jetzt mit Katana geschah, wissen wir nicht; jedenfalls gehörte es zum Machtgebiete des Dionysios. Beide Heere richteten ihren Marsch gegen Syrakus, das eine, um es anzugreifen, das andere, um es zu vertheidigen. Auf dem Wege dahin wollte Dionysios die neue Stadt Tauromenion angreifen, Himilkon sie vertheidigen. Hier sollte die Vereinigung der carthagischen Flotte mit dem Landheere stattfinden. Dorthin sollten beide Theile gemeinsam vorrücken; doch wurde der Marsch des Landheeres durch einen neuen Lavaausbruch des Aetna verzögert, sie mussten, um nach Katana zu gelangen, den Fuss des Berges umgehen. Dadurch gewann Dionysios einen Vorsprung. Er gelangte mit seiner Flotte und seinem Landheere nach Katana; seine Flotte liess sich mit der carthagischen in eine Seeschlacht ein, während das carthagische Landheer noch auf dem Umgehungsmarsche

Tauromenion.

begriffen war. Der Kampf endete mit einer vollständigen Niederlage auf Seite der Griechen. Dionysios hatte seinen Bruder Leptines, der die Flotte befehligte, aufgefordert, alle seine Schiffe zusammen zu halten, da die Zahl der feindlichen Schiffe viel grösser sei. Statt diesen Rath zu befolgen, eilte er mit 30 seiner besten Schiffe der übrigen Flotte weit zum Angriff voraus. So wurde nach hartem Kampfe zuerst sein Geschwader, dann die übrige Flotte von den Carthagern überwältigt. Der Verlust betrug über 100 Schiffe und 2000 Mann.

Jetzt war es klar, dass die carthagische Land- und Seemacht vor Syrakus erscheinen würde, sobald Himilkon mit seinem Landheer zur Stelle wäre. Das griechische Landheer war im allgemeinen begierig, eine Landschlacht zu liefern. Aber Dionysios nahm vor allem auf die Rettung von Syrakus Bedacht. Daher eilte er zurück, wobei viele Sikelioten, jedoch kein Syrakusaner, ihn verliessen. Zwei Tage nach seiner Ankunft in Syrakus traf Himilkon auf seinem Umgehungsmarsch in Katana ein. Hier gönnte er seinen Landtruppen und der Flottenmannschaft Zeit zur Erholung. Nach einem vergeblichen Versuche, die Campaner in Aetna zum Anschluss zu bewegen, setzte er sich gegen Syrakus in Bewegung. Zweitausend Schiffe aller Gattungen, darunter 200 Kriegsschiffe liefen, gleich der Flotte des Demosthenes und Eurymedon vor 20 Jahren mit allem kriegerischen Gepränge in den grossen Hafen ein. Das carthagische Landheer zog um den Westabhang von Epipolai in die Niederung am Anapos hinab. Hier wurde in der Ebene bei Polichne ein grosses Lager aufgeschlagen.

Himilkon, der Anbeter des Melkart, hatte nicht die religiöse Scheu des Nikias; er schlug sein Hauptquartier in dem geheiligten Tempelbezirk des Zeus auf. Jetzt wurde Syrakus wieder belagert, und zwar von einem Feinde, der viel furchtbarer war, wie einstens die Athener.

Sobald Dionysios nach Syrakus zurückgekehrt war, traf er alle möglichen Vertheidigungsanstalten. Er schickte Gesandte nach Sparta und Korinth — damals war der Krieg zwischen beiden noch nicht ausgebrochen — um zugleich von seinen Verbündeten Hilfe zu erbitten, als auch um im Peloponnes Söldner zu werben. Inzwischen bot Himilkon eine Schlacht an, und verheerte, als man ihr auswich, das Gebiet und zerstörte die Denkmäler. Er drang bis hart an die erweiterte Stadt heran und plünderte den Tempel der Demeter und Persephone, Siciliens Schutzgöttinnen. Von dieser Zeit an verliess ihn, wie die Griechen glaubten, das Kriegsglück. Sein Heer wurde von abergläubischer Furcht erfüllt und die Syrakusaner machten mehrere glückliche Ausfälle. Da er sah, dass sich die Belagerung in die Länge ziehen würde, so umgab er sein Lager mit einer Mauer und erbaute an drei verschiedenen Punkten, darunter auch Plemmyrion, befestigte Thürme. Doch dadurch, dass er die Gräber Gelons und der Demarate zerstörte und in die Umfassung des Lagers einbezog, versündigte er sich in den Augen der Syrakusaner noch mehr.

Unterdessen kam Polyxenos mit 30 Schiffen der griechischen und italischen Bundesgenossen unter dem Befehl des spartanischen Admirals Pharakidas zurück.

Da trat ein merkwürdiger Zwischenfall ein. Dionysios und Leptines waren mit einigen Kriegsschiffen ausgefahren, um die für Syrakus bestimmten Proviantschiffe zu decken. Während ihrer Abwesenheit wurde ein Theil der carthagischen Flotte von syrakusanischen Schiffen unter einem ungenannten Führer geschlagen; die übrigen carthagischen Schiffe lehnten die Aufforderung zur Schlacht ab. Dieser Erfolg erhöhte den Muth der Syrakusaner; sie fassten den Plan, sich des Tyrannen zu entledigen; denn eben während seiner Abwesenheit waren sie gegen den Feind siegreich gewesen. Mitten unter dieser Bewegung kam Dionysios zurück und wagte es das Volk zu einer Versammlung zu berufen. Das ist eines von den vielen Anzeichen, dass unter seiner Tyrannis die üblichen Formen der republikanischen Verfassung fortbestanden, wiewohl alles nach seinem Willen geschah.

Dionysios belobte das Volk für den Erfolg, forderte es auf muthig auszuharren, da er den Krieg bald beendigen werde. Da soll ein Ritter namens Theodoros, der unter der Bürgerschaft ein grosses Ansehen genoss, sich erkühnt haben eine lange Rede zu halten, in welcher er dem Dionysios sein ganzes Sündenregister vorhielt. Die Bürger hofften, ihre Bundesgenossen würden ihnen zum Sturze des Tyrannen behilflich sein. Ihr Hauptaugenmerk war auf Pharakidas gerichtet. Dieser erklärte jedoch, er habe von Sparta den Auftrag, nicht die Macht des Dionysius zu stürzen, sondern ihn und die Syrakusaner im Kampfe gegen Carthago zu unterstützen. Darüber wurde das Volk so erbittert, dass Dionysios seine Söldner herbeirief und unter ihrem Schutze die Versammlung auflöste.

Das charakterisiert die Zustände einer Stadt unter der Herrschaft eines Tyrannen. Der Tyrann konnte, so bald es den Anschein hatte, der gesetzliche Lauf der Dinge könnte sich gegen ihn richten, zur Gewalt greifen. Doch Dionysios nahm sich die Lektion zu Herzen; von nun an behandelte er die Syrakusaner milder und es bot sich ihm jetzt die Gelegenheit, sich unvergänglichen Ruhm zu erwerben. Jetzt traf die Barbaren nach der Anschauung der Griechen die Rache der Götter für die Plünderung ihres Tempels; es brach nämlich eine Pest im Heere der Belagerer aus. Es war Herbst und im Herbst wurde die sumpfige Ebene westlich vom grossen Hafen, wo ihrer viele ihr Lager aufgeschlagen hatten, tödtlich. Es starben Tausende; zuletzt liess man die Todten unbegraben. Während so das punische Heer empfindlich geschwächt wurde, entwarf Dionysios seinen Plan zu einem allgemeinen Angriff zu Land und zu Wasser auf das feindliche Lager. Alle seine Truppenkörper die Syrakusaner sowohl wie die Verbündeten zeigten bei der Ausführung desselben gleichen Eifer.

Einer Schar meuterischer Söldner wusste er sich dadurch zu entledigen, dass er sie den Carthagern ans Messer lieferte. Sonst war jener Tag ein Tag des Ruhmes und entscheidenden Erfolges. Das punische Lager wurde von allen Seiten zu Land und zu Wasser angegriffen. Dionysios griff es nach einem langen Marsche von Westen her an. Die überraschendste Scene des Kampfes bildet der plötzliche Angriff der syrakusanischen Flotte auf die carthagische, die noch nicht auf den Kampf vorbereitet war. Viele ihrer Schiffe wurden in den Grund gebohrt, viele in Brand gesteckt. Die Greise und die noch nicht dienstfähigen Jünglinge bemannten soviel Schiffe, als möglich, um wenigstens noch an der Verfolgung und Plünderung theil zu nehmen. Ein grosses Tagewerk war vollbracht; aber das Lager war noch nicht genommen, und Dionysios schlug sein Nachtlager hart beim Olympieion auf, um am folgenden Tag das Lager anzugreifen.

Vielleicht wusste Himilkon, dass Dionysios persönliche Gründe habe, die Züchtigung des Feindes nicht aufs äusserste zu treiben. Nach einigen Unterhandlungen kam zwischen ihm und Dionysios ein geheimer Vertrag zu Stande, nach welchem er gegen Bezahlung von 300 Talenten für alle carthagische Bürger in seinem Heere freien Abzug erhielt.

Seine Bundestruppen und Söldner musste er jedoch ihrem Schicksal überlassen. Dies entsprach dem Interesse des Dionysios; denn dadurch mussten sich die Carthager als Männer, die ihre Verbündeten preisgeben, in ganz Sicilien verhasst machen. Diese Bestimmungen kamen zur Ausführung. Die bedungene Summe wurde bezahlt und in der Nacht schifften sich die Carthager ein. Die Korinther, welche nichts von dem Vertrage wussten, verfolgten sie und vernichteten einige Schiffe. Dann griff Dionysios mit seinem Heer das punische Lager an. Die mit Carthago verbündeten Sikeler, welche die Gegend genau kannten, waren in der Nacht entkommen. Die Söldner befanden sich noch im Lager; aber sie waren durch die Verrätherei Himilkons entmuthigt und durch den Aufenthalt in der ungesunden mit Leichen erfüllten Ebene erschöpft. Die meisten von ihnen warfen die Waffen weg und baten um ihr Leben. Sie wurden gefangen und als Sklaven verkauft. Die tapferen Iberer standen zum Kampfe gerüstet, boten jedoch Dionysios Frieden und Bündnis an. Der Tyrann, der ihren Wert erkannte, nahm sie in seinen Dienst, und sie machten sich später mehrmals um ihn verdient.

Himilkons Abzug von Syrakus hatte keinen Frieden zur Folge. Mehrere Jahre blieb der damalige Stand der Dinge unverändert.

Dionysios machte keinen Angriff auf die carthagischen Besitzungen im westlichen Theil Siciliens. Andererseits waren die griechischen Städte wenigstens von der phönikischen Herrschaft befreit, sie mussten aber dafür in die Herrschaft oder Oberherrschaft des Tyrannen von Syrakus sich fügen. Es ist auffallend, dass Dionysios seinen Vortheil nicht weiter ausbeutete. Carthago war durch den Krieg, durch die Pest und durch einen gleichzeitigen Aufstand der Söldner in Afrika bedeutend geschwächt. Die Carthager sahen in diesen Unglücksfällen eine Strafe für den gegen die Schutzgöttinnen Siciliens begangenen Frevel. Zur Sühne erbauten sie ihnen einen Tempel in Carthago und liessen sich von den in ihrer Mitte weilenden Griechen in den Ceremonien ihres Gottesdienstes unterweisen. Nachdem sie so ihr Gewissen beruhigt hatten, ermannten sie sich und unterdrückten den Aufstand. Es scheint fast als ob Dionysios aus eigenem Interesse den Carthagern nicht zu wehe thun wollte.

Der glückliche Erfolg des Dionysios in seinem ersten Kriege gegen die Punier scheint seinen Ruhm in Griechenland weit verbreitet zu haben.

Einige Zeit nach dem Entsatze von Syrakus suchten die Athener, welche damals im Bunde mit Korinth gegen Sparta Krieg führten, Dionysios auf ihre Seite zu ziehen.

Dies geschah bald nach ihrem grossen Seesieg bei Knidos (394 v. Chr.), seit dem sie nach allen Richtungen ihre Netze auswarfen. Im Jahre 393 v. Chr. nahmen sie einen Volksbeschluss zu Ehren des Dionysios, seines Bruders Leptines und anderer Freunde von ihm aus. Es lässt sich dieses Ehrenamt schwer beschreiben. Dionysios erscheint in demselben als Herrscher Siciliens. (Σικελίας ἄρχων). Eine Gesandtschaft, zu der auch der Redner Lysias, der syrakusanischer Abstammung war, gehörte, wurde mit dem Decret nach Syrakus gesendet. Aber Dionysios wurde so lange kein Verbündeter Athens, so lange er nicht zugleich ein Verbündeter Spartas bleiben konnte.

Inzwischen hatte Dionysios in Sicilien vollauf zu thun und viele Schwierigkeiten zu bekämpfen. Auch er war wie die Carthager durch einen Söldneraufstand in Anspruch genommen und musste ihnen die Stadt Leontinoi überlassen. Die von ihm aus Naxos und Katana vertriebenen Bewohner zogen, wie die von Himilkon vertriebenen Messaner im Lande herum, neue Wohnsitze zu suchen. Er stellte Messana wieder her, überliess es aber nicht seinen früheren Bewohnern, sondern bevölkerte es mit Colonisten aus Italien und Griechenland. Einige kamen von Lokroi, woher er eine seiner Frauen genommen hatte. Ihr zu liebe gewährte er jener Stadt alle mögliche Begünstigung, während er die Rheginer, die ihn so schwer beleidigt hatten, auf jede Weise verfolgte. Auch eine Anzahl Messenier aus dem Peloponnes nahm er in Messana auf. Dadurch aber beleidigte er ihre Feinde, die Spartaner, seine mächtigsten Verbündeten, was ihn zur Gründung einer neuen griechischen Stadt, der jüngsten auf Sicilien, veranlasste. Die einzige griechische Colonie, welche an der Nordküste bestanden hatte, Himera, wurde jetzt gewissermassen durch die neue Stadt Therma, die gleichfalls öfters Himera genannt wird, ersetzt. Dionysios entriss der Sikelerstadt Abacaenum, welche zwischen Cephaloedium und dem zu Messana gehörigen Mylai lag, einen Theil seines Gebietes und erbaute daselbst auf einem hohen in das Meer hinausragenden Hügel, durch welchen die von da bis Mylai einschneidende Bucht im Westen begrenzt wird, eine Stadt. Dort siedelte er 600 Messenische Flüchtlinge an, die Stadt erhielt nach den grossen peloponnesischen Zwillingsbrüdern den Namen

Tyndaris. Die neue Stadt wuchs und gedieh, bald zählte sie 6000 Bürger. Dies entflammte den Zorn der dem Dionysios feindlichen Rheginer. Sie besetzten die gegenüberliegende Halbinsel Mylai und siedelten daselbst Naxier und Katanaer, welche Dionysios aus ihrer Heimat vertrieben hatte, an. Vergeblich suchten sie Messana selbst zu erobern. Es verdient bemerkt zu werden, dass sie einen syrakusanischen Verbannten, namens Heloris zum Anführer hatten. Ob es derselbe Heloris ist, der früher als Adoptivvater und Rathgeber des Dionysios erscheint, lässt sich nicht beantworten. Die Bewohner von Messana eroberten Mylai zurück und machten die dort angesiedelten Naxier und Katanaer neuerdings zu Flüchtlingen. So blieb die Nordostecke der Insel in der Gewalt einer Bevölkerung, welche dem Dionysios aufrichtig ergeben war. Nun breitete er seine Macht entlang der Nordküste weiter aus. Das sikelische Cephaloedium wurde ihm durch Verrath in die Hände gespielt, ja sogar, wie erzählt wird, das phönikische Solus. Neu-Himera stand mit ihm natürlich auf freundlichem Fusse.

Dionysios war so im nördlichen Sicilien mächtig geworden und erweiterte seine Macht im Inneren das Landes. Henna gewann er durch Verrath. Die Sikelerstädte gewöhnten sich bald an griechische Sitte; sie bildeten theils Republiken theils wurden sie von Tyrannen beherrscht, ganz nach griechischem Muster. Agyris, Tyrann von Agyrion soll damals nach Dionysios der mächtigste Fürst in Sicilien gewesen sein. Er hatte die Herrschaft durch die Ermordung der einflussreichsten Männer an sich gerissen; Agyrium gelangte unter ihm zu grosser Macht mit einer Bevölkerung von 20 000 Bürgern. Mit ihm sowie mit anderen sikelischen Städten und Fürsten stand Dionysios im Bunde. Dieses Verhältnis scheint während des Krieges zwischen Messana und Rhegium fortbestanden zu haben. Wiewohl Dionysios hauptsächlich darauf bedacht war, die Rheginer zu züchtigen, so standen seinem Vorhaben mehrere Hindernisse in dem Weg, hauptsächlich die neue sikelische Stadt Tauromenion, welche ihm ein Dorn im Auge war. Es war eben Winter 394 v. Chr. und der Berg Tauros mit Schnee bedeckt. Griechische Bürgerheere waren für Winterfeldzüge nicht eingenommen. Aber die Söldner liessen sich, wenn man sie gut zahlte, überall und zu jeder Jahreszeit verwenden. Dionysios führte demnach sein Heer persönlich zum Angriff gegen die Stadt. Er nahm, wie erzählt wird, die eine von ihren zwei Akropoleis das ist höchst wahrscheinlich die Höhe, auf der das Theater steht. Von da drang er in die Stadt ein, aber die Bewohner erhoben sich und drängten nicht bloss die Angreifer hinaus, sondern warfen sie in Unordnung den Abhang hinab. Dionysios selbst entkam mit genauer Noth der Gefangenschaft. Diese Niederlage bei Tauromenion brachte die Fortschritte des Dionysios eine zeitlang zum Stehen. Mehrere Städte entzogen sich seiner Herrschaft, darunter Akragas, welches er von der karthagischen Herrschaft befreit hatte und welches sich auch von Dionysius frei machen wollte. Auch regten sich die Carthager von neuem. Ihr Feldherr Mago brach 393 v. Chr. offenbar ohne sich durch frische Truppenzuzüge aus Afrika verstärkt zu haben zu einem Angriff auf Messana vom Westen Siciliens auf. Im Gegensatze zu andern carthagischen Feldherrn machte er sich durch milde Behandlung bei der Bevölkerung beliebt. Daher schlossen sich die meisten Sikeler, besonders die von Abacaenon, auf deren Gebiete Dionysios die Stadt Tyndaris gegründet hatte, ihm an. Aber Dionysios zog ihm entgegen, besiegte ihn in einer Schlacht, ging dann selbst über die Meerenge und machte einen vergeblichen Angriff auf Rhegion. Im folgenden Jahr erhielt Magon eine bedeutende Verstärkung aus Carthago. Wieder schlossen sich ihm viele Sikeler an. Sein Zug war hauptsächlich auf Agyrium gerichtet, dessen Tyrann Agyris seinem Bündnisse mit Dionysios treu blieb. Die Darstellung dieses Zuges ist sehr unklar. Es kam jedoch zu einem Frieden zwischen Dionysios und den Carthagern, der die Sikeler insbesondere Tauromenion ihm preisgab. Im folgenden Jahre 391 v. Chr. eroberte er es. Wir sind jedoch über seinen früheren vergeblichen Eroberungsversuch genauer unterrichtet, wie jetzt über die wirkliche Eroberung.

Die Macht des Dionysios in Sicilien hatte jetzt ihren Höhepunkt erreicht. Mit Ausnahme von Akragas standen alle griechischen Städte unmittelbar oder mittelbar unter seiner Herrschaft. Er beherrschte die ganze Ostküste und den grössern Theil der Nord- und Südküste. In der sikelischen Festung Tauromenion siedelt er seine Söldner an; die übrigen Sikeler waren ihm entweder unterthan oder wie Agyrium mit ihm verbündet. Kurz Sicilien war zwischen Dionysios und Carthago getheilt, wovon die grössere Hälfte auf Dionysios entfiel. Ungefähr 9 Jahre 392—383 dauerte der Frieden zwischen diesen zwei Mächten, währenddem Dionysios sein Hauptaugenmerk auf die Dinge ausserhalb Siciliens richtete. In Unteritalien waren die Rheginer seine Feinde, die Lokerer ihm befreundet. Die übrigen griechischen Städte Unteritaliens hatten sich zu einem Bunde gegen seine Eroberungspläne vereinigt. Im Jahre 390 v. Chr. unternahm er abermals einen Feldzug nach Italien. Während er direkte Feindseligkeiten gegen die andern

Städte vermied, richtete er seinen Angriff auf Rhegion. Dieser wurde jedoch durch den kräftigen Beistand des italischen Städtebundes zurückgeschlagen. Auch hatte ein Seesturm die syrakusanischen Schiffe zerstreut. Im folgenden Jahre 389 v. Chr. erneuerte er seinen Angriff. Er trug kein Bedenken mit den Lucanern, einem Barbarenvolke, welche als Griechenfeinde die griechischen Städte Italiens hart bedrängten, Bündnis zu schliessen. Sie sollten seinen Angriff zur See durch einen gleichzeitigen Angriff zu Lande unterstützen. Die Lucaner eröffneten den Krieg durch Streifzüge auf das Gebiet von Thurioi, wodurch die Thurier sich verleiten liessen, ohne das Eintreffen ihrer Verbündeten abzuwarten, in Lucanien einzufallen. Hier wurden sie umzingelt und gänzlich geschlagen. Die Schlacht fand in der Nähe der Küste statt, wo die Schiffe des Dionysios unter dem Befehle seines Bruders Leptines in Bereitschaft standen. Einige Thurier schwammen auf die Schiffe zu und wurden von Leptines gütig aufgenommen. Aber Leptines ging weiter; er vermittelte einen Vergleich zwischen den Lucanern und Italioten, wodurch dem Krieg zu einer den Absichten des Dionysios ganz ungelegenen Zeit Einhalt gethan wurde. Er nahm deshalb Leptines den Oberbefehl über die Flotte und setzte seinen zweiten Bruder Thearidas an dessen Stelle. Im folgenden Jahre 389 v. Chr. zog er persönlich ins Feld. Er griff jetzt die Städte der Italioten direkt an und begann mit der Belagerung von Kaulonia. Um Kaulonia zu entsetzen, entsendete Kroton, das Haupt des italischen Städtebundes, ein grosses Heer unter dem Oberbefehl des Heloris, der ein persönlicher Feind des Dionysios war. Doch Heloris wurde auf dem Marsche von dem Tyrannen angegriffen, er selbst getödtet, sein Heer geschlagen. Der

Rest flüchtete sich auf einen schwer zugänglichen jedoch wasserlosen Hügel und wurde von dem Heere des Dionysios eingeschlossen und bewacht. Am folgenden Tag baten sie durch einen Herold um freien Abzug gegen ein Lösegeld. Doch Dionysios verlangte unbedingte Unterwerfung. Dazu konnten sie sich noch nicht verstehen; aber nach mehreren Stunden weiterer Entbehrungen, gingen sie darauf ein. Als sie herabkamen, zählte Dionysios, der mit einem Stab in der Hand dabeistand, ihrer über 10 000. Sie waren in grosser Furcht, denn sie glaubten, es stehe ihnen entweder der Tod oder Sklaverei bevor. Aber Dionysios gab sie alle bedingungslos frei. Dionysios soll mit den einzelnen Städten Verträge abgeschlossen haben, durch welche er ihnen die Selbständigkeit zusicherte. Welche Städte dies waren, wird zwar nicht angegeben; doch müssen Kroton und Thurioi dazu gehört haben, da er von jetzt ab längere Zeit keine Feindseligkeiten gegen sie verübt. Dagegen hat er mit Rhegion und Kaulonia sicher keinen Frieden geschlossen.

Durch diese grossmüthige Behandlung der Italioten erwarb sich Dionysios natürlich grossen Ruhm. Sie war jedoch mit seinem sonstigen Verfahren ganz im Einklang. Denn obwohl Dionysios vor keiner Greuelthat zurückschreckte, wenn sie seinem Interesse diente, so hatte er doch, wie andere Tyrannen, an dem zwecklosen Blutvergiessen keinen Gefallen. Er hasste die Rheginer so gut wie den syrakusanischen Verbannten Heloris. Aber Heloris war todt und Dionysios hatte keinen besonderen Grund, die Krotoniaten und Thurier zu hassen. Er erkannte, dass es für ihn vortheilhafter sei, wenn er durch Grossmuth sich allgemeine Achtung erwerbe, wie wenn er die Gefangenen in die Sklaverei verkaufte. Die That entsprang nicht etwa einer ausserordentlichen Seelengrösse; dennoch zeigt sie dass Dionysios nicht zu der schlechtesten Klasse von Despoten gehörte, welche aus blosser Freude an Frevelthaten Frevel verüben. Übrigens wurde durch diese That die Furcht der Rheginer vor dem Hasse des Dionysios nicht vermindert. Da sie ohne Verbündete waren, so schickten sie eine Gesandtschaft an ihn mit der demüthigen Bitte um Gnade. Da ihn noch die Belagerung von Kaulonia in Anspruch nahm, so musste er seinen Angriff auf Rhegion verschieben. Daher schonte er sie vor der Hand. Sie mussten jedoch alle ihre Schiffe, 70 an der Zahl, ausliefern und 100 Geiseln stellen. Endlich kam er mit der Belagerung von Kaulonia zum Ziele. Hier zeigt sich wieder deutlich, dass sein Verfahren gegen die Besiegten je nach Umständen ein verschiedenes war. Obwohl er keine besondere Ursache hatte, Kaulonia zu zürnen, so stand sie doch seinen Plänen im Wege. Daher zerstörte er die eroberte Stadt und schenkte ihr Gebiet seinen geliebten Lokrern. Die Bürger der eroberten Stadt verpflanzte er nach Syrakus und verlieh ihnen nicht bloss das Bürgerrecht, sondern überdies Steuerfreiheit auf fünf Jahre. Im folgenden Jahr bereitete er der Stadt Hipponion, ihrem Gebiete und ihrer Bevölkerung dasselbe Los. Die letztere scheint jedoch die Begünstigung seiner Steuerfreiheit nicht erhalten zu haben. Die Hipponier hatten keine so lange Belagerung ausgehalten wie die Kaulonier.

Doch alles das war nur das Vorspiel zu dem Angriff auf Rhegion, der Dionysios hauptsächlich am Herzen lag. Da er jedoch unlängst mit Rhegion Frieden geschlossen hatte, so musste er einen Anlass zur Erneuerung des Krieges ausfindig machen. Noch waren die von den

Rheginern gestellten Geiseln in seiner Gewalt; dadurch hatte er die Rheginer selbst in seiner Hand. Zuerst verlangte er von ihnen Verproviantierung seines Heeres mit dem Versprechen, nach seiner Ankunft in Syrakus, dem vorgeblichen Ziele seines Marsches, die gelieferten Vorräthe zurückzuerstatten. Offenbar hoffte er, sie würden seine Forderung abschlagen und er konnte dann die Verweigerung für einen Akt der Feindseligkeit erklären. Aber sie lieferten ihm einige Tage Lebensmittel. Als er jedoch seinen Marsch nach Syrakus, bald wegen angeblicher Krankheit, bald aus einem andern nichtigen Vorwand aufschob und in der Nähe der Stadt blieb, stellten sie ihre Lieferungen ein. Dies erklärte er für eine von den Rheginern ihm zugefügte Beleidigung; schickte, um sich den Schein des Rechtes zu geben, ihnen die Geiseln zurück und fing an die Stadt zu belagern. Die Belagerung von Rhegion war eine der grössten Kriegsunternehmungen des Dionysios. Er musste alle seine Streitkräfte verwenden; denn die Rheginer vertheidigten sich unter der Leitung ihres Feldherrn Phyton heldenmüthig, indem sie über zehn Monate unter den ungünstigsten Verhältnissen alle Angriffe abschlugen. Sie hatten keine Schiffe, keine Verbündeten und der Vorrath an Lebensmitteln war durch die dem Dionysios geleisteten Lieferungen vermindert worden. Der Tyrann suchte Phyton durch Bestechung zum Verrathe zu verleiten, was ihm mehrmals bei Feldherrn anderer Städte gelungen war. Aber der Feldherr von Rhegion blieb in seiner Pflichttreue unerschütterlich. Dionysios seinerseits betheiligte sich persönlich an dem Kampfe und wurde einmal durch einen Speer so schwer verwundet, dass man längere Zeit an seinem Aufkommen zweifelte. Endlich sahen sich die tapferen Rheginer einzig durch den Hunger, der bereits viele dahingerafft, die übrigen entkräftet hatte, genöthigt, sich auf Gnade und Ungnade zu ergeben. Damit hatte Dionysios eines seiner grossen Lebensziele erreicht; die Stadt, welche er am meisten hasste, lag zu seinen Füssen. Hier zeigte sich deutlicher wie sonst der Charakter dieses Mannes. In einer Weise war er in der That weniger hart als viele andere Eroberer. Es war bei den Griechen nicht selten, dass in einem Kriege alle wehrfähigen Männer einer eroberten Stadt niedergemacht, Weiber und Kinder in die Sklaverei verkauft wurden. Dionysios that dem allgemeinen Blutvergiessen Einhalt. Er schickte die ganze Bevölkerung von Rhegion nach Syrakus, freilich nicht um sie wie die Kaulonier unter die Bürgerschaft aufzunehmen. Diejenigen, welche ein gewisses Lösegeld zahlen konnten, wurden in Freiheit gesetzt, die übrigen verkauft. Obwohl es bei den Griechen nicht Kriegsgebrauch war, jemanden auf schimpfliche Weise zu Tode zu martern, so schien jetzt Dionysios seinen ganzen Hass, den er gegen die Rheginer hatte, an ihrem tapferen Feldherrn, der seine Bestechungsversuche zurückgewiesen hatte, auslassen zu wollen. Er setzte ihn auf einem der höchsten Belagerungsthürme der öffentlichen Beschimpfung aus, liess ihm sagen, er habe soeben seinen Sohn ersäufen lassen, worauf Phyton erwiderte: „Mein Sohn ist um einen Tag glücklicher als sein Vater.“ Dann wurde Phyton unter Geisselhieben und Beschimpfungen jeder Art durch die Reihen des ganzen Heeres geführt. Endlich als seine eigenen Soldaten über diese Grausamkeit zu murren anfingen, liess Dionysios Phyton mit all seinen Verwandten ertränken. Die Stadt Rhegion scheint er zerstört und ihr Gebiet gleich dem der andern eroberten Städte den Lokrern geschenkt zu haben.

Das Jahr 387 v. Chr. ist für die Geschichte Griechenlands und Europas denkwürdig. In demselben erhob Dionysios durch die Eroberung von Rhegion seine Macht unbestritten zur ersten, nicht bloss in Sicilien, sondern auch im italischen Grossgriechenland. In demselben Jahr kam der Antalkidische Frieden zu Stande, der den Spartanern auf eine Zeitlang die Vorherrschaft in Griechenland verschaffte und die Griechen Kleinasiens der Herrschaft des Perserkönigs überlieferte. In demselben Jahr wurde Rom von den Galliern erobert. Die Anwesenheit dieser letzteren Barbaren in verschiedenen Theilen Italiens benutzte Dionysios zur Anwerbung gallischer Söldner. Später schickte er seinen Bundesgenossen, den Spartanern gegen ihre Feinde in Griechenland solche gallische und iberische Söldner nebst anderen Truppen zu Hilfe. Der Antalkidasfriede bot den patriotischen Rednern Stoff, um Hellas an beiden Enden gefesselt und geknechtet darzustellen, im Osten durch den Perserkönig, im Westen durch Dionysios. Dies behauptet der Athener Isokrates, dies noch wirksamer Lysias, der einmal als Gesandter zu Dionysios geschickt worden, bei dem ersten olympischen Feste, welches auf den Antalkidasfrieden folgte, 384 v. Chr. Hier forderte Lysias die versammelten Griechen auf, ihren Hass gegen den Tyrannen zum Ausdruck zu bringen und die Gesandten des Dionysios von der Opferfeier sowie seine Wagen von der Theilname an den Wettspielen auszuschliessen. Letztere wurden zwar zugelassen, aber im Wettkampfe besiegt. Einige aus der Menge griffen die prachtvollen Zelte seiner Gesandten an. Auch hatte Dionysios selbst verfasste Gedichte vortragen lassen. Aber die Menge wollte sie nicht anhören, wohl mehr aus Hass gegen den Tyrannen, als weil die Gedichte schlecht waren;

denn Dionysios war als Dichter gewiss nicht ohne einige Bedeutung. Da er jetzt mit Athen in Frieden lebte, so liess er daselbst mehrere seiner Tragödien zur Aufführung bringen, womit er mehrmals den zweiten oder dritten Preis gewann. Zuletzt gewann er mit einer Tragödie sogar den ersten Preis. Das Missgeschick seiner Gedichte soll Dionysios so gekränkt haben, dass er von nun an gegen jedermann argwöhnisch wurde und gegen seine nächsten Freunde wüthete. Aus diesem oder irgend einem andern Grunde verbannte er zwei seiner intimsten Freunde, den Geschichtsschreiber Philistos, dem er sein erstes Emporkommen verdankte und seinen eigenen Bruder, den Flottenbefehlshaber Leptines. Letzterer wurde bald zurückberufen, aber Philistos blieb bis zum Tode Dionysios' in der Verbannung. Dionysios liebte gleich Hieron, vielleicht in seiner Eigenschaft als Dichter die Gesellschaft von Literaten. Er liess sie jedoch auch in dem Dichter den Tyrannen fühlen. Ihn besuchten die beiden Philosophen Aristippos von Kyrene und Plato von Athen; aber beide kamen schlecht davon. Plato soll er sogar als Sklaven haben verkaufen lassen. Seinen Freund, den Dichter Philoxenos soll er wegen eines freimüthigen Urtheils über seine Verse in die Steinbrüche haben werfen lassen.

Aber so verhasst Dionysios im Inlande und Auslande sein mochte, so war er doch im In- und Auslande mächtig und gefürchtet.

Das nächste Ziel seiner Unternehmungen waren die Küsten und Inseln des adriatischen Meeres. Hier wurde an der Küste Italiens die Stadt Ankôn oder Ancona von syrakusanischen Verbannten, welche sich seiner Gewalt entziehen wollten, angelegt. Er selbst legte in jenen

Gegenden Colonien an oder begünstigte deren Gründung durch andere. So liessen sich unter seiner Mitwirkung Auswanderer aus Paros auf den Inseln Pharos und Issos nieder, während er selbst an der illyrischen Küste Lissos gründete. Er schloss dann Bündnis mit einigen illyrischen Stämmen und mit einem verbannten Molotterfürsten namens Alketas. Es gelang ihm, diesen wieder einzusetzen, aber sein Plan, von da aus in Griechenland einzudringen und, wie erzählt wird, sogar den Tempel von Delphi zu berauben, scheiterte. Dieser Plan war selbst seinen Freunden, den Spartanern zu arg und ein lakedämonisches Heer verhinderte jedes weitere Vordringen. Dann nahm er den alten Streit der Syrakusaner gegen die Etrusker wieder auf. Bei ihren beständigen Seeräubereien konnte man leicht einen Anlass zum Kriege finden. Seine eigentliche Absicht scheint die Plünderung des reichen Tempels von Agylla an der Westküste Italiens gewesen zu sein, von wo er eine Beute an Sklaven, Geld und andern Schätzen im Werte von 1500 Talenten fortführte. Selbst in Syrakus scheute er sich nicht, die Tempel zu plündern; so raubte er aus dem Olympieion das goldene Gewand, womit die Statue des Zeus bekleidet war, indem er scherzweise sagte, ein solches Gewand sei im Sommer zu heiss und im Winter zu kalt.

Durch den Feldzug gegen die Etrusker mochte sich Dionysios vielleicht als Vorkämpfer der Hellenen gegen die Barbaren zu Hause und auswärts Ansehen erwerben. Dieses musste sich noch steigern, als er im Jahre 383 v. Chr. neuerdings einen Krieg gegen die Punier begann. Der Mangel gleichzeitiger Nachrichten hierüber, macht sich hier mehr, wie sonst in unserer Geschichte fühlbar. Dionysios benutzte die Missstimmung, welche unter einigen den Carthagern untergebenen Städten herrschte, um mit diesen Bündnis zu schliessen. Wir wissen nicht, welche Städte dies waren, jedenfalls solche, die zur carthagischen Provinz in Sicilien gehörten, vielleicht die Elymerstädte. Carthago andererseits schickte anfänglich eine Streitmacht nach Italien, um dort gemeinsam mit den Feinden des Tyrannen vorzugehen. Es entspann sich ein Krieg, über dessen Schauplatz wir ganz im Unklaren sind. Dionysios gewann zuerst eine bedeutende Schlacht, in welcher der Sophet Magon fiel. Die Carthager baten jetzt um Frieden. Dionysios verweigerte ihn, ausser wenn Carthago sich aus ganz Sicilien zurückziehe und die Kriegskosten zahle. Für solche Bedingungen musste die Einwilligung der Regierung in Carthago eingeholt werden. Inzwischen wurde ein Waffenstillstand geschlossen, währenddem der neue carthagische Feldherr, der Sohn des Magon alle Vorbereitungen zur Erneuerung des Kampfes traf. In einer zweiten Schlacht wurde Dionysios geschlagen, sein Bruder Leptines getödtet. Unter Griechen, welche Barbaren in die Hände fielen, wurde nie ein so grosses Blutbad angerichtet, wie jetzt. Da trafen aus Carthago Gesandte mit unumschränkter Vollmacht ein. Die Bedingungen, unter welchen der Friede abgeschlossen wurde, waren ganz das Gegentheil von denen, die kurz vorher Dionysios gestellt hatte. Er musste 1000 Talente Kriegskosten zahlen und den Halykos als Grenze zwischen seinem und dem carthagischen Gebiete anerkennen. Das heisst, er überliess Carthago Stadt und Gebiet von Selinus und einen Theil des Gebietes von Akragas.

So erlitt das Hellenenthum auf Sicilien abermals eine Einbusse, wenn auch nicht in dem Maasse wie zur Zeit, da Dionysios zuerst zur Macht gelangt war. Wenn wir von seiner späteren Regierung ebenso genaue Nachrichten hätten wie von seiner früheren, so würden wir genauer bestimmen können, worin sich diese beiden Perioden von einander unterscheiden. Aber die Nachrichten über diesen Krieg, der den Verlust von Selinus herbeiführte, sind sehr dürftig und von den letzten 16 Jahren seiner Regierung wissen wir fast nichts, ausser dass um das Jahr 379 so wohl er als die Carthager in Italien Krieg führten. Diese suchten einige von ihm zerstörte Städte wieder aufzubauen; eine Pest und ein Aufstand ihrer Unterthanen nöthigte sie aber den Versuch aufzugeben und nach Afrika zurückzukehren. Andererseits eroberte Dionysios Kroton, welches er auf seinem früheren Feldzug nicht hatte nehmen können und beraubte den Heratempel in Lakinion eines kostbaren Gewandes, das er seltsam genug um eine hohe Summe den Carthagern verkaufte. Auch soll er sich mit dem Plane getragen haben, über den Hals der südwestlichen Halbinsel eine Mauer zu ziehen, unter dem Vorwand, dieselbe gegen die Einfälle der Lucaner zu schützen; aber die Griechen, welche nördlich von der projectierten Mauer wohnten, erkannten, dass er es nur auf die Befestigung seiner Herrschaft in Italien abgesehen habe.

Von seinen weiteren Unternehmungen in Sicilien und Italien hören wir ungefähr 11 Jahre lang nichts.

Seit dem Jahre 369 sind Athen und Sparta gegen Theben verbündet. Seit dieser Zeit schickte Dionysios mehrmals barbarische Söldner, Gallier und Iberer den Spartanern zu Hilfe. Und jetzt, 369—367, geben uns zwei attische Inschriften über seine Beziehungen zum demokratischen Athen Aufschluss. In demselben werden ihm und seinen Söhnen ausserordentliche Ehren zuerkannt; die zweite enthält einen Bundesvertrag zwischen Athen und dem Herrscher Siciliens, ohne dass dabei der Syrakusaner Erwähnung geschieht. Jede der beiden verbündeten Mächte verpflichtet sich, der andern im Falle eines feindlichen Angriffs beizustehen. Wir haben einigen Anhalt zur Vermuthung, wen Dionysios damals als seinen Feind betrachtete; denn gerade gegen Ende seiner Regierung erneuerte er das ruhmvollste Unternehmen seiner früheren Tage, den Angriff auf die phönikischen Besitzungen im westlichen Sicilien. Dionysios konnte leicht einen Vorwand zu einem neuen punischen Kriege in wirklichen oder vorgeblichen Uebergriffen der Carthager auf seine Besitzungen finden. Er wusste, dass in einem solchen Krieg die Sympathie aller sicilischen und auswärtigen Griechen auf seiner Seite sein werde.

Mit einer bedeutenden Macht, angeblich von 30,000 Fussgängern, 3000 Reitern und 300 Schiffen zog er abermals gegen Westen. Wieder schien Carthago, wie so häufig, durch die Pest und den Aufstand seiner afrikanischen Unterthanen aufs äusserste geschwächt zu sein. Anfangs war er glücklich, er gewann Selinus wieder, eroberte Entella, welches jetzt in der Gewalt der Campaner war und selbst Eryx zum zweitenmal. Dann ging er an die Belagerung der neuen Stadt Lilibäon, welches die Bedeutung des von ihm früher eroberten Motye hatte; musste jedoch dem kräftigen Widerstand seiner Vertheidiger weichen. Zur See jedoch hielt er sich für so stark, dass er den grösseren Theil der Flotte nach Syrakus zurückschickte und nur 130 Schiffe in Drepana, dem Hafen von Eryx, vor Anker legen liess. Diese wurden von den Carthagern plötzlich angegriffen und die meisten davon weggenommen. Bei Anbruch des Winters stellten beide Theile die Feindseligkeiten ein. Das ist alles, was wir von diesem Kriege wissen. Bald darauf wurde abermals zwischen Syrakus und Carthago Friede geschlossen. Unter welchen Bedingungen wissen wir nicht; aber da später Selinus als zum carthagischen Gebiete gehörig erscheint, so ist es höchst wahrscheinlich, dass die Syrakusaner in diesem Frieden ihre Eroberungen an die Carthager wieder herausgeben mussten.

Doch Dionysios erlebte den Abschluss des Friedens nicht mehr. Wir stehen jetzt an dem Lebensende eines Herrschers, der grosse Dinge vollführt und die Machtverhältnisse seiner Zeit bedeutend verändert hatte. Der Tyrann Dionysios starb im Jahre 367 v. Chr. nach einer Regierung von 38 Jahren.

Er scll sich den Tod auf eine merkwürdige Weise zugezogen haben. Jetzt zum erstenmal wurde einer Tragödie von ihm in Athen der erste Preis zuerkannt. Die Nachricht davon wurde ihm in aller Eiie hinterbracht. Seine Freude darüber war grenzenlos; er brachte den Göttern Dankopfer dar und ergab sich gegen seine Gewohnheit übermässigem Weingenuss. Dadurch zog er sich ein Fieber zu, an welchem er starb.

Seine Laufbahn ist in der That merkwürdig. Er hatte seine Vaterstadt, deren Freiheit er vernichtet hatte, zur grössten und mächtigsten Stadt Europas gemacht. Kein Grieche hat über feindliche Barbaren grössere Erfolge errungen, wie er; aber keiner hat auch mehr griechische Städte zerstört und mehr Barbaren auf seiner Heimatsinsel angesiedelt. Als legitimer König oder als Haupt eines freien Staates wäre er bei seinen grossen Geistesanlagen zur berühmtesten Persönlichkeit in der ganzen griechischen Geschichte geworden. So war er ein Tyrann, regierte als solcher und blieb als solcher in Erinnerung.

Zu seinen Gunsten lässt sich nur anführen, dass die Tyrannen, welche nach ihm folgten, noch schlechter waren. Für einen Tyrannen war seine Regierung ungewöhnlich lang und er konnte seine Herrschaft auf seinen Sohn vererben. Er selbst hatte gesagt, er würde nicht so lange regiert haben, wenn er sich nicht von zügellosen Gewaltthaten gegen Einzelne fern gehalten hätte. Seine Regierung bezeichnet eine Aera in der griechischen und Weltgeschichte. Er führte einen Zustand der Dinge herbei, welcher von den makedonischen Königen weiter ausgebildet wurde. Es ist bemerkenswert, dass bei dem Tode des Dionysios, Philipp, der Sohn des Amyntas schon fünfzehn Jahre alt war und acht Jahre später den makedonischen Thron bestieg.

ELFTES CAPITEL.

DIE BEFREIER.

UNSERE Hauptquellen sind ausser Diodoros die Plutarchischen Lebensbeschreibungen Dions und Timoleons. Plutarch ist gewöhnlich ausführlicher. Auch von Cornelius Nepos haben wir Lebensbeschreibungen über Dion und Timoleon. Die Pseudo-Platonischen Briefe dürfen nur unter den schon angegebenen Beschränkungen benützt werden.

Die Macht des älteren Dionysios, welche man emphatisch als die grösste in Europa bezeichnet, ging nun in die schwächeren Hände seines Sohnes über. Der Vater hatte grosse, wenn auch oft schlimme Dinge vollführt. Er hatte Sicilien eine ganz andere Gestaltung gegeben, und hatte dadurch nicht wenig zur Umgestaltung der ganzen griechischen Welt beigetragen. Er hatte Syrakus als der Hauptstadt eines Herrschers eine Stellung verschafft, wie sie Athen, selbst als über andere Freistaaten gebietende Republik kaum erreicht hatte. Er hatte gegen Barbaren in ihrem eigenen Lande grössere Erfolge erzielt, als irgend ein griechischer Heerführer vor ihm. — Doch abgesehen davon, dass er seine Vaterstadt und andere Städte ihrer politischen Freiheit beraubt hatte, hatte er im

Ganzen der Sache der griechischen Nation mehr geschadet als genützt. Bei seinem ersten Auftreten hatte er den Carthagern mehr in die Hände gespielt, als er von ihnen je zurückgewinnen konnte.

In Sicilien selbst hatte er mehrere griechische Städte zerstört, andere mit Barbaren bevölkert. Er hatte mehrere Städte der Italioten dem Vortheile einer einzigen (Lokroi) geopfert und das Vordringen der Barbaren entschieden begünstigt. Nur bei seinen weitschichtigsten Unternehmungen, bei der Gründung von Colonien am adriatischen Meer, welche in ein gewisses Dunkel gehüllt ist, erweiterte er überhaupt die Grenzen von Hellas. Im Ganzen hatte er nicht bloss die Freiheit, sondern auch den Wohlstand auf Sicilien bedeutend verringert. Von dieser Zeit an kamen die Griechen Siciliens und Italiens zur Einsicht, dass sie nicht für sich bestehen können.

Der Hauptcharakter der folgenden Zeit für etwa 100 Jahre, vom Regierungsantritt seines Sohnes an gezählt, besteht in einem beständigen Verkehr zwischen Griechenland und den Griechen Italiens und Siciliens. Dieser Verkehr nimmt eine neue Gestalt an. Die Griechen Italiens und Siciliens suchen in Griechenland Hilfe gegen ihre Tyrannen oder gegen feindliche Barbaren oder gegen beide zugleich. Dieses sendet ihnen nacheinander Befreier, von denen einige grosse Thaten vollbringen. Wir müssen jedoch unterscheiden zwischen dem republikanischen Führer, dem nur um die Befreiung zu thun ist, und dem Fürsten, der zwar auch die Befreiung durchsetzt, aber in der Meinung, ein Recht zur Herrschaft über die zu haben, die er befreit.

Die Geschichte Dionysios des Jüngern wirft auf die Beschaffenheit der griechischen Tyrannis mannigfaches

Licht. Wie in vielen andern Fällen geht unter dem Sohn das verloren, was der Vater gewonnen. Der purpurgeborene Sohn des Tyrannen hatte gewöhnlich nicht die Kraft seines Vaters. Und der ältere Dionysios hielt bei seinem übermässigen Argwohn gegen jedermann seinen Sohn in dem Palaste eingesperrt, und gestattete ihm keinen Antheil an den politischen und militärischen Geschäften. Er war nicht ohne Fähigkeiten oder Neigung zum Guten; aber er war in jeder Beziehung schwächer, als sein Vater. Da ihm die Willenskraft seines Vaters fehlte, liess er sich leicht beeinflussen, sei es zum Guten oder zum Schlechten. Da er weniger entschieden war, als sein Vater, so war er auch weniger grausam, aber aus demselben Grunde verfiel er in Ausschweifungen, von denen sein Vater frei war.

Charakteristisch ist die Erzählung, wonach Dionysios von einem Liebeshandel, in welchem sein Sohn zu dem Weibe eines anderen stehe, erfuhr. Als er deshalb seinem Sohne Vorwürfe machte und ihn fragte, ob er je so etwas von seinem Vater gehört habe, antwortete dieser: „Nein, aber dein Vater war kein Tyrann!“ Darauf erwiderte der Vater: „Wenn du solche Dinge treibst, so wird dein Sohn nie Tyrann werden.“ Der neue Tyrann hatte Doris, die Lokrische Gemahlin seines Vaters zur Mutter; er war bei seiner Thronbesteigung ungefähr 25 Jahre alt.

Er liess sich durch eine Art Volksabstimmung, die jedoch nicht der freie Willensausdruck des Volkes war, in seiner Würde, vielleicht als Feldherr mit unumschränkter Gewalt förmlich anerkennen. Dann liess er seinen Vater in glänzender Weise bestatten und ihm auf der Insel gegen die Sitte der Griechen ein Grabmal errichten. Der ältere Dionysios war während des Krieges gegen die Carthager und Lucaner gestorben. Der neue Tyrann schloss jetzt mit beiden Frieden, wonach der Halykos wieder als Grenze zwischen seinem und dem carthagischen Gebiete bestimmt wurde. In Italien soll er an der Küste Apuliens zwei neue Städte gegründet haben. Im Uebrigen behauptete er das Gebiet seines Vaters, ohne es zu erweitern, oder sonst etwas erwähnenswertes zu thun.

Unter einer Tyrannis, besonders wenn der Tyrann willensschwach und unselbständig ist, erlangen Familien- und persönliche Beziehungen, Heiraten, einflussreiche Männer, die wir Minister nennen würden, grosse Bedeutung, wie es auch bei legitimen Fürsten der Fall ist. Während der Regierung des jüngern Dionysios ragen in dieser Beziehung hauptsächlich zwei Männer hervor. Der Geschichtsschreiber Philistos, der seinen Vater bei der Begründung seiner Herrschaft so kräftig unterstützt hatte, wurde von dem Sohn bei seinem Regierungsantritt oder bald nachher aus der Verbannung zurückberufen. Er war jetzt ein alter Mann; aber er war noch kräftig und dem Regierungssystem des älteren Dionysios zugethan. Der andere war Dion, Bruder der Aristomache, der syrakusanischen Gemahlin des älteren Tyrannen, dessen Vater Hipparinus an der Begründung der Tyrannis grossen Antheil genommen hatte. Aristomache hatte zwei Söhne, die bedeutend jünger als Dionysios waren und zwei Töchter, Sophrosyne und Arete — Namen, die sich für die Kinder eines Tyrannen sonderbar ausnehmen — von denen die eine mit ihrem Halbbruder Dionysios, die andere mit ihrem Onkel Dion vermählt war. Bei den Griechen war nur eine Heirat mit der Schwester von derselben Mutter verboten. Dion war von dem ältern Dionysios mit Gütern und Gunstbezeugungen überhäuft worden und wurde häufig in Staatsgeschäften hauptsächlich zu Gesandtschaften nach Carthago verwendet.

Er war ein geschickter Mann und tüchtiger Soldat, in seinem Wesen ernst und hochmüthig, jedoch im Stande, sich Geltung zu verschaffen, von strenger Lebensweise, ein Freund der Philosophie. Hauptsächlich auf sein Betreiben war Plato zur Zeit des älteren Dionysios nach Sicilien gekommen.

Da jetzt Dion das volle Vertrauen seines Sohnes und Nachfolgers genoss, hoffte er durch seine philosophischen Principien Grosses ausführen zu können. Er dachte nicht daran, die alte demokratische Verfassung wieder herzustellen, welche den Anschauungen Plato's durchaus nicht entsprach. Aber er wollte Dionysios aus einem schlechten in einen guten Regenten, aus einem Tyrannen gewissermassen in einen constitutionellen König verwandeln. In dieser Absicht überredete er Plato abermals nach Syrakus zu kommen, um als eine Art Gewissensrath auf den Tyrannen einzuwirken. Dies sollte jedoch wie vorauszusehen war, keine guten Früchte bringen. Plato war ein Grübler über Staatsverfassungen, aber er hatte keine praktische Kenntnis von Staatsgeschäften.

Dionysios hörte dem Philosophen eine Zeit lang mit Vergnügen zu; an seinem Hofe wurde das Studium der Geometrie Mode; er redete von Reformen, ja sogar von der Absicht, die Tyrannis aufzugeben. Aber in Wirklichkeit blieb alles beim Alten. Philistos und seine Partei wirkten im entgegengesetzten Sinne auf Dionysios ein und hetzten ihn gegen Dion auf.

Der Friede mit Carthago war noch nicht abgeschlossen und Dion wurde beschuldigt, mit dem Feinde in verrätherischer Verbindung zu stehen. Demnach musste er plötzlich Sicilien verlassen; durfte jedoch die Einkünfte von seinem Vermögen weiter beziehen. Seine Gemahlin

Arete, die Halbschwester des Dionysios, sowie sein unmündiger Sohn Hipparinus blieben in Syrakus. Indessen unterhielt Dionysios mit Plato eine eigenthümliche Art von Freundschaft.

Er war eifersüchtig, dass der Philosoph dem Dion mehr Beachtung schenkte, wie ihm. Er behielt ihn eine Zeitlang bei sich in Syrakus; ja, er wusste ihn sogar zu bereden, ihn ein zweitesmal zu besuchen. Doch übte dieser Besuch auf Dionysios keinerlei Einfluss. Zuletzt liess dieser Dions Vermögen einziehen und vertheilte es unter seine Freunde.

Dies geschah während Plato's zweitem Aufenthalt, worauf dieser sehr froh war, wegzukommen. Hierauf vermählte der Tyrann Dions Gemahlin einem gewissen Timokrates, und bemühte sich, dessen unmündigen Sohn zu Ausschweifungen zu verleiten. Auch verbannte er einen seiner besten Heerführer, namens Herakleides, der für einen Freund Dions gehalten wurde. Kurz seine Regierung wurde von Tag zu Tag härter.

Alles dies geschah während der ersten sieben Regierungsjahre des jüngeren Dionysios (367—360 v. Chr.). Währenddem besuchte Dion verschiedene Theile Griechenlands und wurde überall mit grossen Ehren aufgenommen. Eine besondere Auszeichnung wurde ihm in Sparta zu Theil, indem ihm das spartanische Vollbürgerrecht verliehen wurde, was bei einem Fremden äusserst selten der Fall war.

In Athen wurde er mit Kallippos, einem Schüler Plato's bekannt; überhaupt erwarb er sich überall Freunde. Er trug sich nun mit dem Gedanken, die Tyrannis des Dionysios zu stürzen und wurde von vielen Seiten zu diesem Unternehmen aufgemuntert. Dieselbe Absicht verfolgte auch Herakleides; aber er und Dion konnten sich nicht vertragen und jeder ging seinen eigenen Weg. Unstreitig hat die Freundschaft des Kallippos für Dion zum Verderben ausgeschlagen. Was aber die Eifersucht des Herakleides anbelangt, so müssen wir bedenken, dass unsere Nachrichten darüber nur aus Quellen stammen, die für Dion einseitig eingenommen sind. Jedenfalls war Dion früher als Herakleides zu seinem Unternehmen gerüstet. Er hatte nach und nach ein kleines Heer von Söldnern und Freiwilligen um sich versammelt; aber von den 1000 syrakusanischen Verbannten, welche in verschiedenen Theilen Griechenlands Zuflucht gefunden hatten, schlossen sich nur 25 oder 30 ihm an.

Endlich im Sommer des Jahres 357 v. Chr., dem zehnten Jahre nach dem Tode des älteren Dionysios, ging Dion an die Ausführung seines Befreiungswerkes. Sein Heer war so klein, dass fünf Handelsschiffe zu seiner Beförderung hinreichten. Die kleine Flotte Dions schlug bei ihrer Ueberfahrt von Griechenland nach Sicilien nicht den gewöhnlichen Fahrweg der Ostküste Italiens entlang ein. Denn da Philistos die Küste Italiens mit einer Flotte bewachte, so fuhr Dion von Zakynthos direct über das offene Meer nach Sicilien. Sein Steuermann führte ihn gerade an die Südostküste und rieth ihm, hier zu landen. Aber Dion hielt es nicht für rathsam, so nahe bei Syrakus die Landung zu bewerkstelligen. Da wurde er durch einen Sturm an die afrikanische Küste verschlagen, von wo er bald, als der Wind umschlug, die Südküste Siciliens bei Herakleia oder Minoa erreichte. Diese Stadt war jetzt infolge des letzten Friedensschlusses eine carthagische Grenzfestung und hiess in punischer Sprache Ras Melkart.

Die Festung stand unter dem Befehl des Synalos, eines Griechen in carthagischen Diensten, der mit Dion befreundet war. Dieser nahm ihn und sein Gefolge freundlich auf. Während seines Aufenthaltes in Herakleia erhielt Dion die freudige Nachricht, dass Dionysios von Syrakus abwesend sei und mit dem grössten Theil seiner Flotte sich in das adriatische Meer begeben habe, um die dort von ihm begründeten Städte zu besuchen. Währenddem befehligte Timokrates, dem der Tyrann Dions Gemahlin verheiratet hatte, in Syrakus. Dieser schickte, sobald er die Landung Dions vernahm, einen Brief an Dionysios ab; aber der Bote gab vor, den Brief durch einen seltsamen Zufall verloren zu haben; so erhielt der Tyrann erst einige Tage später durch den Volksmund von Dions Landung Kenntnis.

Dion musste vor allem daran liegen, vor der Rückkehr des Dionysios nach Syrakus zu gelangen; daher brach er in aller Eile dahin auf, unterwegs schlossen sich bei jedem Schritt vorwärts Griechen, Sikaner und Sikeler ihm an. Er vollendete den Marsch in drei Tagen. In der dem letzten Tage vorhergehenden Nacht lagerte er sich vor Akrai, einer binnenländischen Festung von Syrakus. Hier erfuhr er Genaueres über die in der Stadt herrschenden Zustände. Epipolai wurde von Barbaren, welchen der ältere Dionysios Katana und andere Städte eingeräumt hatte, vertheidigt. Da liess Dion absichtlich das Gerücht verbreiten, dass er nicht direct auf Syrakus losgehen, sondern sich zuerst gegen jene Städte wenden werde. Die Barbaren glaubten dem Gerüchte und zogen trotz aller Bemühungen des Timokrates, der sich von Ortygia zu ihnen begab, sie in Ordnung zu halten, ab, um ihre eigenen Wohnorte zu vertheidigen. So konnte Dion ungehindert in Syrakus einrücken. Er brach vor Tagesanbruch von Akrai auf und gelangte gerade bei Sonnenaufgang an den

Übergang über den Anapos. Hier brachte er Opfer dar; seine Wahrsager prophezeiten ihm glücklichen Erfolg und das ganze Heer setzte sich, die Häupter mit Opferkränzen geschmückt, wie eine religiöse Procession in Bewegung. Als sie die Syrakusaner von dem hochgelegenen Epipolai aus erblickten, erhob sich die ganze Stadt. Das Volk griff die wenigen Söldner, welche noch in der äussern Stadt vorhanden waren und sich auf einem Theil von Epipolai festzusetzen und zum Kampfe zu ordnen suchten, an. Timokrates wollte nach Ortygia zurückkehren, konnte sich aber durch die Volksmenge nicht durchdrängen. Daher ritt er auf der nördlichen Strasse davon. Die Söldner des Tyrannnen waren jetzt ohne Führung, und so konnte Dion ungehindert in die Stadt einziehen.

Ein Theil der Bevölkerung griff jetzt die Späher und geheimen Agenten des Tyrannen an. Andere zogen im Festgewande zum Thore Temenites in der neuen Mauer des älteren Dionysios, um ihre Befreier zu bewillkommen. Dort sahen sie Dion in glänzender Waffenrüstung an der Spitze seiner Truppen, seinen Bruder Megakles zur einen und seinen Freund Kallippos zur andern Seite. Als er zum Thore gelangt war, gebot er durch Trompetenschall Stillschweigen und erklärte: „Dion und Megakles seien gekommen, um Syrakus und alle griechischen Städte Siciliens von den Tyrannen zu befreien.“ Dann zog er durch Achradina, während sich das Volk zu beiden Seiten mit Kränzen, Trank- und anderen Opfern an ihn herandrängte. Endlich konnte er auf eine hohe Sonnenuhr, welche der ältere Dionysios in der Nähe der Thore zwischen Achradina und Ortygia hatte errichten lassen, steigen. Hier hielt er eine Anrede an das Volk und forderte es auf, Feldherrn zu wählen. Sie wählten sogleich Dion und Megakles zu Feldherrn mit unumschränkter Gewalt. Aber Dion verlangte, man solle ihnen Collegen an die Seite geben, worauf das Volk noch 20 wählte, darunter einige von den Verbannten, welche mit Dion zurückgekehrt waren. Hierauf verdrängte er die Barbaren aus Epipolai, setzte die, welche in den Gefängnissen schmachteten, in Freiheit und schützte die befreiten Stadttheile gegen die Insel Ortygia durch eine Mauer. Da Dionysios den Brief des Timokrates nicht erhalten hatte, so kam er erst am siebenten Tage nach Dions Einzug mit

Münze von Syrakus aus der Zeit Dions.

seiner Flotte zurück. Jetzt war ganz Syrakus bis auf die Insel seiner Herrschaft entfremdet.

Bisher war Dion alles nach Wunsch von Statten gegangen. Die Schwierigkeiten sollten erst jetzt beginnen. Es war leicht gegen Dion Verdacht zu erwecken, da er so lange mit dem Hause des Tyrannen in enger Verbindung gestanden hatte. Und obwohl Dion bei seinem Einzuge in die Stadt sich herablassend und volksfreundlich gezeigt hatte, so ist zu bezweifeln, ob er je im Sinne hatte, in Syrakus die Freiheit herzustellen nämlich das, was die meisten Syrakusaner unter Freiheit verstanden. Er hatte nie in einem demokratischen Staate gelebt; er und sein Freund Plato scheinen von lauter unmöglichen

Verfassungsformen geträumt zu haben. Man träumte von einem Königthum mit beschränkter Gewalt, vielleicht von mehreren Königen nebeneinander wie in Sparta. Kurz während die Syrakusaner sich selbst regieren wollten wie die Bürger der andern griechischen Freistaaten, so wollte Dion über dieselben allein oder in Gemeinschaft mit andern Collegen herrschen. Ohne Zweifel wollte er gerecht und gut regieren, aber er verlangte immerhin die Herrschaft über seine Mitbürger. Sein hochfahrendes Wesen trug ebenfalls dazu bei, seine Person bald bei der Menge unbeliebt zu machen. Er hatte, wie wir gelegentlich erfahren, eine Leibwache gleich einem Tyrannen. Dionysios hatte dies alles in Erfahrung gebracht und suchte es zu seinem Vortheil auszubeuten. Zuerst versuchte er mit Dion persönlich und nicht mit dem syrakusanischen Volke in Unterhandlung zu treten. Als jedoch Dion erklärte, er solle sich an das Volk und nicht an ihn wenden, da liess Dionysios durch eine zweite Gesandtschaft, — wie es in unserer Zeit mehrere Despoten machten, — verschiedene Reformen in Aussicht stellen. Das Volk war verständig genug, darüber zu lachen, und Dion erklärte seinen Gesandten, man könne auf keinen Antrag eingehen, solange er nicht der Tyrannis gänzlich entsage. In diesem Falle würde Dion aus alter Freundschaft ihm für seine Person günstige Bedingungen erwirken. Dionysios ging zum Scheine darauf ein und bat, man möge zur Feststellung der Bedingungen Gesandte auf die Insel Ortygia zu ihm schicken. Als diese kamen, behielt er sie zurück und liess durch seine Söldner einen plötzlichen Angriff auf die Mauer machen, durch die jetzt das festländische Syrakus gegen die Inselstadt Ortygia abgesperrt war. Es entstand ein hartnäckiger Kampf, bei welchem Dion grossen

Muth zeigte und selbst mit verwundet wurde. Zuletzt wurden die Barbaren auf die Festung zurückgetrieben.

Jetzt schickte Dionysios Briefe an Dion, von seiner Gemahlin und Schwester, welche noch auf Ortygia zurückbehalten wurden. Dion las dieselben der Volksversammlung vor. Ein Brief enthielt die Adresse: „Hipparinus an seinen Vater". Das Volk forderte ihn auf, diesen Brief für sich zu behalten, denn er sei zu privat, um öffentlich vorgelesen zu werden. Trotzdem eröffnete er ihn und las ihn laut vor. Da ergab sich, dass er nicht von seinem Sohn, sondern von Dionysios selbst sei, worin dieser Dion aufforderte, der alten Freundschaft zu gedenken und nicht einem undankbaren Volke zu dienen. Er wolle gern auf seine Herrschaft verzichten und dieselbe auf Dion übertragen. Wenn Dion diesen Antrag zurückweise, so würde er an seiner Schwester, Gemahlin und an seinem Sohn furchtbare Rache nehmen.

Dieses Schreiben musste natürlich beim Volk gegen Dion Verdacht erwecken. Und dieser Verdacht wurde stärker als jetzt zur Freude der Syrakusaner ein Gegner Dions auf dem Schauplatze erschien. Es war dies Herakleides, der mit 6, nach einigen mit 20 Trieren und 1500 Mann eintraf. Er war ein tüchtiger Feldherr und nicht so unzugänglich als Dion, sodass er sich bald die Gunst des Volkes erwarb. Dieses wählte ihn in der Volksversammlung zum Flottenbefehlshaber.

Dion erklärte die Wahl, da sie ohne seine Zustimmung stattgefunden habe, für ungültig. Dann liess er Herakleides auf seinen Antrag zum Flottenbefehlshaber wählen und ihm eine Leibwache von gleicher Stärke, wie die seinige, bewilligen. Dies befriedigte niemanden. Man schalt Dion einen Tyrannen und sagte, man habe bloss die Herrschaft eines Trunkenen mit der eines Nüchternen vertauscht. Da gelang es Herakleides, der Sache der Syrakusaner einen Dienst zu erweisen, der sich mit dem Verdienste Dions messen konnte. Dionysios war nur mit einem Theil seiner Flotte nach Syrakus zurückgekehrt, der andere Theil unter dem Befehl des Philistos weilte noch an der Küste Italiens. Der Geschichtsschreiber Siciliens, noch in seinem hohen Alter kräftig, war jetzt die Hauptstütze der Herrschaft des Tyrannen. Dieser kam jetzt mit den Schiffen und den noch übrigen Truppen von Italien zurück. Sein Versuch Leontinoi, welche sich der Herrschaft des Dionysios entzogen hatte, zurück zu gewinnen, schlug fehl. Dann liess er sich mit Herakleides in eine Seeschlacht ein.

Es scheint, dass einige Schiffe des Tyrannen sich der Sache der Freiheit anschlossen, denn sonst hätte es Herakleides mit seinen 60 Schiffen nicht mit der gleich starken Flotte des Philistos aufnehmen können. Die Syrakusaner siegten und nahmen Philistos, der für seinen Herrn seine ganze Kraft eingesetzt hatte, lebendig gefangen. Der Greis wurde zur Schmach der befreiten Stadt auf schimpfliche Weise getödtet, sein Leichnam durch die Strassen geschleift und in die Steinbrüche geworfen. Der Tod des Philistos wirkte auf Dionysios entmuthigend; dennoch setzte er seine Künste, um Dion in Misskredit zu bringen, fort. Natürlich hatte der Sieg den Herakleides in der Gunst des Volkes befestigt. Dionysios schickte neuerdings eine Botschaft an Dion, durch die er sich erbot, die Insel Ortygia verlassen zu wollen, wenn man ihm freien Abzug nach Italien und den Fortgenuss der Einkünfte von einem grossen Privatbesitz auf syrakusanischem Gebiete gestatte.

Dion forderte ihn abermals auf, seine Anträge nicht an ihn sondern an das Volk zu richten.

Gleichzeitig rieth er der Versammlung, die Bedingungen anzunehmen. Doch das Volk ging nicht darauf ein in der Hoffnung, den Tyrannen lebendig in seine Gewalt zu bekommen; Dionysios war jetzt hauptsächlich auf seine eigene Sicherheit bedacht. Es gelang ihm mit dem grössten Theil seiner Schätze und Kostbarkeiten zur See zu entkommen, doch liess er seine besten Soldtruppen unter dem Befehl seines Sohnes Apollokrates, der vermöge seiner Jugend seiner Aufgabe nicht gewachsen war, auf der Insel zurück. Dadurch kam Herakleides in Missgunst, indem man ihn der Fahrlässigkeit im Wachdienst beschuldigte. Dies soll ihn zu weiteren Angriffen auf Dion aufgestachelt haben, indem er andere anstiftete, in der Volksversammlung Anträge zu stellen, denen sich Dion widersetzen musste. Endlich setzte er einen Antrag durch, wonach Dion das Feldherrnamt genommen und an seine Stelle 25 Männer darunter auch Herakleides zu Feldherrn gewählt wurden. Bis jetzt hatte er dem Feldherrn-Collegium nicht angehört, sondern ein selbstständiges Commando über die Flotte bekleidet. Ausserdem wurde den Truppen, welche Dion aus dem Peloponnes mitgebracht hatte, der Sold verweigert. Es waren das keine gewöhnlichen Söldner; sie waren aus Eifer für die Sache der Freiheit gekommen und hatten sich um dieselbe grosse Verdienste erworben; aber sie hatten nicht die Mittel, um in einem fremden Lande umsonst zu dienen. Die Peloponnesier scharten sich um Dion und forderten ihn auf, sie gegen die Syrakusaner zu führen. Die Partei des Herakleides stellte ihnen, um sie ihm abwendig zu machen, Verleihung des Bürgerrechtes in Aussicht. Man sprach von einer Ackervertheilung; höchst wahrscheinlich sollten sie statt des Soldes Ländereien erhalten. Aber die Krieger hielten sich fest an Dion, und Dion weigerte sich, die Syrakusaner anzugreifen. Er verliess demnach mit seinen 3000 Anhängern die Stadt und zog gegen Leontinoi. Auf dem Marsche wurden sie von den Syrakusanern unter dem Befehl ihrer neuen Feldherrn angegriffen. Aber Dions Krieger waren viel tüchtigere Soldaten als die Syrakusaner; sie schlugen ihre Angreifer mit Leichtigkeit zurück, während Dion dem Blutvergiessen soviel als möglich Einhalt zu thun suchte. Er wurde mit seinen Truppen in Leontinoi freundlich aufgenommen und mit dem Bürgerrecht beschenkt. Die Syrakusaner hatten so ungefähr 9 Monate nach ihrer Befreiung 356 v. Chr. sich ihres Befreiers entledigt. Es wurde von beiden Seiten gefehlt. Aber Dion hatte unzweifelhaft die redliche Absicht, die Tyrannis zu beseitigen, wenn wir auch nicht wissen, was für eine Regierung er an deren Stelle setzen wollte. Die Syrakusaner mussten jetzt ohne Beihilfe Dions und seiner Truppen auf eigene Faust Ortygia belagern. Ihre Aussichten verschlimmerten sich, als es Dionysios gelang, der Besatzung in Ortygia bedeutende Proviantvorräthe und einen tüchtigen Feldherrn namens Nypsios aus Neapolis in Campanien zu senden. Er kam gleich Gylippos eben zu der Zeit an, als die Besatzung schon den Gedanken fasste, mit den Bürgern wegen einer Capitulation zu unterhandeln. Die syrakusanischen Feldherrn, deren Nachlässigkeit es dem Nypsios möglich gemacht hatte, suchten jetzt den begangenen Fehler wieder gut zu machen, indem sie die Söldner, welche am Ufer mit der Bergung der Proviantvorräthe beschäftigt waren, mit ihrer Flotte angriffen und einen Sieg erfochten. Aber die Syrakusaner überliessen sich, gerade wie nach ihrem grösseren Siege über die Athener, in der Nacht der Schwelgerei und dem Trunke. Diese günstige Gelegenheit benutzend machte Nypsios in stockfinsterer Nacht mit seinen Söldnern einen Ausfall und ertheilte ihnen die Weisung mit den Bürgern nach Gutdünken zu verfahren. Sie erstiegen die Mauer, welche Dion gegenüber von Ortygia hatte aufführen lassen und tödteten die betrunkenen Wachen. Das Blutvergiessen war in jener Nacht gering, ausser unter solchen, welche Widerstand zu leisten versuchten. Die Söldner waren nur darauf bedacht, die Häuser zu plündern, Weiber und Kinder fortzuschleppen. Dies dauerte die ganze Nacht in dem unteren Theil der Stadt. Am nächsten Morgen hielten diejenigen Bürger, welche wieder zur Besinnung gekommen waren und denen es gelungen war, sich in solche Theile der Stadt zu flüchten, in welche der Feind noch nicht eingedrungen war, eine Versammlung ab und beschlossen einstimmig, nach Leontinoi zu schicken und Dion zu bitten, er möge mit seinen Truppen sogleich zu Hilfe zu eilen.

Sobald diese Botschaft ankam, berief Dion seine Truppen zu einer Versammlung und stellte es ihnen frei, ob sie dieser Aufforderung folgen und solche, von denen sie so schnöde behandelt worden, aus ihrer Drangsal befreien wollten oder nicht. Er für seine Person habe keine Wahl, er müsse dem Rufe folgen, selbst wenn er unter den Trümmern seiner Vaterstadt begraben werden sollte.

Alle beschlossen einstimmig, mit ihm zu ziehen und traten noch in der Nacht den Rückmarsch an. Unterwegs wurde ihnen durch neue Botschaften geboten, den Weitermarsch einzustellen. Denn da Nypsios bei Einbruch der Nacht seine Truppen auf die Insel Ortygia zurückgezogen hatte, so erklärten die Feinde Dions, dass man seiner Hilfe nicht weiter bedürfe. Man verschloss ihm die Thore und schickte eine Botschaft an ihn mit der Aufforderung, er möge nicht kommen.

Aber seine Freunde liessen ihn durch eine andere Botschaft auffordern den Marsch fortzusetzen. Im Zweifel, was er thun sollte, setzte er den Marsch fort, obwohl nicht so schnell wie früher.

Als er in die Nähe von Megara gekommen und etwa sieben Miglien von Syrakus entfernt war, traf ihn eine sehr dringende von Herakleides selbst abgesandte Botschaft, mit der Bitte eiligst zu kommen. Denn so bald Nypsios in Erfahrung gebracht hatte, dass man dem Dion die Thore versperrt habe, liess er durch seine Söldner den Angriff erneuern. Diese Nacht war für die Syrakusaner noch schrecklicher als die vorherige. Denn diesmal beschränkten sich die Feinde nicht auf das blosse Plündern und Wegschleppen, sondern sie zündeten die Häuser an und mordeten, wer ihnen begegnete. Jetzt erkannten selbst Dions erbittertste Feinde, dass nur allein von ihm Rettung zu erwarten sei. Auf diese letzte Botschaft hin beschleunigte er seinen Marsch so viel wie möglich und gelangte von Norden her durch das Hexapyla genannte Thor nach Epipolai. Dieser Stadttheil war noch vom Feinde frei. Seine Truppen mussten zunächst die von Nypsios und seinen Truppen vertheidigte Mauer von Achradina nehmen. Als sie durch die Mauer eingedrungen waren, hatten sie unter den grössten Schwierigkeiten zwischen den brennenden Häusern und den mit Leichen verrammelten Strassen zu kämpfen. Trotzdem drangen sie stetig vorwärts. Die Söldner des Nypsios leisteten bei dem nach Ortygia führenden Thor den letzten Widerstand. Die meisten flüchteten sich in die Festung. Die, welche ausserhalb derselben gefangen genommen wurden, bei 4000, wurden niedergemacht.

So hatte Dion Syrakus zum zweitenmal gerettet und sein zweiter Einzug war von dem ersten sehr verschieden. Seine Leute mussten zuerst den Brand löschen und die Leichen wegschaffen. Dann war es sein nächstes Geschäft, eine Volksversammlung zu berufen. Von seinen hauptsächlichen Feinden waren die meisten entflohen; Herakleides und dessen Onkel Theodotes gestanden ihr Unrecht ein und baten flehentlich um Verzeihung. Viele Freunde Dions drangen in ihn, dieselben zu tödten und die Stadt von ihren Ränken zu befreien. Aber Dion verzieh ihnen, indem er sagte, als Philosoph sei es seine Pflicht, seine Feinde an Tugend zu übertreffen. Dann stellte er die Mauer gegenüber von Ortygia wieder her, liess die Todten bestatten und löste die Gefangenen aus. In der nächsten Volksversammlung stellte Herakleides selbst den Antrag, dass Dion zum unumschränkten Oberfeldherrn über die Land- und Seemacht ernannt werde. Da jedoch die Flottenmannschaft, welche unter Herakleides gesiegt hatte, sich dem widersetzte, erhielt Dion bloss den Oberbefehl über die Landmacht, Herakleides den über die Flotte. Beide beschuldigten einander während des weiteren Verlaufes des Krieges gegen Dionysios der Fahrlässigkeit und des Verrathes, bis ein Spartaner namens Gaisylos, der von Sparta abgesandt war, um im Nothfalle die Rolle des Gylippos zu übernehmen, neuerdings eine Versöhnung zwischen Dion und Herakleides herbeiführte. Es ist schade, dass wir über den Zweck seiner Sendung nicht genauer unterrichtet sind. Aber unsere Nachrichten sind in allem, was nicht Dion persönlich betrifft, sehr dürftig. Jedenfalls legte Gaisylos ein musterhaftes Benehmen an den Tag, indem er für sich weiter nichts beanspruchte, als dass er Herakleides durch die feierlichsten Eide verpflichtete, gegen Dion treu und ehrlich zu sein. Bald darauf wurde die Befreiung vollendet. Wir hören weiter nichts mehr von Nypsios; aber der Sohn des Dionysios Apollokrates erkannte, dass er sich nicht länger halten könne und schloss mit Dion einen Vertrag der ihm freien Abzug mit seiner Mutter und seinen Schwestern nebst so vielen Schätzen und Kostbarkeiten als er auf 5 Trieren fortschaffen könne, gestattete und schiffte sich ein. Die Festung Ortygia und alle Kriegsvorräthe hatte er an Dion übergeben müssen. Seine Söldner scheint, da von ihnen weiter keine Rede mehr ist, Dion übernommen zu haben.

Dion begab sich nun auf die Insel Ortygia und wurde von seiner Schwester Aristomache, von seiner Gemahlin Arete, die er wieder zu sich nahm, und seinem Sohne Hipparinus bewillkommt.

Ganz Syrakus war voll Freude; doch die sollte bald gedämpft werden. Dion verlegte seinen Wohnsitz zwar nicht in die Festung, sondern blieb in seinem Privathaus; aber er nahm die Festung in Besitz, während die Bürger erwartet hatten, er würde sie gänzlich schleifen. Wenn er sich weigerte, das Grabmal des älteren Dionysios zu zerstören, und seine Gebeine zu zerstreuen wie viele verlangten, so können wir ihn deshalb nicht tadeln. Aber er behielt die höchste Gewalt einzig in seiner Hand und sein hochfahrendes Wesen bei. Er dachte nicht daran, die Demokratie, wie sie vor der Begründung der Tyrannis bestanden hatte, wieder herzustellen. Er unterhielt einen lebhaften Briefwechsel mit Plato und seinen Freunden in

Sparta und Korinth, Städten, deren Regierung aristokratisch war. Sie träumten von einer recht schönen neuen Verfassung, nach welcher dem König und dem, was wir das Herrenhaus und Abgeordneten-Haus nennen würden, jedem sein besonderer Wirkungskreis angewiesen war. Herakleides und seine Partei sahen wenigstens, wenn sie auch von all diesen Plänen nichts wissen mochten, dass Dion die republikanische Verfassung in Syrakus nicht wieder hergestellt habe, sondern alle Macht für sich behalte. Als sie natürlich darüber ihren Unwillen äusserten, gab Dion den Einflüsterungen seiner Freunde nach, Herakleides aus dem Wege zu räumen. So lange ihn Dion, wenn auch nicht durch ein gesetzliches Urteil, so doch nach dem Rechte der militärischen Disciplin hätte tödten können, hatte er sich dessen geweigert. Jetzt erniedrigte er sich soweit, in die meuchlerische Ermordung des Herakleides zu willigen. Was er immer früher gethan oder zu thun im Sinne haben mochte, jetzt hatte er sich faktisch als Tyrann gezeigt.

Als solchen musste ihn über kurz oder lang das Los des Tyrannen treffen. Trotz der Stellung, die er jetzt als Tyrann einnahm, unterliess er, solche argwöhnische Vorsichtsmassregeln zu treffen, wodurch Tyrannen ihre Macht zu erhalten pflegen. Er schenkte sein Vertrauen dem Athener Kallippos, seinem angeblichen Freund, der schon lange auf seinen Untergang hinarbeitete.

Dion wurde durch schlimme Vorbedeutungen und Traumgesichte gewarnt; sein Sohn tödtete sich durch einen Sturz vom Fenster. Seine Gemahlin Arete und seine Schwester Aristomache erkannten besser, was im Zuge sei. Sie liessen Kallippos den grossen Eid schwören, den feierlichsten Eid bei den Schutzgöttinnen Siciliens, dass er nichts

Feindliches gegen Dion im Schilde führe. Aber er kümmerte sich nicht um den Eid und, liess die Ermordung Dions durch einige Männer aus Zakynthos ausführen. Diese scheinen sich Dion, als er von ihrer Insel abfuhr, freiwillig angeschlossen zu haben. Jetzt, da sie in ihm einen Tyrannen erblickten, wendeten sie sich gegen ihn.

Auf die Ermordung Dions, der unter so günstigen Auspicien begonnen und so schlecht geendet hatte, folgten mehrere Jahre der Verwirrung. Kallippos behauptete die Gewalt ungefähr ein Jahr lang. Er gab sich als Befreier aus und richtete in diesem Sinne ein Schreiben an seine Vaterstadt Athen. Er liess Aristomache und Arete ins Gefängnis werfen, wo Arete einen Sohn gebar. Dann wurden diese beiden Frauen von einem gewissen Hiketas, einem Freunde Dions, aus dem Gefängnis befreit; er liess sie aber unter dem Vorwand, sie nach dem Peloponnes senden zu wollen, auf der Fahrt im Meere ertränken. Das Kind scheint am Leben geblieben zu sein. Da wurden Klagen gegen Kallippos laut. Dieser behauptete sich eine Zeitlang gegen seine Feinde, welche in Leontinoi Schutz und Aufnahme fanden. Dann erschien ein neuer Prätendent, Hipparinus, der Sohn des älteren Dionysios von Aristomache, demnach ein Neffe Dions. Er suchte womöglich in Syrakus die Herrschaft zu gewinnen, indem er angeblich als Rächer für seine Mutter und seinen Onkel auftrat. Es gelang Hipparinus, während Kallippos auf einem Zuge gegen Katana begriffen war, mit seinem Bruder Nisaios in Syrakus sich Eingang zu verschaffen und sich der Insel zu bemächtigen. Kallippos musste sich statt mit der Herrschaft über Syrakus mit der Tyrannis über Katana begnügen und Hiketas behauptete die Tyrannis in Leontinoi. Als Hipparinus in trunkenem

Zustande ermordet wurde, nahm Nysaios Ortygia in Besitz.

Endlich im Jahre 346 versuchte ihr älterer Halbbruder Dionysios abermals sein Glück. Er hatte, seitdem er aus Syrakus hatte weichen müssen, in Lokroi, der Heimat seiner Mutter, seinen Wohnsitz aufgeschlagen und sich daselbst durch Grausamkeit und Schwelgerei verhasst gemacht. Jetzt benutzte er die günstige Gelegenheit, um seinen Bruder Nysaios aus Ortygia zu vertreiben. Er bemächtigte sich mit Hilfe seines Sohnes Apollokrates der Insel und war nun wieder Tyrann von Syrakus. Währenddem fuhr Plato fort zu träumen, Briefe zu schreiben und eine neue Verfassung für Syrakus zu entwerfen, nach welcher Dionysios, Hipparinus und der unmündige Sohn Dions gemeinsam als constitutionelle Könige über Syrakus regieren sollten.

Es scheint, dass von all den Tyrannen, die sich nach einander folgten, keiner ganz Syrakus in seiner Gewalt hatte und ihre Herrschaft nur auf die Insel beschränkt war. Jedenfalls gab es syrakusanische Bürger, die sich dem Joche der Tyrannen entzogen hatten. Diesen drohte jetzt nicht bloss von den Tyrannen, sondern auch von den Carthagern neue Gefahr. Die Griechen hatten von ihnen nicht bloss Vernichtung ihrer Freiheit, sondern ihrer Existenz auf Sicilien zu fürchten. Daher sahen sie sich in Griechenland bei ihrer Mutterstadt Korinth nach Hilfe um. Auch Hiketas von Leontinoi stand im Verdachte einer verrätherischen Verbindung mit Carthago zum Verderben der Griechen. Doch da er sich offen dem Hilferuf, welchen die Syrakusaner an Korinth ergehen liessen, anschloss, so wählten ihn diese zu ihrem Feldherrn.

Und nun tritt der edelste Held, der je in der

Geschichte Siciliens erschien, bis unsere Tage (in Garibaldi) sein Abbild gesehen, auf den Schauplatz. Was Dion auszuführen versprochen, oder auszuführen beabsichtigt hatte, das hat Timoleon verwirklicht.

Wir erstaunen über den unverfälschten und edlen Eifer, den der korinthische Freistaat jederzeit für seine bedrängte sicilische Colonie an den Tag legte. Dieser Eifer erreicht in der Person Timoleons den Höhepunkt. Er war ein Korinther von vornehmer Abkunft, der Sohn des Timodemos und er hatte sich zuerst in einer Schlacht hervorgethan, in welcher er seinem Bruder Timophanes das Leben rettete. Aber als Timophanes sich plötzlich zum Tyrannen aufwarf, suchte er ihn zuerst durch Ermahnungen zur Verzichtleistung auf seine ungesetzlich erworbene Macht zu bewegen. Als diese nichts fruchteten, verband er sich mit Aeschylos, dem Schwager des Timophanes zur Ermordung seines Bruders, ohne dass er an ihn persönlich Hand anlegte. Unter den Griechen galt der Tyrannenmord als die ruhmvollste That. Doch darüber, ob man einen solchen an seinem Schwager oder Bruder begehen dürfe, waren die Ansichten verschieden. Während die einen Timoleon als Tyrannenmörder priesen, verabscheuten ihn andere als Brudermörder, zu denen auch zu Timoleons grossem Leidwesen seine und seines getödteten Bruders leibliche Mutter Damariste gehörte. Nach einem Berichte wäre die syrakusanische Gesandtschaft um Hilfe sehr bald nach jenen Ereignissen, nach einem anderen erst 20 Jahre später eingetroffen.

Jedenfalls wurde infolge des Hilfegesuches der Syrakusaner Timoleon aufgefordert, den Oberbefehl über die zu sendende Hilfe zu übernehmen. Der Erfolg oder Misserfolg seiner Sendung sollte gewissermassen als Gottesurtheil darüber entscheiden, ob man seine frühere That als Tyrannen- oder Brudermord aufzufassen habe.

Gerade wie bei Gylippos kam es jetzt mehr auf die Wahl des Feldherrn an, den man den Syrakusanern zu Hilfe schickte, wie auf die Grösse des Heeres, das man ihm mitgab. Die Korinther gaben Timoleon nur 7 Schiffe mit, von denen eins ausschliesslich den Schutzgöttinnen Siciliens geweiht war. Denn der Priesterin der Demeter und Persephone in Korinth waren diese Göttinnen im Traume erschienen und hatten ihr verkündet, sie seien im Begriffe mit Timoleon nach Sicilien zu ziehen. Auf der Fahrt erkannte er und seine Gefährten aus vielen Wahrzeichen, dass die Göttinnen mit ihnen seien. Sie erhielten aber auch durch menschliches Zuthun Verstärkung. Denn von den Schwesterstädten von Syrakus stellte Leukas ein Schiff, und Korkyra, welches wieder wie in den Tagen des Hippokrates seine Feindschaft gegen die Mutterstadt aufgab, deren zwei.

Trotzdem war das Heer, welches den Syrakusanern zu Hilfe zog, nur klein; es bestand nur aus einigen korinthischen Freiwilligen und etwa 1200 Söldnern. Und letztere waren meistens Leute, welche früher im Dienste der Phokier sich an der Beraubung des Delphischen Tempels betheiligt hatten und deshalb im schlechten Rufe standen. Denn wir sind jetzt bei einer Zeit angelangt, wo Philipp von Makedonien ein bedeutender Machthaber in Griechenland geworden war. Er hatte bereits Olynth erobert, aber die Entscheidungsschlacht bei Chaironeia war noch nicht geschlagen. Mit einer so kleinen Streitmacht ging Timoleon daran, Dionysios zum zweitenmal aus seinem Bollwerk auf Ortygia zu vertreiben. Als seine Flotte auf der Fahrt in Rhegion, welches jetzt wieder eine freie

Stadt war, anlangte, trafen sie dort eine aus 20 Schiffen bestehende carthagische Flotte mit Gesandten von Hiketas, welche in seinem Auftrag meldeten, er habe den Tyrannen geschlagen, ganz Syrakus bis auf die Insel befreit und stehe im Begriffe, im Bunde mit den Carthagern Dionysios zu belagern. Es würde ihn freuen, wenn Timoleon persönlich zu ihm käme und ihn bei seinen Operationen durch seinen Rath unterstützte. Aber die Carthager würden die korinthischen Schiffe nicht nach Syrakus gelangen lassen. — Diese Botschaft musste mehr als alles zur Fortsetzung der Fahrt antreiben, denn sie lieferte den klaren Beweis, dass Hiketas mit den Carthagern im Bunde stehe. Aber es war schwierig, angesichts der punischen Flotte die Weiterfahrt zu bewerkstelligen. Aber durch eine geschickte List, welche Timoleon mit den für seine Sache eingenommenen Rheginern verabredet hatte, gelang es ihm, mit seinen Schiffen zu entkommen und, ohne dass es die Carthager merkten, in Tauromenion zu landen.

Jetzt war Timoleon auf sicilischem Boden und fand in Tauromenion seinen ersten Verbündeten. Die Stadt stand unter der Leitung des Andromachos, des Vaters des Geschichtsschreibers Timaios. Er hatte sich um die Stadt grosse Verdienste erworben, indem er sie erweiterte und ihre Bevölkerung durch neue Ansiedler vermehrte. Dennoch waren die Aussichten des Befreiers gering. Die Insel war im Besitze des Dionysios, während Hiketas das übrige Syrakus in seiner Gewalt hatte. In den übrigen griechischen und sikelischen Städten herrschten Tyrannen, welche durchgängig dem Timoleon entgegen waren. Die Carthager hatten ihren Stützpunkt im Westen und ausserdem in ihrer Flotte, welche an der Ostküste kreuzte.

Eine punische Triere wurde nach Tauromenion geschickt mit der Aufforderung an Andromachos, die Korinther aus der Stadt zu vertreiben. Der Gesandte hielt seine flache Hand aufwärts und sagte, wenn man die Korinther nicht wegschicke, so würde es der Stadt Tauromenion so ergehen, wobei er die Handfläche nach unten kehrte. Dann machte Andromachos dieselbe Handbewegung und sagte, wenn das punische Schiff nicht augenblicklich abfahre, so würde man ebenso sein oberstes zu unterst kehren. Die carthagischen Schiffe segelten nach Syrakus, wohin Hiketas sie berufen hatte. Die Bürger von Hadranum, der am Fusse des Ätna gelegenen Stadt, welche Dionysios der Ältere bei dem Tempel des sikelischen Feuergottes gegründet hatte, forderten jetzt Timoleon auf, dahin zu kommen.

Timoleon wendete sich dorthin; dasselbe that Hiketas mit einem grösseren Heere; er wurde jedoch von Timoleon plötzlich überfallen und geschlagen. Die Bewohner von Hadranum bereiteten Timoleon eine sehr freundliche Aufnahme. Es ging die Sage, während des Kampfes habe sich die Thür im innersten Theil des Hadranustempels von selbst geöffnet und man habe den Gott, in Schweiss gebadet, den Speer schwingen sehen, als habe er an dem Kampfe und Siege Timoleons Theil genommen. Timoleon schlug jetzt eine Zeitlang sein Hauptquartier in Hadranum auf. Sein ausserordentlicher Erfolg verbreitete die Meinung, er stehe unter dem besonderen Schutze der Götter. Verbündete strömten ihm zu; mehrere Städte schlossen sich ihm an, vor allen Tyndaris, die zweite Gründung des älteren Dionysios an der Nordküste. Auch Mamercus Tyrann von Katana suchte mit ihm in Bündnis zu treten. Da erhielt Timoleon von Dionysios eine ganz unerwartete Botschaft.

Dionysios war es müde, sich in Ortygia einschliessen und belagern zu lassen und verzweifelte an der Möglichkeit, seinen Besitz über Ortygia hinaus erweitern zu können; da ihm nur zwei Wege offen standen, so wollte er sich lieber Timoleon in die Arme werfen als dem Hiketas. Daher stellte er an ersteren das Anerbieten, er wolle sich unter der Bedingung, dass man ihn ungefährdet mit seinem Privatvermögen nach Korinth sende, den Korinthern ergeben und die Burg sammt den darin befindlichen Pferden, Waffenvorräthen und Söldnern überliefern.

Timoleon ging gerne auf diese Bedingungen ein. Er schickte zwei korinthische Feldherrn mit einer kleinen Abtheilung seines Heeres ab, um von der Insel Besitz zu nehmen und sendete Dionysios mit seinen Schätzen und einigen seiner Freunde nach Korinth. Hier verbrachte der gestürzte Tyrann als Privatmann den Rest seiner Tage. Man hielt es für ein merkwürdiges Zeichen der Zeit, einen Mann, der einst eine so grosse Macht besessen, im Privatstande leben zu sehen; merkwürdiger, wie wenn man ihn gefangen gehalten oder getödtet hätte. Er wurde in Korinth der Hauptgegenstand der Neugierde und manche seiner scharfen Bemerkungen, die er seinen Besuchern machte, sind uns in Anekdoten erhalten. Es genüge eine davon zu erwähnen. Als der makedonische König Philipp ihn fragte, wie sein Vater bei seinen vielen sonstigen Beschäftigungen Zeit gefunden habe, Tragödien zu schreiben, antwortete Dionysios: „Mein Vater hat dazu die Zeit verwendet, welche ich und du und alle, die für glücklich gelten, beim Weinbecher zugebracht haben.“ Vor seiner Ankunft in Korinth muss sein ehemaliger Freund Plato gestorben sein, sonst würden wir von ihm gewiss Betrachtungen über seinen Sturz haben. Die Übergabe von

Ortygia an Timoleon war am fünfzigsten Tage nach seiner Landung auf Sicilien erfolgt.

Jetzt hielten es die Korinther für zweckmässig, eine grössere Streitmacht dahin zu entsenden. Als diese die Küste Italiens erreicht hatte, wurde sie durch eine carthagische Flotte an der Weiterfahrt verhindert. So verwendeten sie die Zeit zu einem Unternehmen, welches dem Zwecke ihrer Sendung entsprach. Sie unterstützten nämlich die griechische Stadt Thurii im Kampfe gegen die umwohnenden Barbaren. Inzwischen setzte Hiketas die Belagerung von Ortygia fort, während Timoleon noch in Hadranum sich aufhielt. Zwei Männer, welche Hiketas dorthin gesendet hatte, um ihn zu ermorden, wurden durch einen merkwürdigen Zufall in ihrem Vorhaben gehindert. Sie wollten Timoleon in dem Augenblicke ermorden, wo dieser dem Lokalgotte Hadranus opferte. Aber ein Mann aus der Menge erkannte in dem einen der gedungenen Mörder denjenigen, der seinen Vater erschlagen, und tödtete ihn auf der Stelle. Da legte der andere, in der Meinung, ihr Vorhaben sei entdeckt, in der Gewissensangst ein offenes Geständnis ab. So verbreitete sich immer mehr die Meinung, dass Timoleon unter dem besonderen Schutze der Götter stehe.

Hiketas bat jetzt den carthagischen Feldherrn Magon, ihm mit seiner ganzen Macht zu Hilfe zu eilen. Der grosse Hafen wurde nun mit punischen Schiffen erfüllt und zum erstenmal während der Kriege, die zwischen Carthago und Syrakus geführt worden, fand ein punisches Heer Aufnahme in der Stadt Syrakus. Die Mannschaft, durch die Timoleon die Insel besetzt hielt, war jetzt in grosser Bedrängnis; aber es gelang ihm, ihr auf kleinen Schiffen Lebensmittel zuzuführen, und als Hiketas und

Magon zur Belagerung von Katana auszogen, so machte Neon, Kommandant der Besatzung auf Ortygia, einen plötzlichen Ausfall und bemächtigte sich Achradina's. Ungefähr um dieselbe Zeit gelang es dem korinthischen Hilfsheere, die an der italischen Küste kreuzende punische Flotte zu täuschen und über die Meerenge nach Sicilien überzusetzen. Jetzt führte sie Timoleon gegen Syrakus. Ausser Ortygia und Achradina war noch die ganze Stadt so gut wie der grosse Hafen in der Gewalt des Hiketas und Magon. Aber Timoleon konnte am Anapos, wo schon so viele Heere gelagert hatten, ein Lager beziehen. Da schiffte sich Magon aus Argwohn gegen Hiketas mit seinem Heere nach Carthago ein. Dort angekommen befiel ihn eine solche Furcht vor der Strafe, die er wegen seiner Feigheit zu gewärtigen hatte, dass er sich selbst den Tod gab. So konnten die Carthager nur seinen Leichnam ans Kreuz schlagen. Das war wieder eine für Timoleon günstige göttliche Fügung. Er beschloss nun, jene Theile von Syrakus, welche noch in der Gewalt des Hiketas waren, von drei Seiten zugleich anzugreifen. Während er selbst Epipolai von Süden her angriff, führten die andern korinthischen Feldherrn ihre Truppen auf der Nordseite und von Achradina aus zum Angriff vor.

Alle Punkte wurden genommen, doch gelang es Hiketas nach Leontinoi zu entkommen. Ganz Syrakus war jetzt befreit, und die Befreiung war jetzt zur Wahrheit geworden. Denn Timoleon handelte anders wie Dion. Er vermied den leisesten Verdacht, als ob er nach einer über den Gesetzen stehenden Gewalt strebe. Während Dion die Zwingburg der Tyrannen für sich in Besitz genommen hatte, forderte Timoleon die Syrakusaner auf, an der Zerstörung derselben sich eigenhändig zu betheiligen. Die ganze Festung wurde dem Erdboden gleichgemacht und daselbst Gerichtshöfe erbaut. Aber der Zustand von Syrakus und den andern Städten Siciliens war in Folge der vielen Tyrannenherrschaften und Kriege ein trauriger geworden. Einzelne Städte waren ganz verödet. Während die Tyrannen die Festungen durch ihre Söldner für sich in Beschlag genommen, mussten die Bürger auf dem flachen Lande leben. Auch sollen manche Städte Hirschen und wilden Ebern zum Aufenthalt gedient haben und auf dem Marktplatz (agora) von Syrakus selbst dichtes Gras

Münze von Syrakus mit dem Kopfe des Zeus Eleutherios aus Timoleons Zeit.

gewachsen sein. Timoleon erkannte, dass eine Vermehrung der Bevölkerung für Syrakus und ganz Sicilien ein grosses Bedürfnis sei. Er schrieb nach Korinth und auf seine Anregung forderten die Korinther durch öffentliche Kundmachungen bei den Festspielen Griechenlands und durch Sendboten, die sie auf die Inseln und nach Kleinasien schickten, alle Syrakusaner und Sikelioten, welche in der Verbannung lebten, zur Heimkehr auf. Viele von diesen sammelten sich in Korinth, aber keineswegs in so grosser Anzahl als erforderlich war. Da erliessen die Korinther einen zweiten allgemeinen Aufruf an alle Griechen, wodurch diese eingeladen wurden, gewissermassen an der Neugründung der korinthischen Colonie Syrakus unter seinem zweiten Gründer Timoleon sich zu betheiligen. Viele folgten dieser Einladung und wurden unter dem Schutze der Mutterstadt nach Sicilien gebracht. Andere strömten aus freiem Antrieb aus verschiedenen Theilen Sicilens und Italiens dem Timoleon zu. Zuletzt stieg die Zahl der zurückgekehrten Verbannten und Neuankömmlinge in dem wiederhergestellten Syrakus auf 60 000. Zwei korinthische Bürger Kephalos und Dionysios wurden entsendet, um den Staat, den man als eine neue Republik betrachten konnte, durch Gesetze zu ordnen. Obwohl sie Bürger einer aristokratisch regierten Stadt waren, waren sie klug genug, die frühere demokratische Verfassung und die Gesetze des Diokles wiederherzustellen.

Doch dieses Reformwerk nahm längere Zeit in Anspruch, und während derselben hatte Timoleon andere Aufgaben zu lösen. Er musste die übrigen griechischen Städte Siciliens theils von einheimischen Tyrannen theils von der Herrschaft der Barbaren befreien. Von den Tyrannen war Hiketas in Leontinoi ihm am nächsten.

Timoleon zog gegen ihn und erlitt hier nach einem Berichte den einzigen Misserfolg in seinem Leben. Die Mauern von Leontinoi waren für ihn uneinnehmbar, daher zog er nördlich gegen die Binnenstädte Engyum und Apollonia, nicht weit von der Nordküste. Dies waren Städte der Sikeler, die jedoch bereits vollständig hellensiert waren. Sie wurden von einem Tyrannen namens Leptines beherrscht, der von Geburt ein Syrakusaner war und Dions Mörder Kallippos getödtet hatte. Dieser unterwarf sich auf Bedingungen und wurde von Timoleon nach Korinth geschickt, damit sich die Griechen wieder an dem Anblick eines gestürzten Tyrannen weiden könnten.

Etwas später wie es scheint hielt es Hiketas für rathsam sich zu unterwerfen, seine Söldner Timoleon zu übergeben und seine Zwingburg in Leontinoi niederzureissen. Dafür durfte er hier als Privatmann leben.

Noch waren die Carthager gefährlich und rüsteten sich zu grösserer Machtentfaltung auf Sicilien. Bei seiner grossen Geldnoth hielt es Timoleon wie früher Dionysios für nothwendig, vor allem seine Söldner zu befriedigen. Er liess durch zwei seiner korinthischen Unterfeldherrn einen Beutezug auf carthagisches Gebiet unternehmen 343—342 v. Chr. Diese bewogen mehrere Städte zum Übertritt auf die Seite der Griechen und brachten Beute zurück, welche ihm die Mittel bot, um einerseits seine Truppen zu zahlen, andererseits Vorkehrungen für den bevorstehenden wichtigeren Feldzug zu treffen.

Bald sollte der grosse Tag der Entscheidung kommen. Eine ungeheure carthagische Flotte und ein Landheer war in Lilybaion versammelt. Ihre Anzahl war freilich diesmal geringer wie bei früheren Feldzügen; aber diese Expedition unterschied sich hauptsächlich dadurch, dass man diesmal die Gefahr für so gross hielt, dass sie die Mitwirkung der heiligen Schar, auf welcher Carthagos Hoffnung und Sicherheit beruhte und die aus den vornehmsten und tapfersten Bürgern bestand, erfordere. Diesmal hatte man nicht mit lauter Soldtruppen den Kampf aufzunehmen. Die punischen Feldherrn beschlossen sofort, gegen die Korinther das ist gegen Syrakus zu ziehen. Timoleon trachtete so schnell als möglich nach Westen zu ziehen, um den Barbaren noch, bevor diese griechisches Gebiet schädigen könnten, zu begegnen. Sein Heer war nur klein, es betrug höchstens 12 000 Mann gegen 70 000 Feinde. Und gerade jetzt konnte man aus Syrakus und den andern Städten der

Sikelioten keine grossen Streitkräfte heranziehen, weil sie gerade im Begriffe waren, nach einer langen Zeit der Verwirrung sich zu consolidieren. Timoleon's Heer bestand grossentheils aus Söldnern. Sein Marsch wurde durch eine Meuterei unter denselben verzögert. Sie verlangten sofortige Bezahlung des rückständigen Soldes. Timoleon wusste die meisten von ihnen zu beschwichtigen; nur Tausend davon musste er nach Syrakus zurückkehren lassen.

Trotz dieses Zeitverlustes konnte er dem Feind im westlichen Theile Siciliens in dreimal grösserer Entfernung von Syrakus wie von Lilybaion entgegentreten. Er konnte noch rechtzeitig Entella vor den Carthagern schützen und stiess in der bedeutendsten Feldschlacht, die je zwischen Griechen und Carthagern geschlagen wurde, in der Schlacht am Flusse Krimisos, mit ihnen zusammen.

Als das Heer der Griechen auf dem Anmarsch in die Nähe des feindlichen Heeres kam, begegneten ihnen Maulthiere, die mit dem sogenannten „Selinon“ beladen waren, einer Pflanze, wovon die Stadt Selinus den Namen hat. Man hält sie gewöhnlich für unsere Petersilie, wiewohl sie eigentlich wilder Sellerie ist. Da diese Pflanze bei Leichenbegängnissen verwendet wurde, so hielten es die Soldaten für ein schlimmes Vorzeichen. Doch Timoleon erklärte bei seinem Scharfsinn, es sei dies die günstigste Vorbedeutung, die sie haben können. Denn es sei die Pflanze, womit in Korinth die Sieger bei den Isthmischen Spielen bekränzt werden; dabei setzte er sich einen daraus verfertigten Kranz aufs Haupt, worauf die Offiziere und Soldaten seinem Beispiele folgten. Es war der Vormittag eines Junitages, als sie auf den Gipfel einer am Flusse gelegenen Anhöhe kamen. Hier machten sie eine

Zeitlang Rast. Hügel und Ebene waren in dichten Nebel gehüllt. Aber von unten drang der dumpfe Lärm eines grossen Heeres zu ihnen. Da brach die Sonne hervor, und sie sahen, wie der Feind mit dem Übersetzen des Flusses beschäftigt war. Voran gingen die Kriegswagen, dann folgte die heilige Schar in schwerer Rüstung mit ungeheuren Schilden. Timoleon schickte zuerst die Reiterei hinab, um sie anzugreifen, bevor sie den Übergang über den Fluss vollständig bewerkstelligt und sich zur Schlacht geordnet hätten. Er selbst folgte mit der Phalanx und befehligte mit so lauter Stimme, dass man glauben mochte, ein Gott rede durch seinen Mund. Aber der Kampf mit der heiligen Schar war hartnäckig; die Griechen mussten, was bei ihnen äusserst selten vorkam, ihre Speere wegwerfen und wie die Iberer und Römer mit den Schwertern kämpfen. Endlich wurde diese tapfere Schar der Carthager in Stücke gehauen.

Inzwischen hatte das übrige Heer der Punier den Fluss überschritten; aber jetzt ergriffen, wie man glaubte, die Götter offen für ihren Günstling Partei. Ein gewaltiger Sturm erhob sich; Regen und Hagel schlug den Barbaren ins Gesicht, Blitze blendeten ihre Augen. Der Sieg der Griechen war vollständig; fast das ganze grosse Heer der Punier war theils durch das Schwert theils in den Wogen des Flusses umgekommen, theils gefangen.

Die Schlacht am Krimisos lässt sich als solche der bei Himera an die Seite stellen. Durch die Vernichtung der heiligen Schar war der Schlag für Carthago diesmal noch empfindlicher wie damals. Aber sie verschaffte den Griechen Siciliens keine so lange Zeit der Ruhe wie es die Schlacht von Himera gethan hatte.

Was damals am meisten an dieser Schlacht merkwürdig

schien, war die Art und Weise, in welcher hier nach dem allgemeinen Glauben die Götter Timoleon sichtbaren Beistand geleistet hatten. Von der ausserordentlich grossen Beute wurden den Göttern grosse Weihgeschenke dargebracht und ein besonderes nach Korinth geschickt mit einer Inschrift, welche besagte, dass die Korinther und ihr Feldherr Timoleon die Griechen Siciliens von der Herrschaft der Carthager befreit hätten. Die Barbaren waren besiegt; jetzt musste Timoleon unter den Tyrannen aufräumen. Mamercus in Katana hatte sich gegen ihn gewendet und in Carthago Beistand gesucht. Diesmal konnte Carthago nur griechische Söldner zu Hilfe schicken, aber sie scheinen Hiketas wieder zur Tyrannis in Leontinoi verholfen zu haben; und in Messana war Hippon Tyrann! Diese siegten mehrmals über die Söldner Timoleons, welche sich an dem Tempelraube in Delphi betheiligt hatten. So ging das Gerede, die Götter begünstigen Timoleon, wo immer er selbst auftritt, aber sie strafen seine schuldbefleckten Gefährten, wenn er nicht unter ihnen ist. Alle diese Tyrannen wurden von Timoleon gestürzt. Hiketas wurde in Leontinoi gefangen genommen und als Tyrann und Verräther hingerichtet. Seine Gemahlin und seine Tochter wurden nach Syrakus geschickt, wo die Syrakusaner sie zum Tode verurtheilten, um den Mord, den Hiketas an der Gemahlin und Schwester Dions verübt hatte, zu rächen. Das betrachtete man als den einzigen Flecken an Timoleon's Charakter, dass er diese Grausamkeit wenn auch nicht gefördert, so wenigstens nicht verhindert hatte. Mamercus ergab sich auf die Bedingung, sich vor der syrakusanischen Volksversammlung als Gericht zu verantworten, nur sollte Timoleon nicht als Kläger gegen ihn auftreten. Timoleon blieb seinem Versprechen treu, aber als Mamercus sah, wie erbittert die Syrakusaner gegen ihn waren, suchte er seinen Kopf an den steinernen Sitzen des Theaters, wo die Versammlung gehalten wurde, zu zerschellen. Aber sein Versuch scheiterte und er erlitt den Tod des Räubers. Hippon gerieth in die Gewalt der Messanier selbst, die an ihm in feierlicher Weise die Hinrichtung vollzogen, indem sie ihre Knaben herbeiriefen, damit sie sehen könnten, dass die Bestrafung eines Tyrannen ein erhebender Anblick sei.

Diese Dinge erscheinen uns hart, aber wir müssen bedenken, dass alle Griechen glaubten, ein Tyrann, der dadurch, dass er die Gesetze mit Füssen trat, emporgekommen, habe allen Anspruch auf den Schutz des Gesetzes verloren und verdiene mit Recht wie ein wildes Thier behandelt zu werden.

Jetzt wurde mit Carthago Frieden geschlossen. Der Halykos wurde zur Grenze bestimmt; so erhielt Carthago Selinus und Herakleia; den Bewohnern blieb es freigestellt, auf griechisches Gebiet auszuwandern. Andrerseits verpflichteten sich die Carthager zu einer Bestimmung, die ihrem ersten Vertrage mit Dionysios ganz entgegen war, nämlich keinem Tyrannen Hilfe zu leisten. Die Tyrannen in Centuripa und Agyrium mussten noch beseitigt werden. Die Bewohner der letzteren sikelischen Stadt wurden nach ihrer Befreiung von der Tyrannis des Apolloniades in Syrakus als Bürger aufgenommen und ihr Gebiet mit griechischen Ansiedlern bevölkert.

So sehr war der Unterschied zwischen Griechen und Sikelern, der vor 100 Jahren noch deutlich hervorgetreten war, verschwunden. Timoleon machte auch den Campanern in Ätna den Garaus und sendete neue Ansiedler nach Gela und Akragas. Akragas erhielt jetzt wieder einige Bedeutung, obwohl es nie mehr zu seiner früheren Grösse gelangte. So war jetzt der ganze Theil Siciliens, der ehemals entweder den Griechen oder den Sikelern gehört hatte, frei. Er wurde wieder ein Land unabhängiger Freistaaten, die weder einem einheimischen Tyrannen noch einem auswärtigen Herrn gehorchten.

Timoleon hatte somit sein Werk vollbracht. Er legte sein Feldherrnamt und mit demselben alle ausserordentliche Gewalt nieder und trat wieder in das Privatleben zurück. Als Privatmann wollte er lieber in dem von ihm befreiten Lande leben, wie nach Korinth zurückkehren. Er liess seine Gemahlin und Kinder aus Korinth kommen und verbrachte den Rest seiner Tage auf einem Landgute in der Nähe von Syrakus, welches ihm die syrakusanische Bürgerschaft geschenkt hatte. Er erblindete und es geschah selten, dass er die Stadt besuchte oder sich in die öffentlichen Angelegenheiten mischte. Aber wenn die Bürger von Syrakus seinen Rath verlangten, wurde er auf einem Wagen ins Theater geführt und sagte ihnen, was er für das Beste halte. Ein paarmal traten einige als Ankläger gegen ihn auf. Seine ganze Vertheidigung bestand darin, dass er sagte: „Jetzt ist der Wunsch meines Herzens erfüllt; denn jeder Syrakusaner kann jetzt sprechen, was ihm beliebt!“ Etwa acht Jahre nach seiner Landung auf Sicilien starb er (336 v. Chr.). Ihm wurde die besondere Ehre zu Theil, dass er in der Stadt begraben und sein Grabdenkmal auf der Agora mit einer Reihe öffentlicher Bauten umgeben wurde, welche man nach ihm das Timoleonteion nannte. Ein solches Ende und solche Ehren wurden einem Manne zu Theil, der in der ganzen Geschichte Siciliens den edelsten Ruf geniesst, einem Manne, der sich damit begnügte, andere befreit zu haben ohne für sich selbst Vortheile zu suchen.

Obwohl weder Sicilien noch irgend ein Land griechischer Zunge das Auftreten eines Mannes erlebte, den man Timoleon gleich stellen könnte und obwohl das eigentliche Werk Timoleons nur kurze Zeit Bestand hatte, so war doch das Beispiel Dions und Timoleons von grosser Wirkung. Es wurde nun bei den Griechen Italiens und Siciliens üblich, dass sie, so oft sie von Feinden bedrängt wurden, sofort in Griechenland Hilfe suchten.

Wir müssen nun einen Blick auf den damaligen Zustand Griechenlands werfen. Als Timoleon seine Fahrt nach Sicilien antrat, machte Philipp von Makedonien rasche Fortschritte zur Hegemonie über Griechenland, und noch vor Timoleons Tod hatte die Schlacht bei Chaironeia 338 v. Chr. ihm thatsächlich diese Hegemonie verschafft. Dieser Zustand der Dinge erregte bei vielen Griechen Unzufriedenheit und das Verlangen, ihr Glück im Westen zu versuchen.

Nun folgten die grossartigen Eroberungen Alexanders, und die Errichtung griechischer Königreiche in Asien und Ägypten durch seine Feldherrn reizte ehrgeizige Fürsten, um in andern Ländern ähnliches zu versuchen. Grosse Bürger von dem Schlage Timoleons oder auch nur Dions gab es jetzt nicht mehr. Aber spartanische und epirotische Könige gingen begierig nach Westen auf Abenteuer aus. Von diesen standen selbst die Besten von Timoleon weit ab. Sie waren bereit, insofern als Befreier aufzutreten, dass sie Barbaren aus griechischem Gebiete vertrieben; aber dies thaten sie nur, um für sich selbst Königreiche zu gründen. Einer folgte auf den andern; der erste noch zur Zeit Timoleons selbst. Dies war Archidamos, König von Sparta, welcher in Griechenland, so lange daselbst noch die alte Ordnung bestand, eine bedeutende Rolle gespielt hatte, aber sich der Neugestaltung der Dinge gern entzog, um anderswo sein Glück zu versuchen. Die Tarentiner, von den Lucanern und Messapiern bedrängt, suchten bei ihrer Mutterstadt Sparta Hilfe, gerade wie die Syrakusaner bei ihrer Mutterstadt Korinth. Archidamos zog ihnen zu Hilfe, doch er fiel 338 v. Chr. in einer Schlacht gegen die Barbaren bei Manduria oder Mandurium, an demselben Tage, wie man sagte, an welchem Philipp seinen Sieg bei Chaironeia erfocht.

Über die Absichten des Archidamos lassen sich nur Vermuthungen anstellen. Nach ihm kam der Molotterkönig Alexander, Onkel des berühmteren makedonischen Königs gleichen Namens, offenbar in der Absicht, für sich eine Herrschaft über Griechen und Barbaren zu gründen (332—331 v. Chr.). Er hatte einigen Erfolg, schloss sogar einen Vertrag mit Rom, welches damals in Mittelitalien eine bedeutende Macht war, die jedoch nicht so weit nach Süden reichte. Aber er wurde ermordet und seine Pläne mit ihm begraben. Keiner von diesen Fürsten kam mit Sicilien in Berührung. Aber offenbar hatten die Erfolge Dions und Timoleons sie zu ihrem Beginnen angetrieben und einige, welche nach ihnen in gleicher Absicht dahinzogen, mischten sich direct in die Angelegenheiten Siciliens. Mehrere Jahre schweigt die Geschichte von Sicilien, bis eine neue Macht emporkommt, welche Sicilien mit der übrigen Welt in eine weitere Verbindung bringt, als irgend eine Macht vor ihr.

ZWÖLFTES CAPITEL.

DIE TYRANNIS DES AGATHOKLES.

317—289 v. Chr.

DER grössere Theil der Regierung des Agathokles findet sich bei Diodor noch im Zusammenhange dargestellt; für seine letzte Zeit besitzen wir von Diodor nur Fragmente. Diodor folgt hier offenbar der Geschichte des Timäos von Tauromenion, der ein erbitterter Feind des Agathokles war. Eine andere zusammenhängende Geschichte über ihn findet sich nur noch in Kürze bei dem lateinischen Epitomator Justin.

Doch finden sich bei späteren Compilatoren Polyainos und anderen häufige Beziehungen auf Agathokles, auch der römische Geschichtsschreiber Livius von Patavium — meistens einfach Livius genannt — bietet uns einiges Material. Polybios selbst bespricht die Thaten des Agathokles, doch nicht in der Form einer geschichtlichen Darstellung.

Es ist ein betrübender Gedanke, dass die Freiheit und das Wohlsein, zu dem Timoleon die Syrakusaner und alle Griechen Siciliens zurückgeführt hatte, kaum über zwanzig Jahre Bestand haben sollte. Die Übel, welche die Tyrannen geschaffen, hatten eine längere Dauer, wie das von dem Befreiern gestiftete Gute. Siebzehn Jahre nach Timoleons Tod kam es in den griechischen Freistaaten Siciliens wieder zu inneren Unruhen und zu Kriegen der Städte unter einander. Drei Jahre später wurde wieder eine Tyrannis begründet, welche in mancher Beziehung schlechter war, wie irgend eine von denen, welche Timoleon gestürzt hatte. Ein Mann, der in vielen Dingen dem Dionysios gleich kam, an Unternehmungslust und noch mehr an Grausamkeit ihn weit übertraf, machte Syrakus wieder zum Mittelpunkt einer grossen Herrschaft. Dies war Agathokles, der Sohn des Karkinos. In Bezug auf ihn sind viele Dinge bemerkenswert. Dionysios war ein geborener Syrakusaner und bei all seinen Händeln mit den Carthagern und den andern Barbaren im Ganzen ein Vorkämpfer für das Hellenenthum, und so oft er in dieser Eigenschaft auftrat, wurde er von allen Griechen Siciliens eifrig unterstützt. Agathokles dagegen war kein gebürtiger Syrakusaner, und obwohl er grössere Dinge gegen die Carthager ausrichtete als irgend ein anderer Grieche, so war er doch niemals so ausgesprochen wie Dionysios der Vorkämpfer der Gesammtheit der sicilischen Griechen.

Auch hatte Dionysios Alexanders grosse Siege in Asien nicht mehr erlebt; Agathokles lebte erst nachher. Dies verursachte in der Stellung der beiden Männer einen bedeutenden Unterschied. Agathokles sah, wie die makedonischen Feldherrn für sich selbst Königreiche begründeten und warf sich selbst zum König auf, um sich ihnen gleich zu stellen. Auch unterschieden sich diese beiden Männer bedeutend in der Art, wie sie ihre Tyrannis ausübten. Dionysios war hart und argwöhnisch; aber obwohl er, wenn es seinem Interesse dienlich war, vor keiner Greuelthat zurückschreckte, so zeigte er sich selten aus blosser Blutgier grausam. Agathokles heuchelte ein offenes joviales Wesen und erwarb sich dadurch die Zuneigung der unteren Volksschichten; aber bei jeder Gelegenheit verübte er solche Frevel, wie sie Dionysios niemals begangen hat. Dionysios hat niemals einen Massenmord verübt. Für Agathokles scheint dies eine Art Vergnügen gewesen zu sein. Der Vater des Agathokles wurde aus Rhegion verbannt und liess sich in Therma (den Bädern von Himera an der Nordküste Siciliens) nieder. Diese griechische Stadt stand damals unter der Herrschaft der Carthager. Karkinos liess seinen Sohn, von dem ihm ein Orakelspruch verkündet hatte, dass er grosses Unheil anrichten würde, aussetzen.

Doch seine Mutter rettete ihn und überredete ihren Bruder, ihn aufzuziehen. Später nahm ihn sein Vater wieder zu sich und als Timoleon Neubürger in Syrakus ansiedelte, wanderte die ganze Familie dahin aus. Hier verbrachte Agathokles seine Jugend in der Werkstatt eines Töpfers. Aber er war schön und kräftig und wurde der Liebling eines der einflussreichsten Männer, namens Damas, dessen Witwe er nachher heiratete und mit der er grossen Reichthum erwarb. Er war ein tüchtiger Soldat und rückte im Heere durch die Gunst des Damas rasch von Stufe zu Stufe vor. Er zeichnete sich in einem Kriege gegen Akragas aus, so wie auch auf einer Expedition, welche die Syrakusaner, dem schönen Beispiel Hieron des älteren nacheifernd, zur Unterstützung der Krotoniaten gegen die benachbarten Bruttier nach Italien entsendeten. Aber die Feldherrn Sosistratos und Herakleides versagten Agathokles den Preis der Tapferkeit. Diese waren damals die einflussreichsten Männer in Syrakus, sind aber nachher in schlechten Ruf gekommen. Sie waren die Führer einer Körperschaft von 600 Oligarchen, welche Agathokles beschuldigte, sich zur Herstellung einer Tyrannis verschworen zu haben. Als er deshalb verbannt wurde, trieb er sich, wie es scheint, in Italien als Abenteuerer und Söldnerführer herum.

Einmal finden wir ihn bei der Vertheidigung von Rhegion, der Stadt seiner Vorväter, gegen ein syrakusanisches Heer thätig. Da wurde Sosistratos und seine Partei verbannt und Agathokles zurückgerufen. Die Verbannten suchten Hilfe bei Hamilkar, dem Feldherrn der Carthager, gegen welche sich Agathokles wieder im Kriege hervorthat. Dann erscheint in Syrakus ein Korinther namens Akestorides als Feldherr, der als ein zweiter Timoleon dargestellt wird. Dieser trachtete Agathokles nach dem Leben, der jedoch entkommt. Ein neuer Wechsel führt Sosistratos und Herakleides zurück, die den Beistand Hamilkars anrufen, während Agathokles ein Heer der jetzt vollständig hellenisierten Sikelerstädte im Inneren befehligte. Dieser weiss Hamilkar auf seine Seite zu ziehen und durch seine Vermittelung wird er wieder in Syrakus aufgenommen, er muss jedoch einen feierlichen Eid schwören, gegen die Republik nichts feindseliges zu unternehmen.

Er wurde zum Feldherrn erwählt und ihm die besondere Aufgabe übertragen, zwischen den streitenden Parteien Frieden zu stiften.

Nie hat ein Mann das in ihn gesetzte Vertrauen ärger getäuscht als Agathokles. Einige Parteigänger des Sosistratos hatten Syrakus verlassen und versuchten sich in einer von den Binnenstädten festzusetzen. Unter dem Vorwand, gegen sie zu ziehen, sammelte Agathokles seine Truppen und liess, unterstützt von seinen Parteigängern in Syrakus, die ganze Partei der 600 niedermetzeln. Das Gemetzel dauerte zwei Tage. Dann berief er eine Versammlung, in der er das Volk beglückwünschte, dass es die Freiheit wieder gewonnen habe. Jetzt, nachdem dieses Ziel erreicht sei, wolle er sein Amt niederlegen und als Privatmann leben. Die Syrakusaner wählten ihn natürlich wieder zum Feldherrn mit unumschränkter Gewalt, eine Stellung, unter der Dionysios die Tyrannis an sich gerissen hatte. Doch umgab sich Agathokles nicht mit dem Staate eines Tyrannen. Er vertraute sich dem Schutze des Volkes an und hatte keine Leibwache. Hinrichtungen und Verbannungen hörten auf, bis er es wieder angemessen fand, sie zu erneuern. So begann im Jahre 317 v. Chr. eine neue Tyrannenherrschaft über Syrakus und einen grossen Theil Siciliens. Agathokles verfolgte mehr noch wie Dionysios das Ziel, sich zum Herrn von ganz Sicilien oder einem möglichst grossen Theil desselben zu machen. Er brachte zuerst viele Binnenstädte — etwas früher hätten wir sie Sikelerstädte genannt — unter seine Gewalt und trug sogar — wie berichtet wird, im geheimen Einverständnis mit Hamilkar — seine Waffen auf punisches Gebiet. Als dies in Carthago bekannt wurde, wurde Hamilkar zurückberufen; glücklicher Weise befreite ihn der Tod von dem Schicksal, welches ihn zu Hause erwartet hätte und ein anderer gleichnamiger Feldherr, Hamilkar, Sohn des Gisgon, wurde an seine Stelle entsendet. Eine Zeitlang erfahren wir von den Unternehmungen des Agathokles nichts Genaues; aber um das Jahr 315 v. Chr. finden wir ihn auf einem Kriegszug gegen Messana begriffen, welches jedoch durch ein carthagisches Hilfsheer gerettet wurde. Dagegen eroberte er Abacaenum, eine Stadt der Sikeler, von dessen Gebiet

Dionysios einen Theil abgeschnitten hatte, um darauf die Stadt Tyndaris zu bauen. Hier liess er 40 Bürger von der ihm feindlichen Partei niedermachen. Dadurch zeigte er, wie gefährlich er für alle Freistädte Siciliens sei. Akragas vor allem, von jeher auf Syrakus eifersüchtig und jetzt der Hauptsammelplatz der verbannten Syrakusaner, überlegte, wie man seinem Umsichgreifen am besten Einhalt thun könne.

Die Feinde des Agathokles schickten nach Griechenland, um sich natürlich nicht von Korinth, der Mutterstadt von Syrakus sondern von Sparta, welches jetzt neuerdings das Haupt aller dorischen Staaten geworden war, einen Führer zu erbitten. Obwohl Sparta von seiner früheren Macht herabgekommen war, bewahrte es doch noch seine alten Gesetze und seine Könige. So wie der König Archidamos den Griechen Italiens gegen die benachbarten Barbaren zu Hilfe gezogen war, so zog jetzt Akrotatos, Sohn des Königs Kleomenes, nach Sicilien, um den dortigen Griechen gegen einen griechischen Tyrannen Hilfe zu leisten. Diese hofften in ihm einen zweiten Timoleon zu erhalten; er war aber nicht einmal ein Archidamos oder Alexander. Im Kriege richtete er nichts aus und er erregte durch seinen Stolz und seine schwelgerische Lebensweise, die nichts weniger als spartanisch war, Unwillen und Abscheu. Endlich liess er den verbannten Syrakusaner Sosistratos ermorden und musste nun selbst die Flucht ergreifen. Da verloren die Akragantiner und Geloer, da sie sich in der erwarteten Hilfe getäuscht sahen, den Muth und schlossen unter Vermittlung Hamilkars mit Agathokles Frieden. Therma, Herakleia und Selinus sollten im Besitze der Carthager bleiben. Die übrigen griechischen Städte in Sicilien sollten frei sein, jedoch unter der Oberherrschaft von Syrakus oder desjenigen, der über Syrakus gebietet. Messana allein blieb ferne und hier fanden die verbannten Syrakusaner Aufnahme; da man in Carthago der Ansicht war, dass Hamilkar günstigere Bedingungen hätte erlangen können, so wurde ihm deshalb ein scharfer Verweis ertheilt.

Messana war in den Vertrag nicht aufgenommen worden. Um das Jahr 312 v. Chr. finden wir Agathokles wieder auf einem Zuge gegen diese Stadt begriffen. Er konnte sie jedoch nicht erobern; doch brachte er 600 theils Messaner theils Tauromenier in seine Gewalt und liess sie niedermachen. Dann zog er gegen Akragas; als aber eine punische Flotte zu dessen Schutze herbeikam, zog er auf punisches Gebiet und richtete daselbst viele Verheerungen an. Er war nun ganz mit dem Kriege gegen Carthago beschäftigt. Die verbannten Syrakusaner benutzten dies, um von den Carthagern die Absendung eines bedeutenden Heeres nach Sicilien zu erwirken. Zur Zeit des Dionysios hätten wir sie noch Verräther genannt; aber jetzt fühlten sie, dass das Joch Carthagos nicht so drückend sei, wie das Joch des Agathokles. Doch trafen sie ausserdem, dass sie punische Hilfe in Anspruch nahmen, selbst, soweit es in ihren Kräften stand, Anstalten zur Vertheidigung. Zwei Versuche, welche von den Verbannten gemacht wurden, um Centuripa und Galaria, wohin Agathokles Besatzungen gelegt hatte, zu befreien, schlugen fehl.

Er gewann sie wieder zurück und richtete ein grosses Blutbad daselbst an. Dieser Erfolg ermuthigte ihn zu einem Angriff auf das punische Lager, welches auf dem Hügel von Eknomos errichtet war. Dieser Hügel steigt an der Mündung des südlichen Himerasflusses kühn vom Meere auf. Zur See machten die Carthager einen Angriff auf Syrakus. Sie liefen in den grossen Hafen ein, richteten aber nichts weiter aus, als dass sie ein athenisches Kauffahrteischiff in den Grund bohrten und ihrer Mannschaft die Hände abhieben.

Auch die punische Landmacht blieb unthätig; sie war in diesem Augenblick schwächer als das Heer des Agathokles, der seine ganze Macht zum Angriff auf Eknomos aufgeboten hatte. Die Barbaren wiesen deshalb seine Aufforderung zur Schlacht ab, und er kehrte mit soviel Beute, als er unterwegs auftreiben konnte, nach Syrakus zurück.

Die Carthager erkannten wohl, welche Gefahr ihnen von dem Umsichgreifen des Agathokles drohe. Deshalb beschlossen sie mit vollem Ernst den Krieg auf Sicilien in Angriff zu nehmen und sendeten Hamilkar mit einer bedeutenden Land- und Seemacht, dergleichen schon oft von Carthago ausgegangen war, dahin ab. Sie unterschied sich von den früheren carthagischen Heeren erstens durch die grosse Anzahl Balearischer Schleuderer bei demselben, zweitens dass, wie bei dem Feldzuge zur Zeit Timoleons eine ungewöhnliche grosse Zahl carthagischer Bürger, darunter viele von hohem Adel, beim Heere diente. Aber ein gewaltiger Sturm überraschte sie auf der Fahrt, durch den viele Schiffe hauptsächlich die, auf denen sich die carthagischen Bürger eingeschifft hatten, zu Grunde gingen. Dieser Schlag wurde in Carthago so schmerzlich gefühlt, dass zum Zeichen der allgemeinen Trauer die Stadtmauern mit schwarzen Tüchern behängt wurden. Hamilkar rettete von seiner Flotte so viel als er vermochte, ergänzte die Reihen seines Heeres durch Truppenaushebungen auf

Sicilien und bezog bald wieder an der Spitze von 40 000 Fussgängern und 5000 Reitern auf Eknomos sein Lager. Obwohl dieses Heer viel kleiner war, als die, welche in früheren Zeiten von punischen Feldherrn befehligt wurden, so hatten doch die Punier seitdem in der Kriegsübung bedeutende Fortschritte gemacht, und Hamilkar verliess sich nicht mehr auf die numerische Stärke seines Heeres. Agathokles zog ihm entgegen und verübte auf dem Marsche eine seiner grössten Schandthaten. Er überrumpelte durch List Gela, richtete ein grosses Blutbad an, liess die Stadt ausplündern und zog dann weiter. Er muss unterwegs Kunde erhalten haben, dass die Carthager ihm zwanzig Schiffe in der Strasse von Messina weggenommen haben.

Jetzt erreichte er das breite Thal des südlichen Himerasflusses. Da Hamilkar auf dessen rechtem Ufer den Hügel Eknomos besetzt hatte, so besetzte er eine Anhöhe auf dem linken Ufer, welche jenem gegenüber und nur durch das Flussbett von ihm getrennt war. Eine Zeitlang wagte es keiner von beiden, den Fluss zu übersetzen, denn es bestand eine alte Weissagung, dass hier viele Menschen umkommen sollten. Zuletzt wurde durch einen Zufall eine Schlacht herbeigeführt und zwar eine der grössten, die zwischen Griechen und Phönikiern geliefert wurden — nur schade, dass die Griechen keinen würdigeren Anführer hatten. Carthagische Truppen hatten sich um Beute zu machen über das Thal zerstreut; Agathokles schickte zu dem gleichen Zwecke Leute aus, während er hart am diesseitigen Ufer des Flusses eine Abtheilung Bewaffneter in Hinterhalt legte. Die Griechen wagten sich ganz in die Nähe des carthagischen Lagers und trieben die Lastthiere weg. Punische Soldaten eilten heraus und verfolgten sie und wurden listiger Weise an den Ort des Hinterhaltes gelockt, überfallen und in Stücke gehauen. Jetzt hielt es Agathokles für angemessen, einen allgemeinen Angriff zu machen. Er führte das ganze Heer gegen das Lager der Carthager. Die Griechen füllten den Graben aus, rissen die Pallisaden nieder und drangen in das feindliche Lager ein. Die Hauptmacht wurde jedoch durch die Balearischen Schleuderer, welche sie nach der ihnen eigenen Kampfweise mit einem Hagel grosser Steine empfingen, zurückgetrieben. Dennoch drangen die Griechen in verschiedenen Punkten ein, und das Lager wäre beinahe wieder in ihre Gewalt gekommen, als die Landung frischer punischer Truppen dem Kampfe eine entgegengesetzte Wendung gab. Carthago hatte sie offenbar in der Absicht entsendet, um die durch den Schiffbruch verursachte Lücke auszufüllen. Sie griffen auf einmal die Griechen an, welche, von zwei Seiten in die Enge getrieben, weichen mussten. Agathokles und sein Heer wurde nun in die Flucht getrieben. Es war gerade Mittag eines heissen Sommertages; die Hitze war furchtbar; viele starben infolge der Hitze und der Anstrengung, oder weil sie mit dem gesundheitsschädlichen salzigen Wasser des Flusses ihren Durst löschten. Es war eine vollständige Niederlage, die erste, welche die Griechen in einer Hauptschlacht durch die Phönikier erlitten hatten. Die Carthager hatten früher verschiedene griechische Städte im Sturm genommen, aber in den Hauptschlachten hatten Gelon, Dionysios und Timoleon stets den Sieg davongetragen.

Das wurde jetzt bei Agathokles anders. Alle Städte in Mittel- und Ost-Sicilien fielen jetzt von Agathokles ab und verbanden sich mit den Carthagern.

Seine Grausamkeiten hatten ihn allgemein verhasst

gemacht, während Hamilkar ein ganz entgegengesetztes Verfahren einschlug und Städte und Leute durch eine milde Behandlung für sich zu gewinnen suchte. Aber Agathokles hatte einen weit grösseren Plan im Auge. Durch schlaue strategische Bewegungen wusste er die Streitkräfte der Punier nach Gela abzulenken; er gelangte glücklich nach Syrakus, welches er mit Lebensmitteln und allem Nöthigen versah, während er für das kühnste Unternehmen, das je ein Mann ersonnen, Vorbereitungen traf.

Dies bestand darin, dass er den Kriegsschauplatz nach Afrika verlegte. Wie Agathokles glaubte, würde Carthago keinen Schlag so schwer empfinden wie diesen. Dadurch würden die Carthager — zur Vertheidigung ihres eigenen Landes von Sicilien abgezogen — ihm Gelegenheit geben, seine frühere Machtstellung auf der Insel wieder zu gewinnen. Auch würde sie der Schlag ganz unerwartet treffen. Denn so etwas war noch niemandem eingefallen. Seitdem die Phönikier sich in Afrika niedergelassen hatten, hatte kein Feind sie in ihrem eigenen Lande angegriffen. Dieses Land übertraf alle Länder an Fruchtbarkeit und Reichthum; kein anderes Land stellte eine so reiche Beute in Aussicht. Die Carthager waren bei ihren afrikanischen Unterthanen verhasst und überdies bei den andern phönikischen Städten nicht beliebt. Deshalb glaubte Agathokles, dass Carthago seinen verwundbarsten Punkt in Afrika habe, dass ein kühner Angriff sofort einen Aufstand seiner afrikanischen Unterthanen hervorrufen und dieses, wenn nicht mehr, mindestens die Folge haben würde, dass die punischen Streitkräfte aus Sicilien abberufen würden. Darauf baute er seinen Plan und hielt ihn vor jedermann geheim. Er traf alle Vorbereitungen, erlaubte sich ungeheure Erpressungen, und schaffte solche, die ihm verdächtig schienen aus dem Wege. Aber selbst nach seiner grossen Niederlage schenkten ihm seine Söldner und die Masse der Syrakusaner ihr volles Vertrauen. Als er ihnen sagte, er sei im Begriffe, zum Vorteile von Syrakus einen Seezug zu unternehmen, glaubten sie ihm auf das Wort.

Syrakus wurde damals nicht eigentlich belagert, sondern eine punische Flotte bewachte die Mündungen der beiden Häfen. Agathokles musste demnach eine gelegene Zeit zur Ausfahrt abwarten. Endlich gelang es ihm in einem glücklichen Augenblicke mit seiner Flotte und einem bedeutenden Landheere, welches aus Soldtruppen und Bürgern, Griechen und Barbaren bestand, auszulaufen. Er lies seinen Bruder Antandros als Befehlshaber in Syrakus zurück. Seine zwei Söhne Archagathos und Herakleides hatte er bei sich. Man stellte über den Zweck seines Zuges allerlei Vermuthungen auf, ohne dass man etwas Genaues darüber wusste.

Am folgenden Tage wurde die ganze Flotte durch eine Sonnenfinsternis (15. April 310 v. Chr.) in Schrecken gesetzt. Dennoch leisteten alle willig Gehorsam und so gelangten sie nach siebentägiger Fahrt an die Küste Afrikas. Sie landeten auf der Carthago gegenüber liegenden Halbinsel, etwas südwestlich von dem Vorgebirge, welches jetzt unter dem Namen Cap Bon bekannt ist. Die carthagische Flotte war ihnen nachgeeilt, doch die Griechen bewerkstelligten ihre Landung, bevor diese sie eingeholt hatte. Dann verbrannte Agathokles in feierlicher Weise seine Schiffe als ein Opfer, welches deren Schutzgöttinnen Siciliens darbrachte. Das schien ein unsinniges Beginnen. Aber wenn sie geschlagen wurden, war ihnen durch die punische Flotte die Rückfahrt versperrt; wenn sie dagegen siegreich wären, dann gehörte die punische Flotte ihnen. So war das erste europäische Heer, das je afrikanischen Boden betreten hatte, unter Führung des Agathokles von Syrakus in dem phönikischen Afrika gelandet. Er bahnte den Weg, den nach ihm viele andere zu verschiedenen Zeiten betraten. Eine Zeitlang machte er eine Eroberung nach der andern. Das fruchtbare und wohl bebaute Land, die Landhäuser und Gärten der reichen carthagischen Grossen lagen als Beute vor ihm. Er drang nach Tunis vor, welches am oberen Ende des Sees liegt, an dessen Mündung Carthago gelegen ist und von wo man einen Ausblick auf die grosse Stadt selbst geniesst. Wir wissen nicht, auf welche Weise Agathokles in den Besitz jener Stadt gelangt war. Die Bürger von Tunis mögen ihn wohl als Befreier von carthagischer Herrschaft begrüsst haben. Tunis blieb während des ganzen Krieges sein Hauptquartier.

Die Carthager rüsteten sich jetzt zur Abwehr und stellten an die Spitze ihres Heeres zwei Feldherrn Hannon und Bomilkar und zwar aus dem sonderbaren Grunde, weil man glaubte, sie würden als persönliche Feinde einander zu übertreffen suchen. Hannon war ein tapferer Feldherr und erfüllte seine Pflicht. Bomilkar stand jedoch im Verdachte nach der Tyrannis zu streben und stand vielleicht mit Agathokles im geheimen Einverständnis. Es kam zwischen Tunis und Carthago zu einer Schlacht, welche den carthagischen Sieg am Himerasflusse wett machte. Die Griechen gewannen einen entscheidenden Sieg, jagten Carthagos heilige Schar in die Flucht und eroberten das punische Lager.

Das ganze platte Land war jetzt in der Gewalt des Agathokles. Die Carthager mussten sich in ihre Stadt einschliessen.

Es drückte sie das Gewissen, dass sie es vernachlässigt hatten, ihren Göttern die schuldigen Ehren zu erweisen und um es zu beruhigen schickten sie eine heilige Gesandtschaft nach Tyrus ihrer Mutterstadt und schickten dem Moloch fünfhundert Kinder aus den vornehmsten Familien Carthagos in die Flammen. Es war für die Carthager ein kleiner Trost, dass die ehernen Schnäbel der von Agathokles verbrannten Schiffe in ihre Hände fielen. Diese wurden unter Mittheilung des wahren Sachverhalts dem Hamilkar nach Sicilien geschickt mit der Weisung, er soll das Gerücht aussprengen, dass Agathokles zu Land und zu Wasser vollständig geschlagen sei und diese Schiffsschnäbel als Siegestrophäen den Carthagern überlassen habe. Dieses Gerücht verursachte in Syrakus grosse Bestürzung. Infolge dessen liess Antandros alle Freunde und Verwandten der Verbannten, die in solchen Zeiten gefährlich werden könnten, aus der Stadt treiben. Hamilkar nahm sie freundlich auf, zog dann bis hart vor die Mauern der Stadt und forderte die Stadt zur Übergabe auf. Antandros wollte schon darauf eingehen, aber der standhaftere Ätoler Erymnon widersetzte sich. Da traf eine Botschaft mit der Nachricht von dem wirklichen Sachverhalt ein.

Agathokles hatte gleich nach seinem Siege ein Schiff mit der Nachricht davon nach Syrakus gesendet. Dieses wurde im Angesichte der ganzen Bevölkerung von einem punischen Schiffe bis nach Syrakus verfolgt; es gelang ihm jedoch mit grosser Anstrengung in den Hafen mit der Neuigkeit einzulaufen. Jetzt war von Übergabe kein Gedanke mehr, und ein Versuch Hamilkars, die Mauern zu erstürmen, war erfolglos. Er zog sich deshalb 310 v. Chr. auf mehrere Monate von Syrakus zurück. Aufgefordert, einen Theil seines Heeres zum Schutze Carthagos zu entsenden, konnte er gegen Syrakus nichts unternehmen, so lange er nicht den Abgang durch frische Truppen ersetzt hatte.

Indessen betrieb Agathokles von seinem Hauptquartier aus die Unterwerfung vieler afrikanischer Städte und bedrängte Carthago hart, ohne es eigentlich zu belagern. Dann trug er seine Waffen in einige Entfernung, eroberte Hadrumetum — das jetzige Susa an der Küste — und Thapsos und drang weiter in das Innere des Landes ein. Dies benutzten die Carthager zu einem Angriff auf sein Lager bei Tunis, aber er wendete sich gegen sie und schlug sie zurück. Auch in Sicilien stand es mit seinen Angelegenheiten gut und es wurde ihm der Kopf Hamilkars als Zeichen des Sieges übersendet.

Eines Tages ritt er mit demselben persönlich zum feindlichen Lager heran und zeigte ihn den Carthagern. Diese beugten sich, obwohl erstaunt und von Schmerz ergriffen, voll Ehrerbietung vor dem Haupte wie vor ihrem lebenden Befehlshaber. Der Kopf Hamilkars sprach überzeugender wie früher die ehernen Schiffsschnäbel. Nach Verlauf von einigen Monaten (309 v. Chr.) hatte Hamilkar im Verein mit dem verbannten Syrakusaner Deinokrates ein bedeutendes Heer von Griechen und Barbaren zusammengebracht und bedrohte Syrakus mit einem neuen gefährlicheren Angriffe. Seine Absicht war, das Olympieion zu seinem Hauptstützpunkt zu machen und von da aus die Stadt zu belagern. Aber die Wahrsager prophezeiten Hamilkar aus den beim Opfern erhaltenen Wahrzeichen, dass er am folgenden Tage sein Nachtmahl in Syrakus einnehmen werde. Dies reizte ihn zu einem sofortigen Angriffe an. Er liess sein Heer in der Nacht denselben Umgehungsmarsch machen, den Demosthenes eingeschlagen hatte. Gerade wie dieser suchten sie von Norden her Epipolae zu ersteigen. Dies war jetzt, seitdem Dionysios seine Mauern und seinen Festungsthurm erbaut hatte, eine schwierige Aufgabe. Der Angriff wurde schlecht geleitet und misslang völlig. Hamilkar selbst wurde gefangen genommen, durch die Stadt geführt, schimpflich misshandelt und zuletzt hingerichtet. Sein Kopf wurde dem Agathokles geschickt, welcher ihn in der oben angegebenen Weise verwendete.

Im Heere des Agathokles brach eine gefährliche Meuterei aus, welche beweist, wie schwer es war, Soldtruppen zu behandeln. Bei einem Zechgelage entstand Streit zwischen seinem Sohne Archagathos und einem ätolischen Unterfeldherrn Lykiskos, bei welchem Lykiskos getödtet wurde. Da erhoben sich die Söldner insgesammt, sie forderten den Tod des Archagathos, Zahlung des rückständigen Soldes, wählten neue Führer, nahmen Tunis in Besitz und liessen Agathokles im Stich. Als die Carthager dies hörten, boten sie den Söldnern höheren Sold und Belohnungen an, wenn sie in ihre Dienste treten wollten. Viele ihrer Führer waren geneigt, auf dieses Anerbieten einzugehen. Agathokles fürchtete, an den Feind ausgeliefert zu werden, wenn er nicht ein letztes Mittel versuche. Er legte seinen Feldherrnmantel ab und hielt eine Anrede an die Söldner, in welcher er ihre Thaten aufzählte und sie dringend bat, ihn nicht an den Feind zu verrathen, er wolle lieber von ihren Händen als von denen der Carthager den Tod erleiden. Da wurden sie insgesammt gerührt. Rufe zu seinen Gunsten wurden laut, er wurde aufgefordert, seinen Feldherrnmantel wieder umzunehmen und nach wie vor ihr Führer zu bleiben. Er schmiedete das Eisen, so lange es heiss war. Während der Feind den Anschluss der Söldner erwartete, ertönte plötzlich das Signal zum Kampfe; die Griechen gingen zum Angriff über und drängten die Carthager in ihr Lager zurück. Nur 200 Söldner gingen zu den Carthagern über.

Agathokles hatte hier einen seltenen Erfolg erlangt; allein trotz aller Erfolge erkannte er, dass die Einnahme Carthagos für ihn ein Ding der Unmöglichkeit sei. Daher suchte er in Ophellas, einem makedonischen Heerführer, der für Ptolemaios, König von Ägypten, in Kyrene befehligte, einen Bundesgenossen zu gewinnen. Das frühere Königthum in Kyrene sowie auch die Republik war verschwunden. Das Land war ein Bestandtheil des Reiches der Ptolemäer geworden. Agathokles machte Ophellas den Vorschlag, sich mit ihm zur Eroberung Carthago's zu vereinigen. Er würde dann Afrika dem Ophellas überlassen und nach Sicilien zurückkehren, um die Phönikier daraus zu vertreiben. Ophellas schenkte ihm Glauben und sammelte ein Heer. Von allen Seiten strömten ihm Colonisten zu und nach zweimonatlichem Marsche gelangte er in das syrakusanische Lager in Tunis (307 v. Chr.). Agathokles nahm ihn freundlich auf, aber nach einigen Tagen beschuldigte er ihn, dass er ihm nach dem Leben strebe, überfiel ihn mit seinen Leuten und tödtete ihn. Das Heer des Ophellas trat, weil es keinen andern Ausweg hatte, in die Dienste des Agathokles.

Agathokles hatte jetzt eine grössere Streitmacht als je und erhielt um diese Zeit die Nachricht, dass alle makedonischen Feldherrn im Osten, jetzt nachdem die Familie Alexander des Grossen ausgestorben war, den Königstitel angenommen haben. Der Feldherr oder Tyrann von

Syrakus, in einem erfolgreichen Kriege in Afrika begriffen, glaubte keinem von diesen nachzustehen und legte sich daher auch den Königstitel bei. Er war der erste sicilianische Machthaber, der Münzen mit seinem Namen und dem Königstitel prägen liess, doch ging er nicht so weit, sie mit seinem Kopfbild zu versehen. Auch trug der neue König kein Diadem, er begnügte sich mit einem Weihekranze, der ihm vermöge seiner Priesterwürde gebührte. Kraft seiner Königswürde ging er auf neue Eroberungen aus, nahm Utika und andere Städte, welche noch Carthago treu geblieben waren und liess wie gewöhnlich unter ihren Bewohnern Metzeleien verüben.

Carthago war jetzt enger eingeschlossen wie je, aber es war keine Aussicht vorhanden, es einzunehmen.

Die Könige der damaligen Zeit nannten sich einfach „König“ ohne Beifügung des Reiches, über das sie herrschten. So nannte sich König Agathokles nicht König von Syrakus oder König von Sicilien. Denn das letztere stand noch im weiten Felde. Ausser den phönikischen Besitzungen waren viele hellenische oder hellenisierte Städte ihm feind. Nach der Niederlage und dem Tod Hamilkars in Syrakus hielten sich die Akragantiner für stark genug, um die Sache der Unabhängigkeit gegen Agathokles zu vertheidigen, ohne der Unterstützung Carthagos oder des Deinokrates und der Verbannten zu bedürfen.

Sie erliessen an alle Städte einen Aufruf, sich unter der Führung von Akragas zu einem Bunde zu vereinigen und boten allen, welche bereit waren, die Herrschaft des Agathokles abzuschütteln, ihren Schutz an. Eine Menge von theils rein griechischen theils hellenisierten Sikelerstädten beeilten sich dem Bunde beizutreten. Zuerst Gela, die Mutterstadt von Akragas, dann Henna, welches damals überall unbestritten als der heilige Wohnsitz der Schutzgöttinnen verehrt wurde. Jetzt wurden andere für das Bündnis gewonnen. Die Stellvertreter des Agathokles scheinen für ihren Herrn nur das eigentliche Gebiet von Syrakus behauptet zu haben. Akragas war deshalb weit entfernt, sich mit Carthago in ein Bündnis einzulassen; denn ein solches wäre an und für sich unnatürlich gewesen und hätte nur die gemeinsame Feindschaft gegen Agathokles zur Grundlage gehabt. Jetzt suchten die Akragantiner und ihre Verbündeten die von Carthago abhängigen Städte zu befreien, unter andern Herakleia an der Südküste, bekannt als der Schauplatz der Minossage, das phönikische Ras Melkart. Es gab jetzt auf Sicilien zu gleicher Zeit drei Kriege. Der Akragantinische Bund führte sowohl gegen Carthago als gegen Agathokles Krieg und die letzteren zwei standen gegen einander auf Kriegsfuss. Aber diese waren zu sehr in Afrika in Anspruch genommen, als dass sie sich um Sicilien viel kümmern konnten.

Punische Schiffe kreuzten an den Häfen von Syrakus, um Getreideschiffe, welche einlaufen wollten, abzufangen und das war ungefähr alles.

Ungefähr 2 Jahre (309—307) konnte der akragantinische Bund sein Befreiungswerk fortsetzen, ohne nennenswerten Widerstand zu finden. Endlich 307 v. Chr. wagte es ihr Feldherr Xenodikos, das syrakusanische Gebiet selbst anzugreifen. Aber er wurde von Leptines und Damophilos, den Feldherrn des Agathokles, geschlagen. Dieser Misserfolg entmuthigte die Akragantiner so, dass sie ihre grossen Befreiungspläne aufgaben und ihr Bund sich auflöste. Xenodikos war von nun an nur mehr Feldherr der Republik Akragas.

Unmittelbar nach diesem Siege seiner Feldherrn kam der neue König Agathokles von Afrika, wo er seinen Sohn Archagathos mit dem Oberbefehl zurückliess, zurück. Er fuhr nach Selinus, eroberte von da aus das so eben befreite Herakleia wieder, ein Schlag, durch den Akragas und Carthago zugleich getroffen wurde. Dann zog er nördlich gegen seine Geburtsstadt Therma, die noch unter punischer Herrschaft stand und zwang es durch Capitulation zur Unterwerfung.

Von da weiter ziehend eroberte er Cephaloedium, welches am Meere auf einer Anhöhe gelegen ist und wovon die alten Mauern noch vorhanden sind. Von da wandte er sich landeinwärts. Ein Versuch Centuripa durch Verrath zu nehmen, schlug fehl, so wie ein weiterer Versuch auf Apollonia, welches er jedoch nach zweitägigem Kampfe im Sturme einnahm. Es ist bemerkenswert, dass diese ehemaligen Sikelerstädte von den griechischen Städten nicht unterschieden werden und ihnen dieselbe Bedeutung beigelegt wird.

Jetzt trat der aus Syrakus verbannte Deinokrates als Vorkämpfer für die Unabhängigkeit der sicilischen Städte gegen Agathokles auf. Von allen Seiten strömten ihm Leute zu; und obwohl er als einzelner Abenteurer nicht das Vertrauen genoss, wie eine anerkannte Republik gleich Akragas, so waren seine Schicksalsgefährten im Kriege geübtere und bessere Soldaten, als die Bürgerheere von Akragas und anderen Städten. Er hielt Agathokles selbst im Schach und bot ihm eine Schlacht an, welcher dieser auszuweichen für gut fand. Die Sache des Tyrannen schien nicht nur in Sicilien sondern auch in Afrika im Niedergange begriffen. Hier behauptet sich Archagathos noch in Tunis, aber nachdem ihn die Carthager wiederholt geschlagen hatten, bat er seinen Vater dringend, ihm zu Hilfe zu kommen. Da wendete sich das Kriegsglück neuerdings dem Agathokles zu.

Er besiegte mit etruskischen Schiffen die punische Flotte vor Syrakus, schaffte Lebensmittel in die Stadt und konnte ungehindert die Fahrt nach Afrika antreten. Um dieselbe Zeit machte Leptines einen Einfall auf akragantinisches Gebiet und schlug Xenodikos, der wegen seiner zwei Niederlagen von seinen Mitbürgern so hart getadelt wurde, dass er sich nach Gela zurückzog. Hocherfreut über diese zwei Siege, liess Agathokles Leptines in Sicilien zurück und trat neuerdings die Rückfahrt nach Afrika an.

Aber hier überzeugte er sich bald, dass er keine Aussicht auf wirklichen Erfolg habe. Er selbst wurde bei einem Angriff auf das punische Lager vor Tunis geschlagen. In der darauffolgenden Nacht entstand in beiden Lagern eine ausserordentliche Verwirrung. Die Carthager opferten ihren Göttern die angesehensten Gefangenen, dabei gerieth ihr Lager in Brand und bei der dadurch entstandenen Verwirrung wäre es ein Leichtes gewesen, sie zu überfallen und aufs Haupt zu schlagen. Aber in dem Lager des Agathokles herrschte eine nicht geringere Verwirrung. Da er sah, dass keine Aussicht auf Erfolg sei und persönlich mit seinem Sohn Archagathos zerfallen war, so beschloss er mit seinem zweiten Sohn Herakleides sich heimlich zu entfernen und Archagathos und das Heer ihrem Schicksal zu überlassen. Aber da Archagathos und seine Truppen hinter das Geheimnis kamen, so wurde Agathokles in seinem eigenen Lager in Fesseln gelegt. Da ertönte der Ruf, dass das Lager von den Feinden angegriffen würde. Wer konnte sie bei einer solchen Gefahr besser führen als ihr früherer Feldherr und König? Als man Agathokles in Fesseln herbeiführte, erhob sich der einstimmige Ruf, man soll ihn in Freiheit setzen. Sobald er jedoch von den Fesseln befreit war, machte er sich davon und fuhr in Begleitung einiger Gefährten auf einem Boote nach Sicilien (November 307 v. Chr.). Die Soldaten tödteten seine Söhne und schlossen mit Carthago Frieden. So endete die berühmte afrikanische Expedition des Agathokles mit einer vollständigen Niederlage. Sie hatte weder zur Befestigung seiner Macht in Sicilien beigetragen, noch die Macht Carthagos ernstlich geschwächt.

Aber ein so kühnes Unternehmen, an welches er sich gewagt hatte und worin er eine Zeitlang vom Glücke begünstigt wurde, hatte man vor ihm für ein Ding der Unmöglichkeit gehalten. Und wenn er selbst bei demselben scheiterte, so hatte er wenigstens für andere den Weg gebahnt, auf dem diese siegreich hervorgingen.

Es ist beklagenswert, dass der erste, der die Carthager in ihrer Heimat anzugreifen wagte, ein Agathokles war. Durch das Misslingen seines Unternehmens erbittert, wüthete er nach seiner Landung in Sicilien grausamer wie je. Er landete in Selinus und begab sich von da nach Segesta, einer Stadt der Elymer, die nach unsern dürftigen Nachrichten in letzterer Zeit mit ihm verbündet gewesen sein soll. Aber wie jetzt Agathokles in seinem Zorne und Missmuth seine Freunde behandelte, so hatte noch kein Barbar eine feindliche Stadt behandelt. Er legte ihnen eine grosse Kriegssteuer auf und als die Segestaner sich weigerten sie zu zahlen, beschuldigte er sie einer Verschwörung gegen ihn und liess unter diesem Vorwand die grosse Masse der Bevölkerung niederhauen, während er die Knaben und Mädchen an die Bruttier nach Italien als Sklaven verkaufte.

Tempel von Segesta.

Ja es genügte ihm nicht, seine Opfer einfach zu tödten, sondern er liess sie zu Tode martern, was bei den schlechtesten Griechen selten vorkommt. Er soll die von Phalaris erfundene Todesart wieder eingeführt haben; nur verwendete er dazu statt des ehernen Stieres ein ehernes Bett, damit man die Leiden der Opfer nicht bloss hören sondern auch sehen könne. Nachdem die Stadt auf diese Weise seine früheren Bewohner eingebüsst hatte, bevölkerte er sie von neuem mit einer zusammengewürfelten Menge und gab ihr den Namen Dikaiopolis (Stadt der Gerechtigkeit). Aber der Name Segesta lebte bald wieder auf und die neuen Bewohner kehrten zur früheren trojanischen Tradition zurück. Aber die Stadt gelangte nie wieder zu ihrer früheren Blüte. Der grosse Tempel, welcher bei der Ankunft des Agathokles im Bau gegriffen gewesen sein muss, ist unvollendet geblieben.

Es scheint, dass Agathokles während seines Aufenthaltes in Segesta aus Afrika die Nachricht von der Ermordung seiner Söhne erhielt. In seinem Zorn schickte er an seinen Bruder Antandros, seinen Statthalter in Syrakus, den Befehl, alle Verwandten derer, die unter ihm in Afrika gedient hatten, ohne Unterschied des Geschlechtes und des Alters zu tödten. Dies geschah. Es ist merkwürdig, dass der Mann, der solche Greuelthaten wie die zuletzt angeführten, verübte, noch 17 Jahre leben konnte und auch dann nicht in einem Volksaufstande umkam. Merkwürdig ist in dem Leben des Agathokles der seltene Wechsel des Auf- und Niederganges, den er durchmachte. Als seine Macht dem Untergange nahe zu sein schien, erhob sie sich wieder höher wie vorher. Dies war der Fall gewesen, als er nach seiner entscheidenden Niederlage auf Sicilien seinen Zug nach Afrika unternahm. Und dieser Fall wiederholte sich jetzt, wo er von seiner Niederlage aus Afrika zurückgekehrt in Sicilien eine grössere Anzahl von Feinden antraf denn je. Ein grosser Theil der sicilischen Griechen hatte sich bereits unter Führung des Deinokrates zu einem Bunde gegen ihn vereinigt. Als er besiegt aus Afrika zurückkehrte, verband sich sein Feldherr Pasiphilos in der Meinung, mit seiner Herrschaft sei es jetzt zu Ende, mit Deinokrates, dem er ein bedeutendes Heer und viele Städte, die er für Agathokles besetzt hielt, überlieferte. Darunter befanden sich Therma und Cephaloedium, welche Städte Agathokles nach seiner ersten Rückkehr aus Afrika erobert hatte. Es scheint, dass damals seine Herrschaft nur wenig über Syrakus und sein unmittelbares Gebiet hinausreichte. Der Abfall des Pasiphilos soll auf den Tyrannen einen so niederschmetternden Eindruck gemacht haben, dass er sich mit dem Gedanken trug, den Versuch, eine grosse Herrschaft zu gründen, aufzugeben. Er liess sich allerdings in eine Unterhandlung ein, welche dem gleich sieht, aber weit wahrscheinlicher ist es, dass er dadurch nur täuschen wollte. Er erklärte sich in einer Botschaft an Deinokrates bereit, seiner Herrschaft in Syrakus zu entsagen.

Syrakus sollte wieder eine freie Stadt sein und Deinokrates als freier Bürger dahin zurückkehren. Er verlangte für sich und zu seinem Unterhalte nur zwei Städte, seinen Geburtsort Therma und Cephaloedium. Dies entsprach den Wünschen des Deinokrates keineswegs. Was immer er gewesen sein mochte, als er Syrakus verlassen musste, er hatte sich jetzt den Ton eines Befehlshabers angeeignet, er wollte in irgend einer Weise herrschen und hatte nicht Lust, als einfacher republikanischer Bürger nach Syrakus zurückzukehren. Es müsste unterhaltend gewesen sein zu sehen, wie Agathokles einmal ums andere ihn um die zwei Städte bat, und Deinokrates ihn unter allerlei Ausreden abwies. Aber unterdessen wusste er durch geheime Unterhandlungen viele Anhänger des Deinokrates für sein Interesse zu gewinnen. Dann schloss er, um sich von einer Seite sicher zu stellen, mit Carthago Frieden, in welchem er ihnen alles, was sie je besessen hatten, zuerkannte, mit Einschluss von Therma, das er sich soeben ausbedungen hatte. Dafür erhielt er einen grossen Zuschuss an Geld und Getreide, was ihm damals sehr zustatten kam.

Jetzt versuchte Agathokles sein Glück gegen Deinokrates. Sein Heer war zwar bedeutend schwächer wie das seines Gegners, aber er hoffte dem Deinokrates viele Leute abtrünnig zu machen. Und hierin täuschte er sich nicht. Die Heere stiessen bei Torgium aufeinander, einem Orte, der vermuthlich dem heutigen Caltavulturo entspricht, etwas landeinwärts von Termini und Cefalù (Therma und Cephaloedium), den Städten, welche jetzt den Hauptgegenstand des Kampfes bildeten. Gleich bei Beginn der Schlacht gingen 2000 Mann vom Heere des Deinokrates zu Agathokles über. Dies genügte, um in dem Heere des Deinokrates, obwohl es noch immer stärker war als das feindliche, eine grosse Verwirrung anzurichten. Seine Truppen wichen zurück, Agathokles verfolgte sie eine Zeitlang, dann hielt er an dieselben eine Ansprache, in welcher er erklärte, er wolle ihnen keinen weiteren Schaden zufügen, sie hätten durch die von einem schwächeren Heere ihnen bereitete Niederlage zur Einsicht kommen müssen, dass jeder Widerstand gegen ihn vergeblich und es daher besser sei, ruhig nach Hause zu gehen. Dies wirkte. Die meisten befolgten seinen Rath.

Nur eine Schar, vielleicht aus verbannten Syrakusanern bestehend, hielt zusammen und nahm in der Nacht eine feste Stellung ein. Agathokles schloss mit ihnen unter feierlichen Eiden einen Vertrag ab; sobald sie jedoch die Waffen niedergelegt hatten, liess er sie durch seine Speerschützen niederschiessen. Eine solche That war selbst bei Tyrannen selten. Doch konnte sie dem Ruf des Mannes, der soeben in Segesta und Syrakus Massenmorde verübt hatte, nur wenig mehr schaden. Und jetzt kam es ganz unerwartet zwischen Agathokles und Deinokrates zum Vergleich. Zwischen ihnen mögen schon lange Verhandlungen stattgefunden haben; gewiss hatten sie eine besondere Zuneigung zu einander. Denn Agathokles hatte, als er die Tyrannis an sich riss, den Deinokrates verschont, während er dessen Gesinnungsgenossen aus dem Wege räumte. Es wird als eine Merkwürdigkeit angeführt, dass er dem mit Deinokrates geschlossenen Vertrage treu blieb, während er sonst gegen jedermann sich treulos bewies. Deinokrates trat mit dem Rest seines Heeres in den Dienst des Agathokles. Vielleicht erkannte er, dass er keine Aussicht habe, der erste Mann in Sicilien zu werden und dass er neben Agathokles als der Zweite grössere Macht besitzen würde, als er in einer syrakusanischen Republik erreichen könnte. Er wurde Agathokles' vertrautester Feldherr und das erste, was er in dieser Eigenschaft that, war, dass er Pasiphilos aus dem Wege räumte und die Städte, welche dieser in Besitz gehabt hatte, seinem neuen Herrn überlieferte. So gelangte Agathokles, nachdem alle seine Unternehmungen in Afrika gescheitert waren, in Sicilien zu einer mächtigeren Stellung wie früher. Er war dem Ziele, König von Sicilien zu werden näher gekommen, wie irgend einer vor ihm. Vielleicht mit Ausnahme von Akragas beherrschte er alles Land und alle Städte östlich vom Halykos. Wenn auch Akragas zu seiner Herrschaft gehörte, stand das ganze griechische Sicilien, von welchem das sikelische Sicilien sich nicht mehr unterschied, unter seinem Machtgebot. Und seine Herrschaft scheint während der übrigen 17 Jahre seines Lebens keinen Abbruch erlitten zu haben. So wie bei Dionysios wissen wir auch bei ihm von seiner früheren Zeit viel mehr als von seiner späteren. Aber als unbestrittener Herr oder König des griechischen Siciliens nimmt er jetzt eine ganz neue Stellung ein. Dionysios hatte seine Macht nach Italien selbst über die Hadria hinaus ausgebreitet. Aber es sah jetzt in der Welt ganz anders aus, wie zur Zeit des Dionysios. Die Könige, welche das Reich Alexanders unter sich geteilt hatten, machten einander die Herrschaft über ganz Griechenland und den Orient, über alle hellenischen und hellenistischen Lande streitig. Diesen Königen hatte sich Agathokles, wie schon erwähnt, gleich gestellt. Und in der That hat seine Herrschaft über die Griechen und hellenisierten Sikeler Siciliens mit ihrer Herrschaft über Griechenland und andere hellenisierte Völker vieles gemein. Nun seitdem aus Republiken Tyrannen hervorgegangen und die Tyrannen sich zu Königen erhoben haben, wird die Geschichte mehr und mehr eine persönliche und durch Bündnisse und Familienverbindungen zwischen einzelnen Personen bedeutend beeinflusst. Dass Agathokles im Jahre 304 v. Chr. einen räuberischen Angriff auf die Insel Lipara machte, entspricht ganz dem, was er in Sicilien zu thun pflegte. Wenn er weiter in Italien Krieg führt, so hat er das auch schon früher gethan, ja wenn er sogar an der Ostküste der Hadria sich ein Gebiet erwirbt, so befolgte er hierin nur das Beispiel des Dionysios. Aber dem Agathokles eigenthümlich und für sein Zeitalter bezeichnend ist es, dass er mit den makedonischen Fürsten als einer ihres gleichen Krieg führt. Er entriss dem makedonischen König Kassandros durch einen hartnäckigen Kampf die Insel Korkyra, die Zwillingsschwester von Syrakus; dann gibt er sie als Brautschatz seiner Tochter Lanassa dem König Pyrrhus von Epeiros. Als Lanassa es müde wurde, Pyrrhus zum Gemahl und ihren Vater zum Verbündeten zu haben, bietet sie sich und die ihr gehörige Insel Demetrios dem Belagerer als ein annehmbares Geschenk an. Agathokles heiratete selbst in seinen späteren Jahren, aber vielleicht noch vor Lanassa's Vermählung eine Makedonierin, wahrscheinlich die Stieftochter des Königs Ptolemaios von Ägypten. Wir haben von seinen letzten Jahren nur eine sehr lückenhafte Kenntnis. Wir wissen, dass er längere Zeit in Unteritalien Krieg führte und daselbst Verrath und Mord aller Art übte. Aber er ist in seiner späteren Lebenszeit nur ausserhalb Siciliens beschäftigt. Demetrios der Belagerer, welcher nur sich und seinen Vater für allein berechtigt hielt, den Königstitel zu führen und allen übrigen Fürsten Spottnamen beilegte, nannte Agathokles den Herrn der Insel. Und das war er. Wir hören nicht, dass es nach seinem Vergleich mit Deinokrates noch zu kriegerischen Bewegungen auf Sicilien gekommen sei.

Zuletzt fasste Agathokles im Alter von 72 Jahren und nach achtundzwanzigjähriger Regierung noch einmal seinen Lieblingsplan ins Auge, einen Kriegszug gegen Carthago zu unternehmen. Zu diesem Zweck rüstete er ein grosses Heer und eine Flotte aus und bezog ein Lager bei Ätna, wo sein Enkel Archagathos befehligte. Aber da er das

Ende seines Lebens herannahen fühlte, hielt er es für angemessen, für die Nachfolge Vorkehrungen zu treffen. Zum Nachfolger bestimmte er seinen Sohn Agathokles. Dies musste natürlich den Sohn seines älteren Sohnes Archagathos, der überdies eine grössere Befähigung zum Herrschen gezeigt hatte, verletzen. Als der greise Agathokles den Archagathos aufforderte, den Oberbefehl des Heeres an seinen Onkel abzutreten, empörte sich dieser, tödtete seinen Onkel und trachtete seinem Grossvater nach dem Leben. Er soll einen gewissen Mainon, einen bevorzugten Liebling des greisen Tyrannen, den dieser bei dem in Segesta angerichteten Gemetzel vermöge seiner Schönheit geschont hatte, angestiftet haben, ihn durch ein langsamwirkendes Gift aus dem Leben zu schaffen.

Als Agathokles sein Ende nahe fühlte, empfahl er seine Gemahlin und seine unmündigen Kinder der Obhut des Königs Ptolemaios von Ägypten und war nun ganz verlassen. Noch einmal berief er das Volk zu einer Versammlung, forderte es auf, seine Macht keinem andern mehr zu übertragen und besonders seinen Enkel für die Empörung und Verletzung der Kindespflicht zu bestrafen. Hierauf starb er; nach einigen, wurde sein Leib, ehe noch das Leben vollständig daraus entflohen war, auf den Scheiterhaufen gelegt und verbrannt. So endete im Jahre 289 v. Chr. die Herrschaft des Agathokles, der unter allen Tyrannen, die wir kennen, der blutigste gewesen war, jedoch während seiner ganzen Regierung sich in der Gunst wenigstens der unteren Volksschichten der Syrakusaner behauptet hatte. Nach so vielen Umwälzungen hatte Syrakus und ganz Sicilien das Vermögen, sich selbst eine Regierung zu geben, beinahe verloren. Auf den Tod des Agathokles folgte eine Zeit grenzenloser Verwirrung, bis wieder ein anderer Befreier kommt, zwar kein Timoleon und kein Agathokles, aber ein König von heroischem Stamme und selbst soweit es in seiner Zeit möglich war, fast ein königlicher Heros. Als sein Unternehmen scheiterte, war jede Hoffnung verschwunden. Sicilien hatte keine andere Aussicht mehr, als die, dem mächtigsten seiner Nachbarn in die Hände zu fallen.

Münze des Agathokles mit der Aufschrift Συρακοσίων.

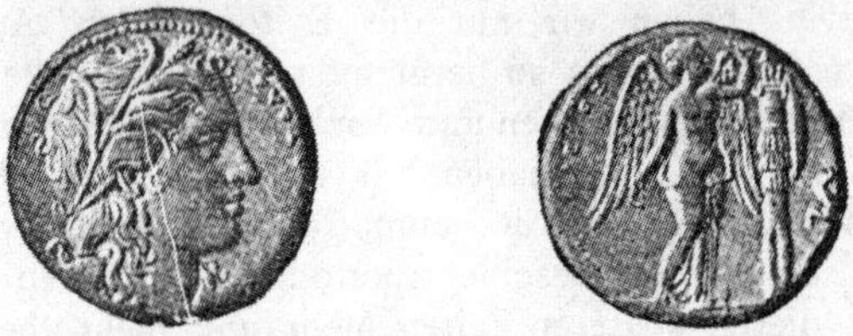

Münze mit dem blossen Namen des Agathokles.

Münze mit der Bezeichnung des Agathokles als König.

DREIZEHNTES CAPITEL.

PYRRHOS IN SICILIEN UND DIE ANFÄNGE HIERONS.

FÜR die Geschichte des Pyrrhos haben wir keine zeitgenössische Quelle und ausser seiner Biographie von Plutarch keine zusammenhängende Darstellung. Von Diodor sind über ihn nur Fragmente erhalten, auch ein paar Fragmente aus Dionysios von Halikarnassos geben uns einigen Aufschluss. Von Livius haben wir nur die Epitome (den Auszug). Aber das Leben eines so berühmten Mannes musste natürlich späteren Compilatoren und Anekdotensammlern reichen Stoff liefern. Daher haben wir über ihn sehr viele zufällige Mittheilungen. Auch nimmt die Zahl der Inschriften, die für die ältere Geschichtsperiode Siciliens so selten sind, in diesen späteren Zeiten mehr und mehr überhand. Und jetzt in dem Zeitalter der Könige schaffen die Münzen, da sie mit den Namen und Kopfprofilen derselben versehen sind, neuen Nutzen. Gegen Ende dieses Abschnittes haben wir wieder einen Geschichtschreiber ersten Ranges, der zwar kein Zeitgenosse ist, zum Führer, nämlich Polybios, der in dem ersten Buche seines Werkes Hierons erste Regierungshandlungen verzeichnet.

Bei dem Tode des Agathokles sollen die Syrakusaner die Demokratie wieder hergestellt haben. Man darf aber daraus nicht den Schluss ziehen, als ob Agathokles die Demokratie formell abgeschafft habe. Es will das nur besagen, dass keinem mehr so ausserordentliche Befugnisse eingeräumt wurden, wie sie Agathokles besessen hatte und dass damals keiner dieselben mit Gewalt an sich zu reissen vermochte.

Der Segestaner Mainon, der Agathokles vergiftet haben soll, wurde verbannt. Er begab sich in das Lager des Archagathos, ermordete diesen und übernahm selbst den Oberbefehl über sein Heer. Mit diesem bekriegte

Münze der Mamertiner in Messana.

er Syrakus. Doch Hiketas der Feldherr der Syrakusaner leistete ihm Widerstand, bis dieser mit den Carthagern Bündnis schloss. Wir wissen nicht, was aus Mainon geworden; aber Hiketas wurde in die Flucht geschlagen und die Syrakusaner mussten sich herbeilassen, den Carthagern Geiseln zu stellen und ihre Verbannten wieder aufzunehmen. Darunter sind wahrscheinlich die fremden Söldner des Agathokles, meistens Campaner, gemeint, welche unter Archagathos gedient hatten. Jetzt erneuerten sich gerade dieselben Zustände, wie sie vor ungefähr 200 Jahren nach dem Sturze des Thrasybulos eingetreten waren. Die Bürger konnten sich mit den Söldnern nicht vertragen; endlich wurde ein friedliches Übereinkommen mit den

Söldnern getroffen, nach welchem diese Sicilien verlassen und in ihre Heimat ziehen sollten. Sie zogen ab und kamen nach Messana, wo sie freundliche Aufnahme fanden. Aber sie bemächtigten sich gerade so, wie es zur Zeit des Dionysios ihre Landsleute in Entella gemacht hatten, der Stadt, tödteten die Männer und behielten ihre Frauen und Kinder für sich. Hier gründeten sie einen neuen Staat und zwar einen Räuberstaat und verbreiteten sich von da aus verheerend über das ganze östliche Sicilien. Sie nannten sich nach dem römischen Kriegs-

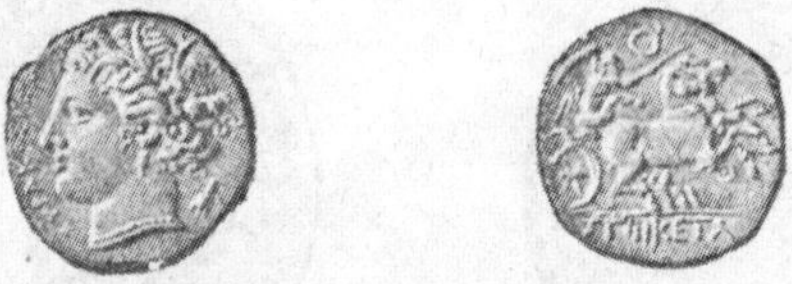

Münze des Hiketas.

gotte Mamers oder Mars, der dem griechischen Ares entspricht, Mamertiner. Die Stadt Messana erhielt jetzt den Namen „civitas Mamertinorum“ d. i. die Stadt der Mamertiner und dies blieb lange Zeit ihr officieller Name.

Der syrakusanische Feldherr Hiketas muss das Vertrauen seiner Mitbürger getäuscht haben, denn er wird jetzt als Tyrann bezeichnet und regierte als solcher 9 Jahre (288—279). Auch in anderen Städten erhoben sich Tyrannen, wie Tyndarion in Tauromenion und Phintias in Akragas. Dieser letztere setzte seinen Namen auf die Münzen mit dem Königstitel. Dasselbe thut auch Hiketas, doch ohne Beifügung des Titels. Münzen mit dem Kopfbildnis des Phintias haben wir bis jetzt nicht. Die alte Eifersucht zwischen Syrakus und Akragas kam von neuem zum Ausbruch.

Phintias wurde von Hiketas bei dem Heräischen Hybla geschlagen, aber er erhielt von Carthago Unterstützung und konnte, während die punischen Truppen den Syrakusanern hart zusetzten, eine mächtige Herrschaft gründen. Wir erfahren zufällig, dass sich Agyrium gegen ihn empörte. Dies beweist, wie weit sich seine Herrschaft erstreckt hat. So theilten sich zwei griechische und zwei fremde Mächte in die Herrschaft über ganz Sicilien. Diese waren: Phintias in Akragas, Hiketas in Syrakus, die Carthager und die Mamertiner. Letztere dehnten ihre Raubzüge so weit aus, dass sie selbst bis an die Südküste vordrangen und die Stadt Gela zerstörten.

Wir hören von der Grausamkeit des Phintias, und dass er nachmals sich besserte. Aber er muss in Akragas verhasst gewesen sein, denn die Akragantiner vertrieben ihn, und nahmen sogar eine carthagische Besatzung auf, um die Rückkehr desselben zu verhindern. Doch haben wir im Verlaufe seiner Regierung wenigstens eine nützliche That zu verzeichnen. Als Gela die Mutterstadt von Akragas von den Mamertinern zerstört wurde, erbaute er als Zufluchtsort für die heimatlosen Bürger eine neue Stadt. Sie stand auf dem Gebiete von Akragas am Fusse des Hügels Eknomos am südlichen Himerasflusse, wo Hamilkar dem Agathokles die bedeutende Niederlage beigebracht hatte. Er gab der Stadt seinen eigenen Namen Phintias, aber die Bewohner nannten sich Geloer, sowie sich die Bewohner von Therma Himeraier nannten. Phintias war die letzte griechische Stadt, die in Sicilien gegründet wurde, sie besteht noch unter dem Namen Licata fort.

Um das Jahr 279 v. Chr. wurde die Macht des Hiketas in Syrakus durch einen gewissen Thoinon gestürzt.

Thoinon befehligte die Besatzung auf der Insel Ortygia, während ein gewisser Sosistratos die übrige Stadt besetzt hielt. Diese beiden entzweiten sich und führten ihre Truppen gegen einander. Aber sie scheinen nicht eigentlich Tyrannen gewesen zu sein, wie die, welche zur Zeit der Ankunft Timoleons einzelne Theile der Stadt inne hatten, sondern sie waren nichts weiter als unbotmässige Offiziere. Währenddem wurde Syrakus von den Carthagern zu Land und zur See hart bedrängt, und die punische Flotte lief in den grossen Hafen ein. In dieser Bedrängnis einigten sich die auf einander eifersüchtigen Befehlshaber mit der gesammten Bürgerschaft dahin, von auswärts Hilfe zu suchen. Da erging nicht bloss von Syrakus, sondern von allen Griechen Siciliens an den damals mächtigsten griechischen Fürsten der Ruf, zu kommen und die Griechen der Insel sowohl gegen die Carthager als gegen die Mamertiner und Tyrannen zu schützen.

Dies war Pyrrhos König von Epeiros, unter denen, welche von Archidamos angefangen unter dem wirklichen oder erheuchelten Vorwand, die dortigen Griechen zu schützen, aus Griechenland nach Sicilien und Italien kamen, der letzte und berühmteste. Er führte damals zur Vertheidigung der Tarentiner gegen die Römer Krieg in Italien.

Im Jahre 318 v. Chr., kurz bevor Agathokles zur Herrschaft gelangte, geboren, stand er damals im 40. Lebensjahr. Er war ein naher Verwandter des Königs Alexander von Epeiros, welcher in Italien den Tod gefunden hatte, und er leitete wie dieser seine Abstammung von dem Heros Achilleus ab. Es war für Griechenland und die Nachbarländer eine traurige Zeit, da jeder König ein möglichst grosses Gebiet zu erwerben trachtete, und viele von ihnen mehrmaligen Auf- und Niedergang erlebten. Das Schicksal des Pyrrhos war von Kindheit an ein fortwährendes auf und ab. Er hatte in der Verbannung gelebt und war mehr als einmal zurückgekommen. Mehr als einmal hatte er Makedonien gewonnen und wieder verloren. Aber er hatte sein Erbkönigreich bedeutend erweitert, und er stand jetzt als der berühmteste Fürst seiner Zeit hoch in Ehren, denn obwohl er ebenso ehrgeizig und kampflustig war, als irgend einer von den anderen Königen, hatte er doch edlere Eigenschaften als diese. Nach seinem Tode hielt man ihn für den grössten Feldherrn nach Alexander. Und gewiss übertraf ihn in der Schlacht keiner an Tapferkeit und Kriegsgeschick. Aber er glich zu sehr einem fahrenden Ritter, um einen Krieg geschickt zu Ende zu führen. Er war nicht treulos und blutdürstig, sondern von seinen Soldaten und Unterthanen geliebt, von seinen Feinden bewundert. Kurz er war das wahre Muster eines Soldaten-Königs und stand ebenso hoch über Agathokles, als tief unter Timoleon. Im Jahre 281 baten ihn die Tarentiner, ihnen zu Hilfe zu kommen, und im folgenden Jahr setzte er selbst mit einem Heere aller Waffengattungen sogar mit Elephanten über. Diese Thiere waren seit den Kriegen Alexanders nach Europa gebracht worden, und erscheinen jetzt zum erstenmal im Westen.

Der Krieg des Pyrrhos mit den Römern nimmt in Folge der vielen Nachrichten, die uns darüber erhalten sind, in der Geschichte eine hervorragende Stellung ein.

Viel spärlicher sind die Nachrichten über seinen Krieg in Sicilien, obwohl er Beachtung verdient. Denn beide sind auch als Theile eines Unternehmens zu betrachten. Pyrrhos suchte die Griechen des Westens von der Herrschaft der Carthager, Römer und anderer Barbaren zu befreien, und dann wie die Könige, welche im Osten Reiche gegründet hatten, ein grosses griechisches Reich im Westen zu gründen. Die republikanische Freiheit sollte aufhören, und hatte in der That schon aufgehört.

Pyrrhos wollte als König nicht bloss befreien, wie Timoleon, sondern über die, welche er befreien würde, herrschen. Das Gleiche hatten die Fürsten, welche vor ihm nach Italien und Sicilien gekommen waren, angestrebt; aber er kam diesem Ziele näher wie einer von diesen. Wenn es ihm gelungen wäre, dann wäre der Gang der Weltgeschichte ein anderer geworden. Rom hätte dann, selbst wenn es nicht gänzlich erobert worden wäre, nicht einmal das Haupt Italiens werden können. So fuhr Pyrrhos wie ein Donnerkeil über Italien und Sicilien hin, um eben so schnell wieder zu verschwinden. Die Römer und Carthager, nachmals so erbitterte Feinde, waren damals einander befreundete Mächte, und die Ankunft des Pyrrhos hatte sie sogar zu Verbündeten gemacht. Er musste also gegen beide kämpfen.

Es schien, als ob zwei mächtige Barbarenreiche, Carthago und Rom, sich gegen Hellas verschworen hätten, wie zur Zeit Gelons Carthago und Persien. Aber Rom, obgleich nach griechischer Anschauung ein Barbarenstaat, war kein Carthago und kein Persien. Es war eine durchaus europäische Macht, bereit, wenn Griechenland seine Stellung als Vorkämpfer Europas gegen Asien und Afrika nicht mehr behaupten könnte, an dessen Stelle zu treten.

Und dass es dazu bestimmt war, zeigte der zweijährige Krieg des Pyrrhos in Sicilien. Er hatte in Italien die Römer in zwei grossen Schlachten besiegt, aber seine Siege waren durch so hartnäckigen Kampf und so schweren Verlust erkauft, dass sie Niederlagen aufs Haar ähnlich waren. Als daher die Bitte an ihn erging, nach Sicilien zu kommen, ergriff er diese Gelegenheit mit Freuden, um mit den Römern Waffenstillstand zu schliessen, und sein Glück auf einem neuen Schauplatz zu versuchen. Obwohl es in Sicilien keine grossen Schlachten zu kämpfen gab, so gab es doch nichts desto weniger grosse Schwierigkeiten zu überwinden. Er musste sein ganzes Heer mit den Elephanten und allem Kriegsvorrath zur See befördern. Aber die Mamertiner beherrschten die Meerenge, und verbanden sich mit den Carthagern, um ihm die Landung auf Sicilien unmöglich zu machen. Daher wich er ihnen aus und landete in Tauromenion, dessen Tyrann Tyndarion sich mit ihm vereinigte.

In Katana wurde er freudig begrüsst, und als er in die Nähe von Syrakus kam, schloss sich Thoinon mit einer Schiffsabtheilung an. Thoinon und Sosistratos stellten ihm alle ihre Truppen, Vorräthe und Kriegsmaschinen zur Verfügung, und die ganze Stadt empfing ihn mit Jubel.

Die vereinigte Flotte von Syrakus und Epeiros war so stark, dass die punischen Schiffe, ohne sich in einen Kampf einzulassen, den grossen Hafen verliessen. Was mit dem Belagerungsheer geschah, wissen wir nicht. In Akragas lag eine carthagische Besatzung. Pyrrhos brach auf und seine erste Waffenthat auf sicilischem Boden war, dass er die zweitwichtigste Stadt Siciliens den Barbaren entriss. Unterwegs ereilte ihn die Nachricht, dass die Akragantiner allein die punischen Truppen vertrieben hätten und ihn um Hilfe bäten. Daher schickte er den Sosistratos, der jetzt als Unterbefehlshaber im Dienste des Königs stand, dahin, der die Unterwerfung von Akragas und von 30 anderen Städten entgegen nahm.

Wenn man die Übertragung der Furcht vor Barbaren

und der Herrschaft einheimischer Tyrannen auf einen griechischen König Befreiung nennen kann, so waren jetzt alle Griechen Siciliens ohne Schwertstreich befreit.

Pyrrhos wurde von Tauromenion bis Agrakas ebenso gut als König anerkannt, wie in Passaron und Ambrakia. Die Begründung eines Reiches auf beiden Seiten des jonischen Meeres, welche Agathokles von Westen aus versucht hatte, war jetzt seinem Schwiegersohn von Osten aus in vollkommenerem Grade gelungen. Pyrrhos nannte sich König von Sicilien, und scheint es fast als ein ererbtes Königreich betrachtet zu haben.

Er soll eine Theilung seiner Besitzungen beabsichtigt haben, indem er Sicilien seinem Sohn von der Lanassa und daher Enkel des Agathokles, Alexander, und Italien seinem zweiten Sohn Helenos zudachte. Aber so lange die Barbaren den ganzen nordwestlichen Theil der Insel nebst mehreren griechischen Städten inne hatten, hatte der König der sicilischen Griechen noch weit hin, um König von ganz Sicilien zu werden. Daher brachte er das, was Pentathlos, Dorieus, Hermokrates und Dionysios nur versucht hatten, zur Ausführung.

Er zog zuerst gegen die starke punische Festung Herakleia, und brachte sie, sei es durch Sturm, sei es auf gütlichem Wege, in seine Gewalt.

Die unter carthagischer Herrschaft stehenden Selinuntier nahmen den König auf. Eine Stadt nach der andern, darunter die Jungtrojaner von Segesta schlossen sich ihm an. Und jetzt zog er gegen einen Platz, welchen, seitdem Herakles ihn gewonnen, kein griechischer Eroberer betreten hatte. Eryx, auf dem Gipfel eines Berges über dem Meere gelegen, hatte sich Dionysios ohne Widerstand ergeben, aber er sah es als Eroberer nicht wieder. Es war eine Festung der Punier, und von ihnen durch eine noch vorhandene Mauer geschützt. Pyrrhos liess seine Kriegsmaschinen auf die Anhöhe bringen und gegen die Vertheidiger spielen. Aber erst als der König mit seiner nächsten Umgebung .sich persönlich mitten in das Handgemenge stürzte, wurde Eryx gewonnen. Indem Pyrrhos dem Herakles Kampfspiele und Opfer gelobte, war er der erste, der die Sturmleiter an die Mauer lehnte, und auf der Zinne stand. Seine Truppen nannten ihren König den „Adler"; er hatte sich zu einer seiner würdigen Höhe aufgeschwungen. Der Nachkomme des Achilleus hatte das Erbgut des Herakles zurückgewonnen.

Aber es war noch ein höherer Preis zu gewinnen. Von Eryx zog Pyrrhos in den Garten Siciliens, dessen Früchte zu pflücken nur einmal dem einzigen Hermokrates für kurze Zeit gelungen war.

Wir erfahren nur die nackte Thatsache, dass er Panormos einnahm, und den beherrschenden Felsen Herkte besetzte. Weiter wissen wir nichts. Aber nach zweimaligem vergeblichen Versuch war es jetzt zum erstenmal einem Europäer gelungen, den Hauptstützpunkt der Semiten auf Sicilien in europäisches Gebiet zu verwandeln.

Später kam der Römer und der Normanne, jeder zu seiner Zeit; aber der Mann von Epeiros war es, der ihnen den Weg gezeigt hatte.

Damit war es aber mit seinen Siegen zu Ende. Solus war gleichzeitig mit Panormos in seine Gewalt gelangt. Doch die Hauptfestung der Phönikier behauptete sich.

Als Dionysios in das carthagische Gebiet eingedrungen war, war sein Hauptschlag auf Motye gerichtet. Motye existierte nicht mehr, aber Pyrrhos war bei seinem Marsche auf Eryx bei Lilybaion, welches jetzt die Bedeutung von Motye einnahm, vorbeigezogen.

Und während er mit der Eroberung von Eryx und Panormos beschäftigt war, befestigten die Carthager Lilybaion mehr wie je. Pyrrhos konnte seine Truppen nur mit Mühe zum Angriff auf die starke Festung bewegen. Die Carthager erboten sich zum Frieden; sie erklärten sich bereit, alle sonstigen Ansprüche auf sicilische Gebiete aufzugeben, nur sollten sie Lilybaion behalten dürfen. Ohne Zweifel hofften sie, im Besitze von Lilybaion alles Übrige bald zurück gewinnen zu können. Pyrrhos war geneigt, auf diese Bedingungen einzugehen. Und dies ist auch so ziemlich erklärlich. Er hatte in Sicilien genug gethan, um seine Unternehmungslust zu befriedigen. Er hatte mehr ausgerichtet, als irgend ein Grieche vor ihm. Seine Anwesenheit war in Italien nöthig, wo die Römer nicht in eine einzige Festung eingeschlossen waren, sondern seinen Bundesgenossen hart zusetzten. Die Zustände Makedoniens und Griechenlands boten vieles, seinen Ehrgeiz aufzustacheln. Aber seine Unterbefehlshaber, besonders die Sicilianer erklärten sich für die Fortsetzung des Krieges. Denn für die Sicilianer handelte es sich um Sein oder Nichtsein. Jetzt oder nie kann es gelingen, die Phönikier aus der Insel zu vertreiben und ganz Sicilien griechisch zu machen. Infolgedessen ertheilte der König den Carthagern den Bescheid: „er würde mit Carthago Frieden schliessen, wenn diese ihren ganzen Besitz auf Sicilien übergeben.“ Diese Forderung wurde abgelehnt, und die Belagerung von Lilybaion begonnen. Lilybaion war zur Zeit des Pyrrhos nicht so leicht zu nehmen, wie zur Zeit des Dionysios. Nach zweimonatlicher mühseliger Belagerung musste er den Versuch aufgeben.

Vielleicht war es jetzt, dass er den Mamertinern mehrere feste Plätze entriss. Aber er konnte Messana ebenso wenig einnehmen wie Lilybaion. So lange diese zwei wichtigen Punkte in fremden Händen waren, waren alle seine sonstigen Erfolge umsonst. Er soll die Absicht ausgesprochen haben, eine grosse Flotte auszurüsten und gleich seinem Schwiegervater Agathokles den Krieg nach Afrika zu verlegen. Aber er kam nicht dazu. Er kehrte nach Syrakus, der Hauptstadt seines neuen Königreichs zurück; aber der Mann, der bisher als Feldherr und König äusserst milde und beliebt gewesen war, wurde jetzt in seinem Missvergnügen grausam und argwöhnisch. Er liess Thoinon tödten und nöthigte Sosistratos zur Flucht. Da ging das neue Königreich in Trümmer. Einige Städte fielen zu den Carthagern, andere zu den Mamertinern ab. Der König war froh, als 276 v. Chr. eine Gesandtschaft aus Italien ankam, und ihn bat, noch einmal den Tarentinern und Samnitern gegen Rom Hilfe zu leisten. Er machte sich auf und gelangte nach harten Kämpfen — zur See mit den Carthagern, zu Lande mit den Mamertinern — fast wie ein Flüchtling nach Italien. Hier erneuerte er den Krieg mit den Römern, wurde jedoch in der Schlacht bei Beneventum 275 v. Chr. geschlagen. Im folgenden Jahr kehrte er nach Epeiros zurück und mischte sich in die Händel Makedoniens und Griechenlands. Im J. 272 wurde er in Argos getödtet, in demselben Jahr ergab sich Tarent den Römern. Von nun an hatten Italien und Sicilien von jenseits des adriatischen Meeres keine Befreier mehr zu hoffen. Oder wenn wir wollen, wurde das Befreiungswerk erst nach acht oder dreizehn Jahrhunderten wieder aufgenommen.

Als Pyrrhos Sicilien verliess, soll er den Ausspruch

gethan haben: „Was für einen Ringplatz verlasse ich hier für die Römer und Carthager."

Dieser Ausspruch wurde wenn auch nicht sogleich zur Wahrheit. Damals sahen sich Rom und Carthago durch die gemeinsame Furcht vor ihm gedrängt, mit einander Bündnis zu schliessen, und blieben zwölf Jahre hindurch äusserliche Freunde. Nach dem Abzuge des Pyrrhos wurde noch einmal der Versuch gemacht, die griechischen Städte Siciliens oder wenigstens den grösseren Theil derselben zuerst als einen Städtebund, dann unter einem einheimischen König zu vereinigen. Ihre Hauptfeinde waren jetzt die Mamertiner. Im Vergleich zu ihnen betrachtete man die Carthager fast als Freunde, denn diese bildeten wenigstens ein geordnetes Staatswesen und waren nicht wie jene eine wirre Räuberbande. Die Mamertiner hatten alles, was Pyrrhos ihnen entrissen hatte, zurückgewonnen und noch bedeutend mehr. Akragas befindet sich einige Jahre später in ihrer Gewalt, wahrscheinlich ist es jetzt in ihren Besitz gekommen.

Aber ein Theil des Pyrrhischen Reiches, Syrakus und alle Städte der Ostküste sowie auch einige Binnenstädte hielten zusammen und vertheidigten sich gegen die Mamertiner. In Syrakus befand sich ein gewisser Hieron, Sohn des Hierokles, welcher sich für einen Nachkommen des berühmten Gelon ausgab. Es mag sein, dass er von jenem Sohne Gelons abstammte, von dem wir nichts Genaueres wissen. Von ihm wird allerlei erzählt, dass er der Sohn einer Sklavin gewesen, und etwa wie Agathokles in seiner Kindheit ausgesetzt worden, dass ihm als Knaben ein Wolf sein Buch raubte, wie seinem Vorvater Gelon. Gewisser ist, dass er unter Pyrrhos eine Befehlshaberstelle bekleidete, und bei dem König in hoher Achtung und

Gunst stand. Er war noch sehr jung, als ihn nach Pyrrhos' Abgang die Soldaten zum Feldherrn wählten. Anfänglich waren die Bürger dagegen, aber er hatte mächtige Freunde, welche ihm die Zustimmung des Volkes verschafften, und nach und nach wurde er allgemein beliebt. Er befestigte sich in seiner Stellung dadurch, dass er die Tochter des Leptines, eines einflussreichen Mannes in Syrakus, heiratete. Und auf vielen Münzen König Hierons ist der schöne Kopf der Königin Philistis zu sehen.

Aber er war noch nicht König, sondern führte als Feldherr der Syrakusaner und ihrer Verbündeten den Krieg gegen die Mamertiner. Auch leistete er den Römern Hilfe, als diese eine Legion campanischer Söldner, welche in Rhegion ebenso gehaust hatten wie die Campaner des Agathokles in Messana, niederwarfen und züchtigten. Nachdem er in einem Feldzuge den Mamertinern mehrere Städte abgenommen hatte, stellte er aus Misstrauen seine alten Söldner in einer Schlacht dem Feinde bloss und liess sie in Stücke hauen, während er das syrakusanische Bürgerheer unversehrt wegführte. Dionysios hatte es einmal ebenso gemacht, und sein Beispiel befolgten auch andere Feldherrn, Römer sowohl als Carthager. Denn es gab wirklich kein anderes Mittel, sich so gefährliche und meuterische Truppen vom Halse zu schaffen. Wenn Hieron wegen dieser treulosen Handlungsweise Tadel verdient, so gibt er in der Folgezeit wenig Anlass zum Tadel. Er wirkte so gut, als man in einer schlechten Zeit nur wirken konnte. Er schlug die Freibeuter in einer Schlacht beim Flusse Longanos in der Nähe von Mylae, und setzte ihnen hart zu. Man glaubte, wenn nicht die Eifersucht der Punier gewesen wäre, hätte er Messana erobert. Obwohl sich Carthago mit Syrakus gegen die Mamertiner verbündet hatte, wollte es, da es nach der Herrschaft über ganz Sicilien strebte, Messana nicht in die Hände der Syrakusaner fallen lassen. Aber die Mamertiner waren jetzt in Messana eingeschlossen, und ihnen die Möglichkeit Unheil anzurichten genommen. In der allgemeinen Freude über diesen grossen Erfolg wurde Hieron, als er heimkam, von den Syrakusanern und ihren Verbündeten zum König gewählt. Jetzt da die Griechen Siciliens einen König an ihrer Spitze hatten, eröffnete sich

Münze Hierons II.

ihnen noch einmal die Aussicht, die Herrschaft über ganz Sicilien zu erlangen. Aber es war zu spät. Wenn Agathokles ein solcher Mann wie Hieron gewesen wäre, würde es vielleicht anders gekommen sein. Hieron that sein Bestes, doch er konnte für einen Theil Siciliens zwar die Wohlfahrt, aber nicht die Freiheit sicher stellen. Er regierte fünfzig Jahre über Syrakus weise und gerecht. Er war der erste einheimische sicilianische Herrscher, der sein Kopfbild auf Münzen prägen liess, sonst war er sehr wenig auf königlichen Prunk versessen. Aber als Vertreter nach aussen hin musste er sich der Zeit anpassen. Als er zum König gewählt wurde, schien ihm eine glänzende

Laufbahn bevorzustehen, nur hatte er zu fürchten, dass sein nomineller Verbündeter Carthago ihm hinderlich sein könnte.

Rom war gleichfalls mit ihm verbündet, und er hatte Rom einen grossen Dienst erwiesen. Auch erhob Rom noch keinen Anspruch, sich in die Angelegenheiten Siciliens zu mischen.

Wenige Jahre später erkannte er, dass es für ihn zur Behauptung seiner Herrschaft und der Selbständigkeit seiner Unterthanen kein anderes Mittel gäbe, wie mit Rom in in ein Bundes- und Abhängigkeitsverhältnis zu treten.

Münze mit dem Kopfe der Königin Philistis.

VIERZEHNTES CAPITEL.

DER KAMPF UM SICILIEN.

264—241 v. Chr.

FÜR diesen ganzen Abschnitt haben wir in dem ersten Buche des Polybios eine Quelle, die nur dem Thukydides nachsteht. Obwohl er kein Zeitgenosse ist, so steht er doch der Zeit so nahe, um gut unterrichtet zu sein. Er vertritt die römische Ueberlieferung. Von Livius haben wir nur die Epitome (den Auszug) und von Diodoros nur Bruchstücke. Von Cornelius Nepos haben wir eine Biographie Hamilkars. Von den Secundär-Quellen gilt so ziemlich dasselbe wie im vorigen Abschnitt. Dass die Geschichte des Philinos von Akragas verloren ist, der, obwohl ein Grieche, den carthagischen Standpunkt vertrat, ist ein grosser Verlust.

Der erste Krieg zwischen Rom und Carthago wird in der allgemeinen Geschichte als erster punischer Krieg bezeichnet, Geschichtschreiber, welche der Zeit näher stehen, führen ihn als Kampf um Sicilien auf. Und dies mit Recht, denn in demselben stritten die zwei Sicilien gegenüberliegenden Gross-Republiken um die Herrschaft über die grosse, zwischen ihnen gelegene Insel. Und es musste so kommen; denn Carthago strebte nach der Herrschaft über ganz Sicilien, von dem ein grosser Theil schon ihr gehörte; und Rom wollte seine Herrschaft, die sich bereits über Unter-Italien erstreckte, auch auf die benachbarte Insel ausdehnen. Jetzt zum ersten mal suchte Rom fremdes, ausserhalb der Halbinsel gelegenes Gebiet zu erwerben. Zwischen diesen zwei Grossmächten hatte Hieron wenig Aussicht, die Unabhängigkeit seines Königreichs Syrakus zu behaupten. Der Kampf musste früher oder später ausbrechen. Es kam aber viel früher dazu, als man erwartet hatte und zwar in einer für Rom keineswegs ehrenvollen Weise.

Der griechische König Hieron war es, der die Mamertiner bedrängte, und sie gänzlich aus Sicilien zu vertreiben suchte. Carthago spielte eine zweideutige Rolle. Noch galten Carthago, Rom und Syrakus für befreundete Mächte, und man glaubte, Carthago stehe mit Syrakus gegen die Mamertiner im Bunde. Endlich im Jahre 268 v. Chr. setzte Hieron den Freibeutern so hart zu, dass diese es für nöthig fanden, auswärts Hilfe zu suchen. Es gab unter ihnen eine carthagische Partei, und eine carthagische Besatzung wurde in Messana aufgenommen. Die Mehrzahl jedoch war für Rom und glaubte, das Haupt Italiens würde bereit sein, Italiker gegen Phönikier und Griechen zu schützen. Aber Rom war weder mit Syrakus noch mit Carthago in Streit, und Rom hatte kurz vorher, von Syrakus unterstützt, ihre eigenen Söldner in Rhegion wegen desselben Frevels, den die Mamertiner in Messana begangen hatten, schwer gestraft.

Daher trugen die Mamertiner einige Zeit Bedenken, Rom um Hilfe zu bitten. Endlich aber entschlossen sie sich dazu.

Nach vieler Ueberlegung gewährten die Römer den

Mamertinern Hilfe. Diese wurden wie die Städte und Völker Italiens abhängige Bundesgenossen der Römer. Messana jenseits der Meerenge wurde zu Italien geschlagen. Aber den Mamertinern Hilfe leisten, bedeutete Krieg gegen Carthago und Syrakus. So begann 264 v. Chr. der erste punische Krieg, der Kampf um Sicilien.

Soweit dieser Krieg Rom und Carthago allein angeht, bedarf er in einer Geschichte Siciliens keiner ausführlichen Darstellung.

Ueber das Schicksal Siciliens hatten Fremde zu entscheiden; seine eigenen Bewohner, die Griechen und hellenisierten Sikeler hatten darauf geringen Einfluss. Als Ergebnis des 23jährigen Kampfes kann man angeben, dass, während das übrige Sicilien eine römische Provinz wurde, die Mamertiner mit ihren italischen Verbündeten in Verbindung blieben, und König Hieron, nachdem er mit Rom in Freundschaft getreten war, sich so lange er lebte in seinem Königreiche Syrakus behauptete, und es so glücklich machte, als es ein guter König vermochte, und so weit unabhängig war, als ein König sein konnte, der in allen auswärtigen Angelegenheiten den Weisungen eines grösseren Machthabers folgen musste. Viele Ereignisse dieses langen Krieges spielten sich auf sicilischem Boden ab, und bieten für einzelne Orte grosses locales Interesse. Manche von diesen gehören zu den wichtigsten Ereignissen, die je in Sicilien vorkamen. Diese müssen wir anführen, während die allgemeine Geschichte dieses Krieges der römischen oder carthagischen Geschichte angehört. Das Eigenthümliche an diesem Kriege ist, dass, obwohl er vorwiegend ein Landkrieg war, seine entscheidenden Schlachten zur See stattfanden, und viele Flotten durch Stürme vernichtet wurden. Beides geschah an der Küste Siciliens.

Auch ist es merkwürdig, dass Rom, dessen Hauptstärke vorher und nachher seine Landmacht bildete, in diesem Kriege nach manchem Glückswechsel die grösste Seemacht der damaligen Zeit auf ihrem eigenen Elemente besiegen konnte.

Die Römer zogen, bald nachdem sie italischen Boden betreten hatten, mit ihrer ganzen Macht gegen den König von Syrakus, und nahmen die heilige Stadt Hadranum im Sturm. Ein solches Gemetzel, wie es die Römer bei der Erstürmung einer Stadt anrichteten, war den Griechen ganz fremd.

Mehrere Städte ergaben sich aus Furcht und bevor die Consuln in die Nähe von Syrakus kamen, sah Hieron seine Macht bedeutend verkürzt. Daher unterwarf er sich und schloss Frieden. Es lag nicht im Interesse Roms, ihm schwere Bedingungen aufzulegen. Er musste sich zur Zahlung von 100 Talenten Silbers verstehen und Roms Verbündeter werden. Das hiess in der That zu Rom in ein Abhängigkeitsverhältnis treten. Obwohl er so gezwungen von einer Partei zur andern übertrat, so wurde Hieron der treueste und eifrigste Verbündete der Römer, die er auf jede Weise unterstützte, und wofür er alle möglichen Gunst- und Ehrenbezeigungen erntete. Syrakus musste durch den Verlauf des Krieges hauptsächlich ins Mitleid gezogen werden. Die Stadt und Hierons übrige Besitzungen hatten darunter schwer zu leiden. Hieron war unter den vielen Königen, welche die Römer ihre Verbündeten nannten, der erste. Das Königreich, welches ihm belassen wurde, umfasste das frühere Gebiet von Syrakus und die Städte an der Ostküste nördlich bis Tauromenion. Um den Besitz des übrigen Sicilien dauerte der Kampf zwischen den Römern und Carthagern fort.

Vom folgenden Jahr 262 v. Chr. ist erwähnenswert, dass die Bewohner von Segesta sich gegen die carthagische Besatzung in ihrer Stadt erhoben, dieselbe tödteten und sich an die Römer anschlossen. Agathokles hatte die frühere elymische Bevölkerung von Segesta ausgerottet. Aber die buntgemischte Menge, welche er dort ansiedelte, kehrte, wie so häufig in ähnlichen Fällen, zu den alten Traditionen der Stadt zurück. Sie gaben sich für Abkömmlinge der Trojaner aus und die Römer fanden es angemessen, sie als Stammesbrüder zu begrüssen und die Segestaner als bevorzugte Bundesgenossen zu behandeln.

Um dieselbe Zeit hörte eine der bedeutendsten griechischen Städte Siciliens auf, eine griechische Stadt zu sein. Akragas war jetzt im Besitze der Carthager, und diese beschlossen es zum Hauptstützpunkt ihrer Macht auf Sicilien zu machen. Dies veranlasste die Römer zu der denkwürdigen Belagerung dieser Stadt. Und es bezeichnet einen seltsamen Wechsel der Dinge, dass jetzt punische Heere Akragas vertheidigten. Und natürlich musste der Sieg des einen wie des andern das Absterben griechischen Lebens in dieser Stadt zur Folge haben.

Die Belagerung war langwierig, indem bald die eine bald die andere Partei Erfolge errang. Endlich verzweifelte der carthagische Befehlshaber Hannibal an der Möglichkeit den Platz zu halten und zog ab. Die Stadt blieb kurze Zeit sich selbst überlassen. Da brachen die Römer ein und ihr Schicksal war besiegelt. Sie erlitt alle Schrecken, welche die Römer über eine erstürmte Stadt zu verhängen pflegten. Wer nicht getödtet wurde, wurde in die Sklaverei verkauft. Akragas, eine der schönsten Städte, welche sich von ihrer Eroberung durch die Carthager wieder wenn auch nicht zu ihrer ehemaligen

Grösse emporgeschwungen hatte, sank schliesslich zur Provinzialstadt Agrigentum herab. Als solche verlebte sie ein drittes Dasein, aber die grosse Stadt des Theron schmolz nach und nach auf den Umfang der heutigen Stadt in den Grenzen der früheren Akropolis zusammen.

Dies war im Jahre 261. Das folgende Jahr ist berühmt durch den ersten Seesieg der Römer über die Carthager, den grossen Sieg, welchen Gaius Duilius in der Bucht von Mylae erfocht. Hierauf wurde in verschiedenen Theilen Siciliens gekämpft und einzelne Städte von den beiderseitigen Heeren erobert. Dann wurde Henna zuerst von einem punischen dann von einem römischen Heere genommen. Die Carthager befestigten Drepana, den Hafen von Eryx, welcher während des ganzen Krieges ein Hauptstationsplatz für ihre Flotten blieb.

Mehr Interesse bietet vielleicht der Einfall, welchen im Jahre 258 v. Chr. die Consuln Aulus Atilius und Gaius Sulpicius nach dem Beispiele des Hermokrates und Dionysios in das Gebiet von Panormos machten. Auf demselben mochte Atilius solche Erkundigungen einziehen, durch die er in den Stand gesetzt wurde, nach nicht langer Zeit das Unternehmen, welches Hermokrates und Dionysios versucht, Pyrrhos aber ausgeführt hatte, zu erneuern.

Im folgenden Jahre kam es zu dem hartnäckigen Seegefecht bei Tyndaris, wo Rom seinen Sieg theuer erkaufte. Dann wird der Kriegsschauplatz auf zwei Jahre nach Afrika verlegt. Die Erzählungen über Marcus Atilius Regulus, ob wahr oder falsch, berühren Sicilien nur insofern, als er offenbar durch das Beispiel des Agathokles zu seinem Angriff auf Carthago und Afrika angeregt wurde.

Sehr denkwürdig für die Geschichte Siciliens ist das

Jahr 254. Der andere Atilius, Aulus nutzte jetzt die Erfahrungen, die er gemacht hatte, aus.

Wir haben jetzt zum erstenmal Gelegenheit, uns von Panormos mit seinem Doppelhafen, der Altstadt mit ihrer langen Strasse zwischen zwei Meeresarmen und der Neustadt auf der den Hafen vom offenen Meere trennenden Halbinsel ein Bild zu entwerfen. Ausserdem war zwischen dem südlichen Hafenarm und dem Fluss Oreto eine befestigte Vorstadt entstanden. Gegen diese bedeutende Stadt, den alten Hauptort von phönikisch Sicilien, zogen jetzt Aulus und sein College Gaius Cornelius mit einer römischen Flotte und einem Landheere. Die Flotte lief in den Hafen ein, die Truppen wurden zwischen der südlichen Mauer und dem Flusse ans Land gesetzt. Die Neustadt, zu Land und zur See angegriffen, wurde im Sturm genommen und die Altstadt ergab sich jetzt auf den blossen Schrecken hin. Diejenigen Einwohner, welche sich loskaufen konnten, wurden verschont, die übrigen als Sklaven verkauft. Panormos mit seinem Gebiete wurde römisch, nur der Berg Herkte war noch nicht erobert und wurde von punischen Truppen, für die Römer ein Stein des Anstosses, behauptet. Nach dem Falle von Panormos erhoben sich manche Städte gegen die punischen Besatzungen und riefen die Römer herbei. Darunter befand sich das phönikische Solus, ein sprechender Beweis dafür, dass die Carthager bei ihren Unterthanen, selbst bei denen von demselben Blute nicht beliebt waren.

So wurde der wichtige Stützpunkt der Semiten auf Sicilien zum zweitenmal für Europa gewonnen. Die Griechen unter Pyrrhos hatten sich desselben auf kurze Zeit bemächtigt, dem Römer war es vorbehalten, ihn bleibend zu behaupten. Panormos sollte zwar wieder unter semitische Herrschaft kommen, aber erst elfhundert Jahre, nachdem Atilius und Cornelius es gewonnen hatten. Die Einnahme von Panormos und die Behauptung desselben gegen alle Angriffe bildet in der allgemeinen Geschichte Europas, das wichtigste Ereignis in dem Kampfe um Sicilien. Merkwürdiger Weise folgte für die Römer auf diesen grossen Erfolg eine Zeit grosser Bedrängnis. Zwar gelang es ihnen noch, Therma und Lipara auf der gleichnamigen Insel zu erobern, doch sollen sie aus blosser Furcht vor den Elefanten dem carthagischen Heere ausgewichen sein. Das klingt etwas befremdend. Die Verwendung der Elefanten im Kriege war für die Punier etwas neues. Pyrrhos hatte Elefanten aus Indien nach Italien und Sicilien gebracht. Dies brachte die Carthager auf den Gedanken, Elefanten Afrikas zu zähmen und in gleicher Weise im Kriege zu verwenden. Sie traten in den punischen Heeren an die Stelle der früheren Streitwagen. Es ist schwer zu begreifen, wie dieselben den Römern gerade zu der Zeit so besondere Furcht einjagen konnten. Denn sie hatten schon, bevor sie punischen Elefanten in Sicilien begegneten, es mit den Elefanten des Pyrrhos bei Beneventum aufgenommen und sie scheu gemacht. Gewissermassen wurden jetzt die Elefanten im grossen Massstabe auf die Probe gestellt.

Das Hauptstreben der Carthager war natürlich auf die Rückeroberung von Panormos gerichtet und ein misslungener Angriff der Römer auf Herkte mag ihre Hoffnungen gesteigert haben. Der punische Feldherr Hasdrubal machte 251 v. Chr. einen Angriff auf Panormos, welches von dem Consul Lucius Caecilius Metellus vertheidigt wurde. Beiderseits bestand das Heer bloss aus Landtruppen, von Schiffen geschieht keine Erwähnung.

Hasdrubal zog mit einem Heere gewöhnlichen Schlages und mit wenigstens 120 Elefanten, auf die er hauptsächlich seine Hoffnung baute, von Lilybaion aus. Er drang auf der Gebirgsstrasse gegen Panormos vor, so dass er durch den Fluss Oreto von der Stadt getrennt war. Metellus hielt sich innerhalb der Stadtmauern in der Absicht, den Feind bis an die südliche Mauer heranzulocken. Hasdrubal war über die vermeintliche Feigheit des Feindes mit Verachtung erfüllt und die Führer der Elefanten baten ihn dringend, beim Angriff vorangehen zu dürfen. Metellus hatte auf der südlichen Mauer und an ihrem Graben leichtbewaffnete Truppen aufgestellt, welche, sobald die Elefanten in die Nähe kamen, sie unaufhörlich mit einem Hagel von Pfeilen und Wurfspiessen überschütteten. Die Thiere rissen aus und brachten die Reihen der Punier in Unordnung. Dies benutzte Metellus, indem er aus dem geöffneten Stadtthore mit seinen Legionstruppen. einen Ausfall machte und die Feinde angriff.

Das punische Heer wurde vollständig aufgerieben. Die Elefanten rannten in die Ebene, theils mit theils ohne ihre Reiter, hin und her. Zuletzt wurden sechzig lebendig gefangen und nach Rom geschickt. Panormos war für Rom und Europa gerettet. Jetzt fassten die Römer wieder Muth. Es war für sie Aussicht vorhanden, den Carthagern jene Festungen im äussersten Westen der Insel, das einzige, was sie noch auf Sicilien besassen, zu entreissen. Etwas später finden wir die Römer im Besitze von Herkte, wahrscheinlich haben sie es bald nach dem Siege bei Panormos genommen. Aber der Berg Eryx, die neue Festung Drepana und die ältere Festung Lilybaion wurden noch von den Carthagern behauptet. Sie zu nehmen wurden jetzt von den Römern die grössten Anstrengungen gemacht. Der Kampf um diese Punkte füllt die noch übrige Dauer des Krieges, einen Zeitraum von zehn Jahren aus, wovon die Belagerung von Lilybaion, welche während dieser ganzen Zeit fortdauert, am bedeutsamsten ist. Beiderseits wurden staunenswerte Thaten vollführt und obwohl die Römer schliesslich den Sieg über Carthago davontrugen, waren sie doch nicht im Stande gewesen, die Hauptfestung der Carthager, wie es Dionysios und Pyrrhos gelungen war, einzunehmen. Über das erste Jahr der Belagerung von Lilybaion haben wir einen genauen Bericht mit merkwürdigen Einzelheiten. Es ist schwer begreiflich, warum die Carthager gerade damals Selinus zerstörten und seine Bewohner nach dem belagerten Lilybaion verpflanzten, während diese griechische Stadt doch lange Zeit unter punischer Herrschaft gestanden hatte. Aber Selinus hatte damit nur seinen Charakter als Stadt, selbst als unterworfene, verloren. Ohne Zweifel wurden seine Mauern geschleift. Aber dass seine Tempel zerstört wurden, wozu gar kein Grund vorhanden war, ist nicht denkbar. Lilybaion wurde jetzt von der Land und Seeseite aus belagert. Die römischen Schiffe wurden an der Mündung des Hafens vor Anker gelegt, um die Einfahrt in denselben zu versperren. Sie suchten jedoch vergeblich den Hafen zu blockieren. Denn die phönikischen Seeleute waren den ihrigen so sehr überlegen, dass geschickte Schiffskapitäne eine Zeitlang nacheinander sich Eingang verschafften. Namentlich fuhr ein gewisser Hannibal, der von seinen vielen Namensvettern durch den Beinamen „der Rhodier“ unterschieden wird, lange Zeit mit einem einzelnen Schiffe nach seinem Belieben aus und ein. Aber endlich wurde er mit seinem Schiffe aufgefangen. Wir wissen nicht, was aus Hannibal selbst geworden, aber sein Schiff diente römischen Schiffsbaumeistern zum Modell und von nun an konnte kein carthagisches Schiff in den Hafen einlaufen. Zu Lande suchten die Römer den grossen Graben, der die Stadt schützte, auszufüllen, andererseits die Carthager die römischen Belagerungsmaschinen in Brand zu stecken, was Letzteren endlich auch gelang. Nach dem ersten Jahr scheint sich die Belagerung in eine blosse Blockade verwandelt zu haben, denn wir erfahren nur wenige Einzelnheiten. Im Jahre 249 wurde die Belagerung, trotzdem dass der Consul Publius Claudius von dem punischen Feldherrn Hasdrubal bei Drepana eine entscheidende Niederlage erlitten hatte, keineswegs aufgegeben, sondern fortgesetzt. Auf die Niederlage bei Drepana folgte im nächsten Jahre die Vernichtung einer grossen römischen Flotte durch Sturm, worauf die Römer bis ganz gegen Ende des Krieges keine Flotte mehr ausrüsteten. Aber zu Lande führte der Consul Lucius Junius einen kühnen Handstreich aus. Er fuhr mit dem Reste seiner Flotte um den Fuss des Eryxberges herum, landete und bemächtigte sich durch einen plötzlichen Überfall der Stadt und des Tempels und verwandelte den Berg in eine römische Festung.

Pyrrhos hatte Eryx und Panormos kurze Zeit besessen. Auf längere Zeit nahm jetzt Rom das Haus der Göttin, in der man die Mutter des Aeneas verehrte, in Beschlag. Die letzten Jahre des Krieges sollten durch das Auftreten eines Mannes berühmt werden, der alle, die sich bisher an demselben betheiligt hatten, an Grösse bei weitem überragte. Carthago hatte lange Zeit in dem, was zur Grösse einer Macht beiträgt, das voraus gehabt, dass seine Staatsmänner und Feldherrn denen Roms entschieden überlegen waren. Es entsendete jetzt seinen besten Feldherrn, den es bis jetzt gehabt, den Vater eines noch berühmteren Sohnes, obwohl vielleicht beide an Fähigkeiten gleich gross waren. Die Zahl der punischen Eigennamen ist so gering, dass es oft schwer ist, die Träger desselben Namens von einander zu unterscheiden. Wir kommen jetzt auf Hamilkar, den Vater des grossen Hannibal zu sprechen. Hamilkar, mit dem Beinamen Barak oder der Blitz, stand jetzt an der Spitze der punischen Streitkräfte in Sicilien. Seine Thaten sind staunenswert, sie zeigen jedoch, dass der ganze Krieg einen anderen Charakter angenommen hatte. Die beiden streitenden Republiken waren durch die Länge des Kampfes fast erschöpft. Doch hatte Rom und seine Verbündeten ganz Sicilien bis auf Drepana und Lilybaion in seiner Gewalt und blockierte Lilybaion. Hamilkar hatte daher zu grossen Unternehmungen keinen Raum. Es handelte sich darum, ob Rom oder Carthago es länger aushalten könne, und Hamilkar konnte nichts anderes thun als versuchen, Rom mürbe zu machen. Zuerst verheerte er mit seiner Flotte die Küsten Unter-Italiens. Dann nahm er durch einen plötzlichen Überfall den über Panormos sich erhebenden Berg Herkte. Die Stadt selbst scheint er nicht angegriffen zu haben. Jetzt war er im Besitz eines Punktes, von wo aus er die Römer in Panormos und anderen Orten in jeder Weise belästigen konnte. Er liess sich in keine geordneten Schlachten ein, auch wagte er keinen Angriff auf die römische Hauptfestungen, aber er vereitelte jeden Versuch, seine Streitmacht von der Anhöhe zu vertreiben und verheerte das römische Gebiet durch Streifzüge zur See und zu Lande.

So suchte Hamilkar durch drei Jahre von seinem Stützpunkt Herkte aus die römische Streitmacht zu ermüden. Dass sein Versuch misslungen sei, schien er selbst zuzugeben, indem er freiwillig Herkte aufgab und sich einen andern Punkt aussuchte. Diesmal schlug der „Blitz“ auf Eryx ein. Aber er konnte nur die untere Stadt einnehmen. Die Akropolis mit dem Tempel der Astoreth oder der Aphrodite blieb in den Händen der Römer. Die beiden Gegner waren jetzt nahe einander gegenüber. Zwei Jahre hindurch kam es zu fortwährenden Gefechten ohne einen entscheidenden Vortheil für den einen oder den andern Theil. Die Römer wie die Carthager mussten sich jedes Stück Brod erkämpfen. Der Kampf um Sicilien beschränkte sich jetzt einzig auf den Eryxfelsen, nur dass Lilybaion noch immer von den Römern belagert, von den Carthagern vertheidigt wurde. Aber auch hier scheinen sie sich darauf beschränkt zu haben einander zu beobachten. Wir hören nicht, dass es von der einen oder anderen Seite zu besonderen Unternehmungen kam.

Auf diese Weise musste die Kraft der zwei Republiken, welche sich um die Herrschaft Siciliens stritten, erlahmen. Die Römer hatten alle Unternehmungen zur See aufgegeben und dasselbe scheinen auch die Carthager bald nach der Einnahme von Herkte durch Hamilkar gethan zu haben. Während der zwei Jahre, in denen Hamilkar Eryx behauptete, befand sich keine punische Flotte in den Gewässern Siciliens. Im Jahre 241 v. Chr. glaubten die Römer unter dem energischen Consul Gaius Lutatius Catulus, dass es jetzt Zeit sei einen letzten Versuch zur See zu wagen, um den Krieg nach der einen oder andern Seite zur Entscheidung zu bringen. Man erbaute nach dem Muster des Schiffes, welches man mit Hannibal „dem Rhodier“ abgefangen hatte, eine Flotte und liess, nachdem man die Mannschaft gut eingeübt hatte, die Flotte auslaufen. Es war keine carthagische Flotte vorhanden, um den Römern Widerstand zu leisten. Diese nahmen Drepana und blockierten Lilybaion neuerdings von der See aus. Den Carthagern blieb nichts ausser Lilybaion und dem Stützpunkt Hamilkars auf Eryx. Die Carthager hatten fünf Jahre lang das Seewesen vernachlässigt, aber jetzt mussten sie eine Flotte ausrüsten. Sie wurde in Eile in Stand gesetzt und bemannt, einerseits um Hamilkar auf Eryx zu verproviantieren, andrerseits die Römer bei Lilybaion oder Drepana anzugreifen. Lutatius war entschlossen, die punische Flotte, noch bevor sie Eryx erreicht und ihre Ladung gelöscht hätte, anzugreifen.

Dies gelang ihm, wiewohl er bei widrigem Winde unter Segel ging. Wohl selten hat ein Feind seinem Feinde ein grösseres Opfer gebracht wie jetzt Lutatius, als er sich entschloss, dem Sturme zum Trotze lieber sogleich anzugreifen, als einen günstigeren Wind abzuwarten und die carthagische Flotte nach Eryx gelangen zu lassen.

Denn wenn ihnen das gelänge, würden sie Hamilkar und seine Veteranen an Bord nehmen, und Lutatius hielt es für weniger gefährlich, dem Sturm zu begegnen, wie Hamilkar. Das letzte Kriegsereignis war die Schlacht bei Aigusa. Nun schien auch die Tüchtigkeit im Seekampf, worauf Carthago so stolz war, auf die Römer übergegangen zu sein. Die schwer beladenen punischen Schiffe konnten den Römern gegenüber nicht Stand halten. Der Kampf um Sicilien endigte damit, dass Carthago auf seinem eigenen Elemente vollständig geschlagen wurde. Beide Staaten hatten bei dem blutigen Spiele den letzten Wurf gethan und Rom hatte gewonnen. Obwohl Lilybaion und Eryx nicht eingenommen wurden, war Carthago nicht bloss in der Schlacht sondern im Kriege unterlegen. Hamilkar wurde bevollmächtigt, mit den Römern nach seinem Gutdünken Frieden zu schliessen.

Obwohl Lutatius keine solche Vollmacht hatte, einigten sich die Feldherrn auf Bedingungen, welche dem römischen Volke zur Genehmigung unterbreitet werden sollten. Carthago sollte allen Ansprüchen auf Sicilien entsagen, seine Truppen daraus entfernen, sich jeder Feindseligkeit gegen Hieron enthalten und innerhalb zwanzig Jahren 2200 Talente zahlen. In Rom glaubte man, dass diese Bedingungen für Carthago zu günstig seien. Die Geldsumme wurde auf 3200 Talente, in zehn Jahren zahlbar, erhöht. Es wurde eine Klausel hinzugefügt, durch welche Carthago allen Anspruch auf die zwischen Italien und Sicilien gelegenen Inseln aufgeben musste. Nachträglich gab man dieser Klausel die sonderbare und nicht besonders aufrichtige Deutung, dass sie einen Verzicht auf Sardinien und Corsica enthalte.

Da Hamilkar keine Einwendung machte, wurde der Frieden abgeschlossen. Die unbesiegten Besatzungen zogen aus Lilybaion und Eryx ab und schifften sich nach Carthago ein.

Der Kampf um Sicilien war zu Ende und die Insel kam, so weit sie von Carthago abhing, unter die Herrschaft Roms.

Sobald einmal Rom sich in die sicilischen Angelegenheiten mischte, musste für Sicilien alle Hoffnung, seine Unabhängigkeit zu behaupten, schwinden. Die Herrschaft über die Insel musste offenbar der einen oder der andern von den beiden streitenden Republiken zufallen. Eine Zeitlang war es zweifelhaft, ob Rom oder Carthago dazu bessere Aussicht habe. Dem Vordringen Roms konnten, wie sich gezeigt hat, keine Schranken gesetzt werden. Und dass dem so war, war gut. Wenn die Griechen Siciliens ihre Freiheit oder wenigstens ihre Selbständigkeit unter einem griechischen König nicht behaupten konnten, so war es für sie besser, wenigstens Europäer zu Herrn zu haben.

Die Schlacht bei Aigusa bewirkte, dass Sicilien 1068 Jahre lang, oder eigentlich für immer europäisch blieb. Denn sie machte die zweite Eroberung der Insel durch Semiten zu etwas ganz widernatürlichem. Der Theil Siciliens, welcher Barbaren gehört hatte, war jetzt für Europa gewonnen. Die Griechen, welche unter carthagischer Herrschaft gestanden hatten, kamen unter die naturgemässere Herrschaft Roms. Die Grenzen des Reiches Hierons blieben noch unverändert, jedoch war es von Rom abhängig. Bevor ganz Sicilien unmittelbar unter Roms Herrschaft gelangt, haben wir noch manche merkwürdige Ereignisse zu erzählen. Aber dessen vollständige Unterwerfung ist nur mehr eine Frage der Zeit.

FÜNFZEHNTES CAPITEL.

DAS ENDE DER SELBSTÄNDIGKEIT SICILIENS.

241—211 v. Chr.

FÜR den grossen Hannibalischen Krieg gibt es secundären Geschichtsstoff, wie allerlei Anekdoten, Anspielungen und Beziehungen in Unzahl. Für den Anfang des Krieges haben wir die zusammenhängende Darstellung des Livius, der sich grossen Theils auf Polybios stützt. Von Polybios selbst besitzen wir darüber das zweite bis zum fünften Buch und Fragmente von den folgenden Büchern. Von Diodoros sind uns über diesen Krieg nur Fragmente erhalten. Einiges bietet auch die Lebensbeschreibung des Marcellus von Plutarch, so wie die Hannibals von Cornelius Nepos. Der römische Dichter Silius Italicus schrieb ein langes Epos über diesen Krieg, in welchem er Sicilien oft erwähnt und in der Geographie Siciliens genaue Kenntnis bekundet. Zeitgenössischen Stoff liefern nur einige an König Hieron gerichtete Verse des Dichters Theokritos und einige auf diesen Krieg bezügliche Fragmente der Annalen des Ennius.

Die Begründung der römischen Herrschaft auf Sicilien ist nicht bloss für die Geschichte der Insel von Bedeutung, sie bezeichnet eine denkwürdige Stufe in dem Anwachs der römischen Herrschaft und somit auch in der allgemeinen Weltgeschichte. Das Ergebnis des ersten Krieges zwischen Rom und Carthago war, dass Rom seine erste Provinz und das erste Patronat über ein Königreich erwarb.

Erwerbungen von beiderlei Art machte es nachher in Fülle, die ersten jedoch auf Sicilien. Hieron, formell ein freier Verbündeter Roms, war thatsächlich von Rom abhängig. In der inneren Verwaltung seines Königreiches vollständig frei, musste er in der auswärtigen Politik den Weisungen Roms folgen. Als der erste Clientelkönig wurde er viel besser behandelt als die Könige, welche nach ihm von Rom abhängig wurden. So lange er lebte, bewahrte Syrakus seinen Wohlstand, seine Selbständigkeit in seinen inneren Angelegenheiten, und nur die Thorheit seines Nachfolgers war daran Schuld, dass es beides bald nach seinem Tode einbüsste. Das Gebiet der Mamertiner am sicilischen Gestade der Meerenge wurde Italien einverleibt. Der Theil der Insel, welchen Carthago beherrscht hatte, ging jetzt in derselben Eigenschaft auf die Römer über. Er wurde zur römischen Provinz „Sicilien“, das heisst ein den Römern unterworfenes Land, oder besser eine Besitzung Roms unter der Verwaltung eines römischen Statthalters. Die vollständige Organisation ganz Siciliens als eines den Römern unterworfenen Landes und die genaue Feststellung des Verhältnisses der einzelnen Städte zum herrschenden Staate fand jetzt noch nicht statt. Aber soweit die Insel unter carthagischer Herrschaft gestanden hatte, wurde sie römischer Provinzialboden, Eigenthum des römischen Volkes.

Die Besitzungen Hierons genossen, so lange er lebte alle Vortheile, welche die Regierung eines guten Königs bieten kann. Es war ein Glück für sie, dass ihr König ein Alter von 90 Jahren erreichte und, nachdem er Verbündeter Roms geworden war, noch 47 Jahre regierte. Er hielt streng an diesem Bündnisse fest und sendete den Römern in den Kriegen, welche sie in der Zeit zwischen dem ersten und zweiten punischen Kriege mit den Galliern zu führen hatten, fortwährend Hilfe. Und nach dem Ausbruch des zweiten punischen oder Hannibalischen Krieges war er eifrig bemüht, seinen Verbündeten Lebensmittel und Truppen zu liefern. Syrakus selbst wurde von dem Kriege nicht berührt. Aber Hieron unterhielt eine mächtige Flotte, liess die Befestigungswerke der Stadt verstärken und unter der Leitung seines Verwandten Archimedes, des hochberühmten Mechanikers alle möglichen Kriegsmaschinen anfertigen. Dann schmückte er die Stadt mit vielen Bauten. Unter diesen war der zweite Tempel des Olympischen Zeus auf der Agora der vornehmste Bau. Dann liess er in der Nähe des Theaters für das Fest des Zeus Eleutherios den grossen Altar errichten und am Theater selbst Ausbesserungen vornehmen. Hier kann man Hierons Namen und die Namen mancher Mitglieder seiner Familie noch im Stein eingemeisselt lesen. Seine Herrschaft war mild und gerecht. Er hielt sich an die alten Gesetze und vermied jeden königlichen Pomp. Dennoch bildete die Insel (Ortygia) auch unter ihm eine Festung für sich, die Residenz des Königs mit der königlichen Schatzkammer und den Vorrathshäusern.

Er regelte die Besteuerung. Das ganze Land musste an den Staat den Zehnten zahlen. Dieses Gesetz König Hieron's blieb noch lange Zeit, nachdem bereits ganz Sicilien eine römische Provinz geworden war, in Kraft.

Er genoss bei den andern griechischen Königen grosses Ansehen und unterhielt enge Freundschaft mit den Ptolemäern Ägyptens, welcher, wie man gewöhnlich annimmt, der Papyrus seine Verpflanzung vom Nil nach den Gewässern von Syrakus verdankt. Seine Güte gegen die Griechen reichte weit über Sicilien hinaus. Als die Stadt der Rhodier von einem Erdbeben schwer heimgesucht wurde, schickte er ihnen reichliche Spenden. Wie der ältere Hieron hatte auch er seine Dichter, sein Lob zu singen, und die Schäferlieder des Theokritos, deren Schauplatz hauptsächlich nach Sicilien verlegt wird, sind für seine Zeit eben so kennzeichnend wie die Oden Pindars für die Zeit der älteren Tyrannis. Nur der Tod seines einzigen Sohnes Gelon, der in den Fusstapfen seines Vaters wandelte, bildet fast den einzigen Rückschlag, den Hieron in seinem Glück erfuhr.

Der Hannibalische Krieg beginnt mit dem Jahre 218 v. Chr. gegen Ende der guten Regierung des greisen Königs. Seine erste Periode betrifft ausschliesslich Sicilien und ist dadurch bedeutsam, dass die Römer den Carthagern die Insel Melite (Malta) entrissen.

Im Jahre 216 starb König Hieron und mit ihm waren für sein Königreich die guten Zeiten dahin. Es wird erzählt, dass Hieron die Republik wieder herstellen wollte. Das heisst, er wollte nicht, dass die ausserordentlichen Befugnisse, die er gehabt hatte, nach ihm auf einen andern übertragen würden. Dies ist nicht unwahrscheinlich. Wenn sein Sohn Gelon noch gelebt hätte, hätte der Vater nichts besseres thun können, als ihn zum Nachfolger zu bestimmen. Aber es war nur Gelons Sohn Hieronymos, ein Junge von 15 Jahren übrig, der schon böse Neigungen verrieth. Doch der alte König liess sich, wie erzählt wird, von seinen Töchtern überreden, welche hofften, durch ihre Männer Hadranodoros und Zoippos für ihren Neffen die Regierung führen zu können. So vermachte er durch ein Testament dem Hieronymos das Reich und stellte ihn unter die Aufsicht von 15 Vormündern, zu denen seine beiden Oheime gehörten. Das Testament musste von der syrakusanischen Volksversammlung bestätigt werden, welche nur widerwillig ihre Zustimmung gab; und damit begann die Regierung des letzten Königs von Syrakus.

Hieronymos war für seine Jugend eigenwillig und zum Schlechten geneigt. Hadranodoros suchte seine Mitvormünder zu beseitigen, in der Hoffnung, dann seinen Neffen nach seinem Gutdünken lenken zu können. Hieronymos schenkte ihm und Zoippos zwar grössere Aufmerksamkeit, aber er herrschte nach eigenem Gutdünken. Ihm werden Grausamkeiten und Ausschweifungen aller Art zur Last gelegt, und was der beste Beweis gegen ihn zu sein scheint, umgab sich Hieronymos mit ausserordentlichem königlichen Pomp und zog weder den Senat noch die Volksversammlung zu Rathe, während sein Grossvater und sein Vater Gelon in der bescheidensten Weise unter dem syrakusanischen Volke gelebt und alle constitutionellen Formen beachtet hatten. Mit einem Worte, nach griechischer Anschauung war aus dem gesetzmässigen König ein Tyrann geworden. Jetzt kam die wichtige politische Tagesfrage.

Da Hannibal in Italien seine grossen Siege erfocht und Rom fast zu erliegen schien, war es keineswegs gewiss, ob ein Bündnis mit Rom für Syrakus das sicherste sei. Es war ganz möglich, dass Syrakus für eine den Carthagern geleistete Hilfe mit dem Besitze von ganz Sicilien belohnt würde, daher nahmen Hadranodoros und Zoippos für die Punier Partei. Thrason, der für Rom war, wurde aus dem Wege geräumt, und an Hannibal, der nach seinem Siege bei Cannae in Campanien stand, eine Gesandtschaft mit dem Anerbieten eines Bündnisses geschickt. Die Gesandten fanden natürlich freudige Aufnahme. Hannibal wies sie zum Abschluss eines förmlichen Vertrages an die Regierung in Carthago und schickte indessen Agenten nach Syrakus, um daselbst das carthagische Interesse zu wahren. Dies waren die zwei Brüder Hippokrates und Epikydes von gemischter Abstammung, Carthager von Geburt, aber die Enkel eines Syrakusaners, der von Agathokles verbannt worden war und sich in Carthago niedergelassen und verheiratet hatte. Hippokrates gewann auf den jungen König grossen Einfluss. Hieronymos war nun ganz für ein Bündnis mit Carthago eingenommen.

Als Appius Claudius, der als Prätor die römische Provinz verwaltete, ihn aufforderte, die Treue gegen Rom zu bewahren, gab er eine spöttische Antwort. Er schickte zwei Gesandtschaften nach Carthago. Durch die erste liess er den Vorschlag machen, er und die Carthager sollten die Römer aus Sicilien vertreiben und die Insel mit dem Himerasflusse als beiderseitiger Grenze unter sich theilen. Durch die zweite steigerte er seine Forderungen und verlangte ganz Sicilien für sich. Die Carthager gingen darauf ein, denn vorläufig entsprach es ihrem Interesse, und so wurde Hieronymos ihr Verbündeter und Roms Feind.

Aber in Syrakus gab es eine den Römern freundliche Partei, und Hieronymos hatte sich durch seine Missregierung viele zu Feinden gemacht. Als er einen Feldzug gegen die römische Provinz unternahm, wurde er in Leontinoi von Verschworenen getödtet. Zwei von den

Mördern, Theodotos und Sosis, machten sich sogleich auf, in der Hoffnung, als die ersten diese Nachricht nach Syrakus zu bringen. Aber ein Sklave des Königs kam vor ihnen dort an, und ermöglichte es dem Hadranodoros, der sich als Erben seines Neffen betrachtete, zu seiner Sicherheit Vorkehrungen zu treffen. Als jedoch Sosis und Theodotos von Leontinoi mit dem Diadem des Hieronymos und seinem blutbefleckten Gewande dort eintrafen, kam die öffentliche Stimmung zum Ausbruch. Die Söldner versagten Hadranodoros den Dienst; die Regierung wurde dem Senate und Volke übertragen und Hadranodoros aufgefordert, sich der wiederhergestellten Republik zu unterwerfen. Anfangs war er dazu geneigt, aber seine Gemahlin Damarete, Hierons Tochter, stachelte ihn auf, die Macht festzuhalten. Aber er hatte nicht die Willensstärke, entschieden die eine oder die andere Bahn zu betreten. Am folgenden Tage verliess er die Insel, übergab die Schlüssel und unterwarf sich dem neuen Stand der Dinge. Er wurde sogleich neben Themistos, dem Gemahl von Hieronymos' Schwester Harmonia und einigen von seinen Mördern zum Feldherrn gewählt. Diese gehörten natürlich der römischen Partei an, und es wurden Gesandte an Appius Claudius abgeschickt, um die frühere Freundschaft zwischen Syrakus und Rom zu erneuern.

So weit hatten die Dinge einen ganz ruhigen Verlauf genommen. Ausser dem des Hieronymos war kein Blut geflossen. Aber dass die Freundschaft mit Rom erneuert werden sollte, entsprach durchaus nicht den Wünschen des Hippokrates und Epikydes. Zur Zeit, als Hieronymos ermordet wurde, waren sie auf einem Kriegszuge gegen die in die Grenzorte gelegten römischen Besatzungen abwesend. Sie suchten vergeblich die Nachricht von dem

Tode des Königs vor ihren Söldnern geheim zu halten, und sahen sich von denselben verlassen. Sie kehrten nach Syrakus zurück und erklärten, sie seien als Offiziere Hannibals hierher gekommen und seien einzig nur im Auftrage ihres Oberfeldherrn in Hieronymos' Dienste getreten. Sie bäten jetzt, man möge sie dem Hannibal zurücksenden und ihnen ein bewaffnetes Geleite mitgeben, da die Strassen unsicher seien.

Die Feldherrn bewilligten ihre Bitte, schickten sie aber thörichter Weise nicht sogleich fort. So gewannen diese Zeit, im Verein mit einzelnen Bestandtheilen der Bevölkerung besonders mit den Söldnern und römischen Überläufern einem Bündnisse mit Rom entgegen zu arbeiten. Sie sprengten das Gerücht aus, die Feldherrn beabsichtigten unter dem Deckmantel eines Bündnisses mit Rom Syrakus gänzlich unter die Botmässigkeit Roms zu bringen und unter römischer Oberherrschaft selbst die Zügel der Regierung zu führen. Damarete und Harmonia sollen ihre Gatten bewogen haben, der Verschwörung beizutreten. Die andern Feldherrn gaben vor, sie hätten gegen Hadranodoros und Themistos Beweise in den Händen. Aber statt sie zur Verantwortung vor Gericht zu ziehen, liessen sie dieselben bei dem Thor des Senatsgebäudes ermorden und dann die That durch einen Senatsbeschluss billigen. Dann hielten sie eine Ansprache an die Volksversammlung und forderten sie auf, den Beschluss zu fassen, dass das ganze Tyrannenhaus — so nannte man jetzt die Nachkommen des guten Königs Hieron — getödtet werden soll.

In Syrakus waren von Hierons' Nachkommen nur Frauen vorhanden. Nicht bloss Damarete und Harmonia wurden getödtet, sondern ein noch weit kläglicheres Gemetzel verübt. Zoippos, der Gemahl von Hierons zweiter Tochter Herakleia war in Alexandrien abwesend. Er hatte das Bündnis mit Carthago angerathen, aber Hieronymos' Frevelthaten missbilligt. Als er mit einer Gesandtschaft nach Egypten geschickt wurde, zog er es vor, dort zu bleiben, während seine Gemahlin und seine zwei Töchter in Syrakus zurückgeblieben waren. Diese wurden jetzt mit furchtbarer Grausamkeit getödtet.

Dies ist unter den Greuelthaten, welche die Geschichte von Syrakus aufweist, eine der grössten, aber sie war von den Feldherrn und nicht vom Volke ausgegangen. Als die Volksversammlung merkte, dass man sie getäuscht habe, liess sie Befehle ergehen, dem Blutvergiessen Einhalt zu thun; aber es war zu spät.

Mehr zu verwundern ist es, dass die Urheber einer solchen Frevelthat, die Feldherrn, nicht abgesetzt oder vielmehr durch einen Ausbruch des Volksunwillens weggefegt wurden. Doch der Zorn des Volkes gab sich nur dadurch zu erkennen, dass sich die öffentliche Meinung stark auf die Seite der Carthager neigte. Bei dieser Gesinnung wurden an die Stelle der zwei getödteten Feldherren Hippokrates und Epikydes gewählt. Aber sie mussten sich noch verstellen. Die Unterhandlungen mit Appius Claudius wurden fortgesetzt und dieser schickte die Gesandten an den neuen Consul, der soeben nach Sicilien gekommen war, den berühmten Marcus Claudius Marcellus. Die zwei Brüder sprengten das Gerücht aus, es bestehe eine Verschwörung, um die Stadt vollständig den Römern in die Hände zu liefern. Dieses Gerücht fand um so mehr Glauben, als eine punische Flotte nach Pachynos kam, und es deshalb Appius Claudius für zweckmässig hielt, die römische Flotte am Eingang in den grossen Hafen zur Beobachtung vor Anker zu legen. Obwohl er nur den Eingang bewachte, so gerieth das Volk doch in grosse Aufregung und nur die Rede eines gewissen Apollonides hielt es von Anwendung offenbarer Gewalt zurück, indem er es überredete, an dem Bündnis mit Rom festzuhalten, und den Vertrag, der jetzt mit Marcellus unterhandelt wurde, abzuschliessen.

Aus den Vertragsbestimmungen erwuchs eine neue Ursache zum Streit. Dieses zeigt, dass die in griechischen Republiken eingewurzelten Anschauungen noch fortlebten. Der Vertrag enthielt die Bestimmung, dass alle Städte, die zum Reiche König Hierons gehört hatten, unter die Herrschaft der Republik Syrakus kommen sollen. Jeder Grieche wusste, was dies bedeutete. Der König mochte für die Interessen der einzelnen Bestandtheile seines Reiches sorgen. Eine Republik Syrakus, gleichviel ob aristokratisch oder demokratisch, herrschte nur in ihrem eigenen Interesse. Hierin erkannten Hippokrates und Epikydes ihren Vortheil. Thörichter Weise hatte man sie mit einer Schar von Söldnern und Überläufern nach Leontinoi gesendet, um sie und ihre Truppen los zu werden.

Sie kümmerten sich als Hannibals Offiziere um Syrakus nur so weit, als es für Carthago erspriesslich war. Daher trugen sie kein Bedenken, in einer Weise, wie sie sich für einen leontinischen Patrioten geziemt hätte, die Leontiner anzutreiben, sich von Syrakus unabhängig und Streifzüge auf römisches Gebiet zu machen.

Marcellus führte über diesen Bruch des soeben abgeschlossenen Vertrages in Syrakus Beschwerde. Die syrakusanischen Feldherrn erwiderten, Leontinoi sei zu Syrakus gehörig, und um die dort entstandene Empörung niederzuwerfen, würde Syrakus mit Rom gemeinsame Sache machen.

Syrakus wäre wohl seinem Bündnisse mit Rom treu geblieben, wenn Marcellus nicht die Gemüther aller sicilischen Griechen durch eine Handlung, in welcher er sich vielleicht noch gnädig zeigen wollte, gegen sich aufgebracht hätte. Die inneren Theile der Insel hatten schon seit mehr als fünfzig Jahren keinen Krieg gesehen, jetzt wurde er von den Römern hineingetragen. Die Römer übten ein weit härteres Kriegsrecht als es bei den Griechen üblich war.

Auch in den griechischen Freistaaten kam es oft zu blutigen Auftritten, und noch ärgere Ausschreitungen wurden hie und da von Pöbelmassen und Tyrannen gemacht. Aber ein systematisches, unterschiedsloses Hinmorden, wie es von den Römern bei der Erstürmung einer Stadt zu geschehen pflegte, war bei den Griechen unbekannt. Auch beschränkten sich die Griechen selbst bei den blutigsten Racheakten im Kriege nur auf den einfachen Mord, ohne ihre Opfer unnöthiger Weise zu quälen und zu verhöhnen. Marcellus zog, ohne das Eintreffen des syrakusanischen Kontingentes abzuwarten, gegen Leontinoi und nahm die Stadt im Sturm, worauf das übliche Morden eine Zeit lang dauerte und geplündert wurde. Doch Marcellus that dem so bald als möglich Einhalt. Den Bürgern und den Truppen mit Ausnahme der Überläufer geschah weiter kein Leid. Der Consul liess sogar die geraubten Güter zurückstellen und zeigte sich hierin weniger hart, als es meistens römische Feldherrn zu sein pflegten. Aber in Leontinoi waren 2000 Überläufer, gegen die er nach römischem Kriegsrecht keine Gnade üben durfte. Diese liess er geisseln und enthaupten. Ein solches blutiges Schauspiel hatte das östliche Sicilien nie gesehen. Das Geisseln mehr noch als die Enthauptung erregte allgemeine Erbitterung gegen die Römer. Die That wurde noch schwärzer ausgemalt. Hippokrates und Epikydes, denen es gelungen war, nach Herbessus zu entkommen, streuten das Gerücht aus, dass die ganze Bevölkerung von Leontinoi, nicht bloss die Überläufer in solcher Weise behandelt worden sei. In Folge dieser Lügengerüchte weigerten sich die syrakusanischen Truppen, die Bürger sowohl als die Söldner, gegen Leontinoi oder Herbessus zu ziehen, und nahmen Hippokrates und Epikydes, denen es gelungen war, aus Herbessus zu entkommen, bei sich auf. Die Söldner wurden noch mehr aufgestachelt durch einen gefälschten Brief, in welchem die syrakusanischen Feldherrn dem Marcellus für die Bestrafung der Überläufer in Leontinoi dankten und ihn baten, er möge mit allen Söldnern in syrakusanischem Dienste ebenso verfahren. Die Söldner geriethen natürlich in Wuth; die Feldherrn nahmen sich nicht Zeit, die Unechtheit des Briefes zu erweisen, sondern entflohen. Hippokrates und Epikydes konnten die Söldner nur mit Mühe abhalten, alle syrakusanischen Bürger im Heere niederzumachen. Die Feldherrn waren nach Syrakus geflohen. Bald nach ihnen traf daselbst ein von den beiden Brüdern entsendeter Bote ein und bestätigte alle falschen Gerüchte, die im Heere ausgestreut worden waren. Die Stadt war getheilt, jedoch die Mehrzahl, hauptsächlich die untern Schichten neigten zu Carthago hin.

Als Hippokrates und Epikydes vor Hexapyla erschienen, fanden die Feldherrn keinen, der sich ihnen entgegenstellen wollte, weshalb sie mit ihrem Anhang nach Achradina flohen. Doch die Mauer von Achradina wurde erstürmt, einige Feldherrn wurden mit ihren Anhängern getödtet, andere, darunter Sosis, entkamen in das römische Lager.

Die beiden Brüder wurden in einer ungesetzlichen Versammlung, zu welcher Sklaven, Fremde und Verbrecher zugelassen wurden, neuerdings in ihrem früheren Feldherrnamte bestätigt.

Ob ein förmlicher Beschluss zu Gunsten Carthagos gefasst wurde, ist nicht gewiss. Aber Syrakus wurde durch die Söldner, Überläufer und die untersten Volksschichten in das carthagische Interesse gezogen. Rom hatte zwar noch einen bedeutenden Anhang, der jedoch gegen die Übermacht seiner Gegner nicht aufkommen konnte. Somit beginnt die Belagerung von Syrakus durch die Römer, welche von 214 bis 212 v. Chr. dauerte.

Marcellus führte seine Truppen auf einem Umwege auf den gewöhnlichen Lagerplatz am Olympieion hinab, ohne den nördlichen Theil der Stadt zu berühren. Er wollte im Einklang mit der im grossen Hafen befindlichen Flotte vorgehen. Vorerst machte er noch zwei Versuche, Unterhandlungen anzuknüpfen. Seine Botschaft war, er sei nicht gekommen, um Syrakus zu belagern, sondern um zu verlangen, dass die Syrakusaner, welche sich in sein Lager geflüchtet, wieder aufgenommen, und diejenigen, welche jetzt von den Fremden unterdrückt seien, von diesem Joche befreit würden. Wenn die Flüchtlinge wieder aufgenommen, die Urheber des Blutvergiessens ausgeliefert würden, dann wäre alles gut. Wenn nicht, so müsste Rom zu den Waffen greifen. Epikydes hörte die Gesandten vor dem Thore an, und erwiderte ihnen; sie werden sehen, dass die Belagerung von Syrakus schwieriger sei wie die von Leontinoi und liess das Thor vor ihren Augen schliessen.

Und nun wurde die Belagerung hauptsächlich von Norden her in Angriff genommen. Wenn auch das Lager beim Olympieion beibehalten wurde, so hatte es nur eine untergeordnete Bedeutung im Vergleich zur Hauptstellung der Römer bei Hexapyla, wo Appius zu Lande den Angriff leitete, während Marcellus die Flotte gegen die Klippen von Achradina führte. Er hatte viele Maschinen von sinnreicher Erfindung an Bord seiner Schiffe; Thürme, wie man sie gewöhnlich bei Belagerungen zu Lande an die Mauern brachte, auch eine Maschine zum Anlegen von Sturmleitern, mit denen er die Mauern an den Klippen zu ersteigen hoffte.

Aber innerhalb der Mauern von Syrakus befand sich ein Mann, der in solchen Dingen weit besser Bescheid wusste als irgend einer im römischen Lager oder auf der Flotte. Archimedes war noch am Leben und widmete seine ganze Kraft der Vertheidigung der belagerten Stadt. Hippokrates und Epikydes waren so vernünftig, ihm freie Hand zu lassen. Man sagte, ein alter Mann sei die Seele von Syrakus und alles Übrige bilde nur den Körper. Er liess in den Mauern Schiessscharten für die Scharfschützen anbringen. Er besetzte die Mauerzinnen mit allerlei Geschützen zum Schleudern von Steinen und Geschossen, alle von vorzüglichem Ebenmass und ausserordentlicher Treffsicherheit. Er hatte Eisenhände, durch die Truppen, welche sich der Mauer näherten, ergriffen und in die Luft geschleudert wurden. Er wusste die Kunstgriffe der Römer durch die seinigen zu vereiteln. Die Thürme und Leitern waren nutzlos. Die Schiffe, welche sie führten, wurden von Steinen und ungeheuern, mit grosser Geschicklichkeit gezielten Bleiklumpen zerschmettert, oder in die Höhe gehoben und wieder fallen gelassen, um sie zum Sinken zu bringen.

Gegen die Kunst des Archimedes konnten die Römer weder zu Lande noch zur See etwas ausrichten. Wenn auf der Mauer eine Stange oder ein Seil sichtbar wurde, liefen sie davon mit dem Ausruf, Archimedes bringe seine Maschinen gegen sie in Anwendung. Endlich gaben die beiden Claudier den Angriff sowohl zu Lande wie zur See auf. Appius bewachte Syrakus von seinem früheren Standquartier bei Olympieion aus und Marcellus zog aus, um die Städte, die sich empört hatten, wieder zu unterwerfen.

Den Römern war der Angriff auf Syrakus so sehr misslungen, dass der ganze Krieg dadurch eine andere Gestalt bekam. Hannibal erkannte, dass Sicilien jetzt der Hauptschauplatz des Krieges werden müsse.

Er selbst blieb in Italien. Dort hatte er seine besondere Aufgabe zu erfüllen, aber er bat in einem Schreiben an Carthago, man möge bedeutende Verstärkungen nach Sicilien senden. Infolge dessen kam Himilkon mit Reiterei, Fussvolk und Elefanten dahin. Dieser eroberte Herakleia und Agrigentum, aber sein Versuch, Syrakus zu Land und zur See zu entsetzen, schlug fehl. Die punische Flotte, welche mit Proviant für die belagerte Stadt gekommen war, begab sich wieder unter Segel, ohne sie weiter zu unterstützen. Aber wieder verstärkten die Römer ihre Feinde durch eine Blutthat, für welche diesmal nicht einmal das römische Kriegsrecht als Entschuldigung dienen konnte. Lucius Pinarius, der in Henna befehligte, hatte wahrscheinlich guten Grund zu glauben, es bestehe eine Verschwörung, um die römische Besatzung dem Feind zu überliefern. Aber er begegnete der Gefahr, indem er die Bürgerschaft von Henna zu einer ordentlichen Versammlung berief und dann von seinen Leuten überfallen und niedermachen liess. Marcellus hatte diese Unthat zwar nicht anbefohlen, aber auch in keiner Weise getadelt. Eine solche That in der heiligen Stadt Henna verübt, verschärfte die allgemeine Abneigung der Sicilianer gegen Rom.

Viele Städte fielen zu Himilkon ab. Das Ganze, was Marcellus während des Winters 213—212 thun konnte, war, dass er Syrakus zu Land und Wasser mehr beobachtete als belagerte. Titus Quinctius Crispinus befehligte die Abtheilung beim Olympieion und die Schiffe im grossen Hafen, während der Consul selbst auf der Nordseite wahrscheinlich nicht weit von Thapsos ein Lager bezog.

Im Lager des Marcellus befanden sich viele Syrakusaner, unter andern der ehemalige Feldherr Sosis; auch in Syrakus selbst gab es eine starke Partei, welche gerne das Bündnis mit Rom wieder angeknüpft hätte. Aber die Söldner und Überläufer unter Epikydes hatten in der Stadt die Oberhand und hielten sie unter strenger Aufsicht. Dennoch traten die Parteigänger Roms in der Stadt mit ihren ausserhalb befindlichen Genossen in Verkehr. Die Gesandten wurden sonderbarer Weise in Fischerbooten unter Netzen vergraben hin und her befördert. Auch jetzt noch erbot sich Marcellus, Syrakus im Falle der Unterwerfung als freie Stadt, die sich nach ihren eigenen Gesetzen verwalten dürfe, fortbestehen zu lassen. Aber die Verschwörung wurde dem Epikydes verrathen, und dieser liess, seiner punischen Abstammung entsprechend, 80 Parteigänger Roms eines martervollen Todes sterben. Dennoch dauerte der Verkehr zwischen Belagerten und Belagerern fort. Man unterhandelte über den Loskauf eines Lakedämoniers, namens Damippos.

Er war von Syrakus an den makedonischen König Philipp, der mit Hannibal Bündnis geschlossen hatte, entsendet worden, um ihn zu thatsächlicher Hilfeleistung anzutreiben, aber den Römern in die Hände gefallen. Rom hatte gerade damals seine besondern Gründe, Sparta glimpflich zu behandeln, und Marcellus war nicht abgeneigt, demselben eine Gunst zu erweisen. Bei einer Zusammenkunft, welche in einem zwischen dem römischen Lager und der nördlichen Mauer von Syrakus gelegenen Thurm abgehalten wurde, bemerkte ein römischer Offizier eine Stelle, wo man die Mauer ohne Schwierigkeit ersteigen könnte. Er machte Marcellus darauf aufmerksam, und dieser übereilte sich nicht, sondern wartete eine günstige Gelegenheit ab.

Diese bot sich dar, als in Syrakus der Artemis zu Ehren ein dreitägiges Fest gefeiert wurde und alle Aussicht vorhanden war, dass viele in der Trunkenheit den Wachdienst schlecht versehen würden. Da die Stadt von den Römern durchaus nicht eng eingeschlossen war, so waren die Maschinen des Archimedes nicht in Thätigkeit; die Römer hatten also ausser den gewöhnlichen Kriegsgefahren nichts zu fürchten. Eine erlesene Schar wurde in der Nacht unter Führung des Syrakusaners Sosis abgesendet. Diese erstieg die Mauer in der Nähe von Hexapyla, ohne von Seite der trunkenen und schläfrigen Wachen Widerstand zu finden. Da ertönte das römische Hornsignal von der Mauer; die Wachen liefen in der Bestürzung zwecklos hin und her. Das Thor von Hexapyla wurde geöffnet und das ganze römische Heer drang ein. Ganz Epipolai war jetzt in ihrem Besitz, aber die älteren Stadttheile mussten belagert werden. Epikydes behauptete sich in Achradina und der Inselstadt und auf der entgegengesetzten Seite hielt die Burg Euryalos gegen die Römer stand. Es gab also noch viel zu thun, aber es war schon etwas bedeutendes, über die Dionysische Mauer eingedrungen zu sein. Marcellus, ein strenger Mann, der jedoch sehr viel von einem Heros an sich hatte, blickte auf die grosse und berühmte Stadt, die grösste in ganz Europa, deren Eroberung schon so weit gediehen war, hinab. Noch bevor er in ihren vollen Besitz kam, überschaute er die Zeiten ihres ehemaligen Ruhmes und Glanzes und weinte in einer mit Freude und Staunen, Hoffnung und Furcht gemischten Stimmung.

Marcellus musste jetzt, wie das schon öfters geschehen war, die innere Stadt Syrakus von den äusseren Stadttheilen aus belagern. Noch einmal gab er ihnen Bedenkzeit; aber die Mauern von Achradina waren mit Überläufern besetzt und man schenkte seinem Herold nicht einmal Gehör. Er richtete sein Augenmerk auf die Burg Euryalos, wo ein Argiver namens Philodamos die Söldner befehligte. Er knüpfte mit ihm durch Sosis Unterhandlungen an, aber Philodamos, der von Hippokrates Entsatz erwartete, hielt ihn eine Zeitlang hin. Indessen schlug Marcellus in der Mitte der Anhöhe Epipolai zwischen den späteren Stadtvierteln Tyche und Temenites, wovon das letztere jetzt mit Neapolis, der Neustadt vereinigt war, sein Lager auf. Diese Stadttheile scheinen eine viel schwächere Besatzung gehabt zu haben als Achradina, daher die Bewohner dem Marcellus unter der Bedingung, dass er ihnen das Leben und ihre Behausungen lasse, ihre Unterwerfung anboten. Er erfüllte diese Bedingungen buchstäblich.

Die zwei Stadttheile wurden systematisch ausgeplündert; aber Blutvergiessen war verboten und die Bewohner durften allem Anschein nach ihre ausgeleerten Wohnungen wieder beziehen. Bald darauf übergab Philodamos, der vergebens auf Entsatz gehofft hatte, die Burg Euryalos und durfte sich zu Epikydes auf die Insel begeben. Die Römer waren nun im Besitze der ganzen ausserhalb der Mauer von Achradina gelegenen Anhöhe. Nun wurde die Belagerung der inneren Stadt Syrakus in Angriff genommen.

Hätte Philodamos etwas länger gewartet, so hätte er seinen Freunden von Nutzen sein können. Es schien, als ob die Belagerer wie früher die Athener daran wären, selbst zu Land und zur See belagert zu werden. Bomilkar lief mit einer punischen Flotte in den grossen Hafen ein. Himilkon und Hippokrates kamen mit einem aus Puniern und Sicilianern bestehenden Landheere und besetzten einen Punkt in der Niederung südlich vom Lager des Titus Quinctius. Sie machten einen allgemeinen Angriff, der von Epikydes durch einen Ausfall aus Achradina unterstützt wurde. Aber die Römer schlugen ihre Angreifer überall ab. Beide Theile nehmen dann eine Zeitlang eine beobachtende Stellung ein. Marcellus war in der obern, Epikydes in der innern Stadt. Himilkon und Hippokrates mit ihrem Heere und Quinctius mit dem seinigen waren in der Niederung gelagert, die carthagische und römische Flotte lagen im Hafen. Da tauchte ein neuer und furchtbarer Feind auf.

Es war der Herbst des Jahres 212, und die sumpfige Ebene am Anapos wurde wie von jeher ungesund. In den hier gelagerten Heeren brach wie früher unter Himilkon eine Pest aus. In der Stadt selbst richtete sie weder unter den Belagerten noch unter den Belagerern grossen Schaden an, denn hier war die Luft reiner. Aber sie warf sich auf das Heer des Quinctius und noch schwerer auf das des Himilkon. Marcellus verschaffte den Truppen des Quinctius Erleichterung, indem er sie auf einen gesunden Posten auf dem hochgelegenen Epipolai verlegte. Auch die Sicilianer im carthagischen Heere machten in der Nähe einen gesunden Lagerplatz ausfindig. Doch die punische Streitkraft wurde sammt ihren Feldherrn Himilkon und Hippokrates hinweggerafft. Epikydes hatte nur noch von Bomilkar und der punischen Flotte Rettung zu erwarten. Bomilkar ging nach Afrika, um die Absendung von Verstärkungen zu betreiben. Sie wurden bewilligt und nach Sicilien, aber nicht nach Syrakus geschickt. Epikydes suchte Bomilkar zur Eile anzutreiben; dieser begab sich unter Segel, ohne jedoch weder in den Hafen von Syrakus einzulaufen, noch mit der römischen Flotte sich in eine Schlacht einzulassen Er steuerte, man weiss nicht aus welchem Grunde, auf Tarent zu.

Epikydes kehrte nicht mehr nach Syrakus zurück. Er stand nicht eigentlich im Dienste von Syrakus, sondern von Carthago und er mochte gedacht haben, dass er Carthago anderswo bessere Dienste leisten könne. So blieb Syrakus den Söldnern und Überläufern preisgegeben. Diese Letzteren hatten, im Fall die Römer siegten, nichts anderes als die Ruthe und das Beil zu erwarten. Alle andern, Bürger sowohl wie Söldner, konnten auf Begnadigung hoffen. So wurde noch einmal ein Versuch, Unterhandlungen anzuknüpfen, gemacht, zunächst mit den sicilianischen Truppen in der Nähe. Marcellus erklärte, er wolle Syrakus als freie Stadt bestehen lassen, jedoch müsste sie natürlich die Oberhoheit Roms anerkennen und an Rom die jährliche Abgabe, die sie früher an König Hieron gezahlt hätte, entrichten. Es wurden Gesandte abgeschickt, um diese Bedingungen den Führern der Söldner, welche Syrakus in ihrer Gewalt hatten, kund zu thun. Es gelang den Gesandten, diese Führer unter Mitwirkung ihrer Freunde in Syrakus zu tödten. Dann wurde eine Versammlung, die letzte Volksversammlung in Syrakus abgehalten und in derselben Feldherrn gewählt, welche mit Marcellus auf die von diesem gestellten Bedingungen unterhandelten. Dies betrachteten die Ausreisser als ihr Todesurtheil, sie überredeten die Söldner, mit ihnen gleiche Sache zu machen, tödteten die neuen Feldherrn und brachen allen Verkehr mit den Römern ab. Aber jetzt erkannten die Söldner, dass ihre Lage von der der Überläufer verschieden sei. Die Söldner konnten Begnadigung finden, auf welche die Überläufer keinen Anspruch hatten. Ein spanischer Söldnerführer namens Mericus setzte sich mit Marcellus in Verbindung und liess sich auf das Versprechen grosser Belohnung herbei, seine Stellung auf Ortygia in der Nacht den Römern in die Hände zu spielen.

Als zur verabredeten Zeit eine römische Abtheilung zu Schiffe ankam, nahm sie Mericus auf. Mit Tagesanbruch machte Marcellus auf die Mauer von Achradina einen Scheinangriff.

Während alle Streitkräfte in Syrakus zur Vertheidigung sich dorthin wendeten, gewährte Mericus grösseren Abtheilungen römischer Soldaten Einlass, bis die Insel vollständig in ihrer Gewalt war. Sonderbarer Weise gelang es den Überläufern zu entkommen. Daraus darf man schliessen, dass man sie hatte entkommen lassen.

Es scheint, dass Mericus sich für sie verwendet habe und Marcellus zu ihrem Entweichen die Augen zudrückte, da er, sobald sie in seine Hände fielen, sie nicht begnadigen konnte. Aber ein hartes Los traf die Bürger, von denen doch ein grosser Theil noch immer den Römern geneigt war. Sie kamen zum Thor von Achradina heraus und baten bloss um ihr Leben. Marcellus wurde später wegen seiner angeblichen Milde sehr gerühmt; aber sie ging nur so weit, dass sie ein allgemeines Morden verhinderte.

Aus dem Späteren ergibt sich, dass einige Hauptgegner Roms getödtet, ihre Häuser und Grundstücke eingezogen wurden. Aber bei der Masse der Bevölkerung verfuhren die Römer nach dem Grundsatze, den sie bei ihrem Eindringen in Tyche und Neapolis befolgt hatten. Den Soldaten durfte man den erwarteten Lohn nicht entziehen. Daher wurden die Häuser von Syrakus der Plünderung preisgegeben, Mord und Greuelthat war jedoch verpönt und den Bewohnern wurden ihre ausgeplünderten Häuser gelassen. Marcellus nahm den königlichen Schatz für das römische Volk in Beschlag, aber man fand, dass er weniger reich sei, als man vermuthet hatte. Und er eröffnete die Reihe jener schamlosen Räubereien, welche seitdem fortwährend an Statuen, Gemälden und anderen Kunstwerken verübt wurden. Was immer dazu dienen konnte, seinen Triumph zu schmücken, wurde weggenommen.

Mord und Greuelthaten waren verboten. Aber bei einer allgemeinen Plünderung ist es nicht möglich Blutvergiessen ganz zu vermeiden. Denn wo einmal Plünderung erlaubt wird, hat sie sicher Blutvergiessen im Gefolge. Und die Einnahme von Syrakus ist dadurch bezeichnend, dass dabei der berühmteste Mann Siciliens sein Leben einbüsste. Des Archimedes geschieht nur in der ersten Zeit der Belagerung Erwähnung. Denn seitdem er Marcellus und Appius aus der Nähe der Stadt verdrängt hatte, waren seine Maschinen nicht mehr nöthig gewesen. Es wird erzählt, dass Marcellus ihn holen lassen wollte, wahrscheinlich um ihn im Triumph aufzuführen. Als der Bote kam, war der Denker mit der Lösung eines mathematischen Problems beschäftigt; er verlangte, dass man ihn dasselbe vollenden lasse. Da zog der Soldat, der ihn wahrscheinlich falsch verstanden hatte, in seiner Hast das

Schwert und durchbohrte ihn. Marcellus soll seinen Tod beklagt und sich gegen die Verwandten desselben gnädig gezeigt haben.

Auch andere kamen auf die eine oder andere Weise ums Leben und die, denen Leben und Häuser gelassen wurden, waren nach dem Verluste ihrer ganzen Habe in einer so elenden Lage, dass viele, um ihr Leben zu fristen, sich oder ihre Kinder verkaufen mussten. Dagegen belohnte Rom geleistete Dienste. Sosis und Mericus erhielten beide das römische Bürgerrecht, Sosis überdies ein Haus in Syrakus und Ländereien in der Nähe. Mericus und diejenigen, welche den Römern die Landung auf der Insel ermöglicht hatten, wurden anderswo mit Ländereien ausgestattet. So verlor Syrakus, die grösste Stadt Siciliens und Europas und lange Zeit eine vorherrschende Stadt ihre Unabhängigkeit und historische Bedeutung. Sie blieb über 1000 Jahre in irgend einer Gestalt ein Bestandtheil des römischen Reiches. Marcellus hatte jetzt mit den andern Städten, welche unter die römische Herrschaft gekommen waren, zu schaffen.

Hierons Königreich war zerfallen und keine Aussicht mehr vorhanden, dass das östliche Sicilien je mehr oder weniger zu einem Ganzen verschmelzen könnte. Jede Stadt erfuhr eine seinem Verhalten Rom gegenüber entsprechende Behandlung. Jene Städte, welche nie abgefallen oder vor dem Falle von Syrakus zur Treue zurückgekehrt waren, wurden nach verschiedenen Abstufungen begünstigt. Diejenigen, welche sich erst nach der Eroberung von Syrakus aus blosser Furcht unterworfen hatten, behandelte Marcellus als besiegte Feinde und theilte wie in Syrakus nach seinem Ermessen Belohnungen und Strafen aus. In diesen Massregeln haben wir den Grund, warum in der Folge die Verhältnisse dieser Städte zu einander und gegen Rom verschieden waren, zu suchen.

Aber nur in einem Theile Siciliens konnte Marcellus so nach seinem Gutdünken verfahren. Viele Städte hielten noch an dem Bündnisse mit Carthago fest. Hannon und Epikydes hielten Akragas besetzt und sie wurden durch numidische Reiter unter einem tapferen Führer namens Mutines, welche ihnen Hannibal zu Hilfe gesendet hatte, verstärkt. Mutines gehörte dem Mischvolke der sogenannten Libyphönikier an, welche von den Ehrenrechten der carthagischen Bürgerschaft ausgeschlossen waren. Trotzdem hatte er sich durch seine militärischen Verdienste im Lager Hannibals Ehre und Vertrauen erworben. An der Spitze seiner leichten Reiterei durchstreifte er ungehindert das Land. Er plünderte die Ländereien der Verbündeten Roms und wurde überall der Hauptstützpunkt der carthagischen Partei. Aber Hannon blickte mit Neid auf seine Erfolge und da er seinen Auftrag direct von der carthagischen Regierung hatte, so verachtete er den Offizier, der bloss dem Hannibal seine Sendung verdankte. Andrerseits kümmerte sich Mutines hauptsächlich um Hannibal, so wie sich seine Reiter hauptsächlich um Mutines kümmerten; aber weder Mutines noch seine Reiter scheerten sich um Carthago, noch weniger aber um Hannon. Daher war es für die Römer nicht schwer, durch ihre Ränke den Mutines und seine Truppen, sobald diese sich einmal verletzt fühlten, in ihrer Treue wankend zu machen. Hannon und Epikydes zogen nach Phintias bei dem alten Schlachtfeld am südlichen Himeras. Marcellus zog ihnen von Syrakus entgegen und lieferte ihnen eine Schlacht, in welcher die Römer durch das Eingreifen des Mutines in ihr Lager zurückgetrieben wurden. Merkwürdiger Weise entstand unter den Numidiern eine Meuterei; ein Theil davon ritt nach Herakleia; Mutines eilte ihnen nach, um sie zur Umkehr zu bewegen. Hannon wollte während der Abwesenheit des Mutines durchaus eine Schlacht liefern. Die Numidier hatten den Marcellus benachrichtigt, dass sie nicht gegen ihn kämpfen würden, und hielten sich am Schlachttage fern und ohne ihre Mitwirkung wurde Hannons Heer mit Leichtigkeit geschlagen. Marcellus erbeutete nebst vielem andern acht Elefanten und kehrte als Sieger nach Syrakus zurück.

Dies war sein letzter Erfolg in Sicilien. Er wurde im Oberbefehl von dem Praetor Cethegus abgelöst und kehrte in der Hoffnung auf einen Triumph nach Rom zurück. Die Eroberung von Syrakus war unstreitig der bedeutendste Erfolg, den Rom bis jetzt erzielt hatte. Aber der Krieg war noch nicht beendigt und Marcellus war ohne sein Heer gekommen. Deshalb wurde ihm nur die geringere Ehre der Ovation bewilligt. Bei derselben wurde der Feldherr nicht in einem Wagen herumgeführt, sondern ging zu Fusse. Statt der Trompeten wurden Flöten geblasen und das Opfer, welches dem Jupiter auf dem Capitol dargebracht wurde, bestand nicht aus einem Stier, sondern aus einem Widder. Aber die reiche syrakusanische Beute, die man Göttern und Menschen geraubt hatte, die Maschinen des Archimedes, die gefangenen Elefanten, boten ein so grossartiges Schauspiel, dass die Ovation des Marcellus an Glanz einem Triumphe gleichkam.

Im nächsten Jahr (211—210) wurde er zum zweitenmal mit Marcus Valerius Laevinus zum Consul gewählt. Der Gedanke, dass Marcellus wieder kommen würde, versetzte ganz Sicilien in Furcht. Von da wurden Gesandtschaften nach Rom geschickt, um die Römer um Gnade zu bitten. Das Schrecken wuchs, als der Senat den Beschluss fasste, dass einer der Consuln Sicilien als Provinz erhalten sollte und das Los für Marcellus entschied. Es ging das Gerede, als ob Syrakus ein zweitesmal geplündert werden sollte. Marcellus führte stolze Reden und sagte, dieses Geschrei gehe nur von seinen ränkesüchtigen Feinden in Rom aus. Doch die Abneigung gegen ihn war so gross, dass er es für gut fand, seine Provinz mit der des Laevinus zu vertauschen. Die Sicilianer wurden dann in dem Senat zu einer förmlichen Audienz eingeführt, wo sie die von Marcellus erduldeten Leiden schilderten. Viele Senatoren hielten gegen ihn heftige Reden, aber man hielt es nicht für angemessen gegen ihn ein förmliches Tadelsvotum auszusprechen. Seine Anordnungen wurden bestätigt, man gab jedoch Laevinus die Weisung, Syrakus soweit es die römischen Interessen gestatten, möglichst milde zu behandeln. Marcellus und seine Familie erhielten nach römischem Brauch das erbliche Patronat über Syrakus und es bildeten sich über die Milde, mit der Marcellus Sicilien behandelt habe und über seine grosse Beliebtheit daselbst lügenhafte Märchen.

Während Marcellus in Rom war 210, kamen von Carthago Verstärkungen in Akragas an. Noch betheiligte sich Mutines am Kampfe und gewann für Carthago eine Stadt um die andere. Cethegus hatte viele Mühe, Meutereien in seinem Heere hintan zu halten.

Da kam Laevinus in seine Provinz. Er scheint den Beschwerden der Syrakusaner einigermassen abgeholfen zu haben. Seine Hauptaufgabe war jedoch die Unterwerfung von Akragas. So lange jedoch Mutines ungehindert aus und einritt, waren alle seine Anstrengungen vergeblich. Endlich erreichte die thörichte Eifersucht Hannons einen solchen Grad, dass er den Mutines seiner Befehlshaberstelle entsetzte und sie seinem eigenen Sohne verlieh. Da betrachtete Mutines alle Bande, die ihn an Carthago knüpften, für gelöst und die Numidier wollten unter keinem anderen Führer ausser Mutines dienen. Sie erboten sich, dem Laevinus die Stadt zu überliefern, was sie auch in Ausführung brachten. Eine Abtheilung römischer Truppen wurde bei dem südlichen Thore eingelassen. Hannon, Epikydes und einigen anderen, welche durch das Kriegsgeschrei der Römer aufgeschreckt wurden, gelang es, durch ein Seitenthor den Ausgang ins Freie zu gewinnen. Der Versuch eines anderen Haufens, diesen zu folgen wurde vereitelt und Akragas befand sich zum zweitenmal in der Gewalt der Römer. Laevinus kam um über sie Gericht zu halten; er hatte keinen Auftrag gegen Akragas nachsichtig zu sein und er behandelte eine empörte Stadt härter als Marcellus Syrakus behandelt hatte. Die Masse der Bevölkerung wurde in die Sklaverei verkauft; die Hauptgegner Roms hingerichtet. Doch durfte ein Theil, wahrscheinlich der Überrest einer römischen Partei bleiben und ein politisches Scheinleben führen, bis ihre Zahl einige Jahre später durch Ansiedler aus anderen Theilen der Insel vermehrt wurde. Akragas verliert seine historische Bedeutung und sinkt zur Provinzstadt Agrigentum herab.

Die Unterwerfung Siciliens war der Hauptsache nach vollendet. Allerdings waren noch 66 Städte gegen Rom in Waffen. Aber der Fall von Akragas verbreitete überall hin Schrecken. Einige Städte ergaben sich freiwillig, andere wurden theils durch Verrath theils durch Sturm genommen. Ihre Bewohner wurden je nachdem sie sich um die Römer gut oder schlecht verdient gemacht hatten, theils belohnt theils bestraft.

Der eigentliche Krieg war nun zu Ende. Laevinus konnte an die Bewohner Siciliens die Ermahnung richten, sie sollten sich, da der Friede hergestellt sei, ruhig verhalten und das zu ihrem und Roms Bedarfe nöthige Getreide bauen. Es entsprach eher der Stellung einer Civilbehörde wie eines Feldherrn, dass er eine Räuberbande, die in Agathyrnum hauste, unterdrücken musste. Viertausend Raubmörder jeder Art hatten sich dieser Stadt bemächtigt und sie zum Mittelpunkt ihrer Räubereien gemacht. Sonderbar genug fand Laevinus für sie eine Verwendung. Er schaffte sie nach Italien hinüber, um das Gebiet von Rhegion gegen die eben so räuberischen Bruttier zu schützen. Hierauf begab er sich nach Rom; berichtete dem Senate, wie er seine Provinz beruhigt habe, führte Mutines und seine Genossen ein und erwirkte für sie Belohnungen, für Mutines Verleihung des Bürgerrechts. Dann kehrte er für mehrere Jahre nach Sicilien zurück. Er und andere römische Feldherrn benutzten die Insel als ein Bollwerk Europas gegen Afrika. Von den Häfen Siciliens wurden viele Streifzüge gegen die Küsten Afrikas unternommen. Carthago drohte bisweilen Vergeltung zu üben, doch es blieb bei der blossen Drohung. Die Insel war beruhigt und ihr Getreide lieferte den Unterhalt für die römischen Heere und Rom selbst. Erst gegen Ende des Krieges wird Sicilien wieder der Schauplatz wichtigerer Ereignisse. Publius Cornelius Scipio, der für das Jahr 205 zum Consul gewählt wurde, machte Sicilien zum Ausgangspunkt für ein grosses Unternehmen. Er beabsichtigte, nach dem Vorgange des Agathokles den Krieg nach Afrika zu verlegen und dadurch Hannibal zur Vertheidigung Carthagos aus Italien wegzuziehen. Die Vorbereitungen dazu wurden in Sicilien getroffen; von Lilybaion zog er aus, nach Lilybaion kehrte er zurück. Was er bezweckt hatte, trat ein. Hannibal kehrte nach Afrika zurück, um Scipio mit Waffengewalt entgegen zu treten, seine letzte Schlacht zu schlagen und seine erste Niederlage zu erleiden. Auf das Betreiben Hannibals schloss Carthago den Frieden, durch welchen es aufhörte eine herrschende Stadt zu sein und thatsächlich von Rom abhängig wurde. Der lange Streit war entschieden, Europa ging als Sieger über Afrika hervor. Sicilien hatte die Herrschaft der Phönikier nicht mehr zu fürchten, dafür musste es sich der Herrschaft Roms unterwerfen. Für eine lange Zukunft hat Sicilien in der Geschichte nur die Bedeutung einer unterworfenen Provinz, eines Anhängsels zu Alt- und Neu-Rom. Sechshundert Jahre lang nimmt sie an den Weltereignissen keinen directen Antheil. Diese lange, meist traurige Zwischenzeit trennt Siciliens Blütezeit, welche wir durchgegangen haben, von seiner noch in weiter Ferne liegenden zweiten Blüteperiode. Doch ist diese Zwischenzeit vielfach belehrend und enthält hie und da interessante Momente.

Und unter den Veränderungen, welche in dem Zustande der Insel eintraten, übertrifft eine an Bedeutung alle andern. Wenn wir nächstens Sicilien wieder bei den grossen Weltereignissen eine wenn auch nur vorübergehende Rolle spielen sehen, werden wir von einem verchristlichten Sicilien zu sprechen haben. Die Altäre des Baal müssen von Panormos weichen, wie die des Zeus von Agrigentum. Der Tag, an welchem Scipio seinen Sieg bei Zama erfocht, ist von dem Siege Gelons bei Himera durch eine grössere Zahl von Jahren getrennt, wie von der Zeit, wo der heilige Paulus in Syrakus predigte.

SECHZEHNTES CAPITEL.

SICILIEN EINE RÖMISCHE PROVINZ.

DIESER Abschnitt umfasst die Geschichte von über 1000 Jahren, aber nur ein kleiner Theil dieses Zeitraums bedarf einer ausführlichen Behandlung.

Selbstverständlich haben wir keine fortlaufende Geschichtsquelle, welche diese ganze Zeit umfasste, überhaupt keine Specialgeschichte für Sicilien. Wir müssen unsere Nachrichten für diesen Zeitraum gerade sowie für den frühesten grösstentheils aus allen möglichen zufälligen Quellen schöpfen. Für einzelne Perioden stehen uns gute Gewährsmänner aus derselben oder nahezu derselben Zeit zu Gebote. So finden wir für die Sklavenkriege ausser andern Nachrichten eine gute Darstellung bei Diodoros, der obwohl kein Zeitgenosse die Geschichte seiner Heimats-Insel zu einer Zeit schrieb, wo die Ereignisse noch frisch im Gedächtnisse waren. Die bedeutenden Reden Ciceros gegen Verres sind eine Schatzkammer für die Kenntnis der Zustände Siciliens zu jener Zeit, gerade so wie es über 600 Jahre später die Briefe Papst Gregor des Grossen für seine Zeit sind. Zwischen diesen liefern uns die Geschichtswerke Appians und Dion Cassius einen ziemlich ausführlichen Bericht über den Krieg des Sextus Pompeius und soweit Siciliens in den Kriegen Belisars gegen die Vandalen und Gothen Erwähnung geschieht, haben wir dafür das zuverlässige Zeugnis des Zeitgenossen Prokopius, des besten Geschichtsschreibers seit Polybios. Unsere anderen Quellen bestehen meist aus Bruchstücken. Es finden sich natürlich hie und da zerstreute Notizen in den mehr allgemeinen Geschichtswerken von Suetonius und Tacitus angefangen; für die früheren Zeiten finden sich Nachrichten über das Land bei Strabo und dem älteren Plinius.

Für die spätere Zeit liefern uns die Heiligenlegenden und andere kirchliche Quellen reichlichen Stoff. Aber man muss sich viele Mühe geben, um das Sagenhafte vom Thatsächlichen zu unterscheiden. Aber für die allerletzte Zeit bieten sie für die Lokalgeschichte reichlichen Stoff und sind bisweilen von hohem Werte. Unsere Kenntnis über die frühere Zeit wird durch zahlreiche Münzen und Inschriften unterstützt. Die meisten Inschriften Siciliens stammen aus römischer Zeit, von denen wir viele gerne mit solchen aus älterer Zeit vertauschen möchten.

Ganz Sicilien war jetzt eine römische Provinz. Der Theil der Insel, welchen Carthago besessen und am Ende des Kampfes um Sicilien an Rom abgetreten hatte, bildete Roms erste Provinz, das heisst, er wurde aus einer carthagischen Provinz in eine römische verwandelt. Das Reich Hierons blieb jedoch bis zu dessen Tod ein unabhängiger Staat. Der zweite Kampf um Sicilien brachte die ganze Insel in dasselbe Unterthänigkeitsverhältnis. Die Einrichtung in eine Provinz wurde zuerst auf Sicilien durchgeführt und dann als Carthago Corsica und Sardinien abtrat, auf diese Inseln ausgedehnt. Erst von jetzt an begann Rom selbständige Gebiete systematisch in Provinzen zu verwandeln. Das Reich Hierons war eine nothwendige Ergänzung zur früheren Provinz Sicilien.

Es war jedoch nichtsdestoweniger das erste Beispiel, dass ein Königreich von Rom abhängig wurde und auch das erste Beispiel für die Art und Weise, das Abhängigkeits- in ein Unterthänigkeitsverhältnis zu verwandeln. Denn in der That war es überall ein Unterthänigkeitsverhältnis. Wir müssen aber nicht glauben, dass in einer Provinz jeder Zollbreit Erde zum herrschenden Staate genau in demselben Verhältnisse stand. Es war für Rom vortheilhaft, den Städten, welche in ihren auswärtigen Beziehungen thatsächlich ihm unterthänig waren, in ihren inneren Angelegenheiten verschiedene Abstufungen von Freiheit zu gewähren. Die eine Stadt mochte sich freiwillig mit Rom verbündet haben, zu einer Zeit, wo ihr Anschluss für Rom wertvoll war. Diese behielt ihr früheres formelles Bundesverhältnis, ein Verhältnis, das bisweilen auf Gleichberechtigung beruhte, obwohl sie mit andern Mächten ohne Zustimmung Roms keine Verbindung eingehen durfte. Eine solche Stadt bildete, wenn sie auch geographisch innerhalb der Grenzen einer Provinz lag, eigentlich keinen Bestandtheil der Provinz. Sie war eine mit Rom verbündete, nicht eine ihr unterthänige Stadt. Sie behielt ihre kraft eines Vertrages gewährleisteten Vorrechte. Andere Städte waren vor andern bevorzugt nicht kraft eines Vertrages sondern durch die Gnade der herrschenden Stadt. Eine solche Stadt mochte Freiheit in ihrer inneren Verwaltung und vollständige Abgabenfreiheit Rom gegenüber geniessen. Selbst in vollständig unterworfenen Gebieten behielten die Städte den Charakter selbständiger Gemeinwesen mit ihren eigenen Magistraten und Gemeindeversammlungen, obwohl sie ohne Erlaubnis von Seite der vorherrschenden Macht nichts von Bedeutung thun durften. Diese Macht wurde in einer Provinz durch einen

Proconsul oder einen andern römischen Statthalter, in Sicilien durch einen Praetor vertreten.

In der That konnte der Praetor oder ein anderer Statthalter sehr willkürlich schalten, obwohl er der Gefahr ausgesetzt war, wenn er sein Amt niederlegte, in Rom angeklagt zu werden. Das war nur ein geringes Hindernis. Denn abgesehen von ihrer Bestechlichkeit waren die römischen Senatoren und Ritter gewöhnlich nicht geneigt, ihre eigenen Standesgenossen auf die Anklage von Fremden hin zu verurtheilen. Die römischen Statthalter waren daher oft sehr gewaltsam und beuteten die Provinzen aus, um sich selbst zu bereichern. Derartige Beispiele werden uns im Laufe unserer Darstellung begegnen.

Alle diese vorerwähnten Verhältnisse finden sich in Sicilien vertreten. Drei Städte sind Roms Verbündete (foederatae). Messana, jetzt offiziell civitas Mamertina genannt, behielt die Stellung als verbündete italische Stadt auf sicilischem Boden. Die zwei andern waren Netum und Tauromenium — wir werden jetzt die lateinischen Benennungen anwenden — deren Bundesverträge noch günstiger gewesen zu sein scheinen, wie der von Messana. Sie hatten früher zum Reiche Hierons gehört und müssen wegen besonderer Verdienste während des letzten Krieges eine bevorzugte Stellung erlangt haben. Diese lässt sich wie die der anderen verbündeten Provinzstädte sehr gut mit der der heutigen Republik San Marino und des Fürstenthums Monaco vergleichen. Diese Städte blieben in demselben Verhältnis, in welchem das Reich Hierons gestanden hatte, nur mit dem bedeutenden Unterschiede, dass sie vereinzelt waren und kein bedeutendes Gebiet hatten. Fünf andere Städte genossen das geringere wenn auch nicht unbedeutende Privilegium, dass sie an Rom keinen Tribut zahlen durften und das Recht der localen Selbstverwaltung hatten (civitates liberae et immunes sine foedere). Dies waren Centuripa, Halaesa, Segesta, Halicyae und Panormus. Das übrige Sicilien stand zu Rom in dem Verhältnis einer blossen Provinz. Die Städte behielten als Municipalitäten ihre eigenen Verfassungen. Aber in jeder Provinz war das römische Volk Ober- und Landesherr. Als Grundeigenthümer bezog es in Sicilien als Grundzins den Zehnten von der Ernte. Hieron hatte zwar auch den Zehnten bezogen; aber er war ein einheimischer Regent und der Zehnte wurde im eigenen Lande zur Bestreitung der Verwaltungskosten verwendet. Jetzt ging er als Tribut an eine fremde Macht ausser Landes. Wir müssen auch in Betracht ziehen, dass im allgemeinen zwischen den verschiedenen Städten, welche zu Rom in einem Bundes- oder Abhängigkeitsverhältnis standen, gleichviel wie ihre Stellung zu Rom sein mochte, unter einander gar keine Verbindung war. Sie waren ganz isoliert. Der Bürger der einen Stadt durfte in einer anderen keinen Grundbesitz erwerben, während dies den Römern überall freistand. Bisweilen wurde besonders begünstigten Städten ein gleiches Recht eingeräumt. So durften die Bürger der ehemaligen Sikelerstadt Centuripa in ganz Sicilien Grundbesitz erwerben. Sie gelangten dureh dieses Privilegium zu grossem Reichthum und verdrängten die Bürger von Leontinoi fast aus ihrem ganzen Grundbesitz. Man muss diese Unterschiede in den Beziehungen der einzelnen Städte zu Rom und den grossen Aufschwung, den einzelne von ihnen unter der römischen Herrschaft in ihrem isolierten Dasein nahmen, wohl ins Augen fassen. Der Besitz einer solchen localen Selbständigkeit war ein sehr wertvolles Privilegium. Doch war sie nur ein armseliger Ersatz für die volle Freiheit früherer Zeiten, wo jede Stadt in den Weltereignissen eine Rolle spielen konnte. Anderseits sorgte Rom für die Aufrechthaltung des Landfriedens. Die Städte durften nicht, wie in früherer Zeit einander bekriegen. Ob der Friede um den Preis der Freiheit und des politischen Lebens nicht zu theuer erkauft ist, ist freilich eine andere Frage.

Senat und Volk von Rom wollten die Länder, welche sie durch den Sieg über Carthago gewonnen hatten, gewiss nicht drückend behandeln. Es war jedoch schlimm genug, dass ein Land über das andere unumschränkte Gewalt erhielt. Und noch schlimmer war es, dass die römischen Beamten in den Provinzen mit grossen Vollmachten ausgestattet waren und oft zu Gewaltthätigkeiten von seiten römischer Bürger die Augen zudrückten. Doch zeigte sich offenbar eine gewisse Neigung, für das eroberte Land das Möglichste zu thun. So gab der jüngere Publius Scipio, nachdem er im Jahre 146 v. Chr. Carthago erobert und zerstört hatte, an die Städte Siciliens manche Kunstwerke, welche in den verschiedenen punischen Kriegen nach Carthago geschleppt worden waren, zurück. Unter diesen erhielt Agrigent einen ehernen Stier, der nach einem allerdings sehr zweifelhaften Gerüchte, der echte Stier des Phalaris gewesen sein soll. Die römische Herrschaft hatte schon die eine Wirkung, dass von dieser Zeit an eine gewisse Änderung in der verhältnismässigen Bedeutung der Städte Siciliens eintrat. Städte, welche wie Syrakus der Sitz einer bedeutenden selbständigen Macht gewesen waren, verloren dadurch, dass sie zu reinen Provinzialstädten herabsanken, in jeder Beziehung bedeutend.

Ihr Handel und Reichthum verringerte sich und sie geriethen nach und nach in Verfall. Freilich brauchte es lange, bis Syrakus wieder auf ihren jetzigen Umfang, die Insel sowie Agrigentum auf die Akropolis zusammenschrumpfte. Andrerseits gewannen jetzt, da der Getreidebau fast die einzige Erwerbsquelle auf der Insel bildete, manche Binnenstädte als Mittelpunkt des Getreidehandels eine grosse Bedeutung. Selbstverständlich war aller Unterschied zwischen Griechen und Sikelern vollständig geschwunden. Ja selbst phönikische Städte scheinen sich stark hellenisiert zu haben. Zur Zeit Cicero's konnte man die ganze Bevölkerung Siciliens als Griechen bezeichnen. In Wahrheit kam Rom selbst so sehr unter griechischen Einfluss, dass sie selbst in ihre von Barbaren bewohnten Eroberungen griechisches Element verpflanzte. Um so mehr musste die römische Eroberung dazu beitragen, um ein grossentheils hellenisiertes Land vollständig zu hellenisieren.

Überhaupt muss Sicilien unter der römischen Herrschaft als ein im Niedergange begriffenes Land bezeichnet werden. Grössere Übelstände brachte der ausschliessliche Getreidebau mit sich. Reiche Sicilianer und römische Speculanten erwarben grosse Gütercomplexe, welche sie durch Sklavenherden bearbeiten liessen. Durch die fortwährenden Kriege und Eroberungen Roms nahm die Zahl der Sklaven und der Sklavenhandel ungemein zu und die Getreidepflanzer Siciliens kauften von allen Seiten Gefangene an. Unter den Sklaven des Alterthums hatten die Haussklaven, vor allem die gebildeten, deren es viele gab, Aussicht ihre Freilassung und in Rom sogar das Bürgerrecht zu erlangen. Aber am traurigsten war die Lage der Sklaven, welche zum Feldbau verwendet wurden.

Sie hatten keine Aussicht auf Freilassung, wurden hart behandelt und litten Mangel an Nahrung und Kleidung. Bisweilen wurden sie von ihren Herrn in spöttischer Weise angewiesen, sie könnten ihrem Mangel durch Strassenraub abhelfen. Einerseits wurde das ganze Land unsicher gemacht; andrerseits die Sklaven durch die schlechte Behandlung endlich zur Empörung getrieben. Die Sklavenkriege gehören in der sonst ruhig verlaufenden Geschichte der Provinz Sicilien zu den erschütterndsten Ereignissen.

Die Sklaven empörten sich zwei mal und jedes mal hatte die römische Regierung grosse Mühe, die Insel wieder zu beruhigen. Man muss beachten, dass die meisten Sklaven Siciliens, welche den Boden bearbeiteten, Kriegsgefangene und daher in den Waffen geübt waren. Ein grosser Theil derselben bestand aus Asiaten, darunter befanden sich viele cilicische Seeräuber. — Sobald sie daher einmal die Waffen ergriffen und sich zusammengerottet hatten, bildeten sie eine furchtbare Macht.

Der erste Sklavenkrieg brach im Jahre 134 v. Chr. aus. Damals entstanden auch in verschiedenen anderen Ländern Sklavenaufstände; es ist aber ungewiss, ob dieselben mit dem sicilischen Sklavenaufstand im Zusammenhang stehen. In Sicilien kam er in Henna zum Ausbruch. Ein reicher Bürger jener Stadt, namens Damophilos und seine Gemahlin Megallis hielten eine grosse Anzahl Sklaven und behandelten sie sehr grausam. Ihre junge Tochter dagegen hatte die Sklaven stets gut behandelt und ihre Lage, so weit es bei der schlechten Behandlung von Seite ihrer Eltern möglich war, gemildert. Ein anderer Bürger Henna's, Antigenes hatte einen Sklaven, namens Eunus, einen Syrer, der sich für einen Propheten ausgab und allerlei Zauberkünste wie Feuerschnauben und dergleichen übte. Er gab vor, die syrische Göttin hätte ihm geoffenbart, dass er König werden würde.

Da verschworen sich in Henna die Sklaven des Damophilos mit andern, erhoben Eunus zu ihrem König, bemächtigten sich der Stadt und verfuhren mit ihrem früheren Herrn und den übrigen Bewohnern nach Gutdünken. Damophilos wurde nebst vielen andern getödtet, seine Gemahlin den weiblichen Sklaven übergeben, welche sie nach vielen Martern von dem Felsen herabstürzten. Aber sie zeigten sich für die Güte ihrer Tochter erkenntlich, indem sie dieselbe, ohne ihr ein Leid zuzufügen, unter sicherem Geleite zu ihren Freunden nach Catina schickten. Die Sklaven strömten von allen Seiten zusammen und endlich befand sich Eunus an der Spitze von 6000 Mann, welche mit solchen Waffen, als sie erlangen konnten, ausgerüstet waren. Sie liessen diejenigen Bürger von Henna, welche Waffenschmiede waren, am Leben, und zwangen sie, für sie Schwerter und Speere zu verfertigen.

Eunus legte königlichen Purpur an und nannte sich nach den Königen seiner Heimat Antiochos. Auch dem syrischen Weibe, mit welchem er lebte, — denn unter Sklaven gab es keine giltige Ehe — legte er den Titel „Königin" bei. König Eunus war persönlich nicht bedeutend, aber er hatte an einem gewissen Achaios einen weisen Rathgeber. Sklaven wurden oft nach dem Lande ihrer Herkunft benannt, hier finden wir also einen Achäer, somit einen Griechen unter den Sklaven, der wahrscheinlich von den Seeräubern geraubt worden war. Da tauchte eine andere Schar empörter Sklaven unter einem Cilicier namens Kleon auf.

Man glaubte, es würde zwischen ihm und Eunus zum

Kampfe kommen; aber Kleon unterwarf sich selbst dem Eunus als seinem Könige. Kleon war ein tüchtiger Führer. Mit seiner und des Achaios Beihilfe stand es mit den Angelegenheiten des Königs Eunus eine Zeit lang gut; der Aufstand dauerte über drei Jahre. Mehrere römische Prätoren wurden mit ihren Heeren von dem Sklavenkönig oder vielmehr von seinem Feldherrn Kleon geschlagen.

Die Sklaven scheinen in dem vollen Besitz des offenen Landes gewesen zu sein, aber es wird nicht gemeldet, dass ausser Henna und Tauromenium, welches sie nicht durch Gewalt sondern vielmehr durch Verrath gewonnen, irgend eine bedeutende Stadt in ihre Hände fiel. Endlich wurden sie im Jahre 133 v. Chr. durch den Consul Publius Rupilius besiegt. Er belagerte König Antiochos in Tauromenium, wo sie sich vertheidigten, bis sie durch Hunger gezwungen wurden, Menschenfleisch zu essen. Kleon erlitt bei einem Ausfall den Heldentod. Die Stadt fiel durch Verrath in die Gewalt des Consuls. Eunus oder Antiochos entkam mit einigen Begleitern und hielt sich eine Zeit lang verborgen, wurde aber endlich gefangen und starb im Gefängnisse an einer Krankheit. Rupilius blieb auf der Insel als Proconsul und erliess als solcher im folgenden Jahre 131 v. Chr. Verordnungen, nach denen die Provinz viele Jahre verwaltet wurde.

Durch die Gesetze des Rupilius wurde jedoch die schlechte Lage der Sklaven nicht verbessert. Diese war auch sonst im Alterthum schlecht genug, scheint aber in der Provinz Sicilen den Höhepunkt erreicht zu haben. Die Folge war, dass ein zweiter Sklavenaufstand ausbrach, der vom Jahre 102 bis 99 v. Chr. dauerte. Zur selben Zeit brachen auch an anderen Orten Sklavenaufstände aus. Auch sonst waren die Zeitverhältnisse günstig, denn Rom befand sich mitten in dem Kriege mit den Cimbern und Teutonen und konnte den Angelegenheiten Siciliens keine grosse Beachtung schenken. Der Krieg hat grosse Ähnlichkeit mit dem ersten Sklavenkrieg. Doch bietet er in Bezug auf seinen Zusammenhang mit alten Örtlichkeiten und religiösen Anschauungen auf der Insel grösseres Interesse. Auch verbreitet die Veranlassung zu diesem Kriege über das Wesen der Sklaverei im Alterthum bedeutendes Licht. Wir erfahren, dass häufig von Seeräubern Menschen geraubt und von römischen Beamten in ungesetzlicher Weise zu Sklaven gemacht wurden. Infolgedessen wurden ganze Landstriche völlig menschenleer.

Der Senat liess den Befehl ergehen, dass alle Sklaven in den römischen Provinzen, welche Unterthanen oder Bürger eines mit Rom verbündeten Staates wären, in Freiheit gesetzt werden sollten. Der Praetor Siciliens, Publius Licinius Nerva setzte dem zu Folge alle Sklaven, welche zu dieser Kategorie gehörten, in Freiheit. Ihre Zahl war so gross, dass die Grundbesitzer fürchteten, ihr ganzes Vermögen einzubüssen. Sie wirkten durch Überredung und Bestechung auf den Prätor ein, dass er die Ausführung des Gesetzes sistierte und in Folge dessen erhoben sich die Sklaven in verschiedenen Orten. Es erinnert uns an alte Zeiten, wenn wir erfahren, dass sie in dem Tempel der Paliken, der alten sikelischen Gottheiten, welche die Sklaven beschützten, feierliche Eide geschworen. In der That wagte auch zu jener Zeit kein Herr, einen Sklaven, der sich dorthin geflüchtet hatte, anzutasten. Die Aufständigen setzten den Krieg geraume Zeit fort; sie hatten einen gewissen Salvius, der gleich Eunus durch seine Wahrsagekunst sich Ansehen erworben hatte, zu ihrem Könige gewählt. Sie kämpften mit Erfolg und schlugen nach einander die Truppen, welche der Praetor ihnen entgegenführte, oder gegen sie ausschickte. Doch konnten sie sich keiner bedeutenden Stadt bemächtigen. Wiewohl sie vor Morgantina siegten, konnten sie die Stadt nicht gewinnen. Im westlichen Theile der Insel um Lilybaeum und Segesta erhob sich ein anderer König, ein Cilicier, namens Athenion, welcher sich gleichfalls geheimnisvolle Kräfte zuschrieb, aber dabei ein tüchtiger Krieger war; wahrscheinlich war er früher wie Kleon Seeräuber gewesen. Auch jetzt glaubte man die beiden Könige würden einander entgegen treten. Aber Athenion erkannte Salvius als seinen König an und war unter ihm als Feldherr thätig. Salvius nannte sich jetzt nach dem gleichnamigen syrischen König Tryphon. Er umgab sich mit allem Gepränge eines Königs und schlug seine Residenz in der kleinen aber festen Stadt Triocala auf. Diese Stadt ist wahrscheinlich entweder das jetzige Caltabellotta, oder ein Punkt auf den benachbarten Höhen. Wie Ducetius wählte er die Paliken zu seinen besondern Schutzgöttern. Nicht bloss Sklaven sondern auch viele arme Freie schlossen sich ihm an und traten römischen Heeren im offenen Felde entgegen. Der Praetor Lucius Licinius Lucullus, der Vater des Lucullus, der durch seine Feldzüge in Asien berühmt wurde, schlug sie in einer Schlacht, konnte aber Triocala nicht einnehmen, oder wollte es nicht. Sein Nachfolger Quintus Servilius richtete eben so wenig aus. Endlich wurde die Empörung so ernst, dass der Senat sich veranlasst sah, sie wie einen auswärtigen Krieg zu behandeln und den Consul Gaius Aquillius mit seinem ganzen Heere dahin sendete. Tryphon war bereits todt und Athenion wurde statt seiner König, fiel jedoch in einer Schlacht gegen den Consul und nun wurde der

Aufstand vollständig unterdrückt. Viele Sklaven wurden nach Rom gebracht, wo sie mit den wilden Thieren kämpfen sollten; sie entzogen sich aber diesem Schicksale dadurch, dass sie sich gegenseitig tödteten.

Die Sklavenkriege sind unter den Ereignissen, welche Sicilien als römische Provinz betreffen, weitaus die wichtigsten, sie gehören eigentlich der Geschichte Siciliens an. Wir haben nun mehr das Wenige anzuführen, in wiefern Sicilien als ein Bestandtheil des römischen Reiches von den römischen Bürgerkriegen in Mitleidenschaft gezogen wurde und unter römischen Statthaltern zu leiden hatte. So suchten im Jahre 82 v. Chr. während des Bürgerkrieges zwischen Marius und Sulla einige Häupter der Marianischen Partei in Sicilien Zuflucht und wurden dort von Gnaeus Pompeius eingeholt und überwältigt. Wichtiger ist, dass ein gewisser Sthenios, ein angesehener Bürger von Therma, der sich um seine Stadt grosse Verdienste erworben hatte und in ganz Sicilien hohe Achtung genoss, wegen seiner Hinneigung zu Marius vor das Tribunal des Pompeius geladen aber freigelassen wurde. Diese Nachricht verdanken wir der Hauptquelle unserer Kenntnis für die sicilischen Angelegenheiten in späterer Zeit nämlich der bedeutenden Anklageschrift Cicero's gegen den Praetor Gaius Verres, als dieser wegen seiner in Sicilien verübten Erpressungen angeklagt wurde.

Cicero war selbst in Sicilien Quaestor gewesen und kannte das Land gut, und wir gewinnen aus seinen Reden in dieser berühmten Rechtssache eine bedeutende Kenntnis über die damaligen Zustände auf Sicilien.

Cicero scheint es für ausgemacht zu halten, dass bei der Verwaltung einer Provinz ein gewisser Druck ausgeübt werden müsse. Nur die Sicilianer, sagt er, seien ein so gutmüthiges, ruhiges Volk, dass sie nur dann Klage führen, wenn der Druck das gewöhnliche Mass weit übersteigt. Dies mag ganz wahr sein. Das Schlechte lag in dem System, hauptsächlich darin, dass die Eintreibung des Zehnten an Spekulanten verpachtet wurde. Der Praetor selbst mochte rechtlich denken, aber er konnte seine Agenten nicht immer überwachen. Dann war der eine römische Beamte ganz anders wie der andere. So hatte Sicilien sehr viel von dem gleichnamigen Vater des berühmten Marcus Antonius zu leiden. Er war nicht Praetor in Sicilien, sondern raubte als Flottenbefehlshaber mehrere Provinzen, darunter auch Sicilien aus. Dagegen wird der damalige Praetor Gaius Licinius Sacerdos 74 v. Chr. als ein Mann von unbescholtenem Charakter, dem man keine Bedrückungen vorwerfen konnte, geschildert. Auf ihn folgte im Jahre 73 v. Chr. der schlechteste Statthalter, den Rom je in eine Provinz sendete, Gaius Verres, sein Nomen ist nicht für gewiss bekannt. Unglücklicher Weise blieb er drei Jahre auf der Insel. Er kümmerte sich um kein Gesetz, weder um römisches noch um ein Landesgesetz, weder um die Vorrechte der Städte noch um die Rechte der einzelnen Personen. Er übte überall Raub und erlaubte sich bei Eintreibung des Zehntens und beim Ankauf des Getreides, welches er nach Rom liefern musste, alle mögliche Erpressung. Ausschreitungen jeder Art waren an der Tagesordnung. Männer wurden wider alles Recht theils getödtet theils ins Gefängnis geworfen. Und nicht bloss die Provinzialen fühlten seine schwere Hand. Denn das Verbrechen, auf welches Cicero als den Gipfel der Gottlosigkeit das grösste Gewicht legt, bestand darin, dass er einen römischen Bürger hatte kreuzigen lassen, eine bisher unerhörte That. Es ist Grund zur Vermuthung, dass die Erpressungen des Verres die bleibende Verarmung der Insel herbeiführten. Aber seine Zeit empörte sich hauptsächlich über den Raub, den er an den kostbarsten und heiligsten Kunstwerken verübte. Indem er sich für einen Kunstkenner ausgab, plünderte er, um seinen Kunstsinn zu befriedigen, Städte, Tempel und Privatleute aus und vernachlässigte dabei, für die Sicherheit der Provinz zu sorgen, so dass die Seeräuber ungehindert in die Häfen Siciliens einlaufen konnten. Es wirft auf die damals in Rom herrschende Corruption ein grelles Licht, dass ein solcher Mann unter den angesehensten Römern Vertheidiger finden konnte. Den Sicilianern und ihrem Anwalt Cicero wurden alle möglichen Hindernisse in den Weg gelegt. Doch schliesslich drangen sie durch. Die Sache war so einleuchtend, dass Verres, noch bevor der Urtheilsspruch gefällt wurde, ja noch bevor Cicero seine Rede beendigt hatte, nach Massilia in die Verbannung ging. Dadurch konnte sich ein Römer der Strafe entziehen. Zur Zeit der Proscription wurde er auf Veranlassung des jüngeren und berühmteren Marcus Antonius getödtet, weil er einige entwendete Kostbarkeiten nicht zurückgegeben hatte.

Während der römischen Bürgerkriege erlangte Sicilien eine Zeit lang eine gewisse Bedeutung. In dem Bürgerkrieg zwischen Caesar und Pompeius spielte Sicilien keine bedeutende Rolle. Doch ist es für Sicilien bedeutsam, dass der Dictator Caesar im Jahre 47 v. Chr. von Lilybaeum aus seinen Kriegszug nach Afrika unternahm. Auch soll ausser anderen Zeichen und Wundern ein Ausbruch des Ätna seinen Tod im Jahre 44 v. Chr. vorher verkündet haben, und bald nach seinem Tode wurde Sicilien der Hauptgegenstand des Kampfes. Seit dem

Tode des grossen Gnaeus Pompeius 48 v. Chr. führte sein jüngerer Sohn Sextus den Krieg in Spanien mit abwechselndem Glücke fort.

Nach dem Tode des Dictators Caesar 44 v. Chr. stand dessen Adoptivsohn Gaius Octavius, der jetzt der jüngere Caesar und später Augustus genannt wurde, kurze Zeit als erklärter Freund der republikanischen Partei dem Marcus Antonius gegenüber.

Damals wurde Sextus, der eine bedeutende Seemacht besass, der Oberbefehl über die gesammte römische Kriegsflotte übertragen. Bald trat Caesar auf die andere Seite und bildete mit Antonius und Lepidus das Triumvirat. Als sie hierauf ihre Feinde ächteten, wurde auch Sextus, obwohl er nicht zu den Mördern Caesars gehörte, auf die Proscriptionsliste gesetzt. Seine Flotte wurde die Zuflucht der Proscribierten, die entkommen konnten. Missvergnügte aller Art, meistens Seeräuber und entlaufene Sklaven schlossen sich ihm an. Mit diesen Streitkräften nahm er zuerst Mylae und Tyndaris, dann Messana, endlich Syrakus, die Provinzial-Hauptstadt und die ganze Insel (43 v. Chr.). So wurde Sicilien sieben Jahre lang der Sitz einer selbständigen Macht, welche mit Italien und dem übrigen römischen Reiche im Kriege war. Sextus hatte freilich nicht die Absicht ein selbständiges Reich Sicilien zu gründen. Die Lage der Insel setzte einen römischen Parteiführer, der zur See mächtig war, in den Stand, Sicilien gegen die Führer einer feindlichen Partei zu behaupten.

Unsere Nachrichten, welche meistens mehr oder weniger für Caesar Partei ergreifen, behandeln den Krieg mit Sextus Pompeius als einen Sklavenkrieg und stellen ihn mit den vorerwähnten Sklavenempörungen auf gleiche

Linie. Gewiss ist jedoch, dass viele Römer, darunter solche von hohem Range auf seiner Seite standen. Er selbst zeigte zwar kein besonderes Geschick, aber mehrere Freigelassene, welche griechische Namen führen und ausgezeichnete Seehelden waren, leisteten ihm gute Dienste. Wahrscheinlich waren sie früher cilicische Seeräuber gewesen. Durch sie behauptete er die Herrschaft über Sicilien sieben Jahre lang gegen alle Angriffe. Dazu erwarb er noch Sardinien und Corsica und verheerte die Küsten Italiens. Aber er scheint für grosse Unternehmungen unfähig gewesen zu sein und nahm in seinem Hauptquartier Messana meist nur eine defensive Stellung ein. Da aber die Getreidesendungen aus Sicilien ausblieben, so litt Rom grossen Mangel. Andrerseits müssen die Sicilianer den Markt für ihr Getreide verloren haben. Obwohl wir, so lange Sextus Sicilien behauptete, über den inneren Zustand der Insel fast nichts erfahren, so muss die Insel nach späteren Beschreibungen während dieser Zeit ihren Wohlstand grossentheils eingebüsst haben. Sextus verfolgte ganz und gar egoistische Zwecke. In Bezug auf die ihm zur Last gelegten Beschuldigungen müssen wir jedoch in Betracht ziehen, dass wir nur Berichte haben, welche von seinen Feinden ausgehen. So wird er beschuldigt, mehrere römische Unterbefehlshaber, gegen die er Verdacht schöpfte, getödtet zu haben. Aber ein offener Beweis ist nicht vorhanden. Der erste Angriff gegen Sextus ging 42 v. Chr. von dem jüngeren Caesar aus. Aber der gegen ihn gesendete Unterfeldherr Quintus Salvidienus Rufus erlitt zur See eine vollständige Niederlage. Jetzt blähte sich Sextus auf und nannte sich Sohn des Neptun oder Poseidon. Doch versäumte er es, die Kriege, in welchen Caesar zuerst gemeinsam mit Marcus

Antonius gegen Brutus und Cassius bei Philippi und dann allein gegen Lucius Antonius bei Perusia verwickelt war, zu seinem Vortheil zu benutzen.

Im Jahre 40 v. Chr. verband sich Sextus mit Marcus Antonius, doch Antonius und Caesar machten bald wieder gegen ihn gemeinsame Sache. Da gewann sein tapferer Menas, ein Freigelassener, die Inseln Sardinien und Corsica für ihn; dieser war jedoch mehr tapfer als treu und stand bereits mit Caesar in Unterhandlung. Die Bevölkerung von Rom, von Hunger gequält schrie laut nach Frieden mit Sextus. Sie zeigte ihren Eifer in sonderbarer Weise, indem sie, als während der Festspiele die Götterbilder herum getragen wurden, dem Bilde Neptuns eine besondere Verehrung erwies. Caesar und Antonius wurden genöthigt mit Sextus Frieden zu schliessen. Im Jahre 39 hielten die drei in Misenum an der Küste Campaniens eine Zusammenkunft. Die zwei Triumviren bewirtheten Sextus zu Lande, während er sie an Bord seines Schiffes bewirthete. Es wird erzählt, dass Menas seinem Herrn den Rath ertheilte, er soll mit Caesar und Antonius an Bord in die hohe See stechen und sich so zum Herrn des römischen Reiches machen. Sextus soll ihm geantwortet haben: „Du hättest das thun sollen, ohne mich zu fragen. So etwas kann Menas thun, nicht Pompeius.“ Nach den Friedensbedingungen sollte Sextus seine drei Inseln behalten und dazu von Antonius die Provinz Achaia erhalten.

Auf diese Weise theilten die römischen Parteihäupter das Reich unter sich. Die Anhänger des Sextus durften wieder nach Rom zurückkehren und sollten ihre Rechte und Güter zurück erhalten, doch mit der Beschränkung, dass die Proscribierten nur einen Theil ihrer Güter erhalten sollten. Auch sollen die Freunde des Sextus Staats- und

Priesterämter erhalten. Sein Schwiegervater Libo soll für das nächste Jahr mit Antonius das Consulat bekleiden, sowie im darauffolgenden Jahr Sextus selbst neben Caesar. Die unmündige Tochter des Sextus Pompeia soll mit Marcellus dem unmündigen Sohn der Octavia, der Schwester Caesars und jetzigen Gemahlin des Antonius vermählt werden.

Der Friede wurde mit ungeheuerer Freude aufgenommen und viele Anhänger des Sextus kehrten nach Rom zurück. Doch kam er nicht zur Ausführung.

Beide Parteien beschuldigten einander des Vertragsbruches. Da Antonius, mit der Herausgabe Achaias an Sextus zögerte, so erneuerte dieser den Freibeuterkrieg. Jetzt ging Menas zu Caesar über und setzte diesen in Besitz der Inseln Sardinien und Corsica. Sextus blieb nur auf Sicilien beschränkt. Nun beginnt ein zweiter Kampf um Sicilien, der sich von dem ersten eigentlichen dadurch unterscheidet, dass in demselben nicht zwei feindliche Mächte sondern zwei römische Parteihäupter einander gegenüber treten. Es war ein Krieg zwischen Caesar und Sextus. Caesar konnte die andern Triumviren noch nicht zur Theilnahme an demselben bewegen. Auch war der Krieg in Rom unbeliebt, wo das Volk nach Getreide und daher nach Frieden sich sehnte. Dennoch hatte Caesar wie in seinem späteren Kriege mit Antonius den grossen Vortheil, dass er im Besitze von Rom und Italien war. Sextus dagegen wusste die Erfolge, die er errang, nie zu benutzen. Er vertheidigte Sicilien und beschränkte sich sonst auf Freibeuterei. Caesar traf Anstalten zu einem grossen Angriff auf Sicilien von der Land- und Seeseite aus. Er selbst befand sich in Unteritalien während seine Flotte mit der des Sextus bei Cumae 38 v. Chr.

zusammen stiess. Die Schlacht ist hauptsächlich deswegen merkwürdig, dass hier zwei Freigelassene einander in Waffen gegenübertraten, Menas, der jetzt für Caesar, und Menekrates, der für Sextus die Flotte befehligte. Ihre zwei Schiffe stiessen auf einander und es entstand ein heftiger Kampf, in welchem Menekrates getödtet, Menas schwer verwundet wurde.

Die Pompeianer waren in der Schlacht bedeutend im Vortheil, aber Demochares, ein anderer Freigelassener, der jetzt den Oberbefehl übernahm, und seine Soldaten wurden durch den Verlust des Menekrates so entmuthigt, dass sie die errungenen Vortheile nicht ausnutzten. Was sie zu thun versäumten, das that die Gewalt der Natur, oder nach der Meinung des Sextus die Gewalt seines Adoptivvaters Neptun für sie. Caesar fuhr von Tarentum heran, um sich mit seinen Streitkräften an der Westküste Italiens zu vereinigen. Sextus lauerte ihm bei Messana auf und griff die Flotte Caesar's an. Es kam in der Meerenge zu einem Seegefecht, in welchem Caesar vollständig besiegt wurde und sich mit Mühe ans Land rettete. Am folgenden Tag erhob sich ein Sturm und zerschellte die Schiffe, welche aus der Schlacht entkommen waren. Menas allein wusste durch seine genaue Kenntnis der Küste die von ihm befehligte Flottenabtheilung in Sicherheit zu bringen. Auch machte er sich um Caesar dadurch verdient, dass er den Demochares verhinderte nach Afrika zu fahren. Nun trat er wieder auf die Seite seines früheren Herrn. Überhaupt war Caesars Macht so geschwächt, dass er über ein Jahr lang keinen Angriff auf Sextus und Sicilien machte (38—36 v. Chr.). Inzwischen setzte sich Caesar mit den andern Triumviren in Verbindung. Dem Antonius gab er Legionen zu seinen

Feldzügen im Osten und erhielt dafür von ihm 130 Schiffe für den Krieg in Sicilien. Auch vermochte er den Lepidus, Sicilien von Westen aus anzugreifen. So verbanden sich Italien und Afrika gegen Sicilien. Vor allem liess Caesar durch seinen geschickten Legaten Marcus Vipsanius Agrippa die nöthigen Anstalten zu einem grossen Seezuge treffen. Endlich am 1. Juli des Jahres 36 v. Chr. — so wurde jetzt der Monat dem Divus Julius, dem Dictator zu Ehren genannt — lief die grosse Flotte aus. Mit ihr sollten sich die Schiffe des Antonius von Tarentum aus vereinigen. Da sich jedoch ein gewaltiger Sturm erhob, so kehrte ihr Befehlshaber Statilius Taurus mit denselben wieder nach Tarentum zurück. Während Lepidus in Sicilien landete und Lilybaeum belagerte, wurde die Flotte Caesars trotz der dem Neptun und dem Meere dargebrachten Opfer so beschädigt, dass sie erst nach 30 Tagen ausfahren konnte. Jetzt gab sich Sextus erst recht für den Sohn Neptuns aus, während Caesar verbot, dass bei den Festspielen das Bildnis dieses Gottes herumgetragen werde, und erklärte, er wolle dem Gotte zum Trotz Sicilien erobern. Die öffentliche Meinung in Rom wendete sich wieder dem Sextus zu, denn Rom sehnte sich nach dem Getreide Siciliens. Caesar hätte den Kampf gerne auf das nächste Jahr verschoben. Während er eifrig beschäftigt war, den seinen Schiffen verursachten Schaden auszubessern, that Sextus wie gewöhnlich nichts, um seine Vortheile auszunutzen. Es war eine schlimme Vorbedeutung, dass Menas ihn abermals verliess und zu Caesar überging. Caesar entwarf jetzt seinen Angriffsplan. Die Hauptflotte unter Agrippa soll Sicilien von Norden angreifen. Die Schiffe des Antonius im Hafen von Tarent sollen sich in der Meerenge von Messina mit Caesar vereinigen und dann

Tauromenium angreifen. Während dem war Lepidus im Westen Siciliens. Aber Demochares und die andern Befehlshaber des Pompeius wachten zu Land und zur See, dass er aus Afrika keine Verstärkungen heranziehen konnte. Sextus wendete sich ostwärts und liess sich bei der Halbinsel Mylae mit Agrippa in eine Seeschlacht ein, in welcher die Caesarianer siegten. Dann eilte Sextus nach Messana und erfuhr dort, dass Caesar in Tauromenium sei. Dieser war mit einem Theile seiner Flotte von Italien herübergekommen und sah sich, bevor er seine übrige Flotte heranziehen konnte, von Sextus zu Lande und zur See angegriffen. Er wurde abermals zur See geschlagen und entkam mit genauer Noth nach Italien. Sein Landheer unter Cornificius zog mehrere Tagmärsche landeinwärts, was an den Rückzug der Athener von Syrakus erinnert. Es verursachte ihnen grosse Mühe durch das mit Lava bedeckte Land am Fusse des Ätna sich den Weg zu bahnen, wobei sie fortwährend von den Reitern und Wurfspiessschützen des Pompeius umschwärmt wurden. Endlich vereinigten sie sich mit einer Abtheilung, welche Agrippa ihnen entgegengesendet hatte und gelangten ungefährdet an die Nordküste. Der Kampf wurde, so weit er Sextus betrifft, durch eine andere Seeschlacht entschieden. Agrippa erfocht bei Naulochus, einem zwischen Mylae und dem Vorgebirge Peloris gelegenen Punkt, einen entscheidenden Sieg über die Flotte des Pompeius. Sextus, der von der Küste aus den Gang der Schlacht verfolgt hatte, verliess Sicilien und fuhr mit einigen Schiffen nach Asien. Hier wurde er nach vielen Abenteuern, die wir als nicht hierher gehörig übergehen, im folgenden Jahre 35 v. Chr. getödtet. Inzwischen waren Lepidus und der Pompeianer Plennius von Westen herangezogen. Noch behauptete Plennius Messana für Sextus und wurde von Agrippa und Lepidus belagert. Da verband sich das Heer des Lepidus mit dem des Plennius und beide plünderten die Stadt. Lepidus suchte sich statt des Sextus zum Herrn Siciliens zu machen. Aber als Caesar kam, liessen beide Heere ihre Feldherrn im Stich und traten in seine Dienste 36 v. Chr. So kam Sicilien im siebenten Jahre, nachdem Sextus sich desselben bemächtigt hatte, unter die Herrschaft Caesars.

Der spätere Krieg zwischen Caesar und Antonius gehört nicht hierher. Caesar war nun Herr des ganzen Westens mit Einschluss von Sicilien. Er legte der Insel die schwere Abgabe von 1600 Talenten auf und feierte nach seiner Rückkehr nach Rom wegen der Eroberung Siciliens eine Ovation. Sicilien kam nun wieder in das Verhältnis einer römischen Provinz. Aber während des Krieges mit Sextus hatte es sehr gelitten und war sehr verarmt. Nach Beendigung der Bürgerkriege richtete Caesar, jetzt als Augustus Herr des ganzen römischen Reiches, sein Augenmerk auf den Zustand der seiner Herrschaft unterworfenen Länder und suchte unter andern auch etwas zum Vortheile Siciliens zu thun, indem er in mehreren Städten insbesondere in Syrakus römische Colonien gründete. Von der römischen Colonie Syrakus sind noch bedeutende Spuren vorhanden. Die römische Stadt scheint durchaus in der Niederung angelegt worden zu sein. Sie umfasste die Insel Ortygia und den unteren Stadttheil von Achradina und Neapolis, welches sich jetzt vom Theater bis zum grossen Hafen ausdehnte. Hier sehen wir die Überreste verschiedener römischer Bauten besonders von dem Amphitheater. Denn römische Colonisten in Sicilien und anderwärts konnten die blutigen

Schauspiele, an die sie in Rom gewöhnt waren, nicht entbehren. Andere Colonien wurden in Tauromenium, Catina, Therma und Tyndaris angelegt und bedeutende Überreste römischer Bauten finden sich in dem heutigen Catania und unter den Ruinen von Tyndaris. Die Mamertinerstadt Messana erhielt das römische Bürgerrecht und blieb eine blühende Stadt. Das geringere latinische Recht wurde an Netum, Centuripa und Segesta verliehen. Dadurch verloren Messana, Netum und Tauromenium ihre Stellung als freie Städte und wurden unter verschiedenen Bedingungen unmittelbare Bestandtheile des römischen Gebietes. Messana hatte durch Verleihung des vollen römischen Bürgerrechtes unzweifelhaft gewonnen. Aber Strabo, der zur Zeit des Augustus schrieb, schildert die meisten alten Städte, als ob sie ganz und gar in Verfall gerathen und der Zustand des Landes überhaupt ein elender gewesen wäre.

So blieb Sicilien eine Provinz des römischen Reiches, bis das Reich selbst eine Provinz nach der anderen verlor. Da es zu den beruhigten Provinzen mit gesicherten Grenzen gehörte, so überliess Augustus die Verwaltung desselben dem Senate und Volke, während er die feindlichen Angriffen ausgesetzten Provinzen in seiner Hand behielt. Für lange Zeit gibt es über Sicilien wenig zu berichten. Denn eine Provinz hat selten eine selbständige Geschichte und Sicilien hatte keine solche Lage, dass sie der Schauplatz wichtiger Ereignisse für die Geschichte des römischen Reiches sein konnte. Wir erhalten zufällige Nachrichten über einzelne Städte Siciliens, wie von anderen Städten des Reiches. Wir hören zum Beispiel, dass dieser oder jener Tempel in Verfall gerathen und vielleicht von dem regierenden Kaiser hergestellt worden sei. Wenigstens einer von den früheren Kaisern, Hadrian, der alle Theile seines Reiches bereiste, besuchte auch Sicilien 126 v. Chr. und betrachtete die Wunder des Ätna. Einige wichtige Ereignisse erinnern theils an vergangene Zeiten, theils bilden sie das Vorspiel künftiger Ereignisse. Es unterliegt keinem Zweifel, dass die Eroberung Egyptens durch die Römer für Sicilien von grossem Nachtheil war, indem es aufhörte, das Haupt-Getreideland des römischen Volkes zu sein. Wir sind daher im Zweifel, ob wir einen dritten Sklaven oder Räuberaufstand, der zur Zeit des Gallienus 260—268 v. Chr. ausbrach, denselben Ursachen zuschreiben dürfen, wie die zwei früheren berühmteren Sklavenkriege. Einigermassen erinnert uns dieses Ereignis an frühere Zeiten, während das folgende, von dem wir zu sprechen haben, ein vereinzelter Vorläufer kommender Zeiten ist.

Was immer Sicilien unter der Herrschaft der Römer zu leiden hatte, so blieb es wenigstens mehrere Jahrhunderte lang vor dem Anblick eines auswärtigen Feindes verschont. Da wurde es zur Zeit des Kaisers Probus (276—282) von einem unerwarteten Schlage betroffen. Abermals wurde Sicilien von Barbaren angegriffen. Eine Schar Franken oder nach einigen Angaben Vandalen, die sich dem Kaiser unterworfen und von ihm neue Wohnsitze an der Küste des schwarzen Meeres erhalten hatten, empörten sich, setzten sich in den Besitz von Schiffen und verwüsteten verschiedene Gegenden von Griechenland, Asien und Afrika. Von Carthago zurückgewiesen setzten sie nach Sicilien über, nahmen und plünderten Syrakus und richteten unter den Bewohnern ein grosses Blutbad an. Dann fuhren sie in den offenen Ocean hinaus und kamen glücklich in ihre Heimat, das damalige

Francien an der Grenze Norddeutschlands und Nordgalliens zurück. Obwohl diese neuen Feinde Siciliens blosse Freibeuter, keine eigentlichen Eroberer gewesen waren, so ist ihre Ankunft doch epochemachend. Denn es ist das erstemal, dass Männer deutschen Stammes in Sicilien und den Gewässern des Mittelmeeres überhaupt sich zeigen. Obwohl für die Deutschen die Zeit ihrer Herrschaft noch nicht gekommen war, so wurde sie doch durch dieses vereinzelte Ereignis vorherverkündet. Inzwischen verbreitete sich nach Sicilien wie nach anderen Theilen des Reiches ein anderes wichtiges Element der nachmaligen europäischen Cultur. Der christliche Glaube wurde sehr früh in Sicilien gepredigt. Die Apostelgeschichte erwähnt, dass der Apostel Paulus sich drei Tage in Syrakus aufhielt. Die Lokalsage klammerte sich mehr an den heiligen Petrus und erzählt, dass er von Antiochia aus seine Schüler dahin gesendet habe. Wie die Sage erzählt, traf der heilige Paulus als er nach Syrakus kam, daselbst schon einen Bischof, namens Marcian an, und predigte in seiner Kirche. Diese Erzählung hat ihren lokalen Hintergrund in der unzweifelhaft sehr alten Kirche des heiligen Marcian in dem unteren Theile von Achradina. Ein anderer Schüler des heiligen Petrus, war Pancratius von Tauromenium, dessen aus einem kleinen Tempel umgewandelte Kirche noch ausserhalb der Stadtmauer vorhanden ist. Wie viele andere Heilige hat er mit bösen Mächten zu kämpfen, nämlich mit den Götzen Lyson und Phalkon. Letzterer erinnert an die Palici der früheren Sikeler. Der heilige Petrus soll auch persönlich nach Sicilien gekommen sein und in Catania wird ein Rundbau aus römischer Zeit für eine römische Kirche ausgegeben, welche er unserer lieben Frau, als sie noch auf Erden wandelte, geweiht haben soll. Andere Legenden sind noch seltsamer. Die alte Sikelerstadt Agyrium erhielt ihren späteren Namen San Filippo d' Argiro von einem Philipp, der bald für einen Schüler des heiligen Petrus ausgegeben, dann wieder in die Regierungszeit des Kaisers Arcadius (395—408) versetzt wird. In seiner Geschichte wird zum erstenmal der Ätna zum Wohnsitz böser Geister gemacht. Auch der heilige Kalogeros, offenbar eine Personification des orientalischen Mönchthums wird zu einem Schüler des heiligen Petrus gemacht. Er widmet sich der Entdeckung warmer Heilquellen und sein Andenken knüpft sich an zwei Anhöhen, wovon die eine bei Himera im Nordwesten, die andere bei dem selinuntischen Therma, dem jetzigen Termini oder Sciacca, im Südwesten liegt. Sicilien hat auch viele berühmte heilige Jungfrauen. Insbesondere geniessen zwei ausserhalb der Insel grosses Ansehen. Die heilige Agatha von Catania ist gewissermassen an die Stelle der pietätsvollen Brüder Amphinomos und Anapios getreten. Nachdem sie unter Kaiser Decius (249—251) das Martyrium erlitten hatte, bringt ihr als Reliquie aufbewahrter Schleier einen Ausbruch des Ätna zum Stillstand. Die heilige Lucia von Syrakus, die erste unter mehreren gleichnamigen, erlitt unter Diocletian 305 v. Chr., dessen Charakter gewöhnlich unrichtig aufgefasst wird, den Märtyrertod. Man muss diese Lucia, eine von den jungfräulichen Schutzpatroninnen der Insel, von einer Matrone Lucia unterscheiden, welche nach der Legende Diocletian persönlich in Rom seiner Verfolgungswuth geopfert haben soll. Die Legende hat also vergessen, dass Diocletian in Nikomedia residierte. Unter Constantin erhielt endlich die Kirche Frieden. Wir dürfen mit Sicherheit annehmen, dass zu der Zeit die älteren Bisthümer

Siciliens, welche ihren Ursprung auf die Apostel zurückführen, wie Syrakus, Panormus, Catina, Messina, Agrigentum, Tauromenium schon bestanden.

Wir erfahren, dass Bischöfe aus Sicilien Concilien beiwohnten und dass die Insel wie der übrige Westen von der Ketzerei des Pelagius beunruhigt wurde. Kurz die ältere Kirchengeschichte Siciliens gleicht sehr der von anderen christlichen Ländern des Abendlandes. Erst spätere Ereignisse gaben ihr sowie ihrer Profangeschichte ein eigenes Gepräge. Es ist gut abermals daran zu erinnern, dass Sicilien die erste römische Provinz, das erste Land ausserhalb Italiens war, welches von dem römischen Volke in Besitz genommen wurde.

Es hatte die Stellung eines unterworfenen Landes, seine Bewohner waren keine Römer, mit Ausnahme derjenigen Römer, welche sich als Colonisten oder in anderer Eigenschaft auf der Insel angesiedelt hatten, oder derjenigen Eingebornen, welche persönlich das römische Bürgerrecht erhalten hatten. Später hob ein Edikt des Kaisers Antoninus mit dem Beinamen Caracalla (211—217) den Unterschied zwischen Römern und Provinzialen im ganzen Reiche auf. Dadurch erhielten alle freien Bewohner des Reiches Namen und Rechte von römischen Bürgern. Da die Regierung der Kaiser thatsächlich eine despotische war, so hatten jene Rechte keinen besonderen Wert und man kann bezweifeln, ob die Provinzialen davon, dass sie jetzt Römer wurden, einen unmittelbaren praktischen Vortheil hatten. Aber diese Änderung hatte dem ungeachtet ihre Wirkung. Die Bewohner Siciliens und anderer Provinzen nannten sich mit Stolz Römer im Gegensatze zu den Barbaren ausserhalb des römischen Reiches. So entwickelte sich im Westen ein künstliches Römerthum und kein Römer fügte sich willig in die Herrschaft eines Barbaren.

Jetzt, da kein Land schlechter gestellt war als ein anderes, verlor das Wort „Provinz“ die frühere Bedeutung als eines unterthänigen Landes und bezeichnete bloss einen Verwaltungsbezirk des Reiches sei es in Italien oder anderwärts. Als Constantin das Reich in solche Bezirke eintheilte, wurde Sicilien enger mit Italien verbunden. Die Provinz Sicilien wurde ein Theil der Diözese Italien, ein Ausdruck, den man nicht mit dem Begriffe einer kirchlichen Diözese verwechseln darf. Sie wurde von einem Consular unter der Oberaufsicht des Praefectus praetorio in Rom verwaltet. Im Anfang des fünften Jahrhunderts wird die Centralinsel des Mittelmeers von den Umwälzungen ins Mitleid gezogen, unter denen die Reichsprovinzen, welche keine gesicherten Landgrenzen hatten, schon lange gelitten hatten. Die Deutschen, in dem nordöstlichen Gallien und den südöstlichen Ländern schon lange bekannt, berührten bei ihren Einfällen auf römisches Gebiet Sicilien und die Länder des Mittelmeers in anhaltenderer Weise, als es die Franken im dritten Jahrhundert bei ihrer vorübergehenden Landung gethan hatten. Hier verdient wieder die centrale Lage der Insel Beachtung. Sie kann entweder von Italien oder von Afrika aus angegriffen werden und von den Ländern östlich vom jonischen Meere können Eroberer oder Befreier herüberkommen. Der erste Angriff bedrohte sie von Italien aus, aber es blieb bei der blossen Drohung. Der Westgothenkönig Alarich wollte nach der Einnahme Roms im Jahre 410 nach Sicilien und Afrika übersetzen, starb aber, als er eben im Begriffe war, sein Vorhaben auszuführen. Dadurch wurden die Westgothen verhindert, die ersten deutschen Herrn Siciliens zu werden. Der nächste Feind war der Vandalenkönig Geiserich, welcher 429 in Afrika ein deutsches Königreich gründete. Er machte Carthago zu seiner Hauptstadt, und so bald diese Stadt wieder der Mittelpunkt einer selbständigen Macht geworden war, erhob sie sich zu einer ähnlichen Bedeutung, wie sie in der Zeit der phönikischen Herrschaft gehabt hatte. Der Vandalenkönig erlangte eine grosse Seemacht im westlichen Mittelmeerbecken, er unternahm nach Belieben Eroberungs- und Verheerungszüge. Er machte mehrere Einfälle in Italien, plünderte sogar Rom und bemächtigte sich Sardiniens, Corsicas und der Balearen. Dann fiel er mehrmals in Sicilien ein und verheerte es, nahm und zerstörte mehrere Städte und scheint zuletzt die ganze Insel beherrscht zu haben. Die Vandalen galten nach der Anschauung der damaligen Zeit nicht bloss für Barbaren, sondern sie wurden auch, obwohl sie Christen waren, für Ketzer gehalten, da sie wie alle deutschen Völker mit Ausnahme der Franken die christliche Religion zuerst in Arianischer Form kennen gelernt hatten.

Gegen Ende seines Lebens 477 überliess Geiserich Sicilien gegen Zahlung eines Tributes dem Odoaker. Dieser war Anführer von Soldtruppen und hatte sich, als Romulus Augustulus die Reihe der weströmischen Kaiser schloss, Italiens bemächtigt. Es gab jetzt nun mehr einen Kaiser, der in Constantinopel residierte, und obwohl Odoaker thatsächlich ein selbständiger Fürst war, betrachtete er sich doch mit dem Titel eines Patricius als dessen Statthalter. So kam Sicilien, ohne förmlich vom römischen Reiche getrennt zu sein, unter die Herrschaft eines deutschen Regenten. Und als Odoaker im Jahre 493 von dem Ostgothenkönig Theodorich dem Grossen gestürzt wurde, kam Sicilien wie Italien unter die Herrschaft des Letzteren. Theodorich sorgte eifrig für das Wohl Siciliens sowie seiner übrigen Länder, und wir finden in seinen Verordnungen, welche sein Minister Cassiodorus gesammelt hat, gelegentliche Nachrichten über sicilische Angelegenheiten. Daraus entnehmen wir, dass die Bevölkerung Siciliens, wie man erwarten konnte, gegen die Herrschaft der Gothen feindlich gesinnt war und dass Cassiodorus von dem König belobt wird, weil er sie zum Gehorsam gegen den König zurückgeführt hatte. Wir erfahren ferner, dass damals aus Sicilien Getreide nach Gallien ausgeführt wurde und dass die Kirche von Mailand Ländereien in Sicilien besass. Einige Nachrichten betreffen einzelne Orte. So hatte Syrakus einen gothischen Grafen. Das Amphitheater in Catina war damals verfallen und die Behörden und Bürger der Stadt erhielten die Erlaubnis, die Steine desselben zur Ausbesserung ihrer Mauern zu benutzen. Theodorich vermählte eine seiner Töchter dem Vandalenkönig Thrasimund und gab ihm Lilybaeum als Aussteuer seiner Braut. So fassten die Vandalen wiederum auf Sicilien festen Fuss. Dies erinnert an die Zeit, wo zuerst Pyrrhos dann die Römer den Carthagern ganz Sicilien bis auf Lilybaeum entrissen. Man wundert sich über Theodorich, dass er einen so wichtigen Punkt den neuen Herrn von Carthago überlassen konnte. Aber die Gothen müssen Lilybaeum bald wieder zurückerhalten haben, da wir es demnächst wieder in ihren Händen finden.

Wir haben so gesehen, wie Sicilien in den Wandlungen, welche im fünften Jahrhundert über das Reich hinfuhren, in die Gewalt von Barbaren, wenn gleich von Europäern und Männern deutschen Stammes fielen. Wir können jedoch nicht sagen, dass die Insel gänzlich vom römischen Reiche getrennt war, ausgenommen etwa in der kurzen Zeit, wo sie unter der Herrschaft Geiserichs stand. Jetzt suchten Kaiser Justinian und sein grosser Feldherr Belisarius viele Länder, welche dem Reiche verloren gegangen waren, zurück zu gewinnen. Während einige nur für kurze Zeit zurückgewonnen wurden, wurde Sicilien für mehrere Jahrhunderte zurückerobert. Afrika wurde zuerst gewonnen. Belisarius kam im Jahre 533 nach Sicilien, welches damals unter der Herrschaft der mit Ostrom befreundeten Gothen stand und machte es zu seinem Ausgangspunkt für den Zug gegen die Vandalen. Wir dürfen Belisarius der Reihe jener Männer beifügen, welche von Agathokles angefangen von Sicilien aus Afrika angriffen. Er fuhr jedoch nicht von Syrakus oder von Lilybaeum aus, sondern von dem Hafen Caucana an der Südküste. Die Römer Siciliens — so dürfen wir sie jetzt nennen — nahmen den kaiserlichen Feldherrn freundlich auf. Nachdem Afrika für das Reich zurückgewonnen war, entstand zwischen dem Reiche und den gothischen Beherrschern Siciliens ein Streit betreffs dieser Insel. Die Besieger der Vandalen in Afrika erhoben Anspruch auf die Besitzungen, welche die Vandalen in Sicilien gehabt hatten nämlich auf die Festung Lilybaeum, welche Thrasimund als Mitgift seiner Gemahlin erhalten. Die Gothen weigerten sich, Lilybaeum herauszugeben.

Zwei Jahre später handelte es sich in dem Streite zwischen dem Kaiser und dem ostgothischen König Theodat nicht bloss um Lilybaeum sondern um ganz Sicilien und Italien. Im Jahre 535 liess Justinian den grossen Gothenkrieg und zwar in Sicilien eröffnen. Der Consul Belisarius landete damals in Catina. Syrakus und die andern Städte Siciliens unterwarfen sich freiwillig. Nur Panormus, wo eine starke gothische Besatzung lag, leistete den kaiserlichen Truppen Widerstand. Panormus scheint damals wie Syrakus zusammengeschrumpft und die Vorstädte, welche nördlich und südlich von den beiden Armen des Hafens entstanden waren, verlassen gewesen zu sein. Belisar lief ungehindert in den Hafen ein.

Die Masten seiner Schiffe waren höher als die Mauern der inneren Stadt, und indem er die Besatzung mit einem Hagel von Geschossen überschüttete, brachte er sie zur Unterwerfung. Dann kehrte er nach Syrakus zurück und legte, da inzwischen das Jahr seines Consulates abgelaufen war, hier und nicht in Constantinopel sein Amt unter den gewöhnlichen Formalitäten nieder. Ganz Sicilien war jetzt für das Reich zurückerworben und als Belisar im folgenden Jahr nach Italien zog, um auch dieses zurückzugewinnen, liess er nur in Syrakus und Panormus Besatzungen zurück.

Die Gothen konnten es nicht vergessen, dass Sicilien so leicht verloren gegangen war und in einer späteren Periode des Krieges finden wir, wie der Gothenkönig Totilas darauf bedacht ist, sich an den Sicilianern dafür, dass sie die Insel dem Feinde überliefert und die Vertheidiger des von ihm belagerten Rom durch Sendung von Getreideschiffen zum Ausharren ermuthigt hatten, zu rächen. Im Jahre 549—550 machte Totilas einen Einfall in Sicilien und verheerte die Insel, ohne dass er eine bedeutende Stadt nehmen konnte und liess in vier Plätzen, deren Namen jedoch nicht genannt werden, Besatzungen zurück. Im Jahre 551 n. Chr. wurden die Gothen gänzlich aus der Insel vertrieben.

So wurde Sicilien wieder eine unbestrittene Provinz

des römischen Reiches. Aber selbst nachdem Belisar Alt-Rom und ganz Italien zurückgewonnen hatte, blieb Constantinopel oder Neu-Rom Hauptstadt des Reiches. Da wurde neuerdings ein grosser Theil Ober- und Unter-Italiens durch die Lombarden dem Reiche entrissen. Die theologischen Streitigkeiten des achten Jahrhunderts bewirkten, dass die Kaiser in Alt-Rom alle wirkliche Auctorität verloren, und als daselbst im Jahre 800 der Frankenkönig Karl der Grosse vom Papste Leo III. zum Kaiser gekrönt wurde, zerfiel das römische Reich abermals in zwei Theile. Aber weder die Franken noch die Lombarden berührten Sicilien, noch konnten sie sich ganz Italiens bemächtigen. Die oströmischen Kaiser, wie wir die römischen Kaiser, welche in Constantinopel ihre Residenz hatten, zum Unterschiede bezeichnen, behaupteten Sicilien und einen Theil von Unter-Italien lange, nachdem in Rom ein Franke zum weströmischen Kaiser ausgerufen worden war. Die Insel Sicilien wurde von einem von Constantinopel entsendeten Praetor oder Strategos verwaltet, der gewöhnlich den Rang eines Patricius, den höchsten Rang nach dem Kaiser bekleidete. Daraus darf man aber nicht schliessen, dass er eine enge Verbindung mit dem Reiche unterhielt, und er wird oft unter dem Titel Patricius von Sicilien aufgeführt.

Diese Verbindung Siciliens mit den östlichen griechisch redenden Theilen des Reiches trug ohne Zweifel sehr dazu bei, das griechische Element in Sicilien zu verstärken.

Der römische Consul Belisar erneuerte das Werk des Timoleon und Pyrrhos, indem er die Insel wieder für das Griechenthum gewann. Die lateinische Sprache, welche mit den römischen Colonisten sich auf der Insel eingebürgert hatte, starb nach und nach aus, und dasselbe war in den römischen Colonien des Ostens, unter denen Neu-Rom die wichtigste ist, der Fall. Die Verbindung mit dem Osten erfuhr abermals eine Stärkung, als der Kaiser Leo der Isaurier den römischen Bischöfen, weil sie sein Verfahren im Bilderstreit missbilligt hatten, die geistliche Jurisdiction über Sicilien entzog und auf den Patriarchen von Constantinopel übertrug, und ferner ihre zeitlichen Güter auf der Insel einzog. Alles wirkte darauf hin, um Sicilien, wie das ganze oströmische Reich abermals zu einem Theil der griechischen Welt zu machen. Gerade dem erwähnten Umstande, dass der Bischof von Rom so gut wie der von Ravenna und Mailand grosse Besitzungen in Sicilien hatte, verdanken wir grossen Theils unsere Kenntnis von dem Zustande der Insel in der ersten Zeit ihrer Verbindung mit Constantinopel.

Vieles erfahren wir aus den Briefen des Papstes Gregor des Grossen (590—604) an seine dortigen Diener. Er schreibt über alle möglichen öffentlichen und Privatsachen, von einer Bitte an die Kaiserin Constantina, Gemahlin des Kaisers Mauritius (582—602) sich für die Insel um Milderung der Lasten, von denen doch die Kirchengüter am wenigsten betroffen wurden, zu verwenden. Viele Briefe sind an Praetoren und andere Behörden gerichtet, andere an Bischöfe und Geistliche. Gregor, der zugleich Patriarch von Rom und Grossgrundbesitzer auf Sicilien war, kümmerte sich um alles. Sicilien war damals voll von Kirchen und Klöstern; die grosse Mehrzahl der Bevölkerung war katholisch, doch gab es daselbst auch Schismatiker, sehr viele Juden und selbst Heiden. Gregor kommt häufig auf die Juden zu sprechen, von denen viele auf den Kirchengütern lebten. Sie waren in keiner

Weise gedrückt, nur wurden denen, welche sich zum Christenthum bekehrten, die Abgaben gemindert. Und als der Bischof von Panormos eine jüdische Synagoge in Beschlag nahm und in eine Kirche verwandelte, traf Gregor die Entscheidung, dass die Handlung ungerecht sei, dass aber das Gebäude, weil es bereits geweiht worden, an die Juden nicht mehr zurückgegeben werden könne. Dafür müsse der Bischof ihnen vollen Ersatz leisten. Wir erfahren, dass aus Sicilien noch immer Getreide nach Rom gesendet wurde. Dieser Verkehr wurde durch den Grundbesitz, den die römische Kirche auf Sicilien hatte, gefördert. Bald nach der Zeit Gregors erfahren wir sehr viel von dem heiligen Zosimus, Bischof von Syrakus. Er verwandelte im Jahre 646 den grossen Tempel der Athene auf Ortygia in die noch jetzt bestehende Kirche, und seiner Geschichte entnehmen wir, dass jetzt Syrakus auf die Insel Ortygia beschränkt war, und dass auf dem gegenüber liegenden Festland nur einzelne Häuser und Kirchen vorhanden waren.

In der Zeit, da Sicilien von Constantinopel aus beherrscht wurde, bekam die Insel selten seinen Herrn zu sehen. Erst im Jahre 665 n. Chr. kam Kaiser Constans der Zweite, der sich durch seine Greuelthaten in Neu- und Alt-Rom gleich verhasst gemacht hatte, nach Sicilien und schlug seinen Sitz in Syrakus auf. Man glaubte er wolle Syrakus zur Hauptstadt des Reiches machen. Aber er behandelte auch Sicilien so hart, dass er 668 im Bade ermordet wurde.

Bei seinem Tode erhoben die Sicilianer einen gewissen Mezetius, — sein Name wird verschieden angegeben, — zum Kaiser. Im darauffolgenden Jahre kam der Sohn des Constans, Constantin der Vierte, mit dem Beinamen

Pogonatus (der Bärtige) nach Sicilien, besiegte Mezetius und unterwarf die Insel. Dies bedarf einiger Erklärung. Was damals in Sicilien geschah, war in anderen Theilen des Reiches schon oft vorgekommen. Es geschah häufig, dass ein ehrgeiziger Mann, meistens ein siegreicher Feldherr, sich zum Kaiser aufwarf. In Britannien war das mehrmals geschehen. Er beabsichtigte womöglich das ganze Reich oder wenigstens einen Theil desselben an sich zu reissen. Wenn es ihm gelang, so wurde er in der Geschichte als Kaiser aufgeführt, wenn nicht, nannte man ihn bloss Tyrann. Das Wort Tyrann hatte jetzt eine Bedeutung erlangt, welche trotz der veränderten Verhältnisse genau derjenigen entsprach, die es zur Zeit der griechischen Freistaaten hatte.

Es bezeichnet einen Usurpator oder Praetendenten, einen Mann, der sich gegen die gesetzliche Gewalt, welche jetzt statt durchs Volk durch einen Monarchen vertreten ist, auflehnt.

In der Zeit der Regierung Constantins des Fünften, mit dem Beinamen Kopronymos (741—775) beschäftigt sich die Legende viel mit dem Bischof Leo von Catania und dem Zauberer Heliodoros, von dem erzählt wird, dass er, als er in Constantinopel zum Tode verurtheilt wurde, durch die Lüfte nach Catania zurück geflohen sei. Nach der Sage wäre auch der aus Lava geformte Elefant, der noch zu sehen ist, sein Werk gewesen. Unter der Regierung dieses Kaisers wurde Calabrien zur Theme oder Provinz Sicilien geschlagen. Unter Constantin dem Sechsten, im Jahre 781, warf sich Elpidius der Praetor oder Strategos Siciliens zum Tyrannen auf, wurde aber gestürzt und entfloh zu den Saracenen nach Afrika. Seit dem siebenten Jahrhundert machten die Saracenen wiederholt verheerende

Einfälle in Sicilien, diese nahmen im neunten Jahrhundert einen grösseren Massstab an, und vor Ablauf des zehnten (827—965) kam die ganze Insel in ihren Besitz.

Mit ihrem Auftreten beginnt eine neue Periode in der Geschichte Siciliens. Die Insel wurde nach und nach dem römischen Reiche und damit auch dem Einflusse Europa's und des Christenthums entzogen.

Erst im elften Jahrhundert (1060—1090) wird es von den Normannen zurückerobert. Hierin wiederholt sich die frühere Geschichte Siciliens. Der alte Kampf zwischen Europa und Afrika, zwischen Griechen und Semiten, diesmal durch den religiösen Gegensatz zwischen Christenthum und Islam verschärft, wird abermals ausgefochten. Die eine Periode der Geschichte Siciliens endet mit der Eroberung von Syrakus durch die Römer. Die zweite Periode beginnt mit der Eroberung von Mazzara durch die Saracenen. In der Zwischenzeit ist Sicilien eine blosse Provinz, ein bald diesem bald jenem Herrn unterworfenes Land. Mit der Ankunft der Saracenen wird Sicilien wieder der Schauplatz einer langen, selbständigen Geschichte, die jedoch nicht mehr in den Rahmen unseres Werkes hineingehört.

ANHANG.

BESCHREIBUNG DER IN DEM WERKE ENTHALTENEN MÜNZTYPEN.

Vorbemerkung.

DURCH die Güte des um die Geschichte Siciliens so hoch verdienten Professors AD. HOLM ist es mir möglich geworden, dem Werke eine Beschreibung der darin enthaltenen Münztypen beifügen zu können. Derselbe hat mir nicht bloss die Benutzung seiner Geschichte Siciliens für diesen Zweck in der zuvorkommendsten Weise gestattet, sondern er hat sich sogar der Mühe unterzogen, mir das dazu erforderliche Material aus den mir unzugänglichen Werken: dem Katalog des britischen Museums (C. B. M.), Heads historia nummorum (H. H.) und Coinage of Syracuse (H. C. S.) zusammenzustellen. Ich fühle mich daher verpflichtet, Herrn Prof. HOLM hierfür meinen wärmsten Dank öffentlich auszusprechen.

P. 60. Münze von Syrakus aus der Zeit der Gamoren.
Gewicht 265,3 Gramm.

Avers: Ein langsam nach rechts dahinschreitendes Zweigespann (Biga) mit Wagenlenker, der die Zügel mit beiden Händen hält, darüber die Inschrift ΣVRAQOΣION; Rand punktiert.

Revers: Ein in vier Viertel getheiltes, gekörntes Quadrat, in dessen Mitte ein von einem Kreise umschlossener weiblicher Kopf, dessen auf den Nacken herabfallendes Haar durch punktierte Striche angedeutet wird. (C. B. M.)

P. 65. Alte Münze von Himera. Gew. 89,5 Gr.

Avers: Ein nach links schreitender Hahn, punktierter Rand.

Revers: Ein von Punkten umrandetes Quadrat, bestehend aus vier vertieften und vier erhabenen Dreiecken, die wie die Flügel einer Windmühle geordnet sind. (C. B. M.)

P. 69. Münze von Zankle aus dem sechsten Jahrhundert. Gewicht 65,6 Gramm (aeginätische Drachme).

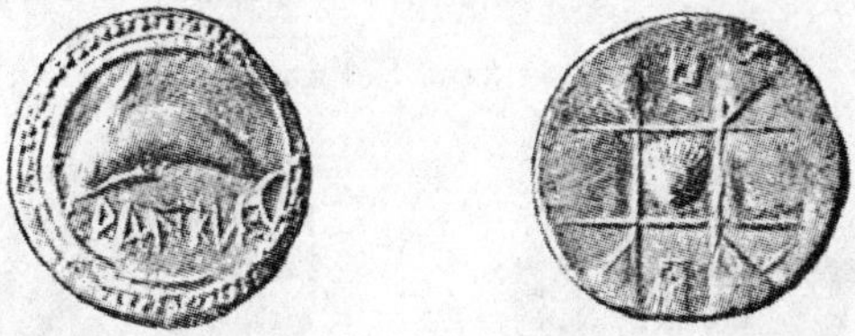

Avers: Ein sichelförmig gekrümmter Delphin, den Hafen von Zankle andeutend, darunter die Legende ΔANKLE (Dankle;) punktierter von zwei Kreislinien eingeschlossener Rand. (C. B. M.)

Revers: Je zwei sich rechtwinklig schneidende Parallelen, die eine Muschel einschliessen und deren Aussenwinkel ungleich getheilt sind.

P. 69. Münze von Naxos um 400 v. Chr. Gewicht 87,2 Gramm (aeginätische Drachme).

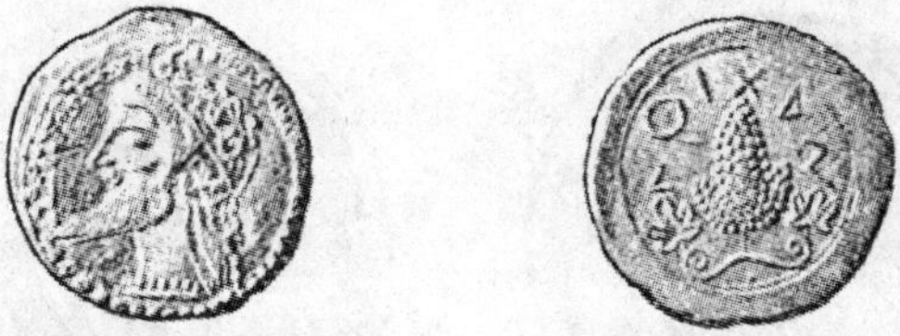

Avers: Kopf des Bakchos mit spitzigem Kinnbart und langem, Epheu bekränzten Haupthaar; Rand punktiert.

Revers: Weintraube an einem Stengel zwischen zwei Blättern darüber die Legende: NAXION, glatter Rand. (C. B. M.)

P. 73. Alte Münze von Kamarina. Gew. 129,4 Gr.

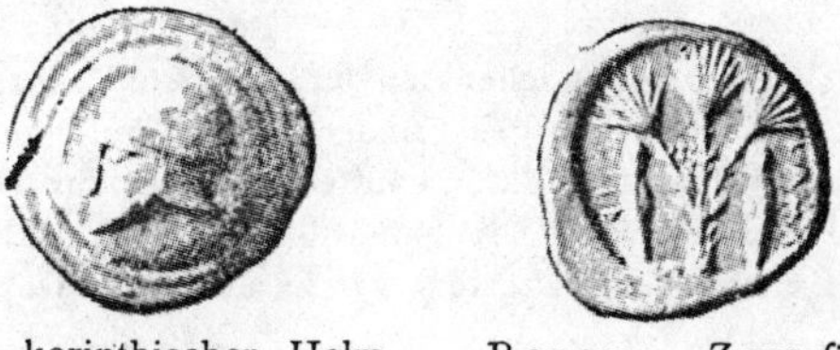

Avers: korinthischer Helm

Revers: Zwergfächerpalme

nach links ohne Helmzier auf rundem Schilde.

mit Früchten, zu beiden Seiten je eine Beinschiene; Legende: KAMARI, Rand gepresst. (C. B. M.)

P. 77. Alte Münze von Selinus. Gew. 133,4 Gr.

Avers: Selinonblatt.

Revers: Ein Viereck, welches in acht abwechselnd flache und erhabene Theile getheilt ist. (C. B. M.)

P. 85. Damareteion von Syrakus. Gew. 685,6 Gr.

Avers: Ein lorbeerbekränztes, weibliches Haupt mit Ohrgehänge und Halskette in einer Art von

Revers: Ein langsam schreitendes Dreigespann mit Wagenlenker und über den Pferden

Anm. Die Karthager schenkten der Damarete für ihre Verdienste um das Zustandekommen des Friedens einen goldenen Kranz im Werte von 100 Talenten, dafür kaufte sie Silber zur Prägung von Pentekontalitren (oder 10 Drachmenstücken), welche Damareteion hiessen. Es sind die ältesten syrakusanischen Dekadrachmen. (Holm.)

Ring, umgeben von vier Delphinen und der Umschrift ΣVRAKOΣION (Syrakosion.) schwebender Nike (Siegesgöttin), unten aber mit einem laufenden Löwen, dem Symbol Afrikas, um anzudeuten, über welches Volk der Sieg davon getragen wurde. Der Wagenlenker hält den Stachelstock in der Rechten und führt die Zügel mit beiden Händen. (Holm.)

P. 88. Münze von Gela um 480 v. Chr.
Gewicht 267,7 Gramm.

Avers: Nach rechts schwimmender Vordertheil eines Stieres mit bärtigem männlichem Kopf (Symbol des Flussgottes Gelas) und der Umschrift ΣΑΛΞϽ, von rechts nach links gelesen: Gelas.

Revers: Nach rechts schreitendes Zweigespann mit Wagenlenker im langen Chiton, darüber eine schwebende, die Pferde bekränzende Nike, den Sieg von Himera andeutend. (C. B. M.)

P. 88. Münze von Selinus um 440 v. Chr.
Gewicht 131,3 Gramm.

Avers: Der nackte Herakles einen nach rechts rennenden Stier,

Revers: Der Flussgott Hypsas, nackt, mit kurzem Horn, an einem

den er mit dem linken Knie presst, beim Horn fassend und mit der Rechten die Keule schwingend, darüber die Inschrift ΣΕΛΙΝΟΙ-ΤΟΝ (Selinoiton).

von zwei bärtigen Schlangen umwundenen Altar eine Opferschale ausgiessend, betrachtet zur Linken einen Lorbeerzweig, rechts davon ein nach rechts schreitender Kranich, darüber ein Selinonblatt und die Umschrift HYΨAΣ (Hypsas), Rand punktiert. (C.B.M.)

P. 105. Münze von Panormos um 420 v. Chr.
Gewicht 131,1 Gramm.

Avers: Nach rechts gewendeter Kopf einer Nymphe mit Ohrgehänge, das Stirnhaar mit einer Binde geschmückt; hinter demselben die Umschrift ΝΟΚΙΤΙΜϘΟΝΠ, (von rechts nach links: Pnormitikon.)

Revers: Ein nach rechts gewendeter Hund, darüber eine Stachelschnecke, Rand glatt, (C. B. M.)

P. 105. Münze von Messana um 420 v. Chr.
Gewicht 267,7 Gramm.

Avers: Ein nach rechts laufender Hase, darunter Kopf des

Revers: Nach links schreitendes Maulthiergespann (Biga)

Pan, vor demselben die Syrinx (Hirtenpfeife), darüber die Umschrift ΜΕΣΣΑΝΙΟΝ (Messanion).

mit weiblichem Wagenlenker, der die Zügel mit beiden Händen hält, darüber eine den Wagenlenker bekränzende schwebende Nike, unter dem Gespann zwei Delphine, Rand punktiert. (C. B. M.)

Anm. Anaxilas hatte in Olympia mit einem Maulthiergespann gesiegt und den Hasen auf Sicilien einheimisch gemacht. (Holm.)

P. 116. Münze von Segesta um 415 v. Chr.
Gewicht 260 Gramm.

Avers: Kopf der Segesta nach rechts mit Ohrgehänge, Halsband und einer rückwärts mit Sternen geschmückten Kopfbinde (Sphendone), unten eine Gerstenähre. Umschrift ΣΕΓΕΣΤΑΤΙΑ (Segestatia).

Revers: Jugendlicher Jäger, dessen linker Fuss auf einen Felsen gestützt ist; seine rechte Hand ruht auf der Hüfte, während er sich mit dem Ellbogen des linken Armes auf das Knie stützt; über die Schulter hängen an einem Bande Wurfspiesse; die Füsse sind mit dem Kothurn bekleidet; die Chlamys (Obergewand) ist über den linken Arm geschlungen; vor ihm zwei Hunde nach rechts; Umschrift ΤΑΙΩΝ (Taion), Rand punktiert. (C. B. M.)

P. 131. Münze von Akragas um 415 v. Chr.
Gewicht 269,6 Gramm.

Avers: Adler mit halb ausgebreiteten Fittigen, einen Hasen zerfleischend. Der Hase ruht auf einem Felsen, auf welchem ein Gerstenkorn (?) und eine Muschel sich befinden. Umschrift ΑΚΡΑΓΑΝΤΙΝΟΝ (Akragantinon).

Revers: Oben Seekrebs zwischen zwei Muscheln; darunter ein nach links schwimmender auf dem Rücken mit Stacheln besetzter breiter Seefisch mit offenem Rachen. (C. B. M.)

P. 140. Syrakusanisches Pentekontralitron. (Mit der Preisrüstung für die Assinarischen Festspiele.)
Gewicht 665 Gramm.

Avers: Kopf der Persephone nach links mit Ohrgehänge und Halsband; das nach rückwärts aufgedrehte, in Locken geordnete

Revers: Ein nach links galoppierendes Viergespann. Der Wagenlenker hält in der Linken die Zügel, in der Rechten den Stachel,

Haar von einem Kornblätterkranz umflochten.

Um denselben die Umschrift ΣΥΡΑΚΟΣΙΩΝ und vier Delphine. Unter dem Ganzen ΕΥΑΙΝΕ (d. i. Euainetos, Name des Stempelschneiders).

womit er die Pferde antreibt; darüber eine schwebende Nike, im Begriff den Wagenlenker zu bekränzen; darunter eine vollständige Hoplitenrüstung, bestehend aus Helm, Schild, Brustharnisch und Beinschienen. Rand punktiert.

Anm. Gleich bei der Niederlage des Nikias hatten die Syrakusaner die Bäume am Flusse Assinaros mit den Rüstungen der gefangenen Athener behängt und wurde beschlossen, dass der Tag, an welchem der Sieg erfochten war — ein Tag zwischen dem 15. und 22. September — als Siegesfest unter dem Namen Assinaria jährlich gefeiert werden soll. (Holm.) Bezüglich der Hoplitenrüstung, welche bei den Assinarien als Preis für den Sieger ausgesetzt worden sein soll, sagt Evans, Syracusan Medallions, Lond. 1892. „Die den athenischen Hopliten abgenommenen Rüstungen scheinen wirklich als Siegespreise gedient zu haben. Aber wahrscheinlich darf man selbst in diesem Fall die dem Sieger verliehene Rüstung nur als einen der Schutzgöttin der Stadt geweihten Lohn betrachten. Die Rüstung stellt somit mehr sinnbildlich als wirklich den Preis für den sterblichen Wettsieger dar."

P. 145. Münze von Himera um 420 v. Chr. Gewicht 265,1 Gramm.

Avers: Die Nymphe Himera im Chiton mit Ärmeln und Peplos, dessen Enden über den rechten Arm herabhängen, opfert aus einer Schale über einem konisch

Revers: Ein nach rechts im Schritt gehendes Zweigespann, dessen Lenker in der Rechten den Stachel, die Zügel mit beiden Händen hält; darüber

geformten Altar, während ihre linke offene Hand ausgestreckt ist. Über derselben ein Gerstenkorn, rechts davon ein Silen, der sich seitwärts neigt, um mit der linken Schulter aus einem Brunnen, der die Gestalt eines Löwenkopfes hat, einen Wasserstrahl aufzufangen. (Ein Hinweis auf die warmen Bäder von Himera.) Unten ein nach rechts schwimmender Flussfisch. (C. B. M.)

eine nach links schwebende Nike, um den Wagenlenker zu bekränzen; darunter die Inschrift: NOIAPEMI, von rechts nach links Imeraion. Rand punktiert.

P. 147. Münze von Katana um 410 v. Chr.
Gewicht 261,8 Gramm.

Avers: Kopf des Apollo mit dem Gesichte nach vorne, zu dessen beiden Seiten Bogen und Leier herabhängen; unter dem Nacken die Inschrift ΑΠΟΛΛΟΝ; im Felde links ΧΟΙΡΙΩΝ. (Choirion, Name des Stempelschneiders.)

Revers: ein nach rechts rennendes Viergespann, dessen Lenker in der Rechten den Stachel, die Zügel mit beiden Händen hält. Der Zügel des vordersten Pferdes hängt lose herab. Darüber eine nach links schwebende Nike, einen Lorbeerkranz mit beiden Händen haltend, um den Lenker zu bekränzen. Hinter den Pferden eine kanellierte, jonische Säule (die Meta), darunter die Inschrift ΚΑΤΑΝΑΙΩΝ· zu unterst ein Krebs? (C. B. M.)

P. 151. Münze von Syrakus um 409 v. Chr.
Gewicht 266,3 Gramm.

Avers: Der etwas nach links gewendete Kopf der Arethusa mit Ohrgehänge und Halsband; das Haar wallt in losen Flechten herab; auf dem Stirnband (ampyx) findet sich KIMΩN (Name des Stempelschneiders.) Um die Haarlocken schwimmen vier Delphine, auf jeder Seite zwei. Das Ganze ist von einem punktierten Rande, die untere Hälfte von einem doppelten Rande umschlossen; oben befindet sich ausserhalb des Randes der Name ΑΡΕΘΟΣΑ (Arethosa).

Revers. Ein nach links galoppierendes Viergespann, dessen Lenker den Kopf nach rückwärts wendet; unter den Pferden ist eine umgestürzte Säule; darüber eine auf den Köpfen der zwei vorderen Pferde stehende Nike, dem Wagenlenker einen Kranz entgegenhaltend. Darüber die Inschrift ΣΥΡΑΚΟΣΙΩΝ; unter dem Sockel eine Gerstenähre. (C. B. M.)

P. 174. Münze von Motye um 400 v. Chr.
Gewicht 130,6 Gramm.

Avers: Der mehr nach rechts gewendete Kopf der Wassernym-

Revers: Seekrebs, darüber ein Schaltier (Stachelschneck e?),

phe mit Hals- und Stirnband, (ampyx), von 6 Delphinen umgeben. darunter ⴕ1Ʊ˪H, von rechts nach links Motya. (C. B. M.)

P. 213. Münze von Syrakus aus Dions Zeit. Gewicht 133 Gramm.

Avers: Kopf der Pallas nach rechts mit der Umschrift: ΣΥΡΑΚΟΣΙΩΝ (Syrakosion.)

Revers: Nach links fliegender Pegasus. (H. C. S.)

P. 233. Münze aus Kupfer von Syrakus aus Timoleons Zeit.

Avers: Ein nach links gewendeter lorbeerbekränzter Kopf des Zeus Eleutherios mit auf dem Nacken herabfallendem Haupthaar; Umschrift ΖΕΥΣ ΕΛΕΥΘΕΡΙΟΣ.

Revers: Ein nach links stolzierendes ungezäumtes Pferd, darunter ΣΥΡΑΚΟΣΙΩΝ (C. B. M.)

P. 273. Münzen des Agathokles.

1.

2.

3.

Die Münzen 1 und 2 sind Tetradrachmen aus Silber, 3 ist eine Goldmünze.

1) Avers: Kopf der Persephone oder Kore im Profil nach links mit Ohrgehänge, Halsband und von Kornblättern umflochtenem Lockenhaar, von drei Delphinen umgeben.

Revers: Ein nach links sprengendes Viergespann mit Wagenlenker; darüber die Triquetra, das ist drei gleich den Speichen eines Rades verbundene laufende Beine als Symbol der dreispitzigen Insel Sicilien; darunter: ΣΥΡΑΚΟΣΙΩΝ Α/.

2) Avers: Derselbe Kopf der Kore im Profil nach rechts ohne die Delphine mit der Umschrift: ΚΟΡΑΣ

Revers: Nike, ein Tropaion befestigend, oder in den Helm einen Namen eingrabend.

3) Avers: Kopf der Pallas.

Revers: Geflügelter Blitz darüber ΑΓΑΘΟΚLΕΟΣ; darunter ΒΑΣΙΛΕΟΣ (Holm.)

P. 275. Münze der Mamertiner in Messana.

Avers: Kopf des Ares mit kurzem Haar und Lorbeerkranz; im Felde rechts ΑΡΕΟΣ

Revers: Adler mit flugbereiten Fittigen auf einem Blitz; Umschrift ΜΑΜΕΡΤΙΝΩΝ (C. B. M.)

P. 276. Münze des Hiketas. Gold. Gewicht 65,7 Gramm.

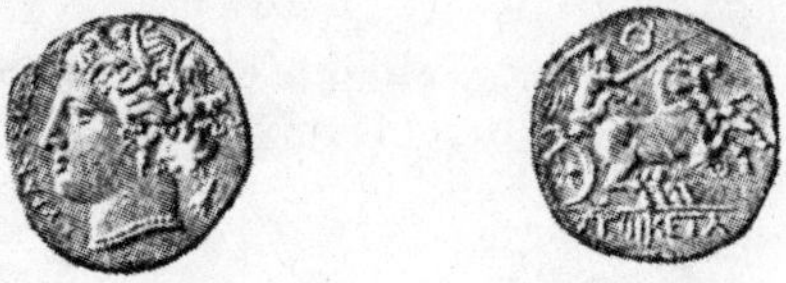

Avers: Kopf der Persephone im Profil nach links mit Ohrgehänge, Halsband; das Lockenhaar mit einem Kranz von Gerstenähren umflochten; rechts davon eine Biene; unten Spuren eines Buchstabens.

Revers. Ein nach rechts galoppierendes Zweigespann von einer halb bekleideten Nike gelenkt; darüber die Mondsichel; unter den Vorderfüssen der Pferde die Sonnenscheibe; unter dem Sockel ΕΠΙΚΕΤΑ (C. B. M.)

Anm. Das ἐπὶ bezeichnet den Hiketas als Magistrat nicht als König. (Holm.)

P. 288. Münze Hierons II.
Gewicht 432 Gramm, Wert 32 Litra.

Avers: Kopf Hierons II. mit Diadem.

Revers: Ein nach rechts sprengendes Viergespann, von einer halb bekleideten Nike gelenkt; darüber ein Stern; oben ΒΑΣΙΛΕΟΣ; unten ΙΕΡΩΝΟΣ. (H. H.)

P. 289. Münze mit dem Kopfe der Königin Philistis.
Gewicht 216 Gramm, Wert 16 Litra.

Avers. Kopf der Philistis mit Schleier.

Revers: Ein langsam nach rechts schreitendes, von einer Nike geleitetes Viergespann; oben ΒΑΣΙΛΙΣΣΑΣ; unten ΦΙΛΙΣΤΙΔΟΣ. (H. H.)

BERICHTIGUNGEN UND ERGÄNZUNGEN.

Seite 46, Zeile 37 von unten statt „Anapia" lies: Anapios.

S. 58, Z. 1 v. o. ist nach „Kunde" einzuschalten: Die älteste Beziehung auf ihn findet sich bei Pindar, der nicht ganz 100 Jahre nach ihm lebte.

S. 47, Z. 9 v. u. ergänze nach „bestehen": Genau so verfuhr er mit den Bewohnern von Euboia, der Stadt, deren Lage wir nicht kennen.

S. 88, Z. 8 v. u. statt „Theron" lies Hieron.

S. 235, Z. 7 v. u. ergänze zu „Feldherrn": Hamilkar und Hasdrubal.

S. 304, Z. 17 v. o. ergänze nach „musste": Darunter waren die liparischen Inseln verstanden, auf welche Carthago Verzicht leisten musste.

S. 361, Z. 12 v. o. st. Himera lies: dem himeräischen Therma.

S. 361, Z. 14 v. o. st. „oder" lies: und.

S. 76, Z. 4 v. o. muss es statt „und dessen Tochter Kydippe heiratete" heissen: und ihm seine Tochter Kydippe zur Frau gab.

NAMEN- UND SACHREGISTER.

A

Abacaenum, erleidet einen Gebietsverlust 187; im Bunde mit Mago 189; von Agathokles erobert 247.

Achaia, röm. Provinz, 352, 353.

Achaios, Rathgeber des Königs Eunus 343, 344.

Achradina, Vorstadt von Syrakus 44; durch Gelon mit Ortygia vereinigt 75; Bauten des Dionysios 171; s. Syrakus.

Adernò, s. Hadranum.

Aegatische Inseln, s. Aigusa.

Aelian, Geschichte der Thiere 29.

Aeschylos, am Hofe Hieron's 86.

Aeschylos, Schwager des Timophanes 226.

Aetna, Berg 18; Sagen 46; Sage von Empedokles 99; Ausbruch, als Wahrzeichen von Caesar's Tod 349; von Hadrian besucht 359.

Aetna, Stadt, Gründung Hierons 87; Hieron's Tod 93; leistet dem Thrasybulos Beistand 93; Deinomenes vertrieben 96; erhält den Namen Katana, das.; die Neubürger nach Inessa verpflanzt, das.; Zufluchtsort syrakusanischer Ritter 161; Vertreibung derselben durch Dionysios 168; Campaner dort angesiedelt 169; Lager des Agathokles 271.

Afrika, phönikische Colonien 24; Kriegszug des Agathokles 254ff. Feldzüge der Römer 295, 333, 349; Königreich der Vandalen 364; Belisars Feldzug 366.

Agathokles, der Gamore 61.

Agathokles, mit Dionysios verglichen 244; Jugendzeit 245; syrakusanischer Feldherr 246; gelangt zur Herrschaft 247; von Sparta bekriegt 248; Vertrag mit Akragas, das.; Angriff auf Messana und Akragas 249; behauptet Centuripa und Galaria, das.; greift das punische Lager auf Eknomos an, das.; erobert Gela 251; am Himeras geschlagen, das.; Angriffsplan auf Carthago 253; afrikanischer Feldzug 254; nennt sich König 260; Rückkehr nach Sicilien 262; erobert mehrere Städte, das.; Rückkehr nach Afrika 263; entweicht heimlich nach Sicilien 264; grausame Behandlung der Segestaner, das.; Unterhandlungen mit Deinokrates 267; König des griechischen Sicilien; 270; Angriff auf Lipara, das.; erobert Korkyra 271; spätere Kriegsunternehmungen in Unteritalien, das.; Herr der Insel, das.; neuer Angriffsplan auf Carthago, das.; Tod 272.

Agathokles der Jüngere, von Archagathos getödtet 272.

Agathokles, beraubt den Tempel der Athene in Syrakus 61.

Agathyrnum, Mittelpunkt des Räuberwesens 333.

Agrigent, Bisthum, s. Akragas.

Agrippa, M. V., Zug gegen Sextus Pompeius 355, 356.

Agylla, Tempel, von Dionysios I geplündert 198.

Agyris von Agyrium 188; Bündnis mit Dionysios I., das.

Agyrium, Sikelerstadt 21; Herakleskultus 31; die Einwohner erhalten syrakusanisches Bürgerrecht 239; empört sich gegen Phintias 277; späterer Name 361.

Aidoneus, 36.

Aigusa, Inselgruppe 17; Schlacht 303, 305.

Aiolos, Inseln, s. Lipara.

Akestorides, korinthischer Feldherr, trachtet Agathokles nach dem Leben 246.

Akis und Galateia, Sage, 31.

Akragas, Gründung 52; Bauten Therons 92; Tyrannis des Thrasydaios 92; Reichthum 97; Empedokles verbannt 100; Krieg gegen Ducetius 102; gegen Syrakus 104; Gesandtschaft der Athener 115; Aufnahme der flüchtigen Selinuntier 149; Vertheidigungsanstalten gegen die Carthager 154; wird belagert, das.; erobert und geplündert 157; Klagen gegen die syrakusanischen Feldherrn das.; carthagisch 162; kommt in Abhängigkeit von Dionysios I. 186; entzieht sich seiner Herrschaft 189; von Timoleon wiederhergestellt 240; Krieg gegen Agathokles 248; Vergleich mit ihm, das.; von Agathokles bedroht 249; stiftet einen Bund gegen Agathokles 260; greift karthagisches Gebiet an 261; unter dem Tyrannen Phintias 276; Phintias vertrieben 277; unterwirft sich Pyrrhos 281; von den Mamertinern erobert 286; von den Römern erobert 294; Agrigentum 295, 332; von Himilkon erobert 320; von Hannon behauptet 329; an Laevinus verrathen 332; erhält den

ehernen Stier zurück 340; im Verfall 341.
Akragas, Fluss 53.
Akrai, Kastell von Syrakus 50; Dion's Lager 211.
Akrotatos, spartanischer Feldherr gegen Agathokles 248.
Alarich, König der Westgothen 410.
Alexander von Epeiros 242.
Alexander der Grosse, Eroberungen 241; Einfluss derselben auf Agathokles 244.
Alexander, Sohn des Pyrrhos, designierter König von Sicilien 282.
Alketas, Fürst der Molotter, von Dionysios wieder eingesetzt 198.
Alkibiades, unterstützt das Hilfe gesuch von Segesta 117; zum Feldherrn ernannt 118; dringt auf einen Angriff auf Syrakus 120; wegen Frevel gegen die Götter angeklagt 122; wirkt in Sparta zum Nachtheile Athens 125.
Alphabet, phönikischen Ursprungs 23.
Alpheios, Sage 37.
Amphinomos 46.
Anapios, Legende 46.
Anapos, Fluss 43.
Annaxilas, Tyrann von Rhegion 70; Verfahren gegen Zankle 71; Bündnis mit Terillos von Himera 76; sucht Hilfe bei Carthago 81; Friede mit Gelon 84; bedroht Lokroi 87; Tod 88; seine Söhne verlangen von Mikythos Rechenschaft 93; werden vertrieben 94.
Ancona, s. Ankon.
Andromachos von Tauromenion, Timoleons Bundesgenosse 228.
Ankon, Gründung 197.
Antalkidas, Friede 196.
Antandros, Statthalter des Agathokles in Syrakus 254; vertreibt die Freunde der Verbannten 256; richtet auf Befehl des Agathokles ein Blutbad an 266.
Antigenes von Henna 342.
Antiochos, König, s. Eunus.
Antiochos von Syrakus, seine Geschichte Siciliens 39, 108.
Antonius L., Krieg gegen Caesar Octavianus 352.
Antonius M., der Ältere, Erpressungen in Sicilien 348.
Antonius M., der Jüngere, lässt Verres tödten 349; Mitglied des zweiten Triumvirates 350; Bund mit Sextus Pompeius 352; Bündnis mit Caesar gegen Sextus, das.; Friede mit Sextus, das.; sendet dem Octavianus Schiffe gegen Sextus 355.
Aphrodite, Tempel in Minoa 33.
Apollokrates, Befehlshaber des Dionysios II in Ortygia 217; übergibt es an Dion 222; kehrt nach Ortygia zurück 225.
Apollon, Standbild in Gela, nach Tyrus geschickt 160.
Apollon Archegetes, dessen Altar in Naxos 41.
Apollon Temenites 44.
Apollonia, Stadt, unter dem Ty-

rannen Leptines 234; von Timoleon befreit, das.; von Agathokles erstürmt 262.

Aquillius G., Consul 346.

Archagathos, Sohn des Agathokles 254; zieht mit ihm nach Afrika, das.; verursacht einen Söldneraufstand 258; von Agathokles in Afrika zurückgelassen 262; ruft seinen Vater zu Hilfe 263; von Agathokles verlassen 264; getödtet, das.

Archagathos der Jüngere, Enkel des Agathokles 271; tödtet seinen Onkel 272; lässt seinen Grossvater vergiften, das.; von Mainon ermordet 275.

Archias, Gründer von Syrakus 42.

Archidamos von Sparta, fällt bei Manduria 242.

Archimedes, mit Hieron II. verwandt 308; seine Kriegsmaschinen 319; sein Tod 327; seine Maschinen von Marcellus in Rom aufgeführt 330.

Archonides I., Fürst der Sikeler, begünstigt die Gründung von Kale Akte 104; mit Athen verbündet 112; Tod 130.

Archonides II., Sikelerfürst, gründet Halaisa 169.

Arete, Gemahlin Dion's 207; mit Timokrates vermählt 209; mit Dion wieder vereinigt 222; hegt Argwohn gegen Kallippos 223; von ihm gefangen 224; von Hiketas getödtet, das.

Arethusa 37.

Aristomache, Gemahlin Dionysios I. 173; zwingt Kallippos zum Eid 223; gefangen 224; getödtet, das.

Ariston von Korinth, verbessert die Taktik der syrakusanischen Flotte 134.

Aristophanes 108.

Aristos von Sparta, wirkt zu Gunsten Dionysios' I. 168.

Aschtoreth 22; Tempel auf Eryx 27.

Assinaros, Fluss, Niederlage der Athener 140.

Athen, Beziehungen zu Sparta 108; Bündnis mit Segesta 109; leitet die Gründung von Thurioi, das.; Bündnis mit Leontinoi und Rhegion 110; Beitritt zum Frieden von Gela 114; Gesandtschaft nach Sicilien 115; Hilfsgesuch Segesta's 116; Gesandtschaftsbericht 118; der Zug nach Sicilien beschlossen, das.; Thätigkeit des Nikias 122; Schlacht am Anapos 123; Nikias verlangt Verstärkungen 124; die Belagerung von Syrakus begonnen 128; Absendung eines zweiten Heeres 132; zur See geschlagen 134; Ankunft des Demosthenes vor Syrakus, das.; letzter Kampf und Rückzug 137; Ausgang des Feldzuges 142; Sikelioten gefangen 145; Ehrendekrete für Dionysios 186, 200; Aufführung seiner Tragödien 197; Bündnis mit ihm 200.

Athenagoras, Rede gegen Hermokrates 119.

Athenion, Feldherr, später König der Sklaven 346.
Atilius A., Einfall in das Gebiet von Panormos 295; erobert Panormos 296.
Augusta s. Xiphonia.
Augustus s. Caesar G. Octavianus.

B

Baal 22.
Bakchiaden von Korinth 58.
Balearen, von Geiserich erobert 364.
Belisarius, Feldzug gegen die Vandalen 366; gewinnt Sicilien zurück 366, 367; Folgen seiner Eroberungen 368.
Beneventum, Schlacht 285.
Boeo, Vorgebirge 16.
Bomilkar, Feldherr, gegen Agathokles 255.
Bomilkar, läuft in den Hafen von Syrakus ein 324; steuert nach Tarent 325.
Bruttier, im Kriege gegen Kroton 245; Agathokles verkauft an sie die Jugend von Segesta 264.
Bürgerrecht, in den griechischen Freistaaten 58.

C

Cadiz 23.
Caesar G. J. in Lilybaeum 349; Vorzeichen seines Todes, das.
Caesar G. O. Augustus, Krieg gegen Sextus 350; Vertrag mit ihm 352; zweiter Krieg 353—356; gewinnt Sicilien 357; feiert über Sicilien den kleinen Triumph, das.; seine Colonien auf Sicilien 357, 358.
Calabrien, zur Theme Sicilien gehörig 371.
Caltabellotta, an der Stelle von Kamikos 33; vielleicht mit Triocala identisch 346.
Caltavulturo, s. Torgium.
Campaner, Söldner im Dienste Hannibals 148; im Dienste Dionysios' I. 167; bemächtigen sich Entella's, das.; in Aetna 179; von Timoleon vernichtet 239; im Lager des Archagathos 275; bemächtigen sich Messana's 276; Mamertiner, das.; in Rhegion 287; durch die Römer bestraft, das.
Canaan, Stammland der Phönikier 22; Verehrung ihrer Gottheiten in Sicilien 27.
Caracalla, Kaiser, sein Edikt 362.
Carthago, Ableitung des Namens 24; sicilische Besitzungen 25; angeblicher Rachekrieg der Sikelioten für Dorieus 76; Bündnis mit Persien 80; Hamilkars sicilischer Feldzug 82—84; die Schophetim 82; Vertrag mit Gelon 84; Menschenopfer 85; Gesandtschaft der Athener 125; zweiter Angriffskrieg auf Sicilien 147; Himilkon sendet Kunstschätze aus Akragas dahin 157; Vertrag mit Dionysios 162; Ultimatum des Dionysios 173; Erhebung der Sikelioten 174; zweiter Krieg gegen Dionysios 177; Sieg bei

Katana 179; Belagerung von Syrakus 181; Niederlage vor Syrakus 184; Mago's Angriff auf Syrakus 189; Frieden mit Dionysios 190; dritter Krieg gegen ihn 198; Vertrag 199; erkauft das Kleid der Lakinischen Hera 200; vierter Krieg gegen Dionysios 201; Friedensschluss mit dessen Sohn 202; Bündnis mit Hiketas 228; Gesandtschaft in Tauromenion 229; Einnahme von Syrakus 231; Mago's Leiche gekreuzigt 232; Krieg mit Timoleon 235 ff.; am Krimisos geschlagen 237; unterstützt die Tyrannen 238; Friedensschluss mit Timoleon 239; Hamilkar zurückberufen 247; Vertrag mit Agathokles 248; Hilfegesuch der verbannten Syrakusaner 249; Verluste zur See 250; Sieg am Himeras 251; Lage in Afrika 253; Kriegszug des Agathokles 254; von Akragas bekriegt 261; Archagathos geschlagen 262; Vertrag mit den Söldnern des Agathokles 264; Vertrag mit Agathokles 268; Bündnis mit Mainon 275; Bündnis mit Phintias 277; Belagerung von Syrakus 278; Bündnis mit Rom 280; Krieg gegen Pyrrhos 281; Befestigung von Lilybaion 284; Bündnis mit Hieron II. 287; Krieg mit Rom 292; erster Friede mit Rom 304; Gesandtschaft des Hieronymos 311; zweiter Friede mit Rom 334; durch Scipio den Jüngeren zerstört 340; Residenz Geiserichs 364.

Cassibile 139.

Cassiodorus Nachrichten über Sicilien 365.

Castrogiovanni, Ableitung des Namens 21.

Catania, die Ebene 19 (s. Katana).

Catulus G. L., Sieg bei Aigusa 302; Vertrag mit Hamilkar 304.

Caucana, Belisars Überfahrt nach Afrika 366.

Centuripa (Centorbi), sikelische Ortschaft 21; durch Timoleon vom Tyrannen befreit 239; von Agathokles behauptet 249; Agathokles zurückgewiesen 262; Stellung unter Roms Herrschaft 339; Vorrechte seiner Bürger 339.

Cephaloedium (Cefalù), sikelische Stadt 21; an Dionysios verrathen 188; durch Agathokles erobert 262; an Deinokrates überliefert 267; Agathokles verlangt die Zurückgabe 267.

Cethegus Praetor 330, 331.

Chaironeia, Schlacht 241.

Chalkis, Mutterstadt von Naxos 41; von Zankle 49; von Athen geknechtet 124.

Charondas, Gesetzgebung 66; Tod 67.

Charybdis, Sage 31.

Chersikrates, Gründer von Korkyra 42.

Chna, Stammland der Phönikier 22.

Christenthum, Verbreitung in Sicilien 360, 361.
Cicero, Reden gegen Verres 335, 347 ff.
Cilicien, Seeräuber, in Sicilien zu Sklaven gemacht 342.
Claudian 22.
Claudius A., römischer Prätor 311; Unterhandlungen mit Syrakus 312, 314; blockiert den grossen Hafen von Syrakus 314; greift Syrakus zu Land an 319.
Colonien, Charakter derselben 10.
Conca d'oro 26.
Constantin I. 361.
Constantin II., römischer Kaiser in Syrakus 370; ermordet, das.
Constantin IV., Kaiser, gewinnt Sicilien zurück 370.
Constantin V., Kaiser 371.
Constantin VI., Kaiser 371.
Constantina, Kaiserin, Pabst Gregor des Grossen Bitte an sie 369.
Constantinopel, Hauptstadt des römischen Reiches 368; Einfluss auf Sicilien 368, 369.
Cornelius G., Einnahme von Panormos 296.
Cornificius Quintus, Rückzug vor Sextus 356.
Corsica, angeblich von Syrakus colonisiert 100; von Rom beansprucht 304; von Carthago abgetreten 336; von Sextus erobert 351; ihm im Vertrag von Misenum zuerkannt 352; verrathen an Caesar 353; von Geiserich erobert 364.
Crispinus T. G., lagert in der Anaposebene 324; bezieht ein Lager auf Epipolae 324.
Cumae s. Kyme.

D

Daedalos, Sage 32.
Damarete, Gemahlin Gelons 75; mit Polyzelos vermählt 86; ihr Grabmal von Himilkon zerstört 182.
Damarete, Gemahlin des Hadranodoros 312; ermordet 313.
Damariste, Mutter Timoleons 226.
Damas, Gönner des Agathokles 245.
Damippos, Unterhandlungen wegen seines Loskaufes 321.
Damophilos, siegt über Xenodikos 261.
Damophilos von Henna, misshandelt die Sklaven 342; ermordet 343.
Daphnaios, syrakusanischer Feldherr vor Akragas 156; getödtet 160.
Darius I., König von Persien, unterwirft die jonischen Städte 70; gewährt dem Skythes von Zankle Zuflucht 71.
Darius II., Bündnis mit Sparta 143.
Deinokrates, mit Hamilkar verbündet 257; bekriegt Agathokles 262; Unterhandlungen mit ihm 267; geschlagen 268; Vertrag mit Agathokles 269; tödtet den Pasiphilos, das.
Deinomenes, Vater Gelons 72.

Deinomenes, Sohn Hieron's I., König in Ätna 93; aus Ätna vertrieben 96.

Delphi, von Dionysios bedroht 198.

Demagogen in Syrakus 97.

Demeter und *Persephone*, die Sage 29, 36; Tempel in Syrakus 85; von Himilkon geplündert 182; ihre Tempel in Carthago 84, 186; feierlicher Eid bei ihnen 223; ein korinthisches Schiff ihnen geweiht 227; Agathokles opfert ihnen seine Schiffe 254.

Demetrios der Belagerer 271.

Demochares, Unterbefehlshaber des Sextus 354; schneidet dem Lepidus den Zuzug von Verstärkungen ab 356.

Demokratie, Ursprung derselben 59; nach der Definition des Athenagoras 119.

Demos von Athen 59.

Demosthenes, athenischer Feldherr 132; sein Angriffsplan 134; Vorschlag zum Rückzug 135; kapituliert 140; getödtet 142.

Dexippos, Befehlshaber in Akragas 154; im Verdacht des Verrathes 156; Befehlshaber in Gela 158; nach Sparta zurückgeschickt 159.

Dikaiopolis 266.

Diodoros Geschichte Siciliens 8, 29, 31, 39, 78, 107, 146, 163, 335; sein Bericht über die Schlacht bei Himera 83; legt Gelon den Königstitel bei 84.

Diokles von Syrakus 143; Gesetzgebung, das.; Unterhandlungen mit Hannibal 149; eilt nach Syrakus zurück 150; verbannt 152; seine Gesetze wiederhergestellt 234.

Dion, Biographien von Plutarch und Cornelius Nepos 204; von Dionysios I. begünstigt 207; auf sein Betreiben kommt Plato nach Syrakus 208; verbannt, das.; Dionysios II. Verfahren mit seiner Gemahlin und seinen Gütern 209; erhält das spartanische Bürgerrecht, das.; zieht gegen Dionysios II. 210; Einzug in Syrakus 211; zum Feldherrn gewählt 213; des Dionysios Unterhandlungen mit ihm 214; desselben Brief an ihn 215; Beschuldigungen gegen ihn, das.; empfiehlt die Annahme der Anträge des Dionysios 217; wird abgesetzt, das.; begibt sich nach Leontinoi 218; kehrt nach Syrakus zurück 219; Benehmen gegen seine Feinde 221; Aussöhnung mit Herakleides 221; bemächtigt sich Ortygia's 222; weigert sich, das Grab des Dionysios zu zerstören, das.; lässt die Ermordung des Herakleides zu 223; Verschwörung gegen ihn, das.; ermordet 224; Plato's Pläne für dessen Sohn 225.

Dionysios der Ältere entgeht dem Schicksal des Hermokrates 153; tritt als Ankläger gegen die Feldherrn auf 158; zum Feldherrn gewählt, das.; sein Verhalten in Gela, das.; und Leontinoi 159; reisst die Tyrannis an sich, das.; seine Heirat 160; räumt Gela und Kamarina 160, 161; seine Gemahlin ermordet, das.; stellt seine Herrschaft in Syrakus wieder her 161; Vertrag mit Himilkon 162; Umfang seiner Macht 164; befestigt Ortygia 165; bekriegt die Sikeler 166; Empörung gegen ihn, das.; täuscht die Belagerer, das.; Bündnis mit Sparta 168; Verfahren gegen Naxos und Katana 169; erweitert die Festungswerke in Syrakus 171; gründet Hadranum 172; bekriegt Rhegion und Messana, das.; Doppel-Heirat 173; rüstet gegen Carthago, das.; Ansprache an die Volksversammlung 173; gewinnt Eryx 175; belagert Segesta und Entella 176; erobert Motye 177; bei Katana geschlagen 181; seine Gesandtschaft nach dem Peloponnes 182; in der Volksversammlung angeklagt 183; Sieg über die Carthager 184; Friedensschluss 185; Ehrendekrete der Athener 186; gründet Colonien 187; bei Tauromenion geschlagen 189; siegt über Mago 190; Friedensschluss mit Carthago, das.; erobert Tauromenion, das.; Kriegszug nach Unteritalien 190; Eroberung von Rhegion 194; Festgesandtschaft nach Olympia 196; Aufführung seiner Tragödien in Athen 197; sein Umgang mit Dichtern und Philosophen, das.; Kriegsunternehmungen gegen die Etrusker und im adriatischen Meer 198; sein dritter punischer Krieg, das.; Friedensschluss 199; erobert Kroton 200; beabsichtigter Mauerbau in Unteritalien, das.; sein vierter punischer Krieg 201; Tod 202; historische Bedeutung seiner Regierung 202; sein Grabmal auf Ortygia 206; Sonnenuhr 212; mit Agathokles verglichen 244.

Dionysios der Jüngere, mit seinem Vater verglichen 206; von der Volksversammlung anerkannt, das.; schliesst mit den Carthagern und Lucanern Frieden 207; Heirat, das.; Beziehungen zu Plato 209; Verfahren gegen Dion, das.; Verbannung des Herakleides, das.; Unterhandlungen mit Dion 214; Schreiben an Dion 215; entkommt aus Ortygia 217; Sendung des Nypsios 218; Wiedereinnahme von Ortygia 225; ergibt sich dem Timoleon 230; nach Korinth geschickt, das.

Dionysios von Korinth 234.

Dorieus von Sparta, Zug nach Westsicilien 67; angeblicher Rachekrieg nach seinem Tod 76.

Doris von Lokroi, Gemahlin Dionysios I. 173.

Dorische Colonien auf Sicilien 42, 47, 49, 50.

Drepana, Hafen von Eryx 201; von den Carthagern befestigt 295, 298; die Römer zur See geschlagen 300; Einnahme durch die Römer 303.
Ducetius, leistet bei der Vertreibung des Deinomenes Beistand 96; vereinigt die Sikeler 101; gründet Menaenum und Palica 102; erobert Aetna, das.; Krieg mit Akragas und Syrakus, das.; unterwirft sich der Gnade der Syrakusaner 103; nach Korinth geschickt, das.; gründet Kale Akte 104; Tod, das.
Duilius G., Seesieg bei Mylae 295.

E

Ebbsfleet, mit Naxos verglichen 41.
Egypten, seine Eroberung durch die Römer nachtheilig für Sicilien 359.
Eknomos, Lagerplatz der Punier 249, 251.
Elba 100.
Elefanten, ihre erste Verwendung im Westen 279; Verwendung in den punischen Heeren 297, 298.
Eleutheria, Fest in Syrakus 95.
Elpidius, Tyrann 371.
Elymer, in Segesta und Eryx 14; angeblich Abkömmlinge der Trojaner 14, 30, 31.
Empedion von Selinus 149.
Empedokles, Biographie von Diogenes Laertios 99; lehnt die Tyrannis über Akragas ab 100; Verbannung und Tod, das.
Engyum ergibt sich an Timoleon 234.
Entella, von Campanern besetzt 167; von Dionysios belagert 176; von demselben erobert 201; von Timoleon gerettet 236.
Epicharmos an Hieron's Hofe 86.
Epikydes, Sendung nach Syrakus 311; Intriguen gegen Rom 313; zum Feldherrn gewählt 314; reizt die Leontiner zur Empörung 315; verbreitet falsche Gerüchte über Marcellus 317; Rückkehr nach Syrakus, das.; weist die römischen Gesandten ab 318; wüthet gegen die Parteigänger Roms 321; behauptet Achradina 322; verlangt Verstärkungen 325; verlässt Syrakus, das.; behauptet Akragas 329; entkommt 332.
Epipolai s. Syrakus.
Ergetion von Hippokrates erobert 70.
Erineos, Fluss, Haltstation der Athener 139.
Erymnon der Ätoler, widersetzt sich der Übergabe von Syrakus an Hamilkar 256.
Eryx, der Tempel 14, 27; phönikische Überreste 28; Versuch des Dorieus hier eine Niederlassung zu gründen 68; von athenischen Gesandten besucht 117; verbündet sich mit Dionysios 175; von Himilkon genommen 177; von Dionysios zurückgewonnen 201; von Pyrrhos erobert 283; von den Römern

besetzt 300; die Einnahme der unteren Stadt durch Hamilkar 302; Gegenstand langwierigen Kampfes 302, 303; von Carthago geräumt 304.

Eryx, der Heros eponymos, von Herakles besiegt 31.

Etrusker, von Hieron besiegt 87; im Kriege mit Syrakus 100; leisten den Athenern Hilfe 125, 136; von Dionysios bekriegt 198.

Euboia, Insel, enthält unabhängige Städte 15.

Euboia auf Sicilien 46; Colonie von Chalkis, das.; von Gelon zerstört 74.

Eumelos, der Dichter, lässt sich in Syrakus nieder 60.

Eunus, Sklave, König von Henna 342, nennt sich Antiochos 343; stirbt im Gefängnis 344.

Eupatriden in Athen, Ursprung derselben 59.

Euphemos, Rede in Kamarina 124.

Euryalos, von den Athenern besetzt 126; Castell des Dionysios 171; an Marcellus übergeben 323.

Euryleon, gründet Herakleia 68; Tyrann in Selinus, das.; gestürzt das.

Eurymedon, athenischer Feldherr 132; beim Angriff auf Epipolae 135; ist für den Rückzug, das; fällt 136.

Euthydemos, athenischer Feldherr 133; beim Angriff auf Epipolae 135.

F

Faro, Cap 17.

Fiumare 19.

Floridia 139.

Franken, Einfall in Sicilien 359.

G

Gadeira, Gades 23.

Gaisylos von Sparta 221.

Galaria, von Agathokles behauptet 249.

Galateia, Sage 31.

Gallien, bezieht Getreide aus Sicilien 365.

Gallier in Rom 196; im Dienste Dionysios', das.

Gamoren in Syrakus 59; Parteikämpfe 60; vertrieben 61; von Gelon zurückgeführt 74.

Gaulos, Insel 18.

Geiserich, König der Vandalen 364; sein afrikanisches Reich, das.; macht Einfälle in Sicilien und Italien, das.; überlässt Sicilien an Odoaker, das.

Gela, Gründung 50; Mutterstadt von Akragas 52; Parteikampf 69; unter Kleandros 70; Hippokrates, das.; Gelon 73; Mutterstadt des neuen Kamarina 94; Friedensschluss mit Kamarina 113; Friedenscongress, das.; Vertrag 114; verbündet sich mit Gylippos 130; erhält von Syrakus Hilfe 158; belagert und entvölkert 160; an Carthago zinsbar 162; von Timoleon neu bevölkert 240; Vertrag mit Aga-

thokles 248; von Agathokles überfallen 251; mit Akragas gegen Agathokles verbündet 260; durch die Mamertiner zerstört 277.
Gelas, Fluss, Bedeutung des Namens 50.
Gellias von Akragas, Tod 157.
Gelon, Sohn des Deinomenes 73; verdrängt die Söhne des Hippokrates, das.; Tyrann von Syrakus 74; sein Verhalten gegen die Oligarchen und das Volk, das.; erweitert Syrakus 75; verleiht Fremden das Bürgerrecht, das.; Bündnis mit Theron, das.; angeblicher Vertrag mit Carthago 76; Gesandtschaft der Griechen um Beistand gegen Xerxes 81; Sieg bei Himera 83; Ehrungen der Syrakusaner 84; Weihegeschenke und Tempelbauten 85; Tod, das.; sein Grabmal von Himilkon zerstört 182.
Gelon, Sohn Hieron's II., Tod 309.
Geryones, seine Rinder 31.
Girgenti s. Akragas.
Gongylos von Korinth 129.
Gorgias von Leontinoi, Lehrer der Beredsamkeit 97; Gesandter in Athen 111.
Gothen, ihre Herrschaft auf Sicilien 365; von Belisar besiegt 366, 367.
Gozo, Insel s. Gaulos.
Gregor der Grosse, Papst, Nachrichten über Sicilien in seinen Briefen 335, 369, 370.
Griechen, in selbständige Gemeinwesen zersplittert 9; Wanderungen griechischer Stämme 10; Niederlassungen auf Sicilien 11, 14, 39 ff.; mit den Phönikiern verglichen 23; suchen bei Gelon Hilfe gegen Xerxes 81; Versuch der Sikeler, sie aus Sicilien zu vertreiben 101; Antheil der Sikelioten an den Kriegen in Griechenland 107 ff., 167, 200.
Grundbesitzer in Syrakus s. Gamoren.
Gylippos als Feldherr nach Syrakus geschickt 126; sammelt Truppen 130; Vorschläge an Nikias, das.; baut Festungsthürme und eine Mauer, das.; Angriff auf die athenische Flotte 133; erobert Plemmyrion, das.; besetzt die Strassen 138; nimmt die Abtheilung des Nikias gefangen 142; ist für die Schonung der athenischen Feldherrn, das.

H

Hadranodoros, Onkel und Vormund des Hieronymos 310; ist für ein Bündnis mit Carthago 311; unterwirft sich der wiederhergestellten Republik 312; zum Feldherrn gewählt, das.; getödtet 313.
Hadranum, Gründung 34, 172; Timoleon's Sieg 229; Mordanschlag auf Timoleon 231.
Hadranus, sikelischer Feuergott 34.

Hadria, Meer, Pflanzstädte des Dionysios 197.
Hadrian, Kaiser, besucht Sicilien 359.
Hadrumetum, von Agathokles erobert 257.
Halaesa, Gründung 169; Stellung unter den Römern 339.
Halikyai, Halicyae, sikanische Stadt 109; Stellung unter den Römern 339.
Halykos, Fluss 19; als Grenze zwischen dem Gebiete von Syrakus und Carthago 199, 207.
Hamilkar, Sohn Hannons, Angriff auf Sicilien 82; Niederlage und Opfertod 83; durch Hannibal gerächt 147.
Hamilkar, am Krimisos geschlagen 235—237.
Hamilkar, von den syrakusanischen Feldherrn um Hilfe gebeten 246; von Agathokles gewonnen, das.; Abberufung und Tod 247.
Hamilkar, Sohn Gisgons, Nachfolger des vorigen 247; Vertrag mit Agathokles 248; unternimmt einen neuen Zug gegen Agathokles 250; siegt am Himeras 251; gewinnt die Sicilianer durch milde Behandlung 253; Anschlag auf Syrakus 256; gefangen und getödtet 258; sein Kopf den Carthagern gezeigt 257.
Hamilkar Barak, verheert die Küsten Unteritaliens 301; besetzt den Berg Herkte, das.; erobert die Stadt Eryx 302; schliesst Frieden 304.
Hananiah, Bedeutung des Wortes 22.
Hannibal, Bedeutung des Wortes 22.
Hannibal, Sohn Gisgons, Feind der Griechen 147; erobert Selinus 148; erobert und zerstört Himera 150; zweiter Feldzug und Tod 154.
Hannibal, carthagischer Feldherr in Akragas 294.
Hannibal, Sohn des Hamilkar Barak, sendet Agenten nach Syrakus 311; bewirkt die Sendung von Verstärkungen nach Sicilien 320; sendet Verstärkung nach Akragas 329; von Scipio geschlagen 334; schliesst mit Scipio Frieden, das.
Hannibal, der Rhodier, durchbricht die Blockade des Hafens von Lilybaion 299; sein Schiff dient den Römern als Modell 300.
Hannon, carthagischer Feldherr, gegen Agathokles 255.
Hannon, vertheidigt Akragas 329; auf Mutines eifersüchtig, das.; Sieg und Niederlage bei Phintias 329, 330; nimmt dem Mutines sein Commando, das.; entkommt aus Akragas 332.
Harmonia, Gemahlin des Themistos 312; ermordet 313.
Hasdrubal, am Krimisos geschlagen 235—237.
Hasdrubal, bei Panormos ge-

schlagen 297, 298; siegt bei Drepana 300.
Hebräisch, mit dem Phönikischen identisch 22.
Heliodoros, der Zauberer 371.
Heloris, sein dem Dionysios gegebener Rath 166; Feldherr der Rheginer 188; geschlagen und getödtet 191.
Heloron, Castell von Syrakus 50.
Heloros, Fluss, Schlacht 72.
Henna, Stadt der Sikeler 21; jetziger Name, das.; in der Demetersage 36; von Dionysios angegriffen 168; von Dionysios gewonnen 188; im Bunde mit Akragas gegen Agathokles 261; von Carthagern und Römern erobert 295; Blutbad 320; Aufstand der Sklaven 342 ff.
Hephaistos 18, 31.
Herakleia Minoa, von Euryleon gegründet 68; durch die Carthager zerstört 76; Dion's Landung 210; bleibt unter carthagischer Herrschaft 210, 239, 248; von Akragas befreit 261; von Agathokles genommen 262; von Pyrrhos erobert 282; von Himilkon genommen 320.
Herakleia, Tochter Hierons II., ermordet 314.
Herakleides, von Dionysios II. verbannt 209; verschwört sich gegen ihn, das.; Befehlshaber der Flotte 215; siegt über Philistos 216; bewirkt Dion's Absetzung und seine Ernennung zum Feldherrn 217; bittet Dion um Hilfe 220; erhält Dion's Verzeihung 221; mit Dion versöhnt, das.; ermordet 223.
Herakleides, syrakusanischer Feldherr 245; von Agathokles verdächtigt und verbannt 246; sucht Hamilkars Beistand, das.; zurückberufen, das.
Herakleides, Sohn des Agathokles 254, 263.
Herakles, Sage 31.
Herakliden 32.
Herbessus, von Dionysios belagert 166; Zufluchtsort des Hippokrates und Epikydes 317.
Herbita, von Dionysios angegriffen 168.
Herkte, der Felsen 26; von Pyrrhos besetzt 283; von den Carthagern behauptet 297; in der Gewalt der Römer 298; von Hamilkar zurückgewonnen 301.
Hermokrates, Rede auf dem Friedenscongress in Gela 113; Ansprache an die Syrakusaner 119 und Kamarinäer 124; Feldherr 123; von Euryalos zurückgeschlagen 126; abgesetzt 129; ermuntert zum Angriff auf die athenische Flotte 133; verzögert durch List den Abmarsch der Athener 138; ist für Schonung der athenischen Feldherrn 142; Verhalten auf dem asiatischen Feldzug 143; verbannt 144; Beziehungen zu Pharnabazus, das.; besetzt Selinus 152; Kriegszug gegen Motye und Panormos, das.; dringt in Syrakus ein und

fällt 153; seiner Tochter Schicksal 160, 161.

Herodotos, Nachrichten über Sicilien 57; über Gelon 78 und 81; über die Schlacht bei Himera 83.

Hieron I., Sohn des Deinomenes 73; seine Wettsiege von Pindar gefeiert 78, 86; Inschrift auf seinem Helm 79, 88; der nach ihm benannte Dialog Xenophons 79; wird Gelon's Nachfolger 86; sein Krieg gegen Theron 86; gründet Aetna 87; unterstützt Lokri und Kyme 87; stirbt 93; sein Grabmal zerstört 96.

Hieron II., Sagen über seine Abkunft und Kindheit 286; zum Feldherrn gewählt 287; heiratet Philistis, das.; bekämpft die Mamertiner 287, 291; Regierung 288, 307, 308; Bündnis mit Rom 293; Stellung seines Reiches unter Roms Schutze 307; befestigt und verschönert Syrakus 308; erhebt den Zehnten, das.; stirbt 309; sein Stamm vernichtet 313, 314.

Hieronymos, Nachfolger Hierons II. 309; sein Charakter 310; schliesst mit Carthago Bündnis 311; ermordet, das.

Hiketas, tödtet Aristomache und Arete 224; Tyrann von Leontinoi, das.; Bündnis mit Carthago 228; von Timoleon geschlagen 229; belagert Ortygia 231; Mordanschlag auf Timoleon, das.; belagert Katana 232; entkommt nach Leontinoi 232; kapituliert 235; abermals Tyrann in Leontinoi 238; hingerichtet, das.

Hiketas, syrakusanischer Feldherr, von Mainon geschlagen 275; Tyrann von Syrakus 276; besiegt den Phintias 277; durch Thoinon gestürzt, das.

Himera, Colonie von Zankle 51; die warmen Bäder 52; von Theron besetzt 80; Schlacht bei H. 83; von Hieron an Theron ausgeliefert 86; Pindars Oden an einzelne Bürger 90; lehnt ein Bündnis mit Athen ab 122; stellt dem Gylippos Truppen 130; von Hannibal zerstört 150, 151; von Hermokrates besucht 152.

Himeras, Fluss 19; Schlacht 251 ff.; von Hieronymos als Grenze des carthagischen Gebietes vorgeschlagen 311.

Himilkon, Hannibals Mitfeldherr, belagert Akragas 154, 156; opfert seinen Sohn 156; belagert Gela 160; Vertrag mit Dionysios 162; sucht Motye zu entsetzen 176; gewinnt Westsicilien zurück 177; gründet Lilybaion 178; zerstört Messana, das.; begünstigt die Gründung von Tauromenion 179; siegt bei Katana 181; belagert Syrakus, das.; frevelt gegen Tempel und Grabmäler 181, 182; wird besiegt 184; erkauft freien Abzug 185.

Himilkon, carthagischer Feldherr, Feldzug nach Sicilien 320; umlagert das römische Belagerungsheer vor Syrakus 324; stirbt an der Pest 325.
Hipparinus, Dion's Vater 207.
Hipparinus, Dion's Sohn 209; sein angeblicher Brief an den Vater 215; bewillkommnet den Vater 222; Selbstmord 223.
Hipparinus, Sohn des Dionysios bemächtigt sich Ortygia's 224; ermordet 225.
Hippo, Colonie der Phönikier 24.
Hippokrates, Tyrann von Gela 70; Eroberungen, das.; Verfahren gegen Zankle 71; bekriegt Syrakus 72; stellt Kamarina wieder her, das.; stirbt, das.; seine Söhne von Gelon verdrängt 73.
Hippokrates, Hannibals Agent in Syrakus 311; verdächtigt die syrakusanischen Feldherrn 313; zum Feldherrn gewählt 314; reizt die Leontiner zur Empörung 315; verbreitet falsche Gerüchte 317; neuerdings syrakusanischer Feldherr 318; im Lager des Himilkon 324; stirbt an der Pest 325.
Hippon, Tyrann von Messana 238; hingerichtet 239.
Hipponion, von Dionysios zerstört 193.
Holm, Geschichte Siciliens 9.
Hügelstädte in Sicilien 20.
Hybla, sikelische Göttin 34; nach ihr benannte Städte, das.; ihr Tempel in Paternò, das.
Hybla, das grosse s. Megara Hybläa.
Hybla Galeatica, Verehrung der Göttin 34; von den Athenern angegriffen 122.
Hybla Heraia 34; Hippokrates stirbt 72.
Hyblon, Sikelerfürst, begünstigt die Gründung von Megara 48.
Hykkara, von Nikias erobert 122.
Hypsas, Fluss bei Selinus 52; bei Akragas 53.

I

Iberer, Söldner im Dienste des Dionysios 196, 200.
Illyrier, mit Dionysios verbündet 198.
Inessa, erhält den Namen Aetna 96; von Syrakus besetzt 112.
Inschriften Siciliens, meist lateinisch 336.
Isokrates, Nachrichten über die sicilische Expedition der Athener 108; über den antalkidischen Frieden 163, 196.
Issos, Insel, von Paros aus colonisiert 198.
Italien, des Dionysios Feldzüge 190, 198; Einfall der Carthager 199, 200; Beziehungen zu Griechenland 205; Feldzug des Pyrrhos 279, 280, 285; von Pyrrhos seinem Sohne Helenos als Königreich zugedacht 282; unter den Ostgothen 365; von Belisar zurückerobert 366, 367.

J

Japyger, besiegen die Tarentiner 88, 89.

Jehohanan, gleichbedeutend mit Hananiah 22.
Johann, Ableitung des Wortes 22.
Juden in Sicilien, von Papst Gregor dem Grossen geschützt 369 ff.
Junius L., erobert Eryx 300.
Justinian, Kaiser, gewinnt Sicilien wieder 366, 367.

K

Kadmos, von Kos 81.
Kakyparis, Fluss, Kampf zwischen Athenern und Syrakusanern 139.
Kale Akte, von Skythes zur Gründung einer Colonie ausersehen 76; Colonie des Ducetius 104.
Kallimachos, bringt den Demetermythus mit Henna in Verbindung 36.
Kallipolis, Colonie der Chalkidier 46; von Hippokrates erobert 70.
Kallippos, mit Dion befreundet 210; kommt nach Syrakus 212; veranlasst Dion's Ermordung 223; Tyrann von Syrakus 224; wird verdrängt, das.; von Leptines ermordet 234.
Kamarina, Castell von Syrakus 51; von Syrakus zerstört, das.; von Hippokrates neu gegründet 72; von Gelon zerstört 74; Pindars Oden an einzelne Bürger 90; Pflanzstadt von Gela 94; mit Athen verbündet 111; schliesst mit Gela Frieden 113; erklärt sich für neutral 125; Verhandlungen in der Volksversammlung 124; verbindet sich mit Gylippos 131; von Dionysios preisgegeben 161; wird an Carthago zinspflichtig 162.
Kamikos, durch Dädalos erbaut 32; muthmassliche Lage 33.
Karl der Grosse, in Rom gekrönt 368.
Kasmenai, Castell von Syrakus 51; Zufluchtsort der Gamoren 61.
Kassandros, König von Makedonien 271.
Katana (Catina, Catania), die Ebene 18; Gründung 46; Sagen über Lavaströme 46, 361; die Gesetze des Charondas 66; von Hieron unter dem Namen Aetna neu begründet 87; als Katana wieder hergestellt 96; im Bunde mit Athen 121; Lagerplatz der Athener 121, 122; das Lager wird verbrannt 123; im Kriege mit Syrakus 147; von Dionysios seinen Söldnern überlassen 169; Seeschlacht 179; unter der Herrschaft des Kallippos 224; nimmt Pyrrhos auf 281; römische Colonie 358; Aufenthalt des heiligen Petrus 360; Bisthum 362; Amphitheater 365; Belisar's Landung 366; Heliodoros 371.
Kaulonia, belagert 191; zerstört 193.
Kephalos, von Korinth 234.
Kleandros, Tyrann von Gela 70.
Kleon, Feldherr des Eunus 343; fällt 344.
Knidos, Mutterstadt von Lipara 55; Seesieg der Athener 186.

Kokalos, König von Kamikos 32.
Korax, Lehrer der Beredsamkeit 97.
Kore 36.
Korinth, Colonien und Verkehr 42; vermittelt zwischen Syrakus und Hippokrates 72; Verbannungsort des Ducetius 103; Gesandtschaft von Syrakus 125; Hilfegesuch der Syrakusaner 225; entsendet Timoleon 226; Verbannungsort Dionysios des Jüngeren 230; sendet Colonisten nach Syrakus 233; Verbannungsort des Leptines 234; Timoleons Weihegeschenk 238.
Korkyra, korinthische Pflanzstadt 42; vermittelt zwischen Syrakus und Hippokrates 72; sucht bei Athen Hilfe 109; mit Athen verbündet 118; Sammelplatz der athenischen Flotte 120; sendet Hilfe nach Syrakus 227; von Agathokles erobert 271; Mitgift der Lanassa, das.
Kossura, Insel 18.
Kreta, unter mehrere Freistädte getheilt 14; sendet Colonisten nach Gela 49.
Krimisos, Fluss 19; Schlacht 236.
Kroton, Krieg gegen Sybaris 68; sendet Hilfe nach Kaulonia 191; Vertrag mit Dionysios 192; von Dionysios erobert 200; Krieg mit den Bruttiern 243.
Kyana, Nymphe 36; Fluss 43.
Kydippe, Gemahlin des Terillos 76.
Kyklopen 31.
Kyme, Gründung 40; sendet Ansiedler nach Zankle 49; Seesieg über die Etrusker 87.
Kypros (Cyprus, Cypern) mit Sicilien verglichen 5; phönikische Ansiedlungen 22.
Kyrene 259.

L

Laertes 40.
Laestrygonen 31.
Laevinus M. V., zum Consul gewählt 330; erhält durch Tausch Sicilien zur Provinz 331; erobert Akragas 332; beruhigt Sicilien 333.
Lakinion, Beraubung des Heratempels 200.
Lamachos, athenischer Feldherr 158; ist für einen Angriff auf Syrakus 120; besetzt Euryalos 126; fällt 128.
Lamis, versucht in Sicilien eine Niederlassung zu gründen 47; stirbt in Thapsos 48.
Lanassa, Tochter des Agathokles 271.
Lateinisch, mit dem Sikelischen verwandt 13, 28.
Leo, Bischof von Catania 371.
Leo, Kaiser, entzieht der römischen Kirche die Jurisdiction in Sicilien 369.
Leontinoi (Lentini), in der gleichnamigen Ebene 18; Gründung 46; Krieg mit Megara 64; von Hippokrates erobert 70; von Naxos und Katana aus bevölkert 87; mit Athen verbündet 110; sucht bei Athen Hilfe 111; von

den Syrakusanern vernichtet 115; Ansiedlung flüchtiger Akragantiner 158; wird wieder selbständig 162; von Dionysios unterworfen 169; seinen Söldnern überlassen 187; fällt von Dionysios dem Jüngeren ab 216; nimmt Dion freundlich auf 218; unter der Herrschaft des Hiketas 224; Zufluchtsort des Hiketas 232; Timoleon zurückgeschlagen 234; Hieronymos ermordet 311; wird zum Abfall von Syrakus verleitet 315; von Marcellus erstürmt 316.

Lepidus M. Ae., Einfall in Sicilien 355; sucht sich Siciliens zu bemächtigen 357.

Leptines, des Dionysios Feldherr zur See 181; von den Athenern geehrt 186; Verhalten gegen die Thurier 191; verbannt 197; Tod 199.

Leptines, Feldherr des Agathokles, besiegt Xenodikos 261; des Agathokles Statthalter in Sicilien 263.

Leptines, Tyrann von Engyum und Apollonia 234.

Leptines, Vater der Philistis 287.

Leukas sendet nach Syrakus Hilfe 227.

Libyphönikier 329.

Licata s. Phintias.

Lilybaion, geographische Lage 16; Gründung 25, 178; von Dionysios belagert 201; Sammelplatz der punischen Streitkräfte 235; von Pyrrhos belagert 284; Belagerung durch die Römer 299, 303; von den Carthagern geräumt 304; Scipio setzt von hier nach Afrika über 334; Caesars Überfahrt nach Afrika 349; von Lepidus belagert 355; Mitgift für Theodorichs Tochter 365; vom oströmischen Kaiser beansprucht 366.

Lindioi, Akropolis von Gela 50.

Lipara 17; Colonie von Knidos 55; von Himilkon gebrandschatzt 78; von Agathokles angegriffen 270; von den Römern erobert 297; von Carthago abgetreten 304.

Lissos, von Dionysios gegründet 198.

Lokroi, von Hieron gegen Anaxilas in Schutz genommen 87; Thrasybulos' Zufluchtsort 94; mit Messana vereinigt 112; lehnt den Beitritt zum Frieden von Gela ab 114; Dionysios' Brautwerbung 173; schickt Ansiedler nach Messana 187; sein Gebiet durch Dionysios erweitert 193, 195; Aufenthalt Dionysios des Jüngeren 225.

Lombarden in Italien 368.

Longanos, Fluss, Schlacht 287.

Lucaner, mit Dionysios verbündet 191; im Kriege mit Tarent 242.

Lucullus L. L., besiegt Tryphon 346.

Lykiskos, der Ätoler, getödtet 258.

Lysandros von Sparta in Syrakus 168.

Lysias, attischer Redner 163; seine

Sendung an Dionysios 186; Rede gegen Dionysios 196.

Lyson, ein Götze 360.

M

Maccaluba, Schlammvulkan 33.

Macrobius, Nachricht über die Paliken 29.

Mago, von Dionysios besiegt 190; dessen Tod 199.

Mago zieht dem Hiketas zu Hilfe 231; dessen Selbstmord 232.

Mailand, Kirchengüter in Sicilien. 365, 369.

Mainon von Segesta, angeblicher Mörder des Agathokles 272; aus Syrakus verbannt 275; zieht mit dem Heer des getödteten Archagathos gegen Syrakus, das.

Maktorion, Zufluchtsort unzufriedener Geloer 69.

Malta, s. Melite.

Mamerkus, Tyrann von Katana, schliesst mit Timoleon Bündnis 229; wendet sich an Carthago um Hilfe 238; in Syrakus hingerichtet 239.

Mamertiner, bemächtigen sich Messana's 276; zerstören Gela 277; Feindseligkeiten gegen Pyrrhos 281, 285; im Kriege gegen Hieron II. und Carthago 287, 291; bitten die Römer um Hilfe 291.

Manduria, Schlacht 242.

Marcellus M. C., Consul 314; Vertrag mit Syrakus 315; nimmt Leontinoi mit Sturm 316; kriegsrechtliche Behandlung der Überläufer, das.; wird in Verruf gebracht 317; belagert Syrakus 318—322; erobert die äussere Stadt 322, 323; belagert die innere Stadt 324; stellt Capitulationsbedingungen 325; erobert Syrakus 326; Verfahren gegen Syrakus und andere Städte 327, 328; besiegt Hannon 330; feiert eine Ovation 330; zum zweitenmal Consul 330; überlässt die Provinz Sicilien seinem Collegen Laevinus 331; erhält das erbliche Patronat über Syrakus 331.

Marcellus M. C., zum Gemahl der Pompeia bestimmt 353.

Marius C., Bürgerkrieg gegen Sulla 347.

Marsala 178.

Massilia, Verbannungsort des Verres 349.

Mazaros, Fluss 19; Castell von Selinus 52; von Hannibal erobert 149.

Megakles, Bruder Dions 212; zum Feldherrn gewählt 213.

Megallis, Härte gegen Sklaven 342; ermordet 343.

Megara, in Griechenland 47; gründet Colonien in Sicilien 47; 48; Thrasidaios von Akragas zum Tode verurtheilt 93; Empedokles begraben 100.

Megara Hyblaea, Gründung 34, 48; Mutterstadt von Selinus 52; Krieg mit Leontinoi 64; von Gelon zerstört 74.

Melite, Insel 18; von den Römern genommen 309.

Melkart, mit Herakles verwandt 31.

Menaenum, Tempel der Paliken 35; durch Ducetius gegründet 102.

Menandros, athenischer Feldherr 133; macht einen Angriff auf Epipolae 135.

Menas, ein Freigelassener, Unterfeldherr des Sextus, sein Rath 352; tritt auf die Seite Caesars 353; in der Schlacht bei Cumae verwundet 354; schliesst sich wieder an Sextus, das.; abermals abtrünnig 355.

Menekrates, Feldherr des Sextus bei Cumae, getödtet 354.

Mericus, spanischer Söldnerführer, verräth Ortygia an die Römer 326; erhält römisches Bürgerrecht 328.

Messana (Messene, Messina) früher Zankle, schwankende politische Zustände 111; greift Naxos an 112; mit Lokroi verbündet, das.; Verhalten gegen die Athener 121; wird von Syrakus unabhängig 162; stellt den gegen Dionysios empörten Syrakusanern Schiffe 166; schliesst Frieden mit Dionysios 172; von Himilkon zerstört 178; von Dionysios neu bevölkert 187; Hinrichtung des Tyrannen Hippon 239; Krieg gegen Agathokles 247; fällt in die Gewalt campanischer Söldner 276; als civitas Mamertinorum, das.; nimmt eine carthagische Besatzung auf 291; stellt sich unter römischen Schutz 292; von Sextus Pompeius eingenommen 350; Caesar geschlagen 356; erhält römisches Vollbürgerrecht 358; Bisthum 362.

Messapier, im Kriege gegen Tarent 89, 242.

Messenien, Ansiedelung von Auswanderern in Sicilien 95, 187.

Metellus L. C., vertheidigt Panormos 297.

Mezetius, Kaiser in Sicilien 370; gestürzt 371.

Mikythos, Regentschaft in Rhegion 88; Abdankung und Tod 93.

Milazzo s. Mylae.

Milesier, Auswanderung nach Sicilien 70.

Miletos, die Zwingburg des Tissaphernes 143.

Mineo 105.

Minoa, Gründung 32, s. Herakleia Minoa.

Misenum, Friede 352.

Monaco, Fürstenthum 338.

Monte Pellegrino, s. Herkte.

Monte San Giuliano s. Eryx.

Morgantina, Schlacht 346.

Motye, phönikische Colonie 25; Ankerplatz der carthagischen Flotte 148; von Hermokrates angegriffen 152; von Dionysios belagert 175—177; von Himilkon zurückerobert 177; nach Lilybaion verlegt 178.

Motyon, von Ducetius erobert 102;

von den Akragantinern zurückgewonnen 103.
Mutines, Befehlshaber numidischer Reiter 329; von Hannon abgesetzt 332; verräth Akragas an die Römer, das.; erhält römisches Bürgerrecht 333.
Mutterstadt, Verhältnis zur Colonie 11.
Mylae, angeblich das alte Thrinakie 30; ein Fort von Zankle 49; von den Athenern angegriffen 111; von den Rheginern besetzt und von Messana zurückgewonnen 188; Seesieg der Römer 295; von Sextus besetzt 350; Agrippa's Seesieg über Sextus 356.
Myletiden aus Syrakus verbannt, lassen sich in Himera nieder 61.

N

Naulochus, Seeschlacht 356.
Naxos, Insel 41.
Naxos in Sicilien 41; Vergleich mit Ebbsfleeth, das.; von Hippokrates erobert 70; die Bewohner nach Leontinoi verpflanzt 87; mit Leontinoi im Bunde 110; von den Sikelern gegen Messana und Syrakus geschützt 112; mit Athen verbündet 121; Ankerplatz der athenischen Flotte 123; von Syrakus bekriegt 147; von Dionysios zerstört 169.
Neaeton (Netum), syrakusanisches Fort 50; Verhältnis zu Rom 337, 358.
Neon, besetzt Achradina 232.
Neptun 351, 354, 355.
Nerva P. L., Praetor Siciliens, Verfahren gegen die Sklaven 345.
Nikias, räth von der Einmischung in Sicilien ab 117; zum Feldherrn gewählt 118; ist für die Heimkehr 120; zerstört Hykkara 122; siegt am Anapos 123; verlangt Verstärkungen 124, alleiniger Feldherr 128; schickt Schiffe gegen Gylippos 129; sein Brief an die Athener 132; verzögert den Rückzug 136; seine Umsicht auf dem Rückzug 138; ergibt sich und wird getödtet 142.
Nikoteles von Korinth 168.
Normannisches Königreich Sicilien 6, 372.
Noto s. Neaeton.
Numidier unter Mutines 329, 330.
Nypsios, Befehlshaber in Ortygia 218; überfällt Syrakus 219, 220.
Nysaios, aus Ortygia vertrieben 225.

O

Odoaker, Herr von Italien und Sicilien 364.
Odyssee, Beziehungen auf Sicilien 17, 30, 49; Erwähnung Sikaniens und der Sikeler 39.
Olympia, die Festgesandtschaft des Dionysios 196.
Olympieion, Tempel in Syrakus 44; Himilkons Hauptquartier 181; von Dionysios beraubt 198.

Ophellas, Statthalter von Kyrene 259.
Oretos, Fluss 19.
Ortygia in der Sage 37; s. Syrakus.
Ostrakismos 98.
Ovid 29.

P

Pachynos, Vorgebirge 16.
Palazzuolo 50.
Palermo, semitische und normannische Hauptstadt Siciliens 27; phönikische Grabmäler 28; s. Panormos.
Palica, Stadt, von Ducetius gegründet 102; von Syrakus zerstört 104.
Palici (Paliken), ihr See und ihre Verehrung 35, 99; Beschützer der Sklaven 35, 345, 346; vielleicht mit Phalkon identisch 360.
Panaitios, Tyrann von Leontinoi 64.
Panormos, sein Hafen 17; phönikische Colonie 25; semitische Hauptstadt 27; Hamilkars Landungsplatz 82; von Hermokrates angegriffen 152; von Pyrrhos erobert 283; wird römisch 296; von Hasdrubal angegriffen 297; Verhältnis zu Rom 339; Bisthum 362; von Belisar erobert 367; s. Palermo.
Pantagias (Pantakias), Fluss 47.
Pantellaria s. Kossura.
Papyrus in Sicilien 20, 309.
Paros, Insel, sendet Colonisten nach Pharos und Issos 198.
Pasiphilos, Feldherr des Agathokles, fällt zu Deinokrates ab 267; wird getödtet 269.
Passero, Insel 17.
Paternò 34.
Peithagoras, Tyrann von Selinus 68.
Peloris, Vorgebirge 16.
Pentathlos, als Gründer von Lipara verehrt 53, 55.
Pergus, See 36.
Persephone s. Demeter.
Persien, mit Carthago verbündet 80; Kriegszug gegen Griechenland 81; mit Sparta verbündet 143; erwirbt die Herrschaft über die Griechen Kleinasiens 196.
Petalismos in Syrakus 99.
Phalaris, Tyrann von Akragas, seine Briefe eine Fälschung 58; Sagen von ihm und seinem Stier 65.
Phalkon, Götze 360.
Pharakidas, spartanischer Flottenführer 183.
Pharnabazos, Freund des Hermokrates 144.
Pharos, Colonie von Paros 198.
Philinos von Akragas, Geschichtschreiber 290.
Philipp II. von Makedonien, erobert Olynth 227; erhält die Hegemonie über Griechenland 241; Unterredung mit Dionysios II. 230.
Philistis, Gemahlin Hieron's II. 287.
Philistos, Geschichtschreiber 9, 78, 108, 146; Zeitgenosse der athe-

nischen Expedition 108; mit Dionysios I. befreundet 158, 166; verbannt 197; zurückberufen 207; Feldherr Dionysios' II. 216; gefangen und getödtet, das.

Philodamos, übergibt die Burg Euryalos den Römern 323.

Philoxenos, für seinen Freimuth bestraft 197.

Phintias, Tyrann von Akragas 276; von Hiketas geschlagen, vertrieben, gründet die gleichnamige Stadt 277.

Phintias, die Stadt 277; Schlacht 329, 330.

Phönikier, politisches System 10; Beschaffenheit ihrer Heimat und ihrer Colonien in Afrika und Spanien 15, 21; Einfluss auf die Urbewohner Siciliens 15; Name, Religion und Cultur 21—23; Colonien am Mittelmeer 23, 24; auf Sicilien 25—28; Culturdenkmäler 25, 28; Sprache 22; Krieg gegen die Griechen 67.

Phyton, Feldherr der Rheginer 194; von Dionysios getödtet 195.

Pinarius L., sein Blutbad in Henna 320.

Pindar, Nachrichten über den Demetermythus 36; Bezugnahme auf Phalaris 58; Beziehungen auf Sicilien in seinen Oden 78, 86, 90; am Hofe Hierons I. 86; nennt Hieron König 84.

Pithecussa, Insel, Colonisationsversuch 88.

Plato, seine angeblichen Briefe 163, 204; am Hofe Dionysios I. 197; bei Dionysios II. 209; Verfassungsentwürfe für Syrakus 223, 225.

Plemmyrion, Halbinsel 43; von den Athenern besetzt 131; von Gylippos erobert 133; Himilkons Fort 182.

Plennius, Feldherr des Sextus in Messana 356, 357.

Polichne, Vorstadt von Syrakus 44; von Syrakusanern besetzt 131; Himilkons Lager 181.

Pollis, angeblicher König von Syrakus 63.

Polyphemos, Sage 31.

Polyxenos, bringt Verstärkungen nach Syrakus 182.

Polyzelos, Sohn des Deinomenes 73; heiratet Gelons Witwe und entgehr Hieron's Nachstellungen 86.

Pompeia 353.

Pompeius Gn. in Sicilien 347.

Pompeius Sextus, führt Krieg in Spanien 350; Krieg gegen das zweite Triumvirat 350, 351; gibt sich für den Sohn Neptuns aus 351, 354, 355; verbindet sich mit M. Antonius 352; Vertrag zu Misenum, das.; zweiter Krieg in Sicilien 353—356; Tod 356.

Porcari s. Pantagias.

Probus, Kaiser 359.

Provinz, römische Einrichtung 336, 362, 363.

Ptolemaeus, mit Agathokles be-

freundet 271, 272; mit Hieron II. befreundet 309.
Punische Kriege s. Carthago.
Pylos, für Sparta zurückerobert 145.
Pyrrhos, König von Epeiros, heiratet Lanassa 271; Kriege gegen Rom 278, 280, 281, 285; sein Charakter 278, 279; von den Sikelioten herbeigerufen 278; Krieg in Sicilien gegen die Carthager und Mamertiner 281—285; nennt sich König von Sicilien 282; sein Tod 285.

R

Ragusa s. Hybla Heraia.
Ras Melkart s. Herakleia Minoa.
Ravenna, die Kirche hat Güter in Sicilien 369.
Regulus M. A., verlegt den Krieg nach Afrika 295.
Rhegion, die Tyrannis des Anaxilas 70, 71; unter der Verwaltung des Mikythos 88, 89, 93; unter den Söhnen des Anaxilas 93, 94; schliesst Bündnis mit Athen 110; sucht Hilfe bei Athen 111; Aufnahme der athenischen Flotte 120; sendet den Syrakusanern Schiffe 166; schliesst mit Dionysios Frieden 172; verweigert ihm die Hand einer Rhcginerin, das.; besetzt Mylai 188; von Dionysios bekriegt 191; überliefert dem Dionysios seine Schiffe und Geiseln 193; von Dionysios belagert und zerstört 194, 195; Timoleons Einfahrt 227; von Agathokles vertheidigt 246; in der Gewalt der Campaner 287; erhält von Laevinus Räuber zum Schutze seines Gebietes 333.
Rhodus, sendet Ansiedler nach Sicilien 49, 53, 55; erhält von Hieron II. Gnadenspenden 309.
Rom, Hauptmarkt für sicilisches Getreide 20, 333, 341, 345; Krieg mit Pyrrhos 278, 281, 285; mit Carthago verbündet 280, 286; Kriege gegen Carthago 290—304; 309—334; bestraft die campanischen Söldner in Rhegium 287; Bündnis mit Hieron II. 293; erwirbt Sicilien als Provinz 306; Hieronymos wird abtrünnig 311; römisches Kriegsrecht 316; wahrt den Landfrieden auf Sicilien 340; benützt Sicilien als Bollwerk gegen Afrika 333; Beziehungen zu den abhängigen Städten 337—339; Provinzialverwaltung 340, 347—349; Verordnung in Betreff der Sklaven 345; Colonien in Sicilien 357; Caracalla's Edikt 362; von Alarich erobert 363; von Totilas belagert 367.
Roms Kirche, verliert die Jurisdiction in Sicilien 369; besitzt Güter in Sicilien, das.
Rufus G. S., von Sextus geschlagen 351.
Rupilius P., erobert Tauromenium 344; Verordnungen für Sicilien, das.

S

Sacerdos G. J., Praetor 348.
Sagen, Gattungen 29.
Salvius, Sklavenkönig 345; nennt sich Tryphon 346.
Samier in Zankle 71; durch Anaxilas vertrieben, das.
Samniter, rufen Pyrrhos gegen Rom zu Hilfe 285.
San Filippo d'Argiro 21, 361.
San Giuliano 18.
San Marino, Republik 338.
Sanct Agatha von Catania 361.
St. Kalogeros 361.
St. Lucia 361.
St. Marcian 360.
St. Paul in Syrakus 360.
St. Pancratius von Tauromenion 360.
St. Petrus, Apostel 360.
St. Zosimus, Bischof von Syrakus 370.
Saracenen in Sicilien 4, 371.
Sardinien, von Carthago an Rom abgetreten 304, 336; von Sextus Pompeius gewonnen 351, 352; von Menas an Caesar verrathen 353; unter Geiserich 364.
Schar, die heilige, der Carthager vernichtet 237.
Schophetim in Carthago 82.
Sciacca, warme Quellen 33, 361.
Scipio P. C., setzt von Sicilien nach Afrika über 333; siegt über Hannibal 334.
Scipio P. C., der Jüngere, sendet von Carthago geraubte Kunstschätze nach Sicilien 340.
Segesta, Elymerstadt 14, 21; Kriege gegen Selinus 53—55, 116, 147; Niederlage des Dorieus 68; Bündnis mit Athen 109, 112; sucht bei Athen Hilfe 116; Täuschung der athenischen Gesandten 117; verstärkt die Athener durch Reiter 125; Bündnis mit Carthago 147; von Dionysios belagert 176; entsetzt 178; Blutbad des Agathokles 264, 294; schliesst sich an Pyrrhos 282; an die Römer 294; Stellung unter Roms Herrschaft 339, 358.
Selinus, Gründung 52; Kriege mit Segesta 53, 116, 147; Tyrannis des Peithagoras und Euryleon 68; Beziehungen zu Carthago 76, 84, 162, 239, 248; verspricht Hamilkar Verstärkung 82; Anschluss an Gylippos 130; unterstützt den peloponnesischen Bund gegen Athen 143; von Hannibal erobert 147—149; von Hermokrates befestigt 152; von Dionysios zurückgewonnen 201; Ursprung des Namens 236; schliesst sich an Pyrrhos 282; von den Carthagern zerstört 299.
Selinus, Fluss 52.
Servilius G., Praetor in Sicilien 346.
Sicilien, historische Bedeutung 1, 2; geographische Lage und physikalische Beschaffenheit 3, 9, 15 ff.; Zankapfel zwischen Orient und Occident 3, 4, 27 372; mit Kypros und Spanien

verglichen 5; normannisches Königreich 6, 371; phönikische Colonien 11, 16, 21—28; griechische Colonien 11, 14, 41—56; frühere Bewohner 12—14; wird hellenisiert 16, 341, 368; Dreieckgestalt 16; für Thrinakiè der Odyssee gehalten 17, 30, 49; Gebirge und Flüsse 18, 19; Roms Hauptgetreidekammer 20, 333, 352, 355; Hügelstädte 20; Sagen 29 — 38; erster Angriff der Carthager 79—84; Selbständigkeit der griechischen Städte 90 ff.; Antheil an den Kriegen Griechenlands 107 ff.; 168; Expedition der Athener 118 ff.; zweiter Angriffskrieg der Carthager 146 ff.; Folgen der Herrschaft des Dionysios I. 204 ff.; erhält neue Ansiedler 233; von Timoleon befreit 239; unter der Herrschaft des Agathokles 269; Krieg des Pyrrhos 278 ff.; Ringplatz der Römer und Carthager 286, 290 ff.; von Carthago aufgegeben 304; römische Provinz 307, 336 ff., 357, 362; Hauptschauplatz des Hannibalischen Krieges 320; Beschwerden gegen Marcellus 331; ein Bollwerk Europa's gegen Afrika 333; Sklavenmarkt 341; Sklavenkriege 342—347, 359; unter G. Verres 347 — 349; von Sextus Pompeius besetzt 350—356; von Caesar gewonnen und colonisiert 357; von Hadrian bereist 359; Einfall der Franken 359; Verbreitung des Christenthums 360 ff.; Wirkung des Edikts Caracalla's 362; zur Dioecese Italien geschlagen 363; Einfälle der Deutschen 364; unter der Herrschaft der Ostgothen 365 — 367; mit dem oströmischen Reiche vereinigt 368; Kirchengüter 365, 369; Aufenthalt Constans II. 370; von Mezetius usurpiert 370; von Constantin IV. zurückgewonnen 371; Einfälle der Saracenen 371; von den Normannen erobert 372.

Sidon, wahrscheinlich Mutterstadt phönikischer Colonien in Sicilien 25; Feindschaft gegen die Griechen 80.

Sikanien, Name für Sicilien 12; in der Odyssee erwähnt 39.

Sikaner 12, 13, 28; bewohnen meist Anhöhen 20; Sagen 32.

Sikeler 12, 13; werden allmählich hellenisiert 14; ihre Sprache dem Lateinischen verwandt 13, 28, 50; Hügelstädte 20; Culturdenkmäler 28; Einwanderung aus Italien 12, 30; Religion und Überlieferung 33—38; in der Odyssee erwähnt 39; aus Syrakus vertrieben 44; aus Leontinoi vertrieben 48; Krieg gegen Skythes 70; unter Ducetius vereinigt 101 — 103; leisten den Naxiern Hilfe 112; mit Athen verbündet 125; ihre Selbständigkeit vertragsmässig bestimmt 162.

Sikelioten, von den Sikelern verschieden 41.

Simonides, Bezugnahme auf Sicilien 78; Hieron's Gastfreund und Friedensvermittler 86.

Sklaven, Überhandnehmen in Sicilien 341; Kriege 342—347, 359; Edikt des römischen Senates 345.

Skylla, Sage 31.

Skythes von Zankle 70; bekriegt die Sikeler 71; von Hippokrates gefangen, das.; entflieht, das.

Solus (Solunto), phönikische Colonie 25; Ableitung des Namens 26; von Pyrrhos genommen 283; ergibt sich den Römern 296.

Sophrosyne, Tochter des Dionysios I. 207.

Sosis, ermordet Hieronymos 312; flüchtet zu Marcellus 317, 321; führt die Römer nach Hexapyla 322; von Marcellus belohnt 328.

Sosistratos, syrakusanischer Feldherr 245; von Agathokles verdächtigt, sucht bei Hamilkar Hilfe 246; von Akrotatos ermordet 248.

Sosistratos, in Fehde mit Thoinon 278; schliesst sich an Pyrrhos 281; wird dessen Unterfeldherr, das.; entflieht 285.

Spaccaforno 51.

Spanien, mit Sicilien verglichen 5; phönikische Colonien 15, 23—24, 27.

Spanische Söldner, nehmen bei Dionysios I. Dienste 185.

Sparta, mit Athen verglichen 108; von Syrakus zu Hilfe gerufen 125; mit Persien verbündet 143; gewinnt Pylos zurück 145; stützt die Herrschaft des Dionysios 168, 183; von Dionysios um Hilfe gebeten 182; widersetzt sich der Aufnahme von Messeniern in Messana 187; von Dionysios unterstützt 196, 200; verhindert die Beraubung des Delphischen Tempels 198; verleiht Dion das Bürgerrecht 209; sendet Akrotatos gegen Agathokles 248.

Stesichoros 65.

Sthenios von Therma 347.

Strabo, Beschreibung Siciliens 39, 358.

Sulla L. C., Bürgerkrieg mit Marius 347.

Sulpicius G., Streifzug nach Panormos 295.

Susa s. Hadrumetum.

Sybaris Krieg mit Kroton 68.

Symaithos, Fluss 19.

Synalos, nimmt Dion in Herakleia Minoa auf 210.

Syrakus (Syracus), Gründung 42; Beziehungen zu Korinth, das.; Wichtigkeit seiner topographischen Lage 43; Waffenplätze 44, 50, 51; zerstört Kamarina 51; Schutzwehr Europas gegen Afrika 55; unter den Gamoren 59—63; von Hippokrates bekriegt 72; gelangt unter die Herrschaft Gelon's 74; von Gelon erweitert 75; Gelon's

Tempelbauten 85; Vertreibung des Thrasybulos 94; Fest der Eleutheria 95; Ausschliessung der Neubürger 95; die Demagogen 97; der Petalismos 99; Krieg mit Akragas 100, 104; gegen die Etrusker 100; gegen Ducetius 102; gegen Leontinoi 110, 115; Angriff auf Naxos 112; Kriegszug der Athener 118 ff.; Debatten in der Volksversammlung 119; sucht bei Sparta Hilfe 125; Beginn der Belagerung 128; Ankunft des Gylippos 129, 130; Verbesserung der Seetaktik 134; Gefangennahme des athenischen Heeres 139, 142; Behandlung der Gefangenen 142; sendet den Spartanern Schiffe gegen Athen 143; von Hannibal bedroht 150; Hermokrates zurückgewiesen 152, 153; sendet ein Entsatzheer nach Akragas 156; seine Feldherren des Verrathes beschuldigt 157, 158; die Verbannten zurückberufen 158; Dionysios wird Tyrann 159, 164; Empörung der Ritter 161; Rückkehr des Dionysios 161; seine Herrschaft von Carthago gewährleistet 162; Ortygia befestigt 165; neuer Aufstand gegen Dionysios 166; von Dionysios befestigt 171; von Himilkon belagert 181—184; Beraubung des Olympieion durch Dionysios 198; Vertrag mit Carthago 202; Lage unter der Herrschaft des Dionysios I. 204; Befreiung durch Dion 212; Ortygia von Dionysios dem Jüngeren behauptet 213, 215; Ermordung des Philistos 216; Dion abgesetzt 217; Dion um Beistand gebeten 219; Dion's Rückkehr 220; Plato's Verfassungsentwürfe 223, 225; Tyrannen nach Dion's Tod 224, 225; sendet nach Korinth 225; durch Timoleon befreit 232; von Korinth aus neu bevölkert 233; Racheakt gegen die Familie des Hiketas 238; Mamercus hingerichtet 239; Vernichtung der oligarchischen Partei durch Agathokles 247; Agathokles gelangt zur Tyrannis, das.; Krieg gegen Carthago 250 ff.; Hamilkar's Angriff zurückgeschlagen 256; Hamilkar enthauptet 258; Kriege gegen Akragas 260 ff., 276; unter dem Tyrannen Hiketas 276; ruft Pyrrhos zu Hilfe 278; nimmt Pyrrhos auf 281; mit Carthago gegen die Mamertiner verbündet 287, 291; unter König Hieron 288, 292, 293, 307—309; des Hieronymos Missregierung 310, 311; Unterhandlungen mit Appius Claudius 311, 312; Ausrottung des Königsstammes 313; Leontinoi's Empörung 315; wendet sich Carthago zu 317; von den Römern belagert 318—320, 322—327; Marcellus erhält das erbliche Patronat 331; allmählicher Verfall 340, 341, 370;

von Sextus Pompeius besetzt 350; römische Colonie 357; von Franken verheert 359; Wirksamkeit des Apostel Paulus und anderer Glaubensboten 360; Bisthum 362; Sitz eines gothischen Grafen 365; unterwirft sich Belisar 366; der Athenetempel in eine Kirche verwandelt 370; Residenz Constans' II. 370.

T

Taormina, s. Tauromenion.
Taras (Tarentum), von Messaniern geschlagen 89; erhält von Sparta Hilfe 242; ruft Pyrrhos gegen Rom zu Hilfe 278—285; ergibt sich den Römern 285; Ankerplatz der Flotte des Antonius 355.
Tauromenion, Gründung 41, 179; Niederlage des Dionysios 189; von Dionysios erobert 190; Timoleons Aufnahme 228, 229; Feindschaft des Agathokles 249; Pyrrhos' Landung 281; mit Rom verbündet 338; von P. Rupilius erobert 344; Caesar Octavianus von Sextus geschlagen 356; römische Colonie 358; Kirche des hl. Pancratius 360; Bisthum 362.
Taurus, Statilius, Flottenbefehlshaber des Antonius 355.
Tegea, Tod des Mikythos 93.
Telemachos, stürzt den Phalaris 66.
Telines von Gela 69.
Temenites, Vorstadt von Syrakus 44; mit der Stadt vereinigt 124.
Tenea, sendet Ansiedler nach Syrakus 59; von den Römern begünstigt 60.
Terillos, Tyrann von Himera 76; durch Theron vertrieben 80.
Termini s. Thermae von Himera.
Terranova s. Gela.
Thapsos, Halbinsel 43; Ansiedlung der Megarer 48; Ankerplatz der athenischen Flotte 126; von Agathokles genommen 257.
Thearidas, Flottenbefehlshaber des Dionysios 191.
Themistos, zum Feldherrn ernannt 312; ermordet 313.
Theodat, König der Ostgothen 366.
Theodorich, Ostgothenkönig 364, 365.
Theodoros, Brandrede gegen Dionysios 183.
Theodotes, erhält von Dion Verzeihung 221.
Theodotos, tödtet Hieronymos 312.
Theokles, von Chalkis, gründet Naxos 41 und Leontinoi 46; Falschheit gegen Sikeler und Megarer 47.
Theokritos, an Hieron II. gerichtete Verse 306.
Thermai von Himera 52; karthagische Colonie 153; hellenisiert, das.; unter karthagischer Herrschaft 162, 248; Geburtsort des Agathokles 245; von Agathokles genommen 262; an Deinokrates verrathen 267; von Agathokles zurückverlangt das.; von den Römern erobert 297; römische Colonie 358.

Thermai von Selinus 361.
Theron, Tyrann von Akragas mit Gelon verbündet 75; vertreibt Terillos 80; Antheil an der Schlacht bei Himera 84; Krieg gegen Hieron I. 86; Versöhnung, Bauten in Akragas und Tod 92; Zerstörung seines Grabmals 154.
Thespiae, sendet Hilfstruppen nach Syrakus 132.
Thoinon, stürzt den Tyrannen Hiketas 277; in Fehde mit Sosistratos 278; schliesst sich an Pyrrhos 281; Tod 285.
Thrasimund, König der Vandalen erhält durch Heirat Lilybaeum 365.
Thrason, Rathgeber des Hieronymos, ermordet 311.
Thrasybulos, Tyrann in Syrakus 93; vertrieben, flüchtet nach Lokroi 94.
Thrasydaios, Tyrann in Himera 86; in Akragas 92; sein Tod in Alt-Megara 93.
Thrinakie 17, 30.
Thukydides 39. 107.
Thurii, Gründung 109; von Leptines mit den Lucanern verglichen 191; Vertrag mit Dionysios I. 192; von Korinth gegen die feindlichen Nachbarn unterstützt 231.
Timodemos 226.
Timokrates, mit Dions Gattin verbunden 209; Befehlshaber in Syrakus 211; Brief an Dionysios, das.; räumt Ortygia 212.
Timoleon, veranlasst die Ermordung des Timophanes 226; landet in Tauromenion 228; siegt bei Hadranum 229; sendet Dionysios nach Korinth 230; entgeht einem Mordanschlag 231; befreit Syrakus 232; sorgt für Neubevölkerung der Stadt 233; von Leontinoi zurückgeschlagen 234; Unterwerfung des Leptines und Hiketas 234, 235; Krieg gegen Carthago 235; Sieg am Krimisos 237; Verfahren gegen die Tyrannen 238; Friede mit Carthago 239; sendet Ansiedler nach Gela und Akragas 240; letzte Tage, das.; das Timoleonteion, das.
Timophanes von Korinth, ermordet 226.
Tisias, Lehrer der Beredsamkeit 97.
Tissaphernes, schliesst Bündnis mit Sparta, Feind des Hermokrates 143.
Torgium, Schlacht 268.
Totilas, König der Ostgothen unternimmt einen Rachezug gegen Sicilien 367.
Trinakia, von Syrakus besetzt 104.
Trinakria 17, 30.
Triocala, Tryphon's Residenz 346.
Troianische Überlieferung der Segestaner 14, 266, 282, 294.
Trotilon, erste Niederlassung der Megarer 47.
Tryphon s. Salvius.
Tunis, Hauptquartier des Agathokles 255; Schlacht, das.; von

den Söldnern besetzt 258; Ophellas ermordet 259.

Tyche, Stadttheil von Syrakus 95, 171.

Tyndarion von Syrakus, trachtet nach der Tyrannis 98.

Tyndarion, Tyrann von Tauromenion 276; schliesst sich an Pyrrhos 281.

Tyndaris, Gründung 187, schliesst sich an Timoleon 229; Seesieg der Römer 295; von Sextus besetzt 350; römische Colonie 358.

Tyrann, Bedeutung des Wortes 62, 371; Anschauung der Griechen über dessen Ermordung 226, 239.

Tyrus, gründet wahrscheinlich Ansiedelungen auf Sicilien 25; Hass gegen die Griechen 80; die Apollostatue Gela's dahin geschickt 160; Opfergesandtschaft der Carthager 256.

U

Utica, phönikische Colonie 24; von Agathokles genommen 260.

V

Vandalen, angeblicher Einfall in Sicilien 359; unter König Geiserich 364; unter Thrasimund 365; von Belisar unterworfen 366.

Verres C., Praetor in Sicilien 348; Cicero's Reden gegen ihn 335, 347—349; Verbannung und Tod 349.

Vulkane in Sicilien 33.

X

Xenodikos von Akragas, von den Feldherrn des Agathokles geschlagen 261, 263; zieht sich nach Gela zurück 263.

Xenophon, sein Dialog „Hieron" 79; Nachrichten über Sicilien 107.

Xerxes, Feldzug gegen Griechenland 81.

Xiphonia, Halbinsel 43.

Z

Zankle, Gründung 49; Mutterstadt von Himera 51; unter der Herrschaft des Skythes 70; von den Samiern überfallen 71; von Anaxilas erobert 71; verändert den Namen in Messana 72, 96; unter der Regentschaft des Mikythos 88, 93; unter den Söhnen des Anaxilas 93; Vertreibung derselben 94. Siehe Messana.

Zeus, angeblicher Vater der Paliken 35; bestimmt Sicilien zur Mitgift der Persephone 37; durch das Fest der Eleutheria verehrt 95.

Zoippos, Onkel des Hieronymos 310; ist für ein Bündnis mit Carthago 311; Gesandter in Egypten 314; seine Frau und Kinder ermordet, das.